宗承灏——著

# 朱元璋及其时代

中国友谊出版公司

图书在版编目（CIP）数据

朱元璋及其时代/宗承灏著．－－北京：中国友谊出版公司，2023.8
ISBN 978-7-5057-5668-7

Ⅰ．①朱… Ⅱ．①宗… Ⅲ．①朱元璋（1328-1398）－传记②中国历史－明代 Ⅳ．① K827=48 ② K248.07

中国国家版本馆 CIP 数据核字 (2023) 第 106963 号

| | |
|---|---|
| 书名 | 朱元璋及其时代 |
| 作者 | 宗承灏 |
| 出版 | 中国友谊出版公司 |
| 发行 | 中国友谊出版公司 |
| 经销 | 新华书店 |
| 印刷 | 河北鹏润印刷有限公司 |
| 规格 | 880×1230 毫米　32 开<br>14 印张　312 千字 |
| 版次 | 2023 年 8 月第 1 版 |
| 印次 | 2023 年 8 月第 1 次印刷 |
| 书号 | ISBN 978-7-5057-5668-7 |
| 定价 | 98.00 元 |
| 地址 | 北京市朝阳区西坝河南里 17 号楼 |
| 邮编 | 100028 |
| 电话 | (010) 64678009 |

# 皇帝到底干什么？

狄更斯在他的《双城记》的中如此开篇："这是最好的时代，也是最坏的时代；这是智慧的时代，这是愚蠢的时代；这是信仰的时期，这是怀疑的时期……"

这句看上去隐约有智者的思辨在其中闪烁其词的话，其实细究起来，是经不起推敲的。也就是说，你可以把这句话作为一顶帽子扣在任何一个过往时代的头上，都不会觉得言过其实。因为是过往，所以我们做任何推断性的报告都是可以达成谅解的。

夏日的暑气在渐凉的秋风中还未消失散尽，立于淮水岸畔翘首东望，凤阳近在咫尺。安徽凤阳是明朝开国皇帝朱元璋幼年、少年时期的成长之地，与我的故乡直线距离不足二十里。我曾经不止一次地深入凤阳腹地，漫步于村落、田野，驻足于明中都故皇城、皇陵、鼓楼、龙兴寺（皇觉寺）等遗址，那些被时光摩挲的雕梁画栋早已不复昔年神韵。白云苍狗，沧海桑田，故纸堆里翻翻拣拣，让不惑之年的我越发得困惑。很多时候，对于历史表象背后的行为逻辑总是感到无从把握。难以计数的历史记载，使得那些历史事件及历史人物的命运如同一个个孤立的点，难以将他们捏合成型。就拿朱元璋来说，在封建王朝的绵延长河中，没有一个帝王能够像他和所建立的王朝那样,展示出与这个民族如此契合的历史况味和人性的复杂与诡异。每一种解读,都像是在解读我们自己。

一

列车飞驰,城市从我们眼前,水一样向后洇去。很多时候,消失的又何止是我们眼睛所看见的。抬眼看时,我们眼睛所占有的只是这一瞬,与下一秒无关。火车的位移让时间变得支离破碎,不堪一击。眼见不为实,耳听也不为虚。眼睛看见的,耳朵听来的,不过是时间大厦的碎片。我们不能因为自己的记忆模块占有了其中的吉光片羽,就说这座大厦原来是这样的。

就像我们每天都在打量自己所生活的这座城市,怕一眨眼错过了什么。我们会惊叹于某条路上开满了花朵,惊叹那么多的庞然大物拔地而起。可直觉告诉我们,那是时间一寸一寸筑垒起来的,而恰好这一刻你路过。就像人的心病,是靠情绪的尘埃一粒一粒积攒起来的,与星座和家族病史没有太直接的关系。

历史是过去发生的事情,它在时间里消失了,如同水融入了水。你不能说,你写的是历史。你只能说,你写的是当下,是这一刻。风吹过的大地,卷走了在时间里凋零的花朵,也卷走了一代又一代人的无常命运。我曾经尝试着走进那个风云际会的大时代,想要更多层面地展示一个王朝的前行历程、一个民族的精神困惑。可最后发现所有的近距离,都无法抵近历史那秘而不宣的核心地带,这不免让人好生泄气。除了那些早已消失无影的当事者,其他任何人的视角都是带有限制性。我们所面对的不过是一些支离破碎的时间,以及在时间里消失的人事。望着暮色苍茫里的古战场，看着貌似庄严的旧宫殿，仿佛能听见久远的喧嚣在时间的深处魂不守舍。这是历史吸引我们的神秘力量，让人穷追不舍，又让人徒劳无功。

这让我想起自己第一次坐飞机时的感觉，俯瞰苍茫大地，突然发现我们所生活的这个星球布满了各种交集后又散开的曲线，像一盘无法掌控的棋局，所有人的命运都可能会因为一个偶然的机缘，来一场多米诺骨牌似的改变。我不是一个爱拿历史随便开玩笑的人，一个连本民族历史都谈不上尊重的人，还能指望他对我们所生活的这个时代有所馈赠吗？泡在泛黄的古籍堆里已经有些年月，很多时候还是会被一些看上去简单得接近于弱智的问题深深困扰。比如说，自己会在文思泉涌的某个时刻突然停下来，向精神层面的另一个自己发问：什么是历史？你写的这些东西是真相吗？

另一个自己就会反诘：你生活于当下，连当下的万象百态都没有办法搞清楚，凭什么去向一群容易遗忘的人索取过往的真相？博尔赫斯说："我们无法阻挡时间的流逝，是我们永远处于焦虑不安之中的原因。"对于一个历史书写者来说，往事并不如烟，真相绝对不是书写的真正目的，人性才是。时间是拨弄人性的那只手，人性是吐纳时间碎片的机器。

与古人对话何其荣幸，我多么希望在自己的文字里，不只有袖手观棋的理性，更有扬眉阅世的感动，毕竟历史并非单纯的始于事、止于事。如果我们只是一味地将历史放在显微镜下作标本研究，倒也未必真能深入地了解那段历史。不如将那些人和事置入广阔的历史背景之下，围绕在他们身上的一些盲点也许就容易被衬托出来了。于是我便将自己探究的目光做了一些适当的放大，我深信，阳光之下大概确实并无新事。

历史是一个民族的往事，是一群人又一群人的集体往事，而在这往事的经纬度上曾经生养过数以亿计的血肉灵魂。就好像我们每个人在回忆往事的时候，并没有感觉到往事与当下的自己无关联，反而会在沉浸往事的过程中，感觉到自己参与过的那些时间，在穿越大脑皮层的时候依然是鲜活的。一个人无论离开自己记忆的那段历史有多么久远，对于个体而言，自己的往事永远是经过冷冻保鲜处理的，而模糊和消失的过往只是相对于时间而言。对于一个历史书写者来说，通过我们的努力让已经消失的时间能够重现于眼前，这就是所谓的历史"复活"。

过去了的东西当然不可能昔日重来，更不可能搬进试验室进行解剖后，再去做防腐处理。所谓的历史"复活"，不过是历史与现实在某种程度上有着某种惊人的相似度，而这种相似又不是完全的契合。但有一点毋庸置疑，历史是可以复活的。历史就是时间轴上的一个又一个点，是一段又一段的往事，它是有生命力的。所谓的消失，只是时间层面上的消失。作为一个历史文本的写作者而言，他的使命就是带领自己的读者去实现那段历史的复活。记得在师范学校读书的时候，心理学老师曾经说过一个神秘的词语——"神入"。而这个"神入"就成了我试图复活历史的路径。何为"神入"？神入者，它的简单化的同义词是"换位思考"。其实它不仅限于思考，更是我们感受他人内心体验的一个过程。换句话说，就是让你置身于历史发展的环境中去观察历史，站在历史人物的立场上去研究历史，从而把握历史人物的情感、理想、信仰和意图等，并理解历史事件的演绎变化，即"主体进入客体之中去想象客体"的研究活动，从而感悟历史，让"历史"得以"死去活来"。

## 二

英国历史学家卡尔说:"历史是现在与过去之间永无止境的问答交谈。"元朝末年,豪门贵族、英雄豪杰蜂拥而起,谁也没有想到笑到最后的那个人会是要饭出身的朱元璋。有人说,中国历史是个两段论,"得民心者得天下"与"得天下者得民心"。前者告诉当事人如何去实现得天下的理想,后者是说得了天下其他都不是问题,包括民心。

有人会问,皇帝,到底干什么?

或许朱元璋会告诉你,前半程是"得民心者得天下",后半程是"得天下者得民心",更何况没有人比朱元璋更懂"民心"究竟为何物。很多时候,他就是"民心"的代言人。

而我在这里要说的是,如果朱元璋没有最底层社会的生活经验,没有突破人生底线的黑心与辣手,他朱元璋就不是朱元璋。

天下攘攘,求生无门的百姓是最为可怜的一群,土地贫瘠、灾异频仍,沉重的税赋不减反增。总而言之,他们要承担天灾人祸带来的各种压榨。也正因为如此,只要那些投机的造反者开出不纳粮税这一项条件,便可挑动四方纷乱。可造反者终究是一群没有信仰的人,当年提出的"均田免粮"也不过是一句蛊惑人心的口号,是获取利益的手段、收敛人心的策略,而不是信仰。求生与信仰是完全不同的两个概念,前者是活自己,后者是为他人。

新的王朝需要旧王朝的血来祭奠,王朝鼎革之际,不同人的命运便会纠结其中。而在这大开大合的时代背景下,最能窥见人性。

一座金銮殿,成了无数造反者的终点,他们打倒皇帝,目的是把自己变成新的皇帝。每一次天崩地裂过后，世界变了，又像从未变过，因为它很快就与前朝完成了一次无缝对接。坐龙椅的坐龙椅，上断头台的上断头台，折腾完自己，又来折腾一个时代。

明朝之所以会成为研究中国历史的标志性时代自有道理，很大程度上源于它的开国皇帝朱元璋的存在。从降生到这个世界上起到十七岁，朱元璋一步也没有离开过老家。世界在他眼里，就是从南岗到北坡之间熟悉的一草一木。他所接触过的人，不过是村子里那百十口老老少少。在社会最底层的摸爬滚打中，底层文化精神全方位地渗透进朱元璋的身心。而随着命运的风云突变，赤贫出身的朱元璋登上皇位，因此不可避免地将他性格中的贫困文化因子更为广泛深刻地传播到整个国家和民族精神里面。

朱元璋在统治期间，严厉地打压了整个官僚阶级、地主阶级，恶整了文人、士大夫等，一度掀起法制主义的学习高潮。做得最绝的莫过于，几乎清洗掉整个功臣集团，弄得朝堂内外一派血雨腥风，动辄得罪，社会的中上层每每生活于紧张与恐怖之中。

如此剧烈、反复的社会及政治震荡，这是在朱元璋之前的任何时代从未有过的。像刘邦，不过是杀掉了几个异姓王而已；武则天虽然将李唐宗室及其同情者几乎一网打尽，但她也同时提拔了相当一部分中小地主阶层出身的士子——在这里，历史就让人困惑了：朱元璋究竟代表谁的利益呢？不是说他已经完成由农民起义领袖到地主阶级利益代表者的蜕变了吗？但朱元璋时代地主大量获罪破产，且其治国刚猛，反贪的手段和决心又可谓旷古未有。如果说他代表农民，那为什么洪武年间还会有那么多的农民起义呢？朱元璋对农民、农村的管制又为什么会那么严苛？

这并不是一个单纯的是与非、好与坏、正与反的问题，单纯的歌颂与批判是不适宜的，因此对于一个帝王的评价也就不能是千人一面。近年来，朱元璋被人反复拿出来评说，各种声音汇流成河。就好像面对一面白墙，我们的想象力仅限于这是一面白墙。如果有一天，突然闯进一群抽象派涂鸦者，他们天马行空地对那面白墙进行涂抹。那么同样是这面墙，我们在面对它的时候，我们的猜测、推断、想象，也随之活跃起来。这也是为什么，在面对那些面目全非的文本记录，我们反而会更容易看清楚所谓的真相，因为我们的推断更多元，猜测更繁杂，想象也更开阔。

中国历史永远绕不开帝王话题，中国史在很大程度上是一部帝王史。有人说，中国皇帝的权势达到了人类所能达到的顶峰。不论是东方小国、非洲酋邦或者西方王国，其君主的声威都远远不能望中国皇帝之项背。与中国皇帝比起来，世界上其他君主都显得小气寒酸。可是，皇权又何尝不是一把双刃剑，在给予所有者荣耀和平台的同时，也会不知不觉地扭曲人性。绝对的、没有限制底线的权力，会毁掉一个专制帝王的人生。朱元璋就是典型案例，如果在中国历朝皇帝中间评选劳动标兵，朱元璋应该名列榜首。可是又有几个皇帝能有他那样的精力与毅力。他用一个中国式农民的狠劲来完成自己的职业使命，悲惨的童年经历像是一道符咒压在他的人生命数里，让他丝毫不敢懈怠。他怕一懈怠就大权旁落，就豪杰不服，就地方不稳，就天灾人祸、民不聊生。他对地主富豪的厌恶、对地方官员的不信任、对底层流动性的恐惧，这造成了他的猜忌多疑、残暴嗜好和不切实际的"稳定"。他甚至规定，后代子孙必须在皇宫门口和京城各处城门，时刻准备快马刀剑，以便遇险逃脱的急用。

朱元璋是创业之君，意味着他要经历一场冷冰冰的胜王败寇的王朝更替和暴力夺权的血腥游戏。历史告诉我们，每个投身其中的人，都要经受炼狱般的心理磨难，每个细节的背后都曾经摩擦产生出人性的电光火石。问题的关键是，我们该如何理解和看待朱元璋这一历史人物，又该如何理解和看待朱元璋费尽心机所建立的那种血腥的极权统治！也许我们不禁要问，为什么朱元璋拥有那般为所欲为的权威与能量？他的存在究竟给他的王朝，给这个国家带来了什么？他执政三十一年，"忧危积心，日勤不怠"，目的是为天下苍生缔造一个朗朗乾坤般的理想国。在艰难前行的过程中，始终有一股不为外人所道的潜在力量在支撑着他，推动着他。或许还可以这么说，没有这股暗流涌动的力量，朱元璋就成不了朱元璋，那么这股暗流究竟是什么？他的一生或是在刀口上舔血，或是用皇权专制舔血，偌大的江山是他给子孙后代辛辛苦苦赚下的"血酬"，他是一个拓荒的老农，是一个拓基开国的帝王。有人说："基于乡村生活经验，朱元璋的治国理念中表现出强烈的静态取向。他治理国家的基本倾向就是把国家的运转方式固定化，使整个社会倒退到'小国寡民，老死不相往来'的原始状态。"

在结束本书之前，我又一次从凤阳到南京，沿着朱元璋的昔日的足迹重新走了一遍帝王成长路。亲手触摸那些在时光里陈旧了的遗迹，让我确信生活曾经在六百多年前来过这里，也让我情不自禁地坠入欲知往事的诱惑之中。今人不见古时月，今月曾经照古人。在这块曾经风云际会、战火弥漫的大地上，我就像是一个痴迷的寻宝人在历史的瓦砾中寻寻觅觅，翻翻拣拣。在往事的蛛丝马迹中让久远的回响在心灵中震荡，在天地间复苏。

对于生活在今天的我们,历史的价值就在于,它让我们从中读出人性的幽暗与光辉,读出现实问题之所在,引领我们走出一个时代的迷宫。

是为序。

# 目　录

## 第一章　王朝的江湖背景

### 第一节：寻根辨踪及其他

1. 元帝国的脱序　　　　　　003
2. 家族悲剧的时代隐喻　　　009
3. 游民群体的复杂镜像　　　021
4. 王朝的仁义之皮　　　　　032

### 第二节：暴力与秩序

1. 邵荣事件的危机　　　　　043
2. 陈友谅的叛逆与覆灭　　　052
3. 背叛者的突围和困局　　　068
4. 关于小明王的谎言与暴力　082
5. 张士诚的消亡史　　　　　094

## 第二章：枢阁的变局

### 第三节：血色王朝的起点

1. 洪武元年的奥义　　　　　113
2. 天命、九言策及北伐　　　121
3. 北方的政争与战事　　　　127
4. 墓碑上的罪与罚　　　　　136

第四节：献祭与清洗

1. 刘基的罪与罚　　　　　　　144
2. 在死棋局中落幕　　　　　　156
3. 所谓的派系与圈层　　　　　162
4. 帝国的危机与重构　　　　　192
5. 胡惟庸案的逻辑推演　　　　202

## 第三章：天网与牢笼

第五节：财富原罪论

1. 沈万三与财富的耻感　　　　231
2. 空印案：《大诰》的试验现场　238
3. 郭桓案的暴烈指数　　　　　250
4. 旁入公门的门　　　　　　　268

第六节：治国者的法器

1. "特务组织"的虎狼性　　　　282
2. 养天下可养之士　　　　　　293
3. 恨天下可恨之人　　　　　　303
4. 民虽亲，却难贵　　　　　　315

## 第四章：皇帝的遗产

第七节：后洪武时代的叙事

1. "朱标之死"引发的碰撞　　　343
2. 不确定的出身之谜　　　　　368
3. "南北榜案"的正解　　　　　388
4. 诸王内争及奔丧　　　　　　400
5. 洪武三十一年的嘱托　　　　421

附录：主要参考书目　　　　　　　431

# 第一章
# 王朝的江湖背景

# 第一节：寻根辨踪及其他

## 1. 元帝国的脱序

这个时代，因为后来的改朝换代，被史家们定义为元朝末年。有幸生在一个王朝末年，死亡或重生，皆有可能。当年，成吉思汗征服中原，他手下的大将别迭提议：杀光那些毫无用处的中原人，使广袤的土地变成丰美的牧场，用来牧放征服世界所需要的战马。亏得那位有着海洋般广阔胸怀的大汗没有完全听从，他有着更为远大的梦想，他的目光并不局限于中原地区。而他的孙子忽必烈则用横扫华夏南北的骄人战绩，回应了他的目光，并将一个游牧部落打造的帝国推至巅峰。

对于一个游牧民族建立起来的帝国而言，元朝始终处于动荡状态，或者说是"战争状态"。1260年忽必烈击败自己的弟弟阿里不哥，自称大可汗之后，远在中西亚地区的几个蒙古汗国并没有完全归服于他。正因为如此，所谓的蒙古大帝国是不完整的。元朝建立后，它的势力范围也仅局限于以中国为主的远东地区。这个专为战争而生的王朝，就像是一台永不停歇的"战争机器"。事实上，直到1294年忽必烈去世，他与他那些同宗兄弟间的冲突仍没完没了地进行着。因此，长期以来，元帝国精锐的主力部队主要部署在中国北方与西北地区。这种情形,使得后来的红巾军能够在黄河以南四处蔓延。

版图茫茫,局部战争不过是巨人伤了根手指头,并不耽误一个人的享乐,更不会一朝夺命。但战争打的是钱和粮,连年征战,小恙终会酿成大疾,只是时间问题。仅1280年统一中国后,有记录的战争多达230场,如果再算上之前的,多得难以计数。征服世界的赫赫武功,很难使这些蒙古族武士不蔑视那些被征服的人们。于是,汉人沦为三等公民,中华大地陷入千古未遇之奇灾剧变。蒙古铁骑卷起的千里烟尘尚未散尽,持续了近百年的疾风骤雨悄然停息,而大元帝国却以惊人的速度滑向它的地狱之门。长生天赐予的福分,被他的子民们糟践得所剩无几。气息奄奄的老骆驼,就这样进入它生命的倒计时。而压垮它的,不是一根稻草,而是排山倒海的力量。上层社会风气奢靡,道德瓦解,正所谓上流社会做着下流之事。而社会的低层,越来越多的农民失去土地,卖身为奴。灾难频发,饿死者的白骨相望于道。

在马背上打下天下,凭什么不能在马上治理?历史学家孟森在谈到元朝的制度时说,有史以来,以元最无制度,马上得之、马上治之,"不知礼法刑政为何事"。蒙古帝国的执政者对于制度的漠视,从《元史·兵志》可知,仅有金军、补军、调军、遣军之法,别无养军、练军之法,其他刑罚、食货等,一切苟简。

元朝的执政者与他们所征服的人民,像是生活在两个世界中,他们在相当长时间里不知华夏政治传统与儒家文化为何物。在他们看来,那些古老的智慧毫无用处。在嗜血的战士眼里,那些满口之乎者也仁义道德的儒生,既虚伪又没用,烦琐啰唆,令人无比厌烦——世界上居然有人将读书作为终身事业,而且还能据此专业做官？这样的事实，曾经让他们完全无法理解。在明朝人修的《元史》中对元朝灭亡的原因，有这么一句总结："元之所亡者，实基于上下因循，狃于宴安之习，纪纲废弛，风俗偷薄，其致乱之阶，非一朝一夕之故。"

明人陆容在他那本相当有名的著作《菽园杂记》中记载了这个段子：元世祖忽必烈入主中原以后，下令汉人必须梳胡人亦即蒙古族的发式，穿蒙古族的衣服。有一次，他去太学视察，发现孔子及其圣子贤孙们的塑像还都是汉族样式，于是命令有关署衙全部将其改成蒙古族式。这令孔子的弟子子路大为恼火，立即动身到昊天上帝那里去投诉。上帝听完子路的苦恼后，忍不住笑出声来，开导他说：你怎么如此不识时务？打从盘古开天地，三皇五帝到如今，都管我叫天。现在，连我的名字都被改了，叫腾吉理，我也只能答应他。此乃时势使然。别着急，你且忍耐忍耐，终有一天会反过来的。

随着岁月的流逝，备感痛苦的人们开始采取行动以改变这种情形。马可·波罗在他那本著名的游记中写道："所有中原人都厌恶大可汗的政府""他们视中原人如奴隶，令人无法容忍"，致使在这个国家里，"经常有谋反的趋向"。后来，这些"谋反的趋向"，变成越来越多的敌对行动。关于这些行动的记载，则遍布于元帝国中后期的编年史册。到朱元璋的时代，整个国家犹如一个大干柴库或巨型火药桶，几乎所有人都在等待着点燃它的那一点星星之火。

大到每个国家，小到每个人，都被框定在层层边界之中，即我们所生存的空间。对于元朝来说，他们的先人以结群方式来分配、争夺与保护资源领域，形成了一种天然"边界"。而当他们骑上战马，身体的欲望被战马的奔跑带往永无止境的前方，他们也就失去了边界意识，更失去了对于边界的管控能力。根据史书记载，统一后的元朝疆域"北逾阴山，西极流沙，东尽辽左，南越海表，汉唐极盛之际不及焉"，我们知道，在任何时代、任何国家，执政者的边界从来不是依靠暴力，而是依赖于各种社会组织、制度和文化，依赖于支持这一社会政治秩序的历史记忆。而这些，都是元王朝所缺乏的。

蒙古人的边界意识来自他们的移动能力，以及本民族的神话、宗教信仰。神话将本群体的英雄神圣化，也将边界外的人群世界妖魔化。所谓"神不歆非类，民不祀非族"，让人们不敢暴露在本族之神守护的边界之外。而边界的划分，使得元王朝将全国人口不分种族进行了强制性划分。蒙古人为一等人，西域各地居民则为二等"色目人"，原金国境内的汉人、契丹人、女真人以及曾作为元后方根据地的云南人就为三等的"汉人"，而淮河以南的大部分人口则不分种族均为"南人"或"蛮人"。

划分带来的恶果很快显现，当处于最高层的蒙古人与最底层的南人发生冲突时，远在西域的二等色目人即使有立场，也可以忽略不计；而三等汉人，在局势明朗之前不会轻易倒向任何一方。如此一来，蒙古人和南人之间的对峙，就形成了一对一的单挑之势。

蒙古族骑士虽然勇猛无比，但人口数量过于稀少，尤其与其治下的庞大人口基数相比。区区百万人口撒在广袤的大地，即使加上早期臣服的色目人，也开不出绚烂的花朵。他们征服的世界过于庞大，凭借着卓越的移动能力，恨不得将战线一直推到天边，累死马，也累死人。不管他们多么凶猛，那种被汪洋大海淹没的感觉让人恐慌。在潮水般的切割和包围中，他们丧失了最初的勇猛，由于南人的组成中有农民、手工业者、商人、小地主、知识分子等(不分民族)，因此当诸多阶层联合起来时，其蕴含的力量是元朝政府始料不到的。换句话说，元末的农民起义实际上就是"南人起义"，其实质就是两大人口等级的正面对抗。元朝从一开始就犯了致命的错误，它将人口最庞大的群体定义为"四等人"，这等于是为自己培养起最具潜力的抵抗对手。蒙古人与汉人，以及南人的矛盾是边界意识的现实镜像，正因为如此，元朝社会的基本矛盾除了传统史家所言的农民阶级和地主阶级的矛盾之外，便是蒙古人和其他等级人种的矛盾。

地主阶级曾是元政府有意拉拢的对象，但由于部分小地主阶级可能是汉人或南人，这部分地主阶层在社会矛盾激化时，很容易就走到元政权的对立面。而许多手工业者、商人、知识分子等，也在等级歧视和压迫过程中逐渐加入反抗者的行列，由于这部分人的存在，农民起义军就成了一支融合各社会阶层智慧的队伍。

如果社会矛盾的存在是历史的必然，那么事件的发生则是必然中的偶然。从元代的记录里，我们可以看到关于黄河决口的十数次记载。撒旦打开炼狱之门，人间沦陷。数万，甚至数十万平方公里的人间大地立时化作汪洋泽国。元顺帝至正四年(1344年)，河南淮北地区连着下了二十多天的暴雨，致使黄河水暴涨，白茅堤、金堤等黄河堤坝决口。济宁、定陶、巨野等地水灾泛滥，人民苦不堪言。这次治河工程从至正十一年(1351年)四月开始。由于工程量浩大，元朝廷征调了汴梁、大名以及庐州等地十七万军民负责工程的具体修建工作。

这不是元帝国规模最大的一次治河行动，却是它的最后一次。在做出治河的决定之前，帝国决策层曾经发生过激烈的争论。反对派认为：山东连年饥馑，民不聊生，聚众于此地治河，"恐他日之忧又有重于河患者"。此种高论，显然只能出自缺少人文关怀的政治动物之口。不幸的是，确也道出了当日的实情。原因是那些遍地横行的贪官污吏，已经不容许自己的政府施行此类善举德政。

果然，如史料记载，十七万治河民工与军队聚集起来，开始这个造福社会的宏大工程后，"朝廷所降食钱，官吏多不尽给，河夫多怨"。各级官吏上下其手，层层克扣，致使国家拨下来的工钱大多在各级管理者手中蒸发了，治河民工只能得其余唾，由此引发的憎恨可以想见。而治黄工地上则是"死者枕藉于道，哀苦声闻于天"。广大在工地的贫苦民工都渴望有救世主来拯救他们。

终于，星星之火被擦燃，干柴烈火刹那间腾空而起。事情起因于治河工地上的一个怪异发现。至正十一年四月底，在今天山东曹县西南黄陵岗工地上，民工们突然在河道底下挖出了一个独眼石头人，石人背部刻着一句话，曰：石人一只眼，挑动黄河天下反。石人的出现，与几年来流行于黄河南北广大地区的一句童谣完全吻合，数百年屡试不爽，甚至连手法都不变。历史是周而复始的转圈游戏，城头变幻大王旗。在人心浮动之际，这种不具有原创精神的游戏所带来的功效要远远胜过那些堂皇说教千万倍。

一时间，人心大动。几天后，五月初三，河南颍州，也就是今天安徽省阜阳县白鹿庄发生了韩山童、杜遵道、刘福通等人领导的白莲教暴动。他们利用遍布各地的教会组织广为传播，大造声势，并暗暗地錾了一个石人埋于黄陵冈的当路处。同时精心策划，分派大批教徒混入民工，宣传天下将要大乱，弥勒佛已经降生。一传十、十传百，河南、江淮一带的老百姓很快就闻风而动。

加上督河官吏克扣修河经费中饱私囊，搞得民怨沸腾，大有山雨欲来之势。每个改旗易帜的时代，都会迎来一场令人疯狂的盛宴。

## 2．家族悲剧的时代隐喻

一个人的身份注定了他从何处而来，又将归于何处。后人试图给朱元璋贴上各种身份标签：佃农、游民、和尚、造反者，或者是一个手段过于狠辣的帝王。他的一生至少有五次以上的身份转换经历，而每一次身份的转换对他来说，都是个人价值的一次自我提升与精神蜕变。有人说做了帝王的朱元璋，和作为小农的朱元璋，是两个人。其实都没有变，又都变了。

这个古老的国度就像是一个巨大无比的盒子，每个人都活在其间。若是不满的情绪越积越浓，整个盒子里便会充斥着一种箭在弦上的紧张气息。烈火四野蔓延，改朝换代的各种传说应运而生。朱元璋出生于一个佃农家庭，其父朱五四和他的祖父朱初一都是没有多少文化的农民。父亲一辈子连个正儿八经的名字也没捞到，只能叫朱五四。没名没号的底层小人物在任何时代里都像是野草的种子散落于这个世界的角角落落，飘到哪里就会在哪里生根。

朱五四一生从淮河下游，洪泽湖南岸的盱眙（江苏淮安市盱眙县）漂泊到濠州（安徽凤阳），他的人生经历了四次迁徙，先后搬过七次家。早在他的上一代，也就是朱元璋的祖父时期，他的家族就脱离了宗族所在地句容（今属江苏）的朱家巷。这一年是元文宗天历元年（1328年），中华大地正在蒙古族的统治之下，全国人分四等：蒙古、色目、汉人、南人。朱家属南人范畴，位居末等；而他们又是这末等南人中最为穷困、最为低贱的雇农，属于草根中的草根。城头变幻大王旗，老百姓都被编进固定户籍，包括民户、军户、匠户、灶（煮盐）户、站（驿站）户、儒户、矿户等，有几十种。不同户籍承担着不同的供纳和劳役。这种强制性的供纳，与劳役者的身份并没有绝对的联系。国库里面缺什么，生活于低层的劳力者就要无条件地供纳。

朱初一被编为矿户中的淘金户，意味着朱家每年都要向朝廷缴纳定额黄金。句容县从来就不是一个黄金出产地，而作为赤贫户的朱初一，估计这辈子也没见过几次黄金，更不用说让他去淘金。在不讲理的世道里，生存者没的选择。可怜的朱初一只有卖掉粮食购买黄金去缴纳。本就是贫家小户，怎能经得起这般折腾，日子过得异常艰难。万般无奈之下，他只好领着全家人有如候鸟一般四处迁徙。想尽办法，只为活下去，这是所有生物的本能，包括人类。从这个层面上说，人类与蝼蚁并无差异。朱初一经历了怎样的困境，不得而知。总之，他将全家搬迁至洪泽湖南岸的盱眙（江苏淮安市盱眙县）。这里有大片因战争而抛荒的土地，他们停下来，开荒种地、繁衍生息。农耕社会求生存，土地是活命之资。朱元璋的父亲朱五四也在这里娶妻生子，在那样一个动荡的大时代里，普通老百姓根本就没有享受生活的资格。能够活下去，已是上天给予的最大恩赐。

朱五四搬到濠州（今安徽凤阳）钟离太平乡孤庄村后，他的小儿子朱元璋来到这个世界。1328年的九月十八日是一个何等神奇的日子。史家不惜笔墨，将所谓的祥兆记录下来。那天夜里，朱家的屋顶上一片红光，左邻右舍以为失火，纷纷跑出来救火。朱元璋出生后，母亲抱着他到河里洗浴，从远处漂来一块红罗幛为他裹身。人们口口相传"真龙天子"降生时的种种神奇与灵异，而现实却是另一副面孔。朱元璋出生的时候，朱五四已年近半百，算是老来再得子。朱元璋的降临，并没有表现出改变这个家庭窘境的任何迹象。不过是在一串嗷嗷待哺的小生灵中，又增加一份负担。朱元璋生于朱家，注定了他从娘胎里一落地，就成为社会最底层人群中一员。他睁开眼睛看到的世界，是一个充满饥饿、寒冷、肮脏、混乱的世界。哥哥、姐姐站在母亲旁边，用他们饥肠辘辘的肚子欢迎他这个家庭新成员的到来。朱五四是父亲的本名，名字取得过于随意。所以在朱元璋做了皇帝后，还是为他追加了一个名字——朱世珍。

官府的敲诈和聚敛让草根小民难以生存，朱家也不例外。穷家破业的小户，他们的生存成本，不知要高出他们的身份多少倍。按照元廷规定，淮河流域的农民需要缴纳丁税、地税和科差。土地，不仅养活不了它的子民，还要反噬它的子民。真应了老子的那句话：天地不仁，以万物为刍狗。彼时，一个农民家庭需要承担沉重的朝廷赋税。地税每亩三升，丁税三石，将近地税的一百倍，即一百亩地折一丁，对于朱家这样人多地少的赤贫户来说，沉重的丁税负担让他们难以承受。三个成人，需要缴九石谷，再加上地税，每年不下十石。如此负担，对于朱家这样的小农实在是无法承受的生命之重。地主家有的是余粮，而朱家是吃了上顿就不知道下顿在哪里。朱元璋后来当了皇帝想到这些，还是会陷入焦虑，他在批阅奏折时，总是会挑出那些与农民生存有关的内容，一再咂摸。

朱元璋的大伯朱五一有四个儿子，也就是堂兄弟。他们分别叫重一、重二、重三、重五，父亲朱五四有四个儿子，也就是朱元璋的大哥重四、重六、重七。因为朱元璋在这个家族中排行第八，所以取名"重八"。他还有两个姐姐，她们是没有资格排序的。元璋这个名字，还是他后来加入郭子兴义军之后取的。"璋"的意思是"锋利的玉器"，这里或多或少暗含着朱元璋的一种人生态度。对于乱世底层人群来说，孩子，不止于孩子，他也是一个家族、一个家庭在命运轮盘赌中的筹码。所以，中国民间才会有"越穷越生，越生越穷"的说法。

朱元璋的父祖世代务农，并没有值得大书特书的事迹。倒是母系一族，尤其他的外祖父，是个有故事的老人。《明史·列传第一百八十八·外戚》记载：

> 陈公，逸其名，淳皇后父也。洪武二年追封为扬王，媪为王夫人，立祠太庙东……从大将张世杰麾从祥兴。至元己卯春，世杰与元兵战，师大溃，士卒多溺死。王幸脱死达岸……

外公姓陈，早年投军于南宋末年抗元名将张世杰麾下，参加过南宋与元朝大军最后一战，也就是发生于广东新会县的崖山之战。那场载入史册的大战，以南宋宰相陆秀夫仗剑逼令妻儿跳海，然后自己背负着仅有六岁的南宋末代小皇帝蹈海而亡，宣告了南宋王朝的覆灭。朱元璋的外祖父被打落海中，后被人救上岸，历尽艰辛逃回老家，一直避居乡间，靠巫术、卖卜与看风水为生，活到九十九岁才去世。

朱元璋出生时，那场大战已过去半个多世纪。在他的记忆里，记不清母亲陈二娘在他面前重复讲述过多少遍。朱元璋的童年，外祖父的英雄事迹是他成长的活教材。他印象中的外祖父，高大且固执。他无法将记忆中的这个老人，与母亲故事里那个神一般的人物联系起来。他喜欢故事里的外公，因为它符合一个孩子对于英雄的想象。那个有着忠君报国理想，敢于反抗压迫的外公，在朱元璋幼小的心灵深处产生了巨大的回响，也让对王朝更迭、天下易主之事产生兴趣。生在这样一个赤贫之家，居然还能和一段传奇扯上关系，这让朱元璋感到满足。就像一个快要饿死的叫花子，居然从口袋里翻出一张藏宝图。母亲是外祖父的二女儿，天性开朗大方，深得外公疼爱。听母亲说，在她幼年时候，见过世面的外公曾教她读书识字，给她讲述自己经历或者没有经历过的历史掌故和各地的风土人情。

朱元璋从乡人口中知晓，母亲年轻时能歌善舞，曾经在乡间迎春赛会与社戏上有过精彩表现。这样的话听来，无异于又一段传奇。从朱元璋记事起，母亲苍老的面容里，只有"苦寒"二字，哪里有半点歌舞娱乐的影子？他不明白，当年跳脱出众的母亲，怎会选择嫁给老实巴交的朱五四。

朱元璋稍长，虽然家境窘困，母亲还是节衣缩食将他送进私塾。他在私塾待了不到一年，由于家里生活难以维系，只好辍学，他不得不像其他孩子那样放牛割草，以此补贴家用。尽管如此，在母亲的教导下，朱元璋还是勉强学完《百家姓》《千字文》等发蒙读物，为自己打下浅薄的文字根底。正是因为母亲，朱元璋看这个世界不再是一种颜色，内心拥有了区别于一般农家娃的开阔度。

纷纭杂沓的乱世，无休无止的杀伐，使得濠州的钟离、定远一带人口严重衰减。尽管如此，贫瘠而广袤的土地上，却无一尺半寸属于朱家。濠州境内有韭山、凤凰山、三峰山等荒山，常有虎豹出没。"樵者不敢入于山，农者不敢耕于野，商旅不敢出游途，孳畜不敢牧于薮。"当地官府及猎户，七八年间擒获千余只猛虎，数量惊人。朱家迁居孤庄村时，"自定远抵淮涘，南北数十里，崇岩林莽,虎聚为患,村落震恐,行旅戒严于其途。后元命将军应宜儿赤捕杀殆尽,其患始熄"。孤庄村之所以称为"孤庄",与这里人烟稀少、虎聚为患有着很大的关系。

朱元璋出生时,大姐已经嫁于盱眙县太平乡段家庄的王七一。上天并没有眷顾这对贫贱夫妻,二人婚后不久便相继而亡。他的上面还有三个哥哥,一个姐姐。大哥朱重四好不容易娶上一房媳妇,可是二哥、三哥想要成家立户,几乎不可能。没有办法,他们只好入赘女方家做了上门女婿。朱元璋做了皇帝以后,封二哥重六为"盱眙王"、三哥重七为"临淮王"。他是根据他们各自的入赘地,给予他们不同的封号。二哥入赘地是泗州盱眙,三哥是钟离县东乡。

入赘,在民间通常被认为是一件不光彩的事。《汉书·贾谊传》有"家贫子壮则出赘"的话,哥哥入赘虽然是家族的耻辱,但也是一条别无选择的活路。对于朱五四而言,让两个儿子相继入赘是没有办法的办法。既可以让他们成家立室,也少了两个人的重税。二姐嫁给三哥入赘地钟离县东乡的一个渔户李贞,同样是穷人家。虽然父母育有四子二女,但是只有朱元璋和大哥朱重四在一起生活。大哥婚后育有二子一女:长子圣保、二子驴儿(即朱文正),女儿是后来的福成公主。这样算下来,朱元璋一家这时候有八口人。

至元三年(1337年),朱元璋十岁那年,为了逃避沉重的赋役,举家迁往钟离县西乡,依然靠租地耕种,维持最基本的生活条件。西乡的土壤较差,加上当地的灌溉条件也不行,一年忙到头,缴了租子所剩无几。父亲没办法,第二年只好带着全家再次搬迁。这一次搬到了太平乡的孤庄村,成为地主刘德家的佃户。

上无片瓦，下无立锥，最基本的生活来源都要仰赖主人。刘德是那种与我们想象并无多大出入的为富不仁的地主，对佃户尤其苛刻。如果碰到大灾之年，即使皇恩浩荡，专门发下减免租税的诏书，所起的作用也是微乎其微。地主刘德以减税不减租为由，逼着佃户缴全租。佃户们缴不出，他就放高利贷。通常是借给别人一百，先扣除利息，实际上别人只能拿到八十，等到好年景，他会连本加利和租谷一起催缴。一家人辛辛苦苦忙碌一年，等于是为地主家忙活。不种地连活下去都难，种地反倒欠下不少债，这就是现实。

朱元璋具有领导者的潜质，打小就是一群乡间孩子的头领。或许是他肚子里的故事多、心里的点子多，伙伴们喜欢围拢在他身边。他把他们分成几拨，指派头目，订立规则，各占高坡，相互追逐，以定胜负。他们最爱玩的游戏就是扮皇帝，乐此不疲。每个人身上穿着破衣烂衫，内心却有着求取富贵的愿望。当放牛娃，常挨主人打骂，吃不饱饭。早晨赶着牛出门，天色将晚才能回家。牛吃饱了，可饿了一天的朱元璋，只能一遍遍往肚子里灌山中的泉水。他做梦也不会想到，多年后，会有上百道菜摆在他面前，晃得他眼睛都花。凤肝龙髓、玉液琼浆，在精美的器皿里泛着光。只要他愿意，每天都能享受到这一切。面对这样的排场，他却快乐不起来。享乐于他而言，更像是活受罪。

如果当年那个叫重八的孩子，能够穿过彼端的时间帘幕，坐于此端，一定会沉浸于一场食欲的极乐世界。最为世人津津乐道的是他杀牛饱食的故事。那次他与小伙伴们放牛，饿得实在受不了，他盯着母牛肚皮底下吮奶的小牛犊，想出了一个点子。他抽出随身携带的弯刀，将锋利的刀尖插进了小牛犊的肚腹，伙伴们在小牛犊的惨叫声中吓呆了。血光让他的面目变得狰狞,也让他更加兴奋。他召唤和他一起放牛的徐达、汤和、周德兴,过来帮忙。一头小牛犊就这样被他们烤着吃了,他这一生都不会忘记那一顿饱食的肉香。饥饿像一条吐着信子的毒蛇,从空荡荡的胃里钻出来。顷刻之间,只剩下一张牛皮、一堆骨头和一条牛尾巴。看着伙伴们互相埋怨、急于洗脱罪责的模样,朱元璋虽有些慌乱,但不免觉得有些滑稽。他让伙伴们把牛骨和牛皮就地挖坑掩埋,并将血迹掩盖起来,然后将牛尾巴插到山上的岩缝里。他告诉他们,地主刘德如果问起,大家就一口咬定小牛钻进山洞里去了,拽不出来。

这个近乎天真的想法瞒不过刘德,不出意外,朱元璋被毒打一顿赶回家。平日里像老牛一样沉默的父亲给了他一巴掌,没有再说什么,承担了赔偿小牛的债务。多年后,徐达、汤和他们说起这件事的时候,语气里仍流露着钦佩之意。朱元璋表现出来的勇智与担当,超出了他的同龄人,也因此赢得这帮顽劣之徒的信任。对于心智尚未成熟的孩子,这无疑是一次大胆的行动,其直接目的是消饥解馋,而其深层动机则是对刘德那种为富不仁者的报复。

尤其是日后跟着朱元璋一起冲锋陷阵的大将汤和、周德兴和徐达等人,也在分牛而食的小伙伴当中。从某种意义上说,日后为朱元璋冲锋陷阵的许多将领,这时候已经与他形成了臣属关系。从游戏当中,可以看出少年时期的朱元璋,已经具有为改变命运而敢作敢为的性格萌芽。对于一个穷孩子来说,改变命运不就是为了吃顿饱饭吗?本以为土地是最讲道理的地方,一分耕耘、一分收获,它承认你的用心,承认你的付出。而这不过是理想主义者的想法。在那样一个时代里,土地是最不讲道理的地方,十分耕耘,也难有一分收获,像人一样坏了心肠。

随着侄儿、侄女们相继来到这个家庭，朱元璋在家中也陷入尴尬的境地。迁居孤庄村那一年（至元五年，1339年），父亲已经五十八岁，母亲小五岁。由于生活条件所限，一个贫民活到五十岁以上，已经够本。而此时的朱元璋刚刚年满十二岁，全家八口人的生活重担落到了大哥朱重四的肩上。大哥成了家里的顶梁柱，不仅要上奉父母、下养子女，还要承担对弟弟的照料。作为底层民众中的佃户，朱家连赖以生存的土地都是从地主家租种的，其他生活资料近乎没有。

在地里忙碌了一天的朱家大哥，像一头疲惫的老牛，有着暴躁的脾气和无言的沉默。每每回到家中，看到逐渐苍老的父母和玩性正烈的弟弟，脸色总会变得异常难看。他的这种态度，一度让朱元璋和家人并不满意。朱元璋在《御制纪非录》中记下了这段令人肝肠寸断的往事："朕不幸有骨肉乖离之患，且从孙（朱）守谦（朱文正之子）之祖（即朱重四），幼因皇考（父亲朱五四）惜之甚，及壮，无状甚焉，其非奉父母之道，有不可胜言。"在朱元璋的记忆深处，他和大哥重四共同生活的十七年，兄弟之间的关系并不融洽，有很多不愉快的往事留在心头。在那样一个纷乱的大时代背景下，一个农民的命运绝对不会比地上爬行的蝼蚁好到哪里去。一场突发的灾难，就会让整个家族和个人陷入难以自拔的人生绝境。天空、大地、所有的人，表情都是一样的冰冷麻木，暗暗沉沉。

从至元五年到至正四年（1344年），朱元璋在孤庄村生活了五年之久。在那贫寒的岁月里，他从十二岁的少年成长为十七岁的青年。十七岁对于那些富家子弟来说，正是风流锦绣的年华；对于朱元璋来说，留在记忆中的只有苦涩和辛酸。朱元璋已经成长为一个男人，他要与父兄一起扛起生活的重担。生于佃农之家，既要做到应对所有农活如臂使指、挥洒自如，又要熟悉民风民俗、人情世故，甚至还要成家立业顶起一个户头。如果不出意外，他将沿着父兄的生活足迹，成长为一个勤劳、淳朴、忠厚的凤阳农民。在淮河岸边的那块古老的土地上，他无数次地仰望星空，希望能够得到某种指引。

至正四年，一场突如其来的天灾，彻底摧毁了相对宁静的贫寒岁月，也完全改变了朱元璋的人生境遇。那一年的春季，数月无雨，江淮大地千里赤旱，铺天盖地的蝗虫风卷残云般地将田地里残存的青苗吞噬得干干净净；接着，一场席卷而来的大瘟疫在蝗、旱灾害的双轮驱动之下，威力空前，使朱家顷刻之间陷入灭顶之灾。朱元璋的父母和长兄都死于这场天灾人祸，从四月初六到四月二十二，短短的十几天内，父母、大哥朱重四相继死亡，随后不久，三哥朱重七也离开人世。

朱元璋后来在《御制皇陵碑》中，痛苦地回忆起这段经历："俄而天灾流行，眷属罹殃。皇考终于六十有四，皇妣五十有九而亡。孟兄先死，合家守丧。"当他的父亲、母亲和大哥相继死了以后，嫂子带着孩子回了娘家，只剩下他和二哥相依为命。对于风雨飘摇的家族来说，亲人的相继离世无异于天塌地陷，但又何尝不是一种解脱？逝者已逝，生者还要继续挣扎。活在恐惧深水中的漂浮者，没有救命稻草可以抓。

中国传统社会最讲究宗族观念，乡村社会基本上是依靠宗族力量在维系繁衍。对于像朱元璋这样从父辈就迁徙过来的外乡人来说，根本享受不到来自宗族力量的庇护。当他们的生活陷入绝境时，很少有人伸出援助之手。这种完全依靠个人力量在世间求生存、求发展的现实，让他的性格深处有了更多坚硬的成分。如果这个世界是一颗有生命的蛋，朱元璋所要做的，就是将自己打磨成一块石头，然后去敲碎那颗蛋，以此换来新生。

中国人讲究的是入土为安，一番痛彻心扉过后，朱元璋和二哥重六经过合计，前去哀求地主刘德，希望他能看在数年主客一场的分上，施舍一块坟地给他们的父母。在土地上辛苦劳作了一辈子的农民，死了却无一寸埋骨之地。朱元璋本以为刘德能怜悯他们，施舍一块埋葬父母的土地。遗憾的是，他们一无所获，不仅如此，刘德还借机羞辱了他们一番。

现实毕竟不是一潭绝望的死水，朱家夫妇的良善还是为他们死后积攒了福祉。同村人刘继祖得知朱家遭遇，就给了他们一块田地。刘继祖不会料到，自己出于好心赠给朱家的这块地，会成为日后的"龙脉"之地，成就一个王朝的根本。朱元璋和二哥千恩万谢，感激不尽。但是死者衣衾棺木还是没有着落，只好包裹了几件破烂衣服，抬到坟地草草掩埋，以安顿亲人的亡灵。

那一天，朱元璋永世不会忘记；那一幕，也成为折磨他一生的黑色魔咒。他和二哥重六来到坟地，正要准备动手挖坑，天空突然电闪雷鸣，风雨交加。等到云散雾开，他们再到坟地去看，父母的尸首不见了。刚才的暴雨将山坡上松软的泥土冲塌，恰好埋住了棺椁。三十五年后，朱元璋在撰写皇陵碑时，回忆起这段往事，依然表达了他当时的心境："殡无棺椁，被体恶裳，浮掩三尺，奠何肴浆。"如此巨大的打击在他年少的心头投下浓重的阴影，每念及此，肝肠寸断。他们都死在那个万恶的年头里，死亡是他们的解脱，让他们的灵魂变得更加明亮和喜气洋洋，不再受这世间的罪与罚。

穷人在艰难的世道里活命，好像生来就是为了尝尽生活的百般苦楚。对于我们这样一个视肉体痛苦为生存常态的民族而言，精神上的痛苦并不具有普世意义。尤其对于朱元璋所处的游民阶层，若有人说自己精神痛苦，或是灵魂不堪重负，那一定会有人说，你是异类，是精神病患者。对于他们来说，流汗吃饭、流血赚钱，敢于寸刀割人，必然要做好加倍偿还的准备。

朱元璋就这样眼睁睁看着自己的亲人一个个消失在自己的面前，却毫无办法。短短的十三天，死神夺走了他的四位亲人。对于一个半大孩子，这种打击到了让人难以承受的边界。而在此次灾荒之前，他的二嫂、三嫂都已经先后病故，二哥的独生子也夭折了。现在，朱家只剩下他和二哥重六，以及大嫂王氏和她的一双小儿女。大嫂王氏因公婆、丈夫均已过世，她也不愿意留在那个支离破碎的家庭，便带着子女回娘家度日。接着，二哥重六也返回入赘的岳父家中。让朱元璋没有料到的是，他与二哥重六从此再也没有见过面。

暮年的朱元璋在书写《皇陵碑》时，提及往事，情难自已，颤抖的双手握不住一支笔。家破人亡，亲人离散，兄弟也要分头逃难。这一分手，就有可能会消散于世道苍茫，或许再也不会有见面的机会。他至死都无法忘记，他和二哥分开时抱头痛哭的场景。后人有一句话，命运在为一个人堵上一扇门的时候，同样会为他打开另一扇窗，既然从命运之门爬不进去，那就翻窗而入、翻墙而入。或许是命不该绝，朱元璋遇到了汪氏老母，她给他指引了一条活路。诚如吴晗所写："隔壁汪老娘看着重六不放心小兄弟，提醒当年五四公不是在皇觉寺许了愿，舍朱重八（即元璋）给高彬法师当徒弟吗？如今何不一径当和尚去，一来还了愿，二来总是有碗淡饭，不比饿死强？"汪氏老母是朱家的邻居，丈夫早逝，带着三个儿子艰难度日。她看到沦为孤儿的朱元璋，便经常接济一碗粗茶淡饭。在汪氏老母的筹量下，无路可走的朱元璋遁入空门，在皇觉寺当了一名游方和尚。不为晨钟暮鼓修来世，只为混口饭吃。当生活将朱元璋逼向绝境的时候，他并没有在生活的苦海恶浪中乱了方寸。

### 3. 游民群体的复杂镜像

洪水退去，淮河两岸瘟疫又起。上天似乎要将他的人间子民逼至绝境，连续四十天的干旱无雨，赤地千里。大水退后种下去的庄稼干枯了，划根火柴就能点着整个大地旷野。人们心头仅存的星星点点的希望火焰逐渐熄灭，如果天要绝人的活路，人能奈何？对于在淮河流域生活的人们而言，逃荒是他们最不陌生的一项关于生存的必考科目。沿着钟离村尘土飞扬的乡间土道，一群群扶老携幼的难民艰难地向前移动着。大旱之后，又遇蝗灾。寥寥中原，赤地千里，饿殍遍地，哀鸿遍野。

在那个世界，大多数人的命运掌握在少数人的手里。对于他们来说，三个也好，三百万也好，仅仅是数字的变化。千千万万挣扎于底层的农民，既是天灾人祸的承受者，也是一战成名的付出者。大历史看上去像是和他们没有多大的关系，大历史好像只漫步于高墙森严的官邸府院，可是谁也不能否认，他们身上有着改写历史的最大可能性。

朱元璋到庙里不足两个月，就迎来了一场大饥荒。寺庙的住持只好把粮仓封了，让本就无路可寻的僧人们到纷乱的世道里去寻找活路。所谓的活路，无非就是让他们到处去化缘乞讨。朱元璋背上破包袱，提上木鱼和瓦罐，重新投入民间社会。这时候的他有了一种恍如隔世的感觉，这种感觉更多是身份的变化所引发的。在此之前，他还只是元朝濠州府钟离县太平乡孤庄村里的一个普通男丁，是父系朱氏和母系陈氏家族血缘关系链中的重要一环，是皇觉寺有度牒在身的和尚。

迈出皇觉寺门槛的那一刻，朱元璋陷入人生的大迷茫中。就算他有着超然于同龄人的个性，也无法为自己找到一个准确的人生定位，他甚至觉得自己和地上爬行的蝼蚁并没有多大的差别。生或者死，对于这个世道而言，都是微不足道的。农民的根扎在土地上，一切纲常教义，一切与"安分守己""安土重迁"有关的大道理都与土地有关。无处不在的压迫与榨取，将朱元璋和他的伙伴们从这块土地上连根拔起，他不得不转换身份。农民做不得，只好去做这个社会上的浮浪者，做一个浮食游民。从他来到这个世界，一场接一场的灾难，早已将附着于其身、所有可以证明自我存在的价值符号都一一擦去。

当一个人的身份变得越来越模糊，意味着这个世界已经将他抛弃。对于农耕民来说，他们一旦脱离生息之地，很容易被主流社会所抛弃，成为游荡于城乡之间的游民。游民是那些在主流社会失去容身之地的人，他们托命的空间就是江湖，风波险恶，一饱难求。他们成为在农村之间辗转、租种土地、以农为生、没有流入城市的人群。学者王学泰这样描述游民的性格："游民脱离了主流社会，失去了自己的角色位置。他们是没有根底，随着时势浮沉游荡的一群；他们没有地位，失去了社会的尊重。因此，他们是反对现存的社会秩序的，也不必考虑角色位置为人们所作的种种规定……他们极端重视眼前利益，不太顾及离现实较远的后果。他们很少文化教养,也就没有了文饰的习惯。一些社会舆论所不容、被通行道德所鄙视的行为,他们常常不以为非,而且为了达到眼前的目的也很少有固定的是非观念;一些士大夫甚至普通人都要掩饰的观念和性格,在游民看来没有掩饰的必要……而是赤裸裸地表现出中国文化传统的阴暗面。"

朱元璋先后漂泊到了庐州、六安、汝州、颍州等地,最后又返回皇觉寺。在《皇陵碑》中,朱元璋用生动的笔触描述了自己三年的流浪生活:

> 居未两月,寺主封仓,众各为计,云水飘扬。我何作为,百无所长。依亲自辱,仰天茫茫。既非可倚,侣影相将。突朝烟而急进,暮投古寺以趋跄。仰穹崖崔嵬而倚碧,听猿啼夜月而凄凉。魂悠悠而觅父母无有,志落魄而泱佯。西风鹤唳,俄淅沥以飞霜。身如蓬逐风而不止,心滚滚乎沸汤。一浮云乎三载,年方二十而强。

云游归来,朱元璋已拥有丰富的游民经验。有人因此推断他在这三年的流浪生涯里,接受了新的宗教、新的思想、新的意识形态,甚至说他加入了民间社会的秘密组织。如果说青少年时期是一个人学习成长和积累的过程,三年的江湖经历对于朱元璋来说,相当于他在社会这座大学堂里完成了全部的学业。在任何时代,游民的社会经历和社会经验都会比那些困于一隅的农民的更加纷繁复杂。也正因为如此,种种世相历练了朱元璋的多重性格。寄身丛林,自然逃不掉丛林法则的困囿。至于道德,说多了就成了招牌和幌子。在这三年时间里,朱元璋遇到过各种各样的人物,他整日与社会上的三教九流、低层百姓在一起摸爬滚打。既得到帮助，也受过胯下之辱与冷眼。在经历的人间万象中，他体察到的更多的是人性的弱点和人情的虚伪。所有这一切，造成了朱元璋性格深处猜忌、残忍的另一面。什么时候该缩回壳里当一个软体动物，什么时候该梗着脖子迎刃而上，他比谁都拎得清楚。

鲁迅曾在《流氓与文学》谈到，"在中国，流氓要是得了时机，也是很厉害的"。他认为刘邦、朱元璋都是流氓，只不过他们后来当了皇帝。其实对于"流氓""无赖"的理解，古今是有差异的。《中文大辞典》解释称："（流氓）今谓扰乱社会秩序安宁、专事不良行为者，亦曰流氓，与无赖同。"显然，今天的这个词是有明确的道德指责的，一提起"流氓"，我们马上就想到的是品行不端、猥琐下流之徒。然而，这个词开始并不是这种意思。"流氓"，指的是"流民"，《说文》里称："氓，民也。""氓"与"民"是互通的，以"氓""民"互文或换用的用法多如牛毛。鲁迅所谈的"流氓"，更接近于"流民"，虽然也带着贬义，但并没有直接取品行败坏的"流氓"之义。

所以说，"流氓"取"氓"义解之，是脱离了古代社会最基本的生产资料——田地，没有正当的业务可恃且又愚昧无知的社会底层成员。而作为流氓之"流"的字义解，又可包含或引申出向坏的方向嬗变以及放纵成弊等内容。也就是说，"流氓"词义的不同，也可视为流氓演变史。开始只是没有土地，后来连品行都变坏了。不过，这是两千多年后的作家观点，虽然影响大，但不能作为历史的依据。

从土地上出走的朱元璋，不再是一个在生活陷入绝境时听天由命的农民，在江湖的历练下，他成长为一头大胆而狡黠的野兽。

在凭借手段混饭吃的江湖，朱元璋身上的主动冒险精神表现得愈发强烈。他这个乞丐，无数次在争食抢地盘的街头，与其他乞丐挥拳拔刀。不是因为仇恨，而是为了聊以糊口的利益，以一敌众，刺刀见红。一次次与死亡擦肩而过，朱元璋用自己的勇气扼住了命运的喉咙。晚年时期，他在回忆那段人生经历时，不无得意地感慨：自己"阅人既多，历事亦熟""人情善恶、真伪，无不涉历""人之情伪，亦颇知之"。那段江湖经历，让朱元璋迅速成长并成熟起来，帮助他跨过青涩的懵懂年代，直接进入成年人的复杂世界。在这个世界里，朱元璋学会用更加务实的角度去看待事物，体验世情冷暖，学会识人本领。

王家卫在他的电影道白里，意味深长地说，人就是江湖，有人的地方就有江湖。正是江湖改变了朱元璋的性格，也正是这种性格赋予了大明王朝一种阴郁复杂的时代特征。一个被社会和生活迅速催熟的农家子，从乡村到江湖，让他获得了同龄人不具备的特质：勇敢，精明，适者生存的手段。江湖在赋予他这些特质的时候，也同样损伤他身上所具备的与道德有关的品质。对于一个连生存都成问题的人，空谈道德是不现实的。就像一头在草原上生存的狼，填饱肚子才是第一位的，为了实现这个目的，什么样的手段都可以去尝试。

朱元璋寄居于佛门净地之时，外面的世界如同一锅鼎沸的水热浪滚滚。从至正十一年（1351年）五月颍州的白鹿庄起义，到至正十二年（1352年）三月，十个月之间，北起黄河，南越长江，东际濠、泗，西抵荆、襄，鄱阳、洞庭之滨，浙西、赣南之地，红巾军遍地游走，末世狂舞的乱象在中华大地蔓延开来。许多像朱元璋这样走投无路的游民为了保住最后的生存底线，拼死也要杀出一条生路。

这时候白莲教在民间组织的影响力已经有所显现，白莲教亦称白莲社，所信奉的宗教教义，实际上就是明教即摩尼教的教义。摩尼教所宣传的理念是黑暗即将过去，光明即将到来，他们的口号是"明王出世，天下太平"。他们所供奉的偶像是弥勒佛，因此也叫弥勒教；同时又宣传明王出世，故称为明教。投身其间的教众认为他们正行走于黑暗的世道，都不满意当下。他们相信过不了多久，将会迎来一个温暖而明亮的时代，"明王"或"弥勒佛"将横空出世。作为人间子民，他们要动员天下民众去迎接光明的召唤。一个宗教预言就这样口口相传，成为引爆现实的导火索。虽然有人质疑，但并不妨碍信徒对于信仰话题的传播。它像烈火一样燃烧，很快便产生吞没一切的力量。

南北两派在起兵以后，由于同样的信仰，又有着相同的目标，于是合二为一。教徒用红布裹头，时人称之为红巾军。又因为教众烧香拜佛，因此也称为香军。在他们的身上，他们的杀人武器里，知情者能够通过香气辨别出他们属于哪一支队伍。或许是在苦水里泡的时间过于长久的缘故，他们也是最容易得到满足的群体。作为社会结构中的弱势群体，从来没被人真正关心过、救济过，甚至怜悯过，而明教组织恰好迎合了他们的精神需求。在残酷的世界里，唯有精神的强大才能让人活下去。入教的农民滚雪球似的增长，明教的教区随之扩张，与朝廷抗争的行动越来越多。

人们相信，在最黑暗和孤寂的时刻，一定会有闪电掠过天际，而明教就是那道裂空的闪电。光明如期而至，弥勒佛也将从西方极乐世界而来统治这个世界，使人们的命运来个戏剧性的乌托邦式的转变。于是，那些有心造反之人，借助弥勒佛降世大做天命神授的文章。不知道是不是巧合，朱元璋的行乞路线与弥勒教徒起事的区域有着惊人的契合，他的活动路线基本上集中于息州、陈州、信阳和整个淮西流域，而前三个地方正是彭莹玉的活动范围。这一年的八月，黄河以南到长江流域，已然烽烟四起。彼时的河南、河北、山东、安徽、江苏、浙江、湖北、湖南、江西、福建、四川等地已经到处可见头上裹着红布的农民。他们分属十数个甚至更多个小山头，遥相呼应。等到朱元璋再度返回皇觉寺的时候，已经物是人非，曾经赖以栖身的寺庙，在一场暴乱过后毁于战火。濠州城内外笼罩着一片战争的阴影，元军与红巾军剑拔弩张。突然降临的灾难，再次将朱元璋抛离了原有的生存轨道。

至正十一年五月初三，颍州（今安徽阜阳）的白鹿庄聚集了三千人，个个头裹红布，手持刀枪棍棒，聚义造反。领头者是颍州刘福通和颍上人杜遵道、罗文素、韩咬儿等人。他们枭首号令、祭告天地，宣称韩山童是宋徽宗的八世孙，应该是天下的皇帝。而刘福通是宋朝大将刘光世的后人，按理说，他也应该以复兴大宋国运为己任。于是，他们共推韩山童为"明主"，择定日期通告四方首领共同起兵。

至正十二年正月，定远的地方大户郭子兴也于当地举兵。周边数万贫民闻风而动。郭子兴聚众烧香，成为当地白莲教的带头大哥。一个多月后，起义军攻克濠州，郭子兴自称元帅。而此时，一场大饥荒带来的巨变，让朱元璋身上所有的世俗锁链都被生生扯断。父母不存、兄弟失散，一切家族亲戚关系都被割断，他在这个世上赤条条来去无牵挂。地方官府不再管他的生存或者死亡，甲长也不管他何处来又何处去，甚至连他栖身的寺庙也不再管他吃斋还是念佛。平生第一次，他觉得自己一无所有，在这个世界上失去了人生的定位。

每天睁开眼睛,展现在他面前的天地是无序、混乱、凶险的。失去了家族和寺院的庇护,他就像是一只断了缆绳的小船,任何一场突如其来的风浪都有可能将他吞没其中。命运再将一个人逼入绝境时,也会为他开启另外一扇窗。就在生无所依的时候,朱元璋收到了一封改变命运的书信。写信之人是他小时候的玩伴汤和,汤和说他已经是红巾军的一员,在郭子兴部下做了一名千户。《明史》记载,汤和"幼有奇志",村里孩子玩骑马打仗的游戏时,他总是扮演指挥官的角色。汤和长大后,"身长七尺,倜傥多计略""沉敏多智数",按今天的尺寸换算,他该有一米九以上,高大倜傥,富有谋略,沉着、明敏,颇有才智。汤和非常了解朱元璋的生存处境,于是写信相约。与其乱世中等待机会,不如放手一搏,反正最坏的结果就是一个"死"字。

这封书信的内容用七个字概括,那就是"速从军,共成大业"。朱元璋收到这封信的第一反应,用他自己后来回忆的话说就是"既忧且惧",一时不知如何应对。促使朱元璋迈出关键一步的还是形势比人强:一是汤和的那封来信被人发觉,发现之人要到官府去揭发此事;二是朱元璋出家所居住的皇觉寺已经被元兵烧毁,意味着他将无容身之所,成了一名不折不扣的流浪无产者。也就是说,朱元璋最后走上造反道路的原因并不是一个英雄对于未知前途的幻想,更多是来自一个底层小人物的求生欲望,为生活所迫。

古代社会,漂泊无根的游民和辗转于天灾人祸的贫困农民是很少有机会接受教育的,也就谈不上具备文化知识。在人生的十字路口,他们很难做出理性的自觉行为。那种文人士大夫似的人生价值观对他们来说,是无法理解的。让他们为了实现某种理念或某种社会理想，投入造反的行列是很难想象的。

当汤和向朱元璋发出邀请的时候，朱元璋内心纠结了很长一段时间，他甚至用自己从外祖父那里学来的卜筮之法来决定自己的前途命运。在朱元璋写的一篇名为《纪梦》的文章中就记录了这样一幕：朱元璋使用"珓杯"来为自己算卦，珓杯是用竹或木做成的像杯一样的东西，杯口朝上是阳，杯口朝下是阴。两个杯抛起，落在地下，以阴阳来判别吉凶。生无所托的小民，不信天意，不信神灵，还能信什么？朱元璋渴望天意有灵，神意有指。遗憾的是，他并没有从中得到想要的答案。

人性都有趋利避害的一面，造反者的中坚人物大部分是漂泊于世道上的游民。作为将生存放在第一位的游民，他们更看重眼前的利益。与那些老实巴交、没见过世面的农民在宗教信仰问题上容易上当受骗还不太一样。在人生的重大抉择面前，他们更加精于算计，会将投入成本与将来可能得到的收益进行反复比较。他们追求的是"大秤分金银，大碗吃酒肉"的理想社会，有朝一日时来运转。"若要官，杀人放火受招安"是他们的美好愿望；"皇帝轮流做，明年到我家"是他们的最高人生理想。他们的所作所为有自己的一套混世法则，有奶便是娘。他们可以做到左手英雄豪迈，右手鱼肉良善，全不觉得有何矛盾而于心有愧。他们醉心的是无法无天的自由，是"哥不大，弟不小"的平等，然而一旦组织起来，忠义堂上的交椅该坐第几把？容不得丝毫含糊。

接到汤和的信后，朱元璋反复为自己占卜吉凶，每一次占卜都是内心的计算，为他将要付出的行动寻找一个能够说得过去的心理支撑点。农民如果不是因为破产，不会成为走投无路的游民，他们便不会轻易加入造反者的行列。连朱元璋这样的无产者走上造反道路都再三权衡、犹豫不决，更不用说那些有家有地、生活在宗法网络中的农民。在封建君主制社会里，那些居住分散的小农和游民是散漫的无组织力量，他们要想对抗强大的王朝机器，或者仅是为了求生而拂逆了当权者的意志都要付出惨痛代价。就算反抗，也是极其无力的。因此，在他们造反的同时，必然需要形成有组织的力量，不然无异于以卵击石。

朱元璋投到郭子兴的军中以后，凭借着年轻人敢想敢闯敢干的"三敢"精神，加上一副好使的脑子，很快独当一面。加入义军不到一个月的时间，朱元璋就被郭子兴提拔为亲兵九夫长，逐渐成为郭子兴身边的亲信之人。郭子兴更是将其义女马氏嫁给了朱元璋，也就是后来的马皇后。她的名字无从考证，但是部分野史与地方戏曲称之为马秀英。朱元璋和马姑娘结婚以后，地位发生变化，从一个刚刚入伍的新兵蛋子，摇身一变就成了主帅的女婿。

朱元璋加入起义军的生活与他在庙里当和尚大不一样，起义军里的关系错综复杂。他除了自身之外，并没有任何可以倚靠的力量。能够帮助自己立足于此的，只有个人身上所具备的人生智慧和自我保护的生存本领。郭子兴拉拢朱元璋，是为了壮大自己的实力。濠州红巾军的统帅来自不同地方，他们之间存在着抱团相抗的问题，并不和睦。军队首领除了郭子兴，还有孙德崖等四人，每个人都想成为带头大哥。彼此猜疑，很难相容。

元至正十二年，在徐州战场上败退下来的彭早住和赵君用投奔濠州城。进城不久，赵君用就勾结孙德崖在大街上把元帅郭子兴给绑架了。郭子兴的部下和他的儿子害怕孙德崖，不敢反抗。朱元璋正在淮北地区与官军作战，听到消息，连夜赶回濠州，找到关押之所将郭子兴救出。朱元璋并不甘心长居人下,内心有了一套自己的利益算计。乱世求生存,他想拥有一支属于自己的武装。

第二年(1353年)三月,围困濠州城的元军将领死在军中。围困濠州达半年之久的元军被迫撤离,濠州解围。元军退去,但濠州城内各派系之间的争斗却愈演愈烈。没完没了地内耗,让朱元璋萌生了去意。他最想回到自己的家乡,那里有很多的熟人资源,有自己少年时结交的朋友。中国人有着极重的乡情意识,尤其乱世求生。近有湘军、淮军,远有刘邦信任的丰沛集团。凡自家居所前后方圆十余里内都称为"屋门口人",平日即守望相助、互通有无;如遇上"屋门口人"与外乡人发生争斗,则不管是非曲直都会上前助拳,就算流血破财也在所不惜。

濠州因为被围得太久,城里的军士死伤过半,粮草严重缺乏。朱元璋就偷偷返回怀远用盐换了些米,补给郭子兴的部队。几个月后,朱元璋再次返回故乡招兵买马。不到一个月的时间,朱元璋拉起了一支队伍。虽然只有区区七百多人,但对于他来说,却意义重大。郭子兴非常满意,将其提拔为镇抚。朱元璋此时的心态已经在悄然发生着变化,他通过这一段时间的观察,判断郭子兴难成大事。朱元璋觉得该到了自己离开的时候,便将七百多人的队伍交给郭子兴。

至正十四年(1354年),这是春天的某一天,二十七岁的朱元璋带领徐达等二十四名亲信离开濠州,南下定远。这二十四个人是他精心挑选的,大多是他的老乡。在这里不妨列出他们的名字:徐达、汤和、吴良、吴桢、花云、陈德、顾时、费聚、耿再成、耿炳文、唐胜宗、陆仲亨、华云龙、郑遇春、郭兴、郭英、胡海、张龙、陈桓、谢成、李新、张赫、张铨、周德兴。

每个人的名字都是响当当的,他们中间的大部分人后来都成为帝国的开国英雄。

这些人可以说是朱元璋事业的先驱者,他们帮他打下了大明天下,建立了惊天的伟业。元末乱世一窝蜂出了那么多扯旗造反之人,只有朱元璋摘取了帝国王冠上那颗熠熠生辉的明珠。

### 4. 王朝的仁义之皮

元末乱世,天下势力划分几大派系:元军与红巾军、红巾军与红巾军、元军与元军。派系之间利益交织,矛盾重重。只要巧妙地周旋于几方势力,利用他们之间的矛盾,就能远交近伐,相互牵制;只要争取到几年的和平环境,休养生息,等到时机成熟,就能四面出击,扫灭群雄。而做到这两点的,只有朱元璋。

一支军队,通常会打上指挥者的烙印。军队的特质,往往是指挥者的秉性。若是指挥者没有携带敬畏与情义,一支军队就可能会成为屈辱的代名词。就朱元璋而言,他的军队是一条船,而情义则是平衡内心与现实的压舱石。朱元璋应该感谢郭子兴给他取了个好名字,好过无数个重八叠加。古人深信,名字与一个人的运势紧密关联。读书人真是很好,他可以给自己取好多的名字,又是字,又是号。每一个名号就像他们戴在脸上的面具,代表一种命运的趋向,一种性格的观照。一个人有好几个名字,就有好多重面具。面具多了,人的面貌与性格也就变得模糊。

与普通武夫相比,朱元璋身上有着优于他人的品质,那就是对于士人的态度。早在1366年,朱元璋还是小明王节制下的吴国公时,就已流露出对儒家文化的归化和向往。这个出生于淮河岸边的泥腿子,向来对文化葆有一份敬畏,他命有司到处访求古今书籍。他还对侍臣詹同等人说，每于宫中无事，常取孔子的书来读，像节用爱人、使民以时这样的话，真是治国良策，"孔子之言诚万世师也"。

历史上出现的草莽英雄最容易犯的错误，大多集中于此。他们没有文化，也不读书，以粗鄙的言行掩饰人格的缺失。他们身上的粗豪气质与士人的迂腐格格不入，读书人的柔弱与敏感，是他们无法理解的。在这里，我且将元末士人的生命形态做一处观照。

概括这一时期士人的生命形态，没有比"天下有道则见，无道则隐"这句话更合适的。在元朝，成吉思汗的继承者们为了维护王朝的稳定统治，把人民分为四等，森严的等级划分使蒙古人统治中国的地位赫然挺立，汉人和南人屈居于蒙古贵族的脚下如同蝼蚁，但中国古代传统士人依然坚持"学而优则仕"，在这种民族矛盾日益加深的背景下，士人的命途可想而知，"其长则蒙古人为之，而汉人、南人贰焉"，士人想借元朝的官僚机制实现人生抱负，几乎不可能。科举停废，补充官吏只剩下荐举一途。荐举，使得官场大开奔竞之门，本就不是固若金汤的"权力安全阀"被粗暴地拧开。庞大的胥吏阶层，成为元朝官僚的后备梯队。而胥吏的主要成分，大多是曾经奋斗在科举第一线的士人。王朝易主，曾经追求的功名理想化为泡影。失去科场舞台的士人，犹如缺氧的鱼。即使体制的那道窄门，为某个人打开一条向上游动的通道，也不要高兴得太早。因为他很快会发现，前方等待着他的是冷遇，是仇杀，是不得不隐退的选择。废止科举固然令读书人感到怅然，而这又何尝不是一种解脱。大元非"伯乐"，士人自然难成"千里马"，部分士人便产生了归隐之念。

读书人争相脱离宦海，为帝国的官僚机器留下一副苍白虚弱的躯壳。科举制度的取消，让知识无法改变士人的命运，官阶无法兑现官员的利益,权力只能用来交换无现实意义的规则。如此,士子们身无所恋。从官僚系统的上层到底层,每天都在上演着拒官辞官、官员玩失踪的活剧,山林成为他们最后一块自由呼吸的空间。历史学家孟森在谈到元朝制度时说,有史以来,以元最无制度,马上得之,马上治之,"不知礼法刑政为何事"。元对制度的漠视,源于对文人的漠视。

元末乱世,读书人沦为战争祭品。不为我用,即为我仇。只要被抓,一杀了之。朱元璋不识多少字,但他崇信文人,崇信他们的真知灼见。战争期间,朱元璋身边始终伴有谋士,他们教他读书认字,给他讲人心向背。这算是他和读书人的蜜月期,亲近且信任,许多人主动来投。接触日深,他可以相当娴熟自如地引经据典,与他们探讨治乱之道。他可以写出相对工整的骈体文、诗词歌赋,自我感觉良好。朱元璋让失去希望的读书人,重新看到希望。而他身上所表现出的某些特质,正好符合读书人对于贤明之主的幻想。读书真是天大的好事,让身陷泥沼的朱重八成为朱元璋,让朱元璋成为一块锋利的玉石。当然这只是他的想法,那些读书人并不能帮他洗刷来自底层的胎记,尤其是他身上散发的血腥戾气。

他们希望能够借助他的手,重建他们心目中的理想国。他们将儒家的仁义之道灌输给朱元璋,让他这个没有读过几天书的泥腿子豁然开朗,天下之道,在乎仁义。朱元璋常常对他们说:"元璋明白读书的好处,苦于读书不多,许多事说不出道理,以此,很尊重有学问的人。也明白读书人能讲道理,替人出主意,很可怕;谁对他们客气,给面子,养得好,吃得饱,就替谁出力做事。这种办法叫作'养士',养什么似乎不太好听,不过只要养之养之,被养的也就不大在乎了。养士是件好事,你不养,跑到敌人那儿或者被人养去,却会坏事。"

朱元璋认识到读书的好处,读书让他的行事有所皈依,让他的情感有所安放。至正十五年(1355年),朱元璋写下平生第一首诗《不惹庵示僧》:

杀尽江南百万兵,腰间宝剑血犹腥。
山僧不识英雄汉,只凭哓哓问姓名。

随着年龄增长,朱元璋对吟诗作文越来越熟练,不乏得意之作。他最喜欢阅读的书籍是兵书,是史册,沉迷于前人的智慧,站在巨人的肩头。他将《孙子兵法》读得烂熟于心,研究历代战史、战例、战将。他甚至想过,若是他有幸生于书香门第,还会投身造反这项刀头舐血的事业吗?答案是否定的。这个答案让朱元璋无比伤感。

朱元璋在文人面前有着不同的两副面孔,一副是谦卑的,甚至是自卑的;而另一副则是不安的,甚至是憎恶的。登基前,他用钱权和诚意将文人诱出山林,嘱咐使臣们:"求贤之道,非礼不行……有司尽心询访,必求真材,以礼敦遣。"登基后,朱元璋则用威权将士人赶出山林,发布命令:"率土之滨,莫非王臣。寰中士大夫不为君用,是自外其教者,诛其身而没其家,不为之过。"他还在《严光论》的文章中抛出"不为君用即为罪"的理论。他觉得他们虽然表面恭敬,内心却是瞧不起他的。他们目光如炬,审时度势,什么也瞒不过他们的那双眼睛。朱元璋敬佩他们,也害怕他们,可他怕他们什么呢?打下定远之后,最先投奔他的儒生是冯国用、冯国胜兄弟。他们来到他的队伍里，带来了一整套发展理念。他向他们问计天下该如何定，这也是朱元璋录用人才必须过的一关。通常情况下，一番交流之下，朱元璋就能知道他们肚子里到底有没有货，是不是他需要的人才。他们说了半天，只有一个主题，那就是"有势者强，有德者昌"。

他们劝告朱元璋："金陵（集庆古名）虎踞龙盘，愿定鼎金陵，倡仁义以一天下。"对于他们带有前瞻性的说法，朱元璋感觉很新鲜，也很有道理。在此之前，朱元璋并没有认真考虑过发展方向与政治理念。他能够想到的是，如何趋利避害，让自己在乱世之中生存得久一些，再久一些。红巾军的组成很简单，就是一帮用武力捞取血酬的农民，他们并没有远大的政治理想。挣扎于生存底线的游民，或者家有两亩薄田的农民，他们参加红巾军，不过是为了图一顿饱饭，希望借此来改变自身的命运。对于他们来说，所谓有德，就是不要乱杀人，不要乱抢财物，要有自己远大的目标。倡仁义，收人心，对于成就事业是最重要的。

冯氏兄弟说的这番话让朱元璋豁然开朗，这套生存理念与先前农民军打家劫舍、烧杀抢掠有着本质上的区别。进攻滁州的路上，有一个将要对朱元璋的一生事业起到更大作用的人物出现了，他就是濠州定远人李善长。此人学的是法家学问，史传说他"少读书有智计，习法家言，策事多中"。投奔朱元璋之前，李善长不过是乡间的小知识分子，只能算是粗持文墨，算不得大知识分子。李善长刚到军门谒见，便与朱元璋有过一番对话。

朱元璋向李善长请教："天下大乱，什么时候才能平定？"

李善长的回答是，秦末大乱，汉朝的开国皇帝刘邦是群雄之中的佼佼者。他出身平民，性格豁达大度，知人善任，不滥杀无辜，用了五年时间成就帝业。如今元朝纲纪紊乱，天下已成土崩瓦解之势。主公的家乡在濠州，距离刘邦的家乡沛县并不遥远。人杰地灵、天命所在，主公应当仁不让。效法刘邦的所作所为，天下不难平定。

多年以来，朱元璋对红巾军的诸位首领冷眼以对，他们中的大多数是目光短浅的草莽英雄。李善长的一席话，说到了他的心坎上。于是，他把李善长留下做了掌书记，类似于办公室主任。从攻打滁州开始，李善长成了朱元璋事实上的幕府领袖。李善长是第一批加入朱元璋军事集团的，也是最重要的一个。自此，士人集团如滚雪球一般越滚越大。

攻取太平以后，当涂县的儒士、明道书院山长陶安来向朱元璋进言："海内鼎沸，豪杰并争，明公（指朱元璋）渡江，神武不杀，人心悦服，应天顺人，以行吊伐，天下不足平也。"朱元璋能够听出来，此言有奉承之意，不过也再次警醒他，只有行仁义之举，方能平定天下。如果说朱元璋投奔红巾军的初衷，只是为了改变命运，找个混饭吃的地方，不至于像其父兄那样被这个食人的恶世吞没，那么走到今天，有了一定的实力之后，他的心胸和眼界也发生根本性的转变。朱元璋的虚心问道，自有报答。尤其是儒生陶安、朱升、孙炎、宋濂、刘基、叶琛、章溢等人相继而来，他们将儒家所主张的那一套"顺天应人"的理论，以及夺取天下后的治国安邦之术也灌输给了他，使他逐步摆脱农民军简单粗暴型的发展之路。

朱元璋的人才库里涌现出一大批贤人谋士，有滁州当地的，也有地域相近的，比如定远、凤阳、和县以及淮北地区。刚起兵时，他就率先亮出儒家"尊王攘夷"的大旗。北伐时，他提出口号就是"驱除胡虏,恢复中华,立纲陈纪,救济斯民"。彼时,长江南北的汉人已经被蒙古人和色目人统治了近百年,吃尽了苦头。他竖起的这面大旗,可以说是当时最符合现实需要的一种笼络人心的手段。创业阶段,朱元璋祭出的法宝是儒家思想中的高端理论——仁者制人。他曾经对手下的武将们说:"每攻下一城,我能够听到你们不乱杀人,就非常高兴。你们要始终明白一个道理,鸟不会投到老鹰盘踞的树林,百兽也不会进入布满陷阱的地方。而百姓们会自动远离残暴的军队,去投奔不乱杀人的武装。"

朱元璋只读过一年半载的私塾,但在人生的打拼中,却实现了由草莽英雄向儒家王道的转型,这种转型伴随着争夺天下的残酷厮杀。在元末诸军中,他能够以"独不嗜杀"闻名于天下,这是他做得最成功的地方。那些儒家士子来到朱元璋的身边,反复向他倡导仁义。他们让他懂得了历史的演进规则,每一次新旧制度的更替,这块土地上都会散发出浓重的血腥之气。在浓重的血腥之中,谁能先做到用仁义洗刷血腥,谁就离成功不远了。老百姓是最容易满足的群体,只要能够给他们提供苟安于世所需要的最基本条件,他们绝不会冒险去做不法之事。乱世之中,那些握有合法伤害权的官吏只要不全力残害他们,能够给他们留下一条活路,他们就会在关键时刻投桃报李。

占据滁州之后,大批文臣儒将慕名而来,这些人大多来自安徽境内距滁州不远的地区。之所以如此,一方面是政治的地缘效应在起作用,另一方面是朱元璋的军队在打拼过程中所展现出来的实力与品牌效应起到了吸引人才的作用。他们的信任,并没有换来朱元璋对他们的完全信任。为了防止集团内部出现离心叛德之人,他经常将那些征战在外的将士的家眷留在身边作为人质。

进攻南京的时候，马夫人和随军将士的家属就全部留在了和州。朱元璋攻取集庆后定下一条规矩："与我取城子的总兵官，妻子俱要在京住坐，不许搬取出外。"征战在外的将官顾虑老婆孩子的安全，自然不敢轻举妄动。他严令那些心思深沉的谋士不得与武将走得太近，文武结合，难免会做出不利于自己的事。同时，朱元璋还要求，凡是元朝官吏和儒生，都要由他挑选着用，逃者处死，严禁将领将读书之人留在身边作为谋臣。

时间涓滴而下，一如泉水永不枯竭。与他的那些对手相比，朱元璋取得成功的关键在于有节制的品行。节制，是贫寒岁月养成的习惯。居于高位之人更要有所节制，不然就有随时跌落的风险。很多年后，他在总结自己的成功经验时，仍坚持认为："（张）士诚恃富，（陈）友谅恃强，朕独无所恃。惟不嗜杀人，布信义，行节俭，与卿等同心共济。"客观地说，朱元璋置身的那个时代，完全具备了古代江湖社会的全部要素。当然他也是一个江湖浪荡客。一个拥有丰富经历之人，一定怀抱秘密。而他为人处世的秘密就是，不让别人捕捉到他的秘密。

在朱元璋的武装集团中，很多战将都是昔日和他一起分吃小牛犊肉和后来在红巾军中受过恩惠的伙伴。当年，与他共闯天下的二十四个同乡，其中一部分是和他小就在一起摸爬滚打的玩伴。他们具有生龙活虎的乡野气，为了生存往往不择手段。共同的成长经历，可能会让他们拥有一段相同的秘密。这些人跟着朱元璋出生入死地打天下，他与他们有着非比寻常的感情基础。有时候他对他们的了解，超过了对自己的了解。在这些人中，比他小四岁的徐达成为武将中的首席功臣。在整个创业过程中，朱元璋身上所表现出来的那种舍生忘死、共担共享的江湖气节才干及其对于未来的准确把握与定位,是他们愿意追随他的理由。论资质和谋略等级,朱元璋在群雄中只能排到中等偏上的水平。放眼看去,那些游民出身的带头大哥,又有几个不是世事洞明、人情练达之辈?如果论狡猾、凶残和厚黑指数,朱元璋不见得比他们强。若论军事战略和素养,或许他能胜人一筹,但也难以做到步步高明。

虽然从某种意义上说,造反者有可能会在某个时间节点成为先进因素的代表,但他们这些人的出身,绝大部分是流氓无产者,素质并不高。他们之所以能够成为乱世英雄,是因为他们身上具备了常人所缺乏的残酷与勇敢。他们身上的长处与短处同样鲜明,比如说文化素质低下、目光短浅是他们的通病。这些所谓的江湖英雄,刚起兵时并没有一个清晰的战略目标,率性而为,打到哪里是哪里。等到起兵之后,大部分人更倾向于拉起一支更像土匪的队伍,像一阵风似的刮过府县,专营烧杀抢掠。这些人不光抢富人,甚至连社会"三无人员"也不放过。朱元璋是他们中的一分子,可他又是他们中的异类。他从不放任自己,他参加农民军,不是出于一时的冲动,也不是出于对"大块吃肉、大碗喝酒"的江湖生活的向往。

在选择走什么路、如何去走的问题上,朱元璋显然有过一番深思熟虑。只有那些在生活中能够真正看出五步之外棋局变化的人,才有希望赢得最后的胜局。随着地盘和实力的不断扩充,朱元璋内心的欲望也发生了质的转变,从一顿饱饭过渡到煌煌的帝国大业。正因为如此,他向这个世界摆出了一副强者的姿态,团结一切可以团结的力量。

他深知战争年代里,人心向背取决于军队的纪律。据说,在攻占和州之后，军队官兵按照老规矩一通烧杀抢掠。这一天，当朱元璋走出衙门时，看见一个小孩立在门外鬼头鬼脑地往里张望，就上前问他在做什么。

小孩说："我在等我爹。"

朱元璋不禁又好奇地问道："你爹在哪里？"

小孩说："在官家养马。"

朱元璋又问："你娘呢？"

小孩说："也在官家门下，爹说他不敢认娘，只能喊他妹妹，娘不能回家，爹能回家，我不敢进门，每天这里等爹，今天爹到现在还没有回来。"

朱元璋听了很是难过，这时他手下的幕僚范常说："得一个城池而使老百姓妻离子散，怎么能够成就大事？"于是朱元璋决定先从交还妇女做起，整顿军纪。

第二天，朱元璋把所有军官都召集在一起，告诉他们："大家从滁州来到这里，有一些人掳人家的妻女，使百姓夫妻离散，敢怒不敢言，如此扰民，怎能安众？今天，你们如果把所得的妇女交出来，一概不究，倘若霸占隐瞒，决不轻饶！"众将十分惶恐，纷纷交出了私藏的妇女。朱元璋又令城中已婚男子集中在衙门前，站立两旁，让妇女一个个从衙中走出。与此同时，他宣布："如果是夫妇，就相认，不是夫妇，不得随便认领。"许多妇女从衙门走出，回到了她们丈夫的怀抱，家庭得以团聚。这样一来，军队的形象和军民关系得到改善，但是他只解放有夫之妇，对于未婚的女子，默许被抢占，这也是对现实的一种妥协。

在这口口相传之下，朱元璋被和州老百姓奉为拯救万民于水火的大恩人。他下令士兵破城之后，不许抢劫。作为一种补偿，他没收了大户的财产，然后将它们平均分给将士，将士所得也不比他们抢劫所得少多少，此举形成定制，从此军民两安。朱元璋每攻下一座城池，都要释放罪犯，减轻刑罚，宣布小罪可以免于处罚。对于那些早已习惯了以暴制暴的人而言，朱元璋的表现过于仁慈。他经常念叨这样一句话："老百姓受的苦已经够多的了，如今归顺于我，我当然应该照顾。用刑应该以宽厚为本，对人应该以仁慈为本。我要尽最大努力，使老百姓不受冤狱之害。"

多年的草根成长经历，让朱元璋在识人用人方面有了一套自己的理论体系，这种实践中得来的经验是最有效的。在登基之前，他的军队一直以"仁义之师"的面目示人，而朱元璋则成了奉行"王道"的表率。有人说，这时候的朱元璋与登基后的那个洪武皇帝是两种完全不同的性格，两副完全不同的面孔，前后判若两人。他性格中宽厚仁慈的色彩随着自己身份的变化正在慢慢褪去，随之而来的是苛刻与残酷。时间让他卸去仁慈的面孔，扬起手中的鞭子和屠刀，摇身一变成为让所有人都胆战心惊的铁血君王。

我们无法理解一个帝王的心路历程，很多时候，不变的是人性，变化的是时势。在登基之前，他需要获得各个社会阶层的认同，需要他们的支持。等到完成统一大业后，老百姓已经成为牧下的牛羊，他当然乐于拿起屠刀和鞭子指挥他们前进。

## 第二节：暴力与秩序

### 1. 邵荣事件的危机

至正十五年夏，在朱元璋渡江的同时，苏北的张士诚和湖广的徐寿辉也渡过长江。在此之前，元朝廷已经被张士诚戏耍了两次，但他们似乎不愿在红巾军之外树立更多的对手。于是，第三次派出使者招抚张士诚，许以更高的官职。元廷的低头姿态，更加助长了张士诚的嚣张气焰。尤其是在高邮奇迹般地逃脱覆灭的命运后，张士诚深信自己得到了上天的眷顾，更加瞧不起虚弱的元朝廷。当元朝的使者到来后，张士诚再一次无情地戏弄了元廷，杀死了使者，和前两次做得完全一样。这个反复无常的人，失信于元廷的同时，也同时失信于他的追随者。

攻克太平后，朱元璋一直在为攻取集庆（南京）做着前期准备，前两次攻打集庆是为了探敌虚实，消灭异己，全面接手郭子兴部。而此时，朱元璋采取的是先取四周、孤立集庆的进攻方略。至正十六年（1356年）初春，朱元璋亲自督率水陆大军，三攻集庆，城破，尽得城中军民五十余万人。到了这个地步，他不再掩饰自己夺取天下的雄心。放眼望去，那些曾经在他之前登上王位者，业已凋零大半，而无力觊觎权杖之人，只能在黑暗中攥紧刀把子，恨不得攥出血来。霸业成功在望，朱元璋不需要再伪装下去。他若是黄土里刨食的命，从哪里来？要到哪里去？这样的问题是无关紧要的。就像一只飞鸟从天空遁迹，它的羽毛与骨骼的影像，仍在大地之上流传。朱元璋幼年时听父亲说过，他的先人曾经就住在集庆附近的朱家巷。

朱元璋这时候二十九岁，攻下集庆，意味着霸业初定，一个成功男人的心态难以名状。他派人找了好几天，发现朱家巷不过是集庆城外的一座村落。那些穷困潦倒居住于此的朱姓后代，听说朱元璋是他们的远支本家，一个个像是盼来了救星，扶老携幼，进城来见他们的本家。中国人讲究衣锦还乡，虽然他与这些人素未谋面，但不排除内心涌动着某种认同感。朱元璋与他们坐在一起，追忆朱家往事、叙长幼之礼、行亲睦之道，那种感觉无法用语言形容。

进入南京城，朱元璋于第一时间贴出安民告示："元朝失政，生民涂炭，百姓可各安其业。愿从我建功立业者，我礼用之。旧政有不便者，我为你们除去。"改集庆路为应天府，置江南行中书省，设置相应的军事、政治、经济等附属机构，在这里建立了一个初具规模的政府机构。南京自古以来就是兵家必争之地，东吴以来，立国东南者，都要把都城设在这里。六朝以来，东南为财赋之区，而南京刚好处于东南最富庶之地。能够将根据地设在这里，不失为最好的选择。如果说在渡江之前，他在元廷和各路诸侯的眼里，只是一个不起眼的小角色，那么攻下集庆之后，形势急转直下。环顾四周，对朱元璋来说已是强敌环伺。东有张士诚、方国珍，西有徐寿辉、陈友谅，南面是元朝的军队，北面是红巾军统帅刘福通正在和元军主力捉对厮杀。

相对于其他几股势力，朱元璋的实力最为不济。他的军队处于军事包围圈的中间地带，搞不好就有可能会被大鱼吃小鱼，成了人家的口中食。想要不显山露水，将自己隐身起来是难以做到的。最好的防守就是进攻，朱元璋决定以集庆为根据地，为自己抢得先机。攻下集庆以后，他又先后夺取了镇江、广德等地。随着地盘的不断扩张，小明王不得不提高他的地位。

至正二十一年（1361年），朱元璋自称吴国公仍兼江南行中书平章、都元帅。随后又置江南行枢密院，帐前都指挥使司，左、右、前、后、中五翼元帅府及五部都先锋、镇抚司、提刑按察司、兵马指挥司等。朱元璋以吴国公的身份直接统率所有军政部门，从一开始就构建了高度集权的模式。在担任军队的都元帅后很长一段时间，朱元璋都是以龙凤政权的名义在号令全军，而并不是依靠自己的号令来指挥军队。如果这种双线并行模式无法改变，朱元璋的权力也就谈不上独立性，一个完整的集团板块就会有四分五裂的危险。

邵荣是朱元璋在濠州时期的老朋友，此人文韬武略，是一个相当有能力的将领，他与徐达、常遇春并称三杰。《明史》中有两句记载："先是，太祖所任将帅最著者，平章邵荣、右丞徐达与遇春为三，而荣尤宿将善战。"三人之中，邵荣最擅长打仗。若是按照加入红巾军的时间排序，邵荣的地位排在徐达、常遇春之上。龙凤政权授予邵荣行中书省平章，仅次于朱元璋的行中书省丞相。徐达任行中书省右丞，要比邵荣低一个等级，中书参政常遇春又等而下之。

在相当长一段时间里，作为郭子兴旧部的邵荣都属于集团权力金字塔的塔尖人物，他在集团内部的影响力与朱元璋不相上下。

如果说朱元璋是集团内的"大当家",邵荣就是"二当家"。他是郭子兴的嫡系将领,与朱元璋本非同源。早在郭天叙与张天祐战殁、郭天爵被朱元璋诛杀后,邵荣就控制了军中有郭子兴旧部色彩的一部分势力。邵荣的地位仅次于朱元璋而远高于诸将,能统领全军主力而战功卓著、威名远扬,对朱元璋的地位和声望构成挑战。更何况邵荣、赵继祖等人又亲历郭天叙、张天祐被陷杀的过程,目睹郭天爵被诛杀,他们不会无动于衷。

虽然朱元璋对邵荣有着诸多的不满,但是邵荣的命运似乎并不在朱元璋的掌控之中,因为他的升迁与否在于龙凤政权。这时候的朱元璋还不是一个可以操纵一切的权力之主,充其量,他只能算是一只处于半自由状态的风筝。飞得越来越高,风筝线却始终在别人的手里攥着。对朱元璋来说,只有倚重龙凤政权才能够有效地号令红巾军。既然为形势所迫,也就只能无奈地接受现实。

龙凤政权机构设置基本上照搬元朝体制的那一套,中央设有中书省、枢密院,地方则置行中书省、行枢密院。中书省主政,枢密院主军。因此,朱元璋所设置的江南行枢密院等同于红巾军的最高军事领导机构。龙凤政权在任命朱元璋为中书省的丞相时,同为平章的邵荣也相应地升任为行枢密院的最高官员——行枢密院同知。这也就意味着,邵荣虽然只是军队的二当家,但他已经掌控了集团的最高统军权。如此一来,朱元璋在红巾军中的地位、声望受到了来自邵荣的威胁与冲击。他们是最亲密的战友,也是最危险的对手。

邵荣不是平庸之辈,用现在的话说,此人特别能吃苦,也特别能战斗。他在对陈友谅和张士诚的战役中均有上佳表现,尤其是对张士诚部。据说,只要提到邵荣的名号,敌人就闻风而逃。

不过，《剑桥中国明代史》中对邵荣的评价却并不高："虽然邵荣也是朱元璋起事时的老伙伴，在明军将领中也身居高位，但他在见于史籍的有名战役占中并非赫赫有名。他从苗人手中收复处州是他几年来第一次独立作战的成果。"据说，张士诚乘苗军叛乱之机派军攻打诸全，李文忠当时就是打着邵荣的旗号吓退了敌人。对此，我们是否可以这样理解：邵荣虽身居高位，但他的能力又不足以载起他的高位，长此以往，他的内心起了变化，增长了不满情绪；而这时候，朱元璋刚好打着变革军队制度的旗号，要对集团内部的权重进行重新划分。朱元璋的变革，加剧了邵荣内心的不安和不满。

当然，这里并不排除朱元璋刻意针对邵荣的可能性。经过制度层面上的一番打磨，朱元璋通过行中书省的下属机构，依靠文吏直接越过行枢密院处理军务，某种程度上等于架空了行枢密院这一最高军事机构的权力，而邵荣作为行枢密院的领导者，就这样被以朱元璋为核心的军事集团边缘化。

至正二十一年年初，龙凤政权将身在亳州的朱元璋提升为吴国公。至此，他由一个省的行政长官变成凌驾于行省之上的吴国公。虽然在龙凤政权中位极人臣，但朱元璋并没有撤下小明王的大宋旗号。在羽翼尚未丰满之时，他暂时还不想脱离小明王。公、侯、伯本来就是极高的荣誉爵位，朱元璋的势力与日俱增。尽管如此，他还是要极力掩饰日益膨胀起来的野心。朱元璋一直甘心居于小明王的旗号之下，使用龙凤年号。当了吴王之后，发布命令时还是会写"皇帝圣旨、吴王令旨"。人的欲望就像一个缓缓提起的水闸，那些被生活的河流裹挟而来的杂物，堵塞在其中。要让一切流畅起来，唯有再提高闸门。

闸门提高，会让泥沙俱下，但也会让这摊水活起来。两个月之后，朱元璋又将枢密院改为大都督府。将枢密院同佥朱文正（朱元璋的侄子）调整为大都督，当时枢密院虽然改为大都督府，但其成员还是原班人马。以枢密院同知邵荣为中书省平章政事，同佥常遇春为参知政事。经过一番人事调整，从表面上看，邵荣的权力得到提升，从行枢密院同知升为行中书省平章，仅次于朱元璋。其实并非如此，朱元璋只是巧妙地将他的权力来了一次移花接木。邵荣本来就应该拥有这支红巾军的指挥权，虽然朱元璋做了一些限制，但他仍然掌控着绝大部分主动权。朱元璋提升了他的职务，把他从相对独立的行枢密院调入行中书省，直接受自己的控制。也就是说，在权力排序中，邵荣已沦为朱元璋的一枚棋子。与此同时，行中书省里又有李善长等一干亲信文吏在处理具体事务，邵荣在不知不觉中被朱元璋架空。在我们可见的世界之外，仍有暗网一样的隐形世界存在。那里面的手段是我们无法想象，却可以理解的。

次年七月，邵荣平定处州苗帅叛乱后回到应天。他自觉功劳至伟，行事愈发骄横，慢慢便对朱元璋的位置起了觊觎之心。在他看来，朱元璋所做出的权力调整已经严重伤害了他的利益。有人在这时候暗中向朱元璋告密，邵荣经常在外面说些针对他的怨恨之语。朱元璋让那些告密之人带话给邵荣，让他好自为之。或许是朱元璋的话刺激到了邵荣的敏感神经，邵荣不出意料地落入朱元璋为他专门设下的圈套。于是，邵荣与另一位大将赵继祖密谋发动叛乱。两人的谋划虽然秘密，但是难免被属下发现端倪。有人得知后将要告发，邵荣、赵继祖不得已便提前发动了兵变。

这一天，朱元璋在三门外阅兵，邵荣与赵继祖于门内埋伏甲兵，准备等其入门的那一刻突然发难，将其杀死。当朱元璋往回走时，突然狂风大作，军旗抽打在朱元璋的身上，让他预感到将有不祥之事发生。于是，他赶紧换了一套衣服避开来路，从另外一门进入城中。邵荣、赵继祖空等一场，计划落空。随后，元帅宋国兴得知他们调兵埋伏后，便赶忙将此事告诉了朱元璋。朱元璋大怒，便将二人抓捕了起来。

朱元璋就这样化身为罪与罚的操刀手，一团展示力道的火焰。他不但要长出森森的利齿，还要变成足以吞噬羔羊和挡路者的狮子。等到乱局平定，朱元璋与他们相对而饮，大有英雄相惜的感慨。朱元璋让他们安心上路，家中老小会替他们安排好。邵荣听到这句话，面如死灰，亲情让他在这时候显得英雄气短。朱元璋问："二位与我同起濠州，尝尽艰辛，眼看着版图扩张，实力日强，开国立基指日可待，本以为能与二位共享荣华，为何竟生歹心，欲加害于我？"

邵荣愤愤不平地说："想当年在濠州，我们是何等融洽。哪像现在，见你要左通报右通报，通报了半天还不一定能见到。"他越说越激动，指着朱元璋身旁的李善长、刘基等人继续道，"在濠州，你是大小事都与我们这些兄弟商议，可现在你是宁愿听他们的，也听不进去我们半句。对我们喜怒无常，动则训斥。"

邵荣将碗中酒一饮而尽，继续道："我等常年在外厮杀，攻讨城池，多受劳苦，你却把我等之妻子老少软禁在应天，使我等骨肉分离，不得团聚。你这么做，早已不顾兄弟之情，全是为了你自己！我等造反，亦是不得已！"说着，不觉流出了眼泪。邵荣的眼泪，不值得同情。他谋反就是为了应天政权的首领之位。至于不能与妻子团聚之类的瞎话，以及看似对朱元璋悔过的流泪，不过为了博取朱元璋的同情，得到饶恕。相对于他的合作伙伴赵继祖，邵荣要更贪恋生命，也符合他"粗勇善战"的人设。据说，朱元璋当时唏嘘不已，陪着他一同落泪。而他的同谋赵继祖看不惯邵荣的作态，愤然道："若早为之，不见今日猎狗在床下死。事已如此，泣何益？"赵继祖说这话，其实也有点瞧不起他。

朱元璋就像是一条正待慢慢蜕皮的蛇，虽然处于蜕变过程中，但已显示出老辣的手段。邵荣毕竟是他多年生死与共的老友、是同乡，邵荣的命运不只属于他一个人，他还联系着一同渡江的成千上万的弟兄，尤其是郭子兴的旧部。朱元璋要收拢这些人的心，拴住这些人的感情，对昔日的兄弟们得有个交代。不能让他们从邵荣的结局读解出自己的命运走向。在处理这件事的时候，朱元璋要尽可能地展现出让人信服的坦荡，以此凸显自己内心的纠结与悲痛。他将军队集合起来，学着诸葛亮挥泪斩马谡的样子，置酒洒泪与邵荣诀别，而后行刑处决。

朱元璋本来打算将邵荣禁锢终生，以此来展示自己宽大为怀的胸襟。即使邵荣有了谋叛的行为，朱元璋心里有千万个杀他的念头，也不能擅杀。王，也有王的不自由。人生之累，对彼时的朱元璋而言，确实是很深的业力。他在征求将领们意见时，说：我一直视邵荣为腹心，没想到他却要置我于死地，你们替我拿个主意，应如何处置？

为了昭示自己内心的纠结，朱元璋有意识地将处置权让渡与那些将领。这时候谁也不会想到，朱元璋举起的锋刃，再也不会放下。他就像一头置身丛林深处的怪兽，在与对手的撕咬中，突然发现真正的危险来自身后。他将邵荣的命运交给他的战友，并以此来考量手下将领对自己的忠诚度。邵荣必死，在一个背叛与情义并行的时代,他并不盲目。在这个问题上,将领们也都有各自的看法。常遇春就认为:"邵荣等反得成,岂肯留我等性命?妻子亦没为奴婢。上位有天命,其事败露,乃天诛之也。今反留之,是违天也。勿教后人仿效。遇春心实不甘。"平心而论,朱元璋在这时还没有发展到后来嗜杀成性的地步。他在邵荣面前落下的眼泪,并不全是鳄鱼的眼泪,其中有他仁慈的一面。

常遇春以武人的眼光和直率,看待着波诡云谲的权力争夺。而他的一番话着实具有说服力,这些话便成了朱元璋后来残酷处理此类事件的理论支撑。正是这样的话起了化学反应,才让朱元璋动了杀邵荣的心思。这样的话,虽然是从常遇春嘴里说出来的,但朱元璋何尝不是这么想的。这番话之所以会击中朱元璋的内心,是因为集团内部两派间的夺权斗争已进入白热化阶段。

邵荣难以自圆其说的回答不知是为跟随自己的部下开脱,还是在为自己求饶。与他的同谋相比,只有赵继祖痛悔没有早日举事。由此可见,他们早在郭天爵被杀时就已经有了除掉朱元璋的念头。他们之所以选择在此时动手,除了想要依仗邵荣刚刚在平定处州叛乱时提升的影响力,更重要的是他们看到了朱元璋在经过浙东、江西两次大规模叛乱后,根基有所松动。在铲除邵荣之后,集团内部已经没人对朱元璋构成真正的威胁。

残酷的斗争不仅教会了朱元璋毫不手软的杀戮,也同时让他学会用最阴暗的心理猜度和提防一切,让他学会毫无真情的逢场作戏,用最为冠冕堂皇的姿态和理由应酬答对。朱元璋将自己内心虚弱的部分一点点地摘除,学会调控自己的情绪,当笑而哭,当怒而笑。他要慢慢习惯这种做法。如果说"情义"二字是举兵初期笼络人心的法宝,那么暴力机器则是唯一合法酿制疼痛与仇恨的温床。那些敢于反抗这一价值谱系之人，必然要施以更为强硬的手段使之屈服，或者直接扼杀。

他要学会把自身与灵魂剥离，以便随时进行二次、三次组装，这是一个政治家必须掌握的一门技能。虽然在这条路上，我们还可以列出人身自由、爱情、子女、名声、前途等筹码，但在暴力的刀片面前，筹码越多，个人要承受的痛苦会越深，风险也就越大。

这种自身与情感的对立，让一个人变成了战争与政治的奴仆和玩偶，久而久之，他的感情就可能不再是自身的感情，而成为权势和威福的化身，成为这个潜在暴君的感情。平定邵荣叛乱后，朱元璋最为忌惮的两股势力——郭子兴的后人和其旧部的独立势力已经不复存在。邵荣叛乱事件，是朱元璋除掉郭天叙、张天祐和郭天爵的后续动作，是他实施清洗的具体体现。在连遭叛乱的危急关头，他以自伤元气换取对集团的绝对领导权。人在危急的情形下，多半会借助于本能的存在以显明存在。是非并不颠倒，黑白总有分界。人性的落魄下陷，是每个人都需要提防的。

邵荣事件是一个节点，从此以后，朱元璋在强大的外部压力面前还会一度陷于危境，但再也没有遇到来自集团内部的挑战。很多时候，纯洁队伍比战胜敌人更为重要。他用邵荣的一堆烂肉，给那些摇晃的追随者上了一堂立场课：端正思想，做一个坚定如一的人，否则，邵荣的下场，就是他们的下场。

## 2．陈友谅的叛逆与覆灭

至正二十三年（1363 年）秋，朱元璋率领水军与陈友谅在鄱阳湖进行了一场规模空前的大战。陈友谅利用鄱阳湖易守难攻的地理条件和兵力上的优势将朱元璋死死地拖住，战事一时间陷入僵持阶段。

正当朱元璋苦思良策之际，刘基向他推荐了朱升。他们说，朱升与一般的儒士不同，尤其与那些当红的理学家像是跑在两条道上的马车。他治学务实严谨，平日事师交友，不论对方身份高低贵贱。即便对方是一个乡野村妇，只要能够让他从中获益，他都会恭恭敬敬地向人家请教。正因为如此，他掌握了一整套超乎常人的经世致用的本领，经济、地理、天文、历法乃至算命、占卦无所不晓。

朱元璋还从刘基口中得知，朱升是皖南人，早年师从陈栎、黄楚望等儒学名家。二十年来，他一直过着耕读于乡里的田园生活，常年在自己的家乡休宁、歙县一带开馆讲学。直到五十岁才算勉强进入体制，但是他却不愿意放弃耕作。他任池州学正时，南北学者云集，颇有号召力。可是他并不恋栈，等到任期满后，他毅然决然地回到了皖南，在家乡石门山过起了隐居生活。徽州地区宗法势力极强，聚族成风，历久不衰。朱升在徽州同族中享有族长之类的崇高声望，就连朱元璋也要称呼他一声"宗长"，也算是对同姓长辈的尊称。这样的儒学大才，朱元璋又岂能错过。他学着当年刘备三顾茅庐请诸葛亮出山的做法，一再上门求教。朱升为朱元璋的诚意所打动，愿意暂时放下自己所留恋的田园生活，出山辅佐。

两人初次相见，朱升就送给朱元璋九个字——高筑墙，广积粮，缓称王。如果说在此之前朱元璋的生存策略是一种被动的应对，那么从这一刻起，他有了更为深远的军事计划，更为内敛而膨胀的军事野心。对于乱世求生存的各路霸主而言，他们生存发展的前提条件，就是要想尽一切办法活下去，在这场胜者为王败者寇的游戏中，不被淘汰出局。不要学那些占上一个山头，就急着称孤道寡的草头王。称一时之王，莫如称百世之王。

朱元璋一生行事，都是一个"稳"字当头，积小胜为大胜。虽然说"高筑墙，广积粮，缓称王"的九字方针是朱升提出来的，但这又何尝不是朱元璋的想法，只不过朱升在无意中把准了他的脉而已。诚如朱元璋常说的那句话："吾平日为事，只要务实，不尚浮伪……不事虚诞。"他并不看重虚名小利，看重的是长远的利益。虽然有人在称王这件事上劝过他，可他迟迟没有采取行动。朱元璋是各支反元力量中最后一个称王称帝的，也是笑到最后的那个人。

男人都有坐天下的梦想，天下很大，大到超乎我们的想象。即使当了皇帝，天下也只是在人的想象中存在。对于皇帝来说，孤岛似的宫殿才是他的天下，刚好可以容纳他的野心。是他的死穴，也是他的生门。上天在不经意间，赋予了这个社会最底层的农民一副出色的大脑。而他所经历的艰难困苦，除了赋予他一副结实的身板，也同样给了他一颗勇敢而冷酷的心，给了他异于常人的自控力。就算具备了这些特质，他也不过是一块值得打磨的生铁而已。要想将这块生铁锻造为一把削铁如泥的宝剑，最后还是离不开战场的淬炼，战场从来都是男人锻筋炼骨的大熔炉。古今中外，顶级的男子汉都是在战场上练就的，因为只有战场，才能为他们提供生命熔炉所必需的高温和高压。

剑，一人敌，不足学，学万人敌。朱元璋从二十五岁投军只用了四年时间，就成长为独当一面的地方长官和指挥十万大军的统帅，不可谓不天才。攻占应天，初步实现了当年冯国用为他谋划的天下蓝图中最重要的一步棋。一个人的运势，会帮他打开另外一种迥然不同的气象。所谓运势，从来不是自家酿造，而是大势所趋，顺势而为。

这时候的朱元璋以应天为中心地带向四面扩张。各路诸侯已经将他锁定为前进道路上的生死对手，尤其是居于应天两侧的陈友谅和张士诚。雄踞长江上游的陈友谅占据天时地利人和，而下游的张士诚更是实力雄厚。朱元璋中居应天一带，处于东西两大强敌之间。在这两大天王之间，又岂能容他酣睡？陈友谅率先把他个人的内陆水军拿来做赌本，企图攻下应天，彻底摧毁朱元璋的势力。

如果说，渡江之前，朱元璋仅仅满足自我保全；那么，等到渡江之后，他的军事策略有了根本性的转变，由保守型的发展变为进攻性的拓展。在战略的选择上，他对自己的对手有了更加精准的定位。早在朱元璋渡江的同时，苏北的张士诚和湖广的陈友谅也已渡过长江向南发展，大有因时成事的意思。在拓展领土的过程中，朱元璋不仅要面对元军，更要直面这两支军队的前后包夹。

当时的陈友谅，无论军事实力还是战略地位,都处于绝对优势。朱元璋的绝大多数将领对凶悍的陈友谅心怀畏惧，他们都希望朱元璋能够先拿下张士诚，然后再收服陈友谅。这种拣好日子先过的心理，也是人性弱点的常态。可是朱元璋在权衡之下，还是采纳了谋臣刘基的意见——"决计先伐陈氏。"刘基给出的答案是："吾以逸待劳，何患不克。莫若倾府库，开至诚，以固士心，伏兵伺隙击之。取威制胜，以成王业，在此举也。"集中一切优势兵力，击败陈友谅，对张士诚造成强大的军事威慑，使其不敢轻举妄动，如此一来，东面威胁自然而解。为了统一思想，刘基甚至向朱元璋谏言："主降及奔者，可斩也。"

陈友谅是湖北沔阳府玉沙县人，此人出身渔家。他少时读书，略通文义。有一卜者在察看过其祖先的墓地之后说："日后定会富贵。"或许这句话冥冥之中给了陈友谅某种暗示，又或许是"富贵"二字的诱惑力太大了，宁可信其有不可信其无，哪怕只有万分之一的机会也要搏上一搏。陈友谅曾任县里的小吏，但这并非他的人生终极目标。种种情形表明，陈友谅都算得上是一个有胆有识、出手狠辣的角色，可惜的是胸襟不够，好搬弄权术。诚如《明史》对他的评价："性雄猜，好以权术驭下"。

元末天下大乱之后，陈友谅投奔到了徐寿辉领导的农民军中，在丞相倪文俊部下做簿书掾，即文书一类的小官。事实证明，陈友谅在关键时刻所表现出的不择手段和狠辣，都超过了他的诸多对手。明代史学家高岱评价他："友谅之勇略，虽或未及项羽，而剽性狡悍，出没飘忽，大困而不馁，屡踬而复振。"在一个天崩地裂的纷乱世道，成王败寇，最重要的无非是"胆色"二字，陈友谅所表现出的人格特质让丞相倪文俊嗅到了动物般同类的凶悍气息。有人赏识，又加上自己的勇猛作风，陈友谅很快就升任为元帅。当时，天完国皇帝徐寿辉与丞相倪文俊联手将太师邹普胜排挤出决策层。等到倪文俊大权独揽，根本没将天完国皇帝徐寿辉放在眼里。在这种情况下，徐寿辉又重新起用邹普胜来制约倪文俊。

倪文俊只好逃奔黄州，投奔自己一手栽培起来的陈友谅。他希望能够说服陈友谅和自己合作，联手除掉徐寿辉，由自己取而代之。权衡之下，陈友谅临阵倒戈杀了倪文俊，吞并了他的军队，自称宣慰使，随即又称平章政事，就此成为天完国第一重臣。陈友谅先是追随倪文俊，又将其杀害，这是集团内部分裂的一个强烈信号。倪文俊在集团中频频制造矛盾，陈友谅将其除掉，在一定程度上安抚了人心，使得军队在抗元理念上能够暂时保持一致。如果从这一点上来说，陈友谅算是为徐寿辉集团办了一件大好事，这也是为什么他在杀了倪文俊后，军队能够迅速恢复元气。由此可见陈友谅身上所具有的枭雄本色和特质。

无限江山，见时容易别时难。那是一个傍晚时分，陈友谅再次置集团的整体利益于不顾，以汇报军情的名义，安排一个卫士用铁锤击碎徐寿辉的脑袋，随后自立为帝，改国号为大汉。徐寿辉虽然早就将天完国的权柄交到陈友谅的手上，自己只保留一个虚名，但是从某种意义上说，他仍然是天完国君权的象征，对红巾军起着号召和团结的作用。陈友谅干着不义之事，却将自己的年号定为"大义"。就在所有人还没做出任何反应时，他又将各个派别的各路人马整合到自己麾下。天完国，一个近乎荒唐的"天赐的完美之国"就这样在内部的血腥纷争中消失了。这时候的陈友谅已经膨胀得找不到方向，他更没有想到的是，自己纵然黄袍加身，也挡不住手下将士离心离德。

此时的江南，正值令人缠绵销魂的梅雨季节。在一个农耕社会里，物候的变化是人们生活中最重要的参照系。地里的各色杂草欢快地疯长，这是它们最好的季节，无论温度还是湿度都恰到好处。踌躇满志的朱元璋无暇顾及眼前的景象，虽然农家的收获和播种都集中在这个雨季，但他的心思却放在了陈友谅的身上。在经过湖南永州地界时，有些日子没有作诗的他突然诗兴大发，提笔写下：

>马渡江头苜蓿香，片云片雨渡潇湘。
>东风吹醒英雄梦，不是咸阳是洛阳。

这时候的朱元璋将陈友谅作为第一攻击目标，借以打破吴、汉建立军事联盟的可能性，从而也使自己摆脱东西两线同时开战的战略危机。谋略者，往往谋的是人，而不是事。人不同，则事有变。

在对付陈友谅的战事中，朱元璋首先遇到的是陈友谅的部将赵普胜。此人本是巢湖水军主帅，后来投降了徐寿辉，骁勇异常，善施双刀，江湖人称"双刀赵"，为陈友谅攻城略地立下无数战功。对朱元璋来说，赵普胜的存在已经成为他前进道路上的一块绊脚石。既然是绊脚石，那就要想办法清除。本着对陈友谅的了解，朱元璋为生性多疑的他量身定制了离间之计。朱元璋放出口风，谎称赵普胜意欲投靠他。陈友谅不出意料地中了对方的圈套，在没做任何调查取证的情况下将赵普胜草率地处死。赵普胜的军队在反元战场上是一支劲旅，也是陈友谅的左膀右臂。赵普胜的死成为陈友谅与朱元璋争锋的胜负手，一边元气大损，一边实力大增。

朱元璋将陈友谅视为自己的头号劲敌，他将四分之三的兵力用于西线战事，连克衢州、处州等地，迫使内部还没有统一的陈友谅不得不全力与之应战。陈友谅昔日恶行所结出来的恶果，在战争过程中也不断显现出来。先是除去倪文俊，并将赵普胜、徐寿辉先后杀死。一支队伍最怕的是人心散了，人心散了，队伍也就离瓦解不远了。还没等陈友谅进一步整合人心，徐寿辉手下几员相当厉害的大将如丁普朗、傅友德等人陆续叛投朱元璋。正如《剑桥中国明代史》中所说，朱元璋通过夺取陈友谅的一支完整的舰队而扩大了自己的水师，这就使得他在此后的两年中主宰着长江中游的水域。

历史是一个势利鬼，辜负它的人，也终将被它所辜负。不去尽人事，何来天命听？傅友德后来成为朱元璋麾下独当一面、战功极为显赫的大将。丁普朗与邹普胜、赵普胜等人同是白莲教中"普"字辈的极为重义的兄弟。尤其是丁普郎（也称丁普朗），他对陈友谅背信弃义的做法极为痛恨，发誓要让对方血债血偿。后来他在面对陈友谅的军队时，所采用的都是一种不要命的打法。《明史》记载："普郎身披十余创，首脱犹直立，执兵作斗状，敌惊为神。"也就是说，在鄱阳湖大战中，此人身受十几处伤，仍然大呼杀贼而不退。他血战到最后一刻，就算是脑袋已经与身体分离，仍保持着手持兵刃、一副要冲上去与人搏命的姿态。短兵相接的冷兵器时代，一方前敌大将采用如此搏命的战法，极大地影响了交战双方的士气。敌人大为惊骇，以为战神重回人间。

朱元璋刚攻下集庆时，因为考虑到江左、浙右各州县有可能会被张士诚、徐寿辉的军队占领，所以急令徐达为大将军，率诸将攻下镇江。随后，他又派常遇春、廖永安等人自铜陵进取池州。由于各方军事力量之间的博弈呈现一种交织状态，而朱元璋又很好地利用了他们之间的矛盾。随着实力的不断增长，张士诚、陈友谅、方国珍等军事集团日渐式微。他们不仅没有实力与朱元璋一较高下，也无法做到抱团作战。这几支力量呈"品"字形将朱元璋包围，方国珍、陈友定占有浙闽交界地区，陈友谅占据与浙东接壤的江西州郡，而张士诚则占据浙西一带。拿下太平后，陈友谅完全被暂时的胜利冲昏了头脑，对眼前的形势和下一步的战略部署缺乏清醒的认识。他过高地估计了自己的实力，同时也看低了对手的竞争力，以至于军事部署频频失误。

一方的失误往往是另一方的机会，作为他的对手，朱元璋比任何时候都要来得清醒。朱元璋又一次听从了谋士刘基所言："贼骄矣，待其深入，伏兵邀取之，易耳。"白日煌煌，人心茫茫。这里既没有站出来讲什么主义，更谈不上高举什么信仰，讲的只是对于输赢的慎重考量。如同朱元璋在纷繁复杂的环境中，在无数的建议中，听从了自己内心的召唤，坚持选择了刘基给出的建议。也正是自己的这份坚持，才让不可能实现的命运转机成为一种可能。战争毕竟不是沙盘上没有血腥的各种假设和推演，此时的朱元璋正满心希望地等待着陈友谅的到来。

而陈友谅也同样沉浸于巨大的喜悦中，现在的他已经是大汉的皇帝，所有的文武百官都在他面前执君臣之礼。他的舰队已经兵临城下，应天指日可克，这片苍茫大地以及这里的子民都将是他的附属之物。战争的最高境界是你中有我，我中有你。朱元璋为生性多疑的陈友谅量身定制了一款游戏软件，名叫"双面间谍"，主人公是一个名叫康茂才的人。此人原是陈友谅手下大将，后来投奔朱元璋，但他仍在朱元璋的指示下与陈友谅有着秘密接触。康茂才派人送信给陈友谅，说他即将倒戈，让陈友谅采取水路进攻。他将在江东桥与陈友谅会合，并将这座唯一阻挡水军前进的桥梁拆除，让陈友谅的水军经过秦淮河直抵应天城下。

陈友谅大喜过望，表示会在胜利后重赏康茂才。与此同时，朱元璋命人连夜重造了一座石桥。当陈友谅依计行事，发现木桥变成石桥，本就不够坚固的内心发生了剧烈的动摇，他很快就放弃了从江东桥登陆的计划。而他的弟弟陈友仁已经统率一万人马在新河口之北的龙湾登陆，并击败了驻守在那里的朱元璋军队。

陈友谅命令船队加快速度，于当日下午到达了龙湾，之后他组织士兵上岸，一切都很顺利。待到所有的士兵进入伏击圈后，朱元璋发出了进攻的信号。当隐藏于石灰山后、应天城南、大胜关的五路军队从天而降，虽然没有摇旗呐喊，但那种比死亡更可怕的宁静还是让人为之胆寒。陈友谅这才发现自己落入一个巨大的包围圈，敌人就在面前，用一种诡异的眼神死死地盯着他们，就像是拎着刀的屠户看着自家圈里的猪羊，令人毛骨悚然。五路军队在徐达、常遇春、冯胜的率领下对陈友谅的军队展开了轮番冲击，骑兵来往纵横，兵败如山倒。陈友谅狼狈地挤上一条能够开动的小船逃命，一路逃到九江。陈友谅由此失去太平、安庆，手下不少将领将所占地盘也拱手献给了朱元璋。

陈友谅虽然收复了一些城池，但是这种复得复失的恶性循环，让他的实力大打折扣。陈友谅是个特别有韧性的人，不到最后一刻不会轻易放弃对胜利的渴望。当朱元璋赶往安丰营救小明王时，陈友谅乘机向洪都城（江西南昌）发起了进攻。在这段时间里，朱元璋与刘基始终处于焦虑之中，生怕张士诚的大军从背后杀将出来，导致腹背受敌。两面夹击朱元璋，这不光是朱元璋最为担心的事，也是陈友谅做梦都想办到的事。可是真有这样的机会摆在面前，他又表现得视而不见。陈友谅不是没有机会，也不是只有一次机会。可他都没有抓住，准确地说，他没有意识到那是一次机会。远的不说，这一年（1363年）的二月初二，安丰被围。

三月初一，朱元璋出兵救出小明王韩林儿。

三月十四日，被救出的小明王韩林儿下达制书表彰朱元璋祖孙三代。

在这一个半月的时间里，陈友谅任凭机会接二连三地丧失。

从安丰撤军途中，朱元璋又犯下一个致命的错误，他突然下达命令，让麾下两大主将徐达、常遇春围攻庐州（安徽合肥）的张士诚部。结果久攻不下，主力部队陷入进退两难的境地。令人感到不解的是，陈友谅对此毫无反应。如此挥霍良机，上天又岂能眷顾于他。一直等到四月，陈友谅好像才从一场无边的大梦里翻个身醒过来。他率领着自己引以为傲的庞大舰队浩浩荡荡地出发了，而在这期间，朱元璋始终处于焦虑状态，生怕陈友谅的主力部队从背后杀将出来，令他腹背受敌。陈友谅像是生怕给对方添麻烦似的，居然这时做出一个愚不可及的决定，他要将八十万大军带往另一个方向——北纬三十度的洪都。

　　他就这样主动放弃了置敌于死地的机会，在洪都与朱元璋的侄儿朱文正展开了一场旷日持久的战争。陈友谅显然低估了洪都守军的战斗力，令他没有想到的是，朱文正会像一头恶狼将他死死地咬住不放。陈友谅将整个洪都铁桶似的围困了八十五天，漫长的胶着状态足以将一支战斗力强大的军队消耗得士气全无，也足以将上天有可能赋予的无数机会付之东流。在这八十五天时间里，朱元璋从从容容地纠正了自己战略上失误，将自己的主力部队从庐州城下撤回应天；然后又大张旗鼓地搞了一次出征的誓师大会后，才扬帆直入鄱阳湖。明军最初驶入湖内的目的是解救洪都，但是朱元璋很快收到洪都之围已解的消息。如此，朱元璋决定放弃搏命似打法，改而采用将陈友谅的汉军困在湖内的策略。

　　陈友谅早就做好了近乎孤注一掷的战争准备——征集了六十万的庞大兵力，制造了一千艘以上的庞大战舰，筹集了充足的粮草军需。两个赌徒，一个带了六十万兵力，一个带了二十万兵力，在鄱阳湖面展开一场赌局。他们使用的筹码是无数人的生命，赌注是自己的生命、财富及所有的一切。而胜利者得到的将是这苍茫大地的主宰权，失败者或将就此退出历史舞台，成王败寇的游戏千古亦然。

奔腾不休的鄱阳湖水见证了无数英雄的生灭无常，一个是只为不再受人冷眼的渔民，一个是只为能够填饱肚子的游民。而今对他们来说，一边是天下，一边是死神，再没有第三条路可供选择，特别是退路。不知道他们在决战前夜是否回望过他们走过的路，回顾他们所经历的常人不能忍受的磨难和痛苦，回想那些曾经平凡的生活……能够在阴谋和背叛中生存下来，并且发展壮大，才有了今天这样的机会。能够为胜利而死，在他们心里一样的高贵。

如果说朱元璋走的是一步险棋，陈友谅走的就是一步臭棋。如果陈友谅这时候能够趁着应天城里只剩下老弱病残的现状，出鄱阳湖口，沿着长江顺流而下，直抵应天城下，那么朱元璋的军队将会没有任何选择，他们将直接面对前有强敌后有追兵的严峻现实。陈友谅没有选择这个方案，朱元璋也就不用再做最坏的打算。

作为反元势力中的重要力量，朱元璋和陈友谅虽然都是打着红巾军的旗号，但他们并没有联手对抗元廷。你死我活的局面，虽然让人扼腕叹息，但是成王败寇的游戏规则早已注定一切。在南方的几支武装力量中，具有举足轻重地位的是正统的红巾军陈友谅和打着红巾军旗号实行兼并扩张的朱元璋，当然朱元璋也是正统的。张士诚和方国珍先后反复投降蒙元朝廷，并且接受蒙元朝廷授予的官职。从这一点上说，已不能单纯地将他们称之为反元武装。

朱元璋虽然没有公开降元，但为形势所迫，在元军占据上风之际，也曾经试图与其通好。与元"通好"对朱元璋来说，既不是攻势，也不能算是一种守势。朱元璋根据己方的实际情况，做出权宜之计，一种称之为"缓势"的选择。为了能够纠集重兵向陈友谅发起致命的攻击，他需要缓和与元王朝的对立之势。他的联元反陈策略的确收到了奇效，陈友谅的战略重镇安庆就这样成了朱元璋手中的一件战利品。安庆是扼守长江天险的门户，历来为兵家必争之地。在这几股武装势力中，唯独陈友谅和元廷没有任何瓜葛，他在反元斗争中的立场最为坚定。在和朱元璋正面交锋之前，陈友谅的军队始终冲杀于反元第一线，称雄江南。直到遇上朱元璋，才被牵扯进兼并战争的旋涡之中。

陈友谅本来想要联合张士诚共同对付朱元璋，可张士诚心不在此，他压根就没有吞并别人的野心，只想着如何保存自己的实力。没有办法，陈友谅只好孤军深入，结果招致大败。陈友谅有一颗强大的心脏，算是打不败的"小强"。无论是与朱元璋斗争，还是与蒙元朝廷周旋，虽一败再败，但他依然能够做到愈挫愈勇。可是打仗有时候不能光靠一个"勇"字，更多时候靠的是诈要阴谋。直到败亡前夕，他还能做到"至倾国六十万尝试江流，牧野、昆阳、赤壁、淝水，古帝王豪杰能用其众者，未之有闻"。不得不让人佩服，与其他对手相比，陈友谅不愧是一世枭雄。

至正二十三年七月，火星撞地球似的鄱阳湖大战在这片浩大的国土上全面爆发。陈友谅手中最可依仗的便是水师势力，战舰分大中小三等，大者可载三千人，中者可载两千五百人，小者亦能载两千人。黑压压的六十万大军从天边压将下来，文武百官的家属也全部出动，倾国而出，可见陈友谅从一开始就抱着决一死战的心态与架势，与朱元璋做一锤定音的较量。这场战事持续了三十六天，只打得昏天黑地，场面极为酷烈。整个鄱阳湖上，漂浮着数不胜数的尸体，愁云惨雾之间，天地为之色变。

敌我双方实力悬殊，这本应是一场毫无悬念的战事，可结局却有了另外一种走向。幸运女神在历史的转角处会将手中的绣球抛向谁？她并非不长眼睛。就连朱元璋自己也无法断定他就一定比陈友谅强大，但有一点是可以肯定的，那就是时势可以造人，人也同样可以造时势。比如这时候的朱元璋，比如这时候的陈友谅。也就在鄱阳湖大战爆发的前几个月，徐寿辉帐下的另一个重要将领明玉珍称帝，国号夏，建元天统，与陈友谅成为利益竞争对手。陈友谅也由此失去天完红巾军的绝对控制权，走上众叛亲离的败亡之路。

陈友谅虽然兵多将广，号称六十万。其实值得一提、忠诚捍卫于他的将领只有两三员大将。那些被他强力整合进来的将领，似乎并没有什么特别出色的表现。鄱阳湖之战中，朱元璋的军队与其人数悬殊，这本应是一场压倒性的歼灭战，结果却弄成了你死我活的胶着战。如果有人拿陈友谅对待自己上司的手段，与朱元璋对待小明王所采取的手法相比较，他就会很容易发现，胜王败寇的结局其实早就注定。从表面上看，朱元璋对待小明王的态度随着个人势力的不断增强而发生着变化。势力越强，他给予小明王的尊重也就越强，尽管这种尊重来自表面。

朱元璋之所以会冒险亲征，是因为这时候的他有着强烈的危机意识。患得患失的少年经历对他的性格养成尤为深刻，就算是握在手中的利益，也时刻担心被别人抢夺。这时候的朱元璋所担心的是，其他军事集团将小明王这块金字招牌从他手里抢走。朱元璋将小明王软禁于滁州，有些"挟小明王以令天下红巾军"的自私想法在里面。尽管小明王早已形同虚设，可他的存在却能够证明朱元璋的清白和他所领导的这支军队的合法性。在小明王沉水溺亡之后，朱元璋还会在一些公开场合抬出这位早已不复存在的偶像来说服人心。

与朱元璋形成鲜明对照的是，陈友谅过早地杀了自己的主子徐寿辉，将自己置于天下仁义的对立面，这在无形之中削弱了己方的正能量。他的节节败退，也遮掩不了内心的迷茫与空虚。失去道义，失去方向。就算是六十万大军也无法带给他想要的力量感，此时的他已经不奢望吃下整个天下，只想保住自己的小朝廷。

历史就像一次次的潮涨潮落，带来带走一些泥沙和鱼虾。而这一次带走的是陈友谅，抑或朱元璋？经过一个多月的对峙，陈友谅的六十万大军被活活困死于湖中，粮食殆尽，伤亡惨重。他决定孤注一掷，冒死突围。很不幸的是，他在激战中被飞箭"贯睛及颅而死"。陈友谅的死讯迅速传开，明军大为振奋，打击了汉军仅存的一点士气。入夜，汉军舰队土崩瓦解，张定边率领小舰队逃走，裹挟着陈友谅的幼子而去，在逃回武昌时让他登上汉帝之位。面对陈友谅的战败身亡，朱元璋不无感叹："友谅亡，天下不足定也。"他之所以如此肯定陈友谅的存在价值，是因为"自元人失驭，群雄蜂起，逐鹿之夫，所在都有"。也就是说，相对于张士诚、明玉珍和方国珍等其他几支红巾军队伍的谋私为己，陈友谅一直活跃于抗元第一线。

陈友谅是个不容忽视的对手，他是朱元璋前进道路上必须翻越的大山。如果不在发展之初将其消灭，将来难言胜负。陈友谅的败亡除了忤逆弑主导致人心涣散外，另一个重要因素就是，此人过于迷信武力。乱世求生存，没有人会怀疑枪杆子的重要性。

殊不知征服人心才是王道所在，在这一点上，朱元璋显然要比他看得更加高远通透。陈友谅纵然拥有让任何对手都为之胆寒的武力，人心不齐也枉然。作为一个军事集团的主帅，不爱惜兵将、四处用兵，又不能做到战之能胜，时长日久只会让人心像流沙一样散失。他生性多疑，擅于用权术控制下属。就是这样一个善于玩弄权术之人，却败给了朱元璋这样一个更加善于掌控权力的人。

陈友谅没想到这么快就败给朱元璋，在他看来，朱元璋算不上最强劲的对手。鄱阳湖大战进入白热化阶段时，他的自信心一度膨胀得如同随时要爆裂的氢气球。或许正是源于心态上的变化，让他变得刚愎自用，听不进任何人的意见。手下将官会因为一个反对意见，而招来杀身之祸。时间久了，谁也不敢进谏。军队的凝聚力降至最低点，很多将领阵前倒戈，带着军队直接归降了朱元璋。

与陈友谅相比，朱元璋胜在三个字"不折腾"。他明白人心向背的重要性，懂得积蓄力量，待时而战，战则必胜，永葆士气旺盛的战法诀窍。朱元璋身上所具备的性格特质，恰恰是陈友谅的软肋所在。陈友谅虽然有着打不垮的精神，关键是他总是打不赢，这种久拖未决的疲劳战术，严重影响了士气。虽然他拥兵数十万，但关键时刻攻不破、冲不上。故谓，善用兵者以一当十，不善用兵者以十当一。打仗是这样，人生中的好多事情又何尝不是如此。鄱阳湖大战历时四十天，朱元璋面对兵力三倍于自己的陈友谅却能够做到从容解套，以漂亮的弯道超车将陈友谅甩在身后，并将其逼至死路，这让元政府和天下群雄为之震惊。

透过战争的全过程，朱元璋让他的对手和手下将领看到了他在应对突发事件时展现出来的凛凛局器。让他们打心里服他，也只有服他，才能为他所用。让朱元璋感到可笑的是，张士诚坐拥数十万大军竟然坐山观虎斗。倘若张士诚或他的手下有一批人多谋善断，避开洪都攻坚，直捣应天，最后鹿死谁手还真是难以预测。由此可见，朱元璋和刘基当时对时局进程的判断是何等准确，对陈、张二人个性的把握又是如此到位。陈友谅是个尚武之人，却不善于用兵。他与朱元璋的这场战争，从一开始就陷入错误的泥沼，难以自拔。作为一个军事指挥官妄自托大，不能因势而进，等待他的也只有败亡一条路。

### 3．背叛者的突围和困局

历史犹如暗夜里的火把，它在有光的墙壁上，将一个人勾描成两个不同的鬼物，相互排斥，又相互模仿。而那些执笔的史家对黑夜、对阴谋、对复仇，仿佛有一种特殊的偏爱，他们口口声声反对酷烈的文化，但他们的笔又饱蘸复仇的血。

至正二十五年（1365年），即朱元璋称王的第二年，他做出了一项重要的决定——挥师东征，扫平称霸之路上的另一个重要对手——张士诚。朱元璋八月出兵，在不到半年的时间里，便势如破竹攻取了徐州、盐城、泰州等大片地区，其中包括张士诚原先的根据地高邮。眼看着就要踢开奔向皇权之路的最后一块拦路石，走到与元朝廷生死对决的最后关头。谁也不会料到，朱元璋的身边会发生一场突然事故。此时有密探来报，他的亲侄子朱文正暗地里勾结张士诚，准备倒戈讨伐他。

消息传来，震动朝野，这让朱元璋始料未及。在皇权的巨大诱惑面前，连牢不可破的亲情纽带也要被撕扯得支离破碎。中国人向来喜欢看热闹，所谓看热闹，也就是看别人的笑话。此时的朱元璋根本不允许在自己的世界里有笑话给别人看，就是看，也要看他位尊威重成就霸业的荣光。他不能因为朱文正一人，毁了自己辛辛苦苦这么多年创下的基业。官天下，家天下，万物皆备于我。如果换作他人，朱元璋也就没有那么多顾虑。找个机会手起刀落，整个世界也就清静了。朱文正毕竟不同于旁人，他是朱家大哥朱重四的第二个孩子。朱元璋在攻占滁州后，因为思念失散的亲人，便派人四处寻访。这个小名叫作驴儿的少年得知叔父的消息后，便带着他的母亲、妹妹一道投奔而来。

朱元璋总共有三位兄长，只留下驴儿这么一条朱家的"根"。正因为如此，朱元璋在心里将驴儿看得极为重要，长年将其带在身边，视同己出，并取名朱文正。试想，如果这条"根"若是被他亲手斩断，他百年之后有何面目去见九泉之下的父兄？在一个宗法社会里，辈分是最让人马虎不得的事。二人虽有叔侄关系，但朱元璋只比他的侄儿大五六岁，叔侄二人甚至是少年时的玩伴。谁都知道少年时的朱元璋喜欢玩当皇帝的游戏，当年在他面前纳头便拜的孩子中间估计就有朱文正。

至正四年，对于漂泊无根的朱家来说，那是天翻地覆的大难之年，同时也是家族命运的转折点。在这一年里，瘟疫、蝗灾、各种天灾人祸接踵而至，短短的二十多天，朱元璋的父母、大哥朱重四、大侄儿圣保（朱文正的哥哥）相继离世。大嫂王氏因公婆、丈夫均已过世，也不愿意再与已经"出幼"（元朝规定十五岁出幼）的小叔子朱元璋一起生活，便带着一子一女返回娘家度日。朱元璋成了一个无人疼爱、无人过问的孤儿。

那一年，朱元璋十七岁，朱文正只有十一二岁。叔侄二人在苦难岁月中共同打拼了十多个春秋。那段难忘的记忆，也让他们成为最熟悉的人，对方的性格、脾性和气度都相互烙印在彼此的心中。正是源于这份亲情和了解，让他们结下了很深的感情，同时也埋下了恩怨难了的种子。一旦条件成熟，那粒种子便会破土而出。

俗话说，打仗亲兄弟，上阵父子兵。亲兄弟早就亡于纷乱的世道，而亲生儿子还是不懂事的娃娃。对于朱元璋来说，既无兄弟可依，也无亲子上阵。为了组建"朱家军"，他开始大肆收养义子。先是将二姐夫李贞带来的外甥取名朱文忠，又将在濠州城收养的沐英取名为朱文英，另外还有朱文逊、朱文辉等人。这些养子均以"文"字辈作为他们的大名，从而形成以"文"字辈作为养子们共同的朱氏"辈分字"。朱文正是朱元璋诸多养子中的带头大哥，也是"朱家军"的一员猛将。朱元璋夫妇抚育文正、文忠及沐英等数人，"爱如己出，太子诸王生，恩无替焉"。话虽说得漂亮，但亲生子与义子怎么可能做到一视同仁呢？

朱元璋渡江那年，朱文正还是二十出头的毛头小伙子。人们都说，他的性格和长相与其叔父非常相近。或许正因为如此，朱元璋对这个侄儿总是另眼相看。其实在朱元璋的建军体系里，他是一直想将自己最亲近之人安排在最为关键的位置。让朱文正执掌大都督府，就是利用这种直系亲属关系，在自己的权力版图扎起一道朱姓藩篱，使其成为"朱家军"的核心人物。此时围绕在朱元璋身边的男性亲属，除了尚未成年的儿子们，还有养子、自己的侄子和外甥。在这其中，作为亲侄儿的朱文正是年龄最长、血缘最近，职务也最高的将领。如果朱元璋要从中选择一个朱家军的领军人物，朱文正无疑是最佳人选。朱元璋实在无法理解，自己将来当了皇帝，他朱文正就是正儿八经的皇室宗亲，一荣俱荣也在情理之中，为何偏偏选择在这时候横生枝节。在以"家天下"为背景的王朝时代，家与国的联系最为紧密直接的，莫过于宗室。所谓天潢贵胄，凭借着皇帝的亲侄儿兼养子的身份，朱文正根本就不用担心自己的前程。

当初为了能够稳固朱文正在大都督府中的地位，朱元璋煞费苦心。他将原任于枢密院，职务高于朱文正的邵荣、徐达以及平级的常遇春等武将先后调到中书省任职，使这几位军中主帅直接受朱元璋的节制。如此一来，新改设的大都督府成了一个独立的衙门，朱元璋授予自己侄儿大都督一职，品级定为从一品。这样一来，军权等于全部都被划拉到叔侄二人的口袋中。朱文正是朱元璋军事集团中获利最大的暴发户，他凭借着自己身体里流淌着朱家的血液，又加上自己的勇猛善战，职务升迁之快、级别之高，都是其他人无法望其项背的。

当初朱元璋让他与年龄比他长、资历比他深，经验也比他丰富的徐达共统一军，也是为了能够提升他的军事实力和在军中的话语权。由于徐达所参加的战役几乎都以全胜告终，如此一来，胜利的果实也就顺其自然地落到了朱文正的身上。朱元璋为其搭建的平台，以及与生俱来的军事天赋成就了朱文正。从一个乡野村夫到最高军事机关的一把手，朱文正只用了短短七年时间，便步入自己人生岁月最辉煌的阶段。血统固然重要，但能力也是不可或缺的因素。在朱元璋的手下，有着太多的天才将领，而在这些精英人物中，朱文正便是其中的佼佼者。客观地说，朱文正的军事才能和功绩不逊色于大明开国的任何一员名将。他最为光彩的时刻，都集中展现于那场艰苦卓绝的战役——洪都保卫战。

安丰就像是应天城的一道屏障，若安丰失守，应天将会门户大开，朱明政权的根据地将会陷入险境。当年，张士诚派兵围攻小明王的最后据点安丰。朱元璋率兵渡江救援安丰。如此一来，无形之中给了长江中游地区的陈友谅一个偷袭的机会。陈友谅对朱元璋一直虎视眈眈，想要找个机会将其一口吞并，几度东征都铩羽而归。朱元璋的主力部队救援安丰，江南由此陷入空虚之境，这是一个天赐良机。陈友谅决定夺取洪都，然后兵锋直指应天，趁机将朱元璋的势力从帝国版图上抹去。怀揣着这样一个梦想，陈友谅上路了。

当他率领着号称六十万人的军队抵达洪都城下时，等待他的不是别人，正是朱文正。洪都的军事地位极为重要，地处赣北平原，位于赣江的下游，由赣江向北经鄱阳湖与长江相连。谁也没有料到，朱元璋会将镇守洪都的重任交到朱文正的手上，在此之前，大家对朱文正的评价并不高。朱元璋之所以会置流言汹汹于不顾，除了看中朱文正的能力，更多是源于"信任"二字。

有人说，朱文正压根就没把镇守洪都当成一件大事。据说，他接手洪都之后，不思固城练兵，整日流连于烟花之所，沉湎于酒色，甚至学人家附庸风雅，在自己的官邸排练起歌舞。此等做派根本不像是来打硬仗之人，倒像是来享受的。就连最基本的军事布防，他也交给下属去操办。洪都城内的官兵虽心有怨言，却没人敢吱声。当他们听说陈友谅领着六十万大军即将杀奔而来，惊悚之余，也只能听天由命。

当陈友谅的数十万水军、数百艘巨舰，遮天蔽日杀将而来。朱文正接到了朱元璋下达的死命令：要不惜一切代价，誓死保卫洪都，等待援军到来。临战前的动员会上，平时看上去玩世不恭的朱文正像是突然变了一个人，慷慨陈词地说出了一番血性之语。

他说:"我知道你们都不怎么喜欢我朱文正,甚至有人在背后还骂我。这都没有关系,当然我也不喜欢你们这帮毫无生活情趣之人。如今,陈友谅六十万大军已兵临城下。想要投降保命者现在就可以出城,我并不阻拦。愿意留下来的,我朱文正陪你们战至城破人亡,一死方休。诸位珍重,望来日以富贵相见!"

陈友谅在南中国的迅速崛起,靠的是他有一支强大的水军。不过此人有着典型的偏执狂倾向,发挥长项固然没有错,但是过分依赖就没必要了。如果真能在江河湖海上做到无敌,也能说得过去,让人无法理解的是他最后还是败在鄱阳湖。朱文正真的能打仗,这是不用说的,究竟能打到什么程度,还悬着一个大大的问号。

洪都是一座坚固的城池,但它有一个致命的缺陷,那就是城门太多。前后左右共有抚州、宫步、土步、桥步、章江、新城、琉璃、澹台八个门,此外还有水道门。城门多是一个城市繁华的象征,但当这座城市面对六十万大军压境的时候,这样的繁华也就变成了一场醒不了的噩梦。由于人多,攻城的军队可以同时攻打各门,防守一方往往会顾此失彼。这又一次雄辩地证明,越是困难和险境,就越能考验一个领军者的能力。

朱文正无疑是一个不世出的军事天才,城里可用的兵力用来防守本来就捉襟见肘,但他却能将其调配得井井有条。到底是朱文正守住了洪都,还是洪都这座城池成就了朱文正?总之,依凭着朱文正的军事天才和钢铁般的意志力,明军以有限的兵力和破败不堪的防御工事将陈友谅的几十万军队死死咬住不放。最后以战死十四名将领的代价挡住了陈友谅六十万人马长达八十五天的围攻,也由此造就了朱文正人生的高光时刻,就此将他推上了元末明初传奇将领的神坛。

在这场旷日持久的拉锯战中，就连陈友谅也不得不发出感慨："朱元璋麾下猛将如云，竟还有朱文正此等军事奇才，若能效力于我，势必如虎添翼！"朱文正以区区两万人，将陈友谅数十万大军挡在南昌城下。朱文正能守住洪都，一是因为他有着非常强大的军事调度能力，二是陈友谅的部队陆战能力的确一般。在接下来的鄱阳湖大战中，朱文正再立新功，派人烧毁陈友谅的粮船，致使陈友谅的汉军军心大乱。因屡立战功朱文正被擢升为枢密院同佥，朱元璋事前征求他的意见，问他想当什么级别的官，他的回答是："叔父大业，何患不富贵。先给亲戚封官赏赐，何以服众！"无论多么强悍的人，都有自己的梦想。国是大梦，家是小梦。对于帝王来说，家国一体，家毕竟连着人的血脉。

朱文正的这句话让朱元璋很是满意，深为侄子高人一等的见解感到欣慰。要知道，雄心与野心有时候只有一纸之隔，一捅即破。今天你怀揣着雄心，明天成了一番气候就化作野心；也可能原本揣着的是一颗野心，只不过用端正朴素的外衣遮掩着罢了。朱文正的这句话，并不是说他不需要封赏，而是他想要得到更大的封赏。

洪都之战，确定了朱元璋的王霸之业，天下格局就此成型。就算他不是朱元璋的侄子，凭借如此军功也足以名列功臣宿将，何况他手里还握着"血亲"这张王牌。在人性的复杂层面上，朱元璋最讨厌的是贪婪与背叛。至正二十二年（1362年），大将邵荣和赵继祖密谋杀害朱元璋，结果被人告发，他毫不留情地将他们处死。至元二十三年（1363年），在与陈友谅决战的关键时刻，大将谢再兴又起叛乱，同样被他以强力手段剿杀。谢再兴有一个特殊身份，那就是朱文正的岳父。朱文正与张士诚勾结一处，很有可能受其岳父的影响。

谢再兴是濠州旧将，他和朱文正是翁婿关系，朱元璋因此称他为"亲家"。攀上皇亲，却享受不到相应的待遇，这让谢再兴很是不满。他觉得自己不但没有受到重用，反而遭受到朱元璋的故意排挤。谢再兴负责守卫诸暨，这里是朱元璋与张士诚接壤的前沿阵地，守卫的压力颇大。张士诚趁着金华、处州苗军反叛朱元璋的机会，派他的弟弟张士信率军进攻诸暨。谢再兴苦战二十多天，大败张士信。战事结束后，谢再兴派其心腹潜入张士诚的占领区杭州贩卖物品，结果被朱元璋查获。这本不是什么大事，朱元璋却将两个心腹都杀了，并将他们的头颅悬于谢再兴的官邸之外，以示警告。

后来，朱元璋又作主将谢再兴的次女嫁给了徐达，事前并未征得谢再兴的同意。与此同时，朱元璋又派参军李梦庚节制诸暨兵马，降谢再兴为副将。谢再兴听说这件事后，大为恼火，他抱怨道："嫁女也不告诉我一声，就像是犯官亲属配给将领一样，还让我听从别人节制。"谢再兴一怒之下捉了李梦庚到绍兴去投降了张士诚。

朱文正所辖防区远离张士诚，两者并无交集。朱文正的所为只能说明谢再兴对他施加了影响。外人有异心，尚可理解，连自己的亲侄儿也要加入叛将之列，这让朱元璋陷入巨大的愤怒与痛苦之中。一个宗室，本就处于权力要害，如果再与手握兵权的将领抱成一团，未来对皇权的威胁将是灾难性的。处置本是亲侄、如今又是养子的朱文正，朱元璋的心里很不是滋味。朱文正不出事则已，出事就是轰动朝野的大事，谁不知他是朱元璋的亲侄子，如今又是膝下养子。如在他身上枉法，造成的影响可想而知。

朱元璋得知消息的第一时间，就将此事告知夫人马秀英。马秀英也是忧心忡忡，要是别人，她都可以淡然处之。而朱文正、朱文忠，还有朱文英（沐英），虽不是她亲生的孩子，但从小在她跟前长大，她将他们视如己出。朱元璋在给外甥李文忠的信中提到了意图谋反的朱文正给自己带来的内心伤害，他说："老舅家书付保儿（李文忠），教你知道驴马（驴儿朱文正）做的人。当自从（朱文正）守住江西，好生的行事不依法度……在那里奸人家妻女，多端不仁。我禁人休去张士诚家盐场买盐，他从江西自立批文，直至张士诚家买盐，江上把截不得，尽他往来。南台城里仓与库四处俱各有物，其余多等不仁不孝的勾当，我心里闷，说不的许多。"

皇帝本来就是一个赤裸裸的实利主义者，等到江山稳固、皇权在手，和维护自己家天下的利益相比，所谓"亲情""仁孝"都要绝对服从并服务于皇权。皇氏宗亲既是一块躺在上面吃几辈子都吃不完的福利，又是一把悬在脖颈子上的双刃剑。封建社会奉行严格的血统传承，人的基因高于一切。

人生在世，所求者无非荣华富贵，而要享世代无穷之富贵，只有当皇帝。可当了皇帝也难以做到无穷，所以说富贵人生各有时。君子之泽，五世而斩，一个权力世系能维持五世就算是人间奇迹了，往往都不会有好下场。所以一个人的官当得再大，也不能算是有"种"了，但当了皇帝就可以有"种"，可以传至久远。即便是天下大乱、黄钟毁弃，也只有皇氏宗亲才有资格出头收拾残局，其他人做了就是"僭越"。

在朱元璋看来，身为第一代皇室宗亲的朱文正更不能心怀二志。如果自己念及亲情放他一马,他就有可能会让自己的子孙后代吃苦头。十多年后,朱元璋在给靖江王朱守谦(朱文正儿子)的敕谕中如此说道:"朕与尔父(朱文正)同寒微,平日所受艰辛,有不可言之苦……后因尔父(朱文正)长成,拨军护卫,教练威武,威武既成,令守江西。恣意放纵,视人如草木,作孽无休,其不仁者甚,夺人之妻,杀人之夫,灭人之子,害人之父,强取人财。事觉,教之不听,未几,谋奔敌国。"

这时候已在皇帝宝座上待了十二个年头的朱元璋,已经站上了礼法的制高点,有了凌驾一切的话语权。从他事后留下的文字可以知晓,他在给自己的侄子朱文正定下的罪行大致有三条:一是阻挠自己在江西开设专门监察百官的按察司衙门;二是违反禁令,自立批文,派人到张士诚处走私买盐;三是夺人之妻、杀人之夫、灭人之子、害人之父、强取人财,有敢向官府告其状的,他就灭人全家。他需要朱文正给他一个交代,念兹在兹者,亲也。人啊!三十年河东三十年河西,只要你翅膀硬了,就可能会忘了屁股上的胎记在左边还是右边。别人固然可以不管不问,可是自己不能忘本啊!

朱元璋在刘基、宋濂等人的陪同下前往洪都,据说他几天几夜未曾合眼,内心的愤怒和纠结可以用"煎熬"二字来形容。朱元璋无法理解,那只变得陌生的雄鹰是他一手调教和放飞的吗?是人固有的劣根性让朱文正走到这一步,还是他训导无方?朱元璋最担心的就是,有一日自己坐得江山,却失去更多。就像今日,就算是枕着价值百万两银子的玉枕也让他无法睡上一个安稳觉。他宁愿战场之上快意恩仇,也不愿面对亲人的背叛。

朱元璋坐船抵达城下,召来朱文正当面质问。朱文正仓皇出迎,朱元璋在见到他的那一刻，一直用眼神逼视着他。朱文正的眼神中透着难以名状的苦楚与恐惧，这让朱元璋不由得想起了自己的父亲，也想起了他那死去的穷鬼大哥。在兄弟几人中，朱元璋最不喜欢的就是他那个稍显刻薄的大哥、朱文正的父亲。在朱元璋的记忆深处，他那个大哥经常有顶撞父母的不孝言行。正因为如此，等到朱文正死后，朱元璋将他的一切罪恶源头都归结于他的父亲，也就是自己的长兄朱重四。他说："孝顺还生孝顺子，忤逆还生忤逆儿。"正因为老子是忤逆之人，所以生出的儿子也是忤逆之子。

朱元璋拿过鞭子狠狠地抽在朱文正的身上，一声紧似一声地逼问他：你这忘恩负义的畜生，到底想要干什么？虽然朱元璋的怒火足以震慑在场其他人，但却无法征服朱文正那反叛执拗的灵魂。朱元璋没有想到，朱文正会摆出那样一副桀骜不驯的姿态，让他下不了台。他是打给身边那些人看的，使得"桀傲者懔懔知畏"。他要告诉他们，何谓主宰？他才是那个左手掂着刀的屠夫，而他们则是案板上的肉，他想切谁就切谁。人性底下的这点东西，他比谁都拎得清。要让别人听话，最有效的两个办法，第一是让他处于恐怖之中，第二是给他足够的利益。当这两个办法都失去效力的时候，只有一种可能，他要的不是利益本身，而是利益的掌控权。

一个合格的利益主宰者，通常也是第一流的社会心理学家。朱元璋拿出按察使李饮冰的证词，质问他为何要背叛自己，投入敌人的怀抱。欲望固然是个好东西，可在这家的王国里有什么不可以商量的，除非你也想做利益的主宰者。朱文正非但没有显露出丝毫的悔过之意，反而当面指责朱元璋。他振振有词道：叔父为了扫除自己当皇帝的阻碍，不惜一切代价剿灭小明王韩林儿及其部下，根本不顾洪都城内上万名将士和侄儿的安危。如果不是我朱文正死守洪都八十五天，就不会有安丰、鄱阳湖两大战役的胜利，也就不会有叔父今日的荣耀。

朱文正说的每一句话像是刀子戳在朱元璋的心窝上，让他痛苦无言。朱文正的小名不愧叫驴儿，真是活脱脱的一头死犟死犟的驴。一系列事件证明，朱文正是一个看似混沌、内心却极其强悍的人，他那种骄纵狂放的性格和杀伐果决，超过了同时期的诸多将领。在一个天崩地裂的乱世，成王败寇，最重要的是胆识。朱元璋下令以"不谏阻"之罪，将朱文正身边的郭子章、刘仲服、卫达可等元帅杀掉，又将其部下随从头目五十余人挑断脚筋，然后将他带回应天。

马夫人得知朱元璋要处死朱文正，出面劝说："文正虽骄纵，自渡江以来，克太平，破陈野先，营取应天，多有战功，坚守江西，使陈氏强军不能克，皆其智勇也。况且是骨肉亲侄儿，就饶了他吧！"

一些大臣也前来说情，宋濂说："文正直罪固当死，陛下应体谅他是自己唯一的亲侄儿，还是将他贬往外地为好。"

在众人的劝说之下，朱元璋也考虑到他毕竟是兄长留下的唯一血脉，如果真是按律将其处决，未免显得太过绝情绝义，害怕有一天死后到了地府，也没办法向父母兄长交代。朱元璋虽然免去朱文正的死罪，但还是剥夺了他的军权，将其安置于桐城居住。贬往外地的朱文正，无论如何也接受不了昨天还是身居高位的大都督，如今就从权力的高台跌落为庶人的残酷现实。在朱文正看来，这一切都是因为朱元璋太过绝情。丧失理性的他，偷偷地命道士用红笔书写叔父的生辰八字，"钉地压之"，这就是阴毒的诅咒魇压之法。只要朱元璋死了，自己就可以一呼百应，另立山头。历朝历代，针对皇家的巫蛊之术是一项仅次于谋反的大罪。

此事被告发后，朱元璋将朱文正囚禁于应天城内苑，可是朱文正仍每日口出不逊之言，扬言上天如果能够再给他一次机会，他就会重新改写自己的命运。这样的话一再传到朱元璋的耳朵里，他无法做到充耳未闻，他认为朱文正这时候已经与他离心离德，再也不是他所信任的侄儿。在朱元璋看来，将朱文正留在身边，只能是留下一个祸患。云在青天水在瓶，凡事问心不问天，不是他朱元璋要向自己的亲侄儿举起屠刀，实在是自作孽不可活。这时候，又是马夫人站出来劝阻夫君。她说："文正这孩子本性不坏，只是性子刚烈，他根本没有背叛你的心思。何况他的母亲还健在，当念其母子之情，且见亲亲之义。"

马夫人的话在朱元璋这里还是很起作用的，他又一次放过了朱文正。等到至正二十六年（1366年）四月收复濠州后，朱元璋将朱文正解送回老家看守先人坟冢，希望他能在先人的坟冢前，好好地反思己过。让人无法理解的是，即使落到这步田地，朱文正也毫不收敛自己的言行。他不能忍受寂寞，不甘心失去到手的东西。在濠州期间，他非但没有对朱元璋做出妥协和让步，甚至一天到晚都在琢磨谋逆之事。身边人将情况秘密告发于朱元璋，让他再也坐不住了。朱文正一而再再而三地这么做，分明是在故意挑战自己的容忍底线。他再一次提审朱文正，他实在不明白这孩子为什么会如此痛恨自己。先是"心有异志"，接着用巫术咒他，然后"谋奔敌国"。不要说是自己的亲侄儿，就是自己厚待三分的外人，也会懂得知恩图报。

当朱元璋面对曾经宠爱无比的侄儿时，内心的悲愤可想而知。

他多么希望朱文正能够给他一个合理的解释，谁料更加激怒对方。朱文正指着他的鼻子破口大骂，口口声声"荒淫之主"。朱元璋惊骇的同时，内心充满了愤怒。朱元璋在其所撰写的《御制纪非录》中记载了当时的情形，他愤恨道："其应之辞，虽在神人亦所不容，其逆凶之谋愈推愈广，由是鞭后而故。"在朱元璋看来，他的一忍再忍不但没有换来朱文正的迷途知返，反而在某种程度上助长了对方的嚣张气焰。他夺过鞭子，狠狠地抽打在朱文正的身上。他要亲手打死这个不孝逆子，与敌国勾连、为非作歹，这些他都可以大事化小。唯独这"逆天之罪"，是他不能原谅的，因为这是涉及大明纲常礼法的大事。

命运，仿佛一张冲不出去的网。这时候的朱元璋不光是朱文正的叔父，更是堂堂的一国之君。朱文正虽然是皇帝的亲侄儿，但更是大明的臣子。君臣间应该以敬为主，敬为礼之本。纲常礼法是治国之本，朱文正当着外臣的面将朱元璋个人及政权最见不得人的隐秘撕得粉碎，这完全突破了朱元璋的容忍底线，死亡也就成了一种必然的结局。

朱文正的罪行从诬陷、奸淫、杀人、违法，到僭越、叛逆、"逆天之罪""神人亦所不容"——凡是人间丑行恶事，朱文正都占全了。这种死后定罪的套数在洪武年间，被朱元璋反复用于那些被他处死的罪臣逆党。一旦定型的历史，往往不可变易立场。所以我们能够想象到，等到时间覆盖真相，只剩下记录者的牙齿，个人的言说已经无关紧要。我本有心向明月，怎奈明月照沟渠。朱元璋本想自己亲掌中书省，让朱文正执掌大都督府——以朱氏家族来掌控大明政权。他的这一执政思路，随着朱文正的获罪被杀，被生生地撕裂。自朱文正获罪后，朱元璋就不再设立"大都督"

一职。朱文正的死成为朱元璋的政治布局中长期无法解决的难题，如果找不到信任的人替代朱文正的职务，那也就意味着无人手握大都督府之权柄。

这时候的朱元璋对军事大权极为敏感，他最信任的儿子们还没有成人。他只能将侄儿朱文正、外甥李文忠视为心腹之人，而朱文正的变故，给朱元璋上了惨痛的一课。连自己的亲侄儿都会背叛自己，在这个世界上除了相信自己，还能相信谁？今年花落颜色改，明年花开复谁在？从个人情感上来说，朱元璋实在不应该杀死自己的亲侄儿。但既然选择成为一国之君，搞了政治，也就不应该再感情用事。但朱文正的率性而为，已经使他与朱元璋之间裂开了一道巨大的血口子。

朱文正最后的结局有着不同的版本，《明史》和《明太祖实录》里只用了"文正卒"三字就一笔带过，并没有说明原因。按照《国初事迹》《罪惟录》的记载，朱元璋是在马皇后劝阻之下，饶过了朱文正，后来命他前往濠州祭祀，有人告发朱文正有怨言，有异志，所以"太祖废之"。

## 4．关于小明王的谎言与暴力

至正二十七年（1367年）十二月十二日，季节步履蹒跚地走向冬天，落日静静地沉没于天际。对于置身于滁州的小明王韩林儿来说，他正满心欢喜地等待着朱元璋派人来接自己去南京。据说，那一夜他辗转难眠，或许还做了一个囫囵梦。在梦境里，他冠冕堂皇，高高在上，心安理得地接受所有的欢呼和朝拜。在梦里，朱元璋领着一帮文武官员一脸肃穆，踩着庄严的宫廷鼓乐，手持朝笏鱼贯而入。

梦里呈现的祥瑞景象一定让小明王笑醒了，醒来后仍觉得意犹未尽，坐在椅子上愣了半天神。直到有人来报，朱元璋派来接他的船已经停靠在滁河岸边，他不得不掐灭自己的白日梦，用手整了整绣有龙纹的服装和帽子。他取过一面铜镜，仔细地端详着镜子里的自己。平日里柔和有余硬朗不足的五官，隐然间生出几分不怒自威的王者之气和顾盼生风的风采，这让他内心愉悦不已。

滁河的码头比往日冷清许多，有很多官兵在周围持戟而立。小明王在廖永忠的引领下，进入一艘并不起眼的官船。不知是否因为还沉浸于黎明前的那场梦境，小明王走得慢条斯理，揉着眼睛四下观望像是在寻找什么。有时候现实与梦境就隔着一层窗户纸，捅一捅或许就真的能够看见梦想照进现实。有些不起眼的小人物，之所以会在历史上留下痕迹，完全是因为某种偶然的际遇。

韩林儿自从称帝以后，就成了名副其实的傀儡皇帝小明王，凡事都由丞相刘福通当家做主。韩林儿在坐享无边荣华富贵的时候，一天到晚会想些什么，内心深处有没有一丝忧惧？将一个小人物的信念放在波诡云谲的历史幕布上，看上去略显单纯，甚至透着几分傻气。他或许还来不及搞清楚什么是政治与权谋，但严酷的现实已经告诉他，什么是谎言与暴力。

多年征战，红巾军虽然打出了气势，也扩张了地盘，但给人的总体感觉，始终处于一种无组织、无纪律的涣散状态。几方势力各自为政，没有统一的号令，又加上天生狭隘的小农意识，军纪不振，难以形成强大的战斗力。可以说，这时的红巾军主力已经被元军打散了，只剩下山东地区的一部分军力翼护着小明王的帝都安丰。当益都被扩廓贴木儿包围，刘福通前往救援，结果也是惨败而回。益都陷落，安丰也就成了军事意义上的一座孤城。

我们且回到历史的现场，至正二十三年（1363年）二月，张士诚的大将吕珍围困安丰达数月之久。城内粮尽弹绝，外面的援助也运不进去，城里出现了人吃人甚至吃腐尸和人油炸泥丸子的人间惨景。面对如此困局，小明王韩林儿心中是万分惊惧，多日来一直躲在行宫内哀叹不止。军情紧急，生死事大，刘福通不得不派人向朱元璋发出救援的请求。在救与不救之间，朱元璋与他的谋士们存在着严重的分歧。刘基认为，小明王是名义上的"君"，朱元璋是"臣"，过去朱元璋与小明王各处大江两侧，相安无事。若此番救出小明王，又该将其置于何处？今日正好可借他人之手将其除掉，免得将来再去背个弑君篡位的罪名。朱元璋的顾虑之处在于如果发兵，陈友谅在背后乘虚进攻，那么他将会陷入进退无据的境地；如若不救，万一安丰失守，应天就将失去一面坚固的屏障。是进亦忧退亦忧，可这世间哪里会有两全其美的事？元顺帝不会允许另外一个与他并行的皇帝安安稳稳地存在下去，这时候的小明王成了一个烫手的山芋，捧不得，也丢不掉。如果朱元璋将其接手，那么他的军队将会成为元军的主攻方向。对于朱元璋来说，这实在是一桩赔本的买卖。经过一番内心挣扎，他还是决定亲自领兵前往救援。

还未等朱元璋赶到，等不及的刘福通便簇拥着小明王趁着月黑风高突围而出，刘福通在突围中被杀。朱元璋摆设金銮玉扇，将小明王接到滁州暂住，并将其临时皇宫里的人全部都换成自己的人，防护极为严格。在龙凤政权中，小明王韩林儿是皇帝，刘福通是他的丞相，韩林儿的地位在名义上比刘福通要高。当吕珍向安丰发起总攻时，韩林儿、刘福通二人这时候都被困于城中。

吕珍若能破城杀死刘福通，他绝对不会轻易放过韩林儿，即使不将其杀死，至少也会将其带回去请功。然而结果却是韩林儿既未被杀，也未被吕珍所俘，反而被迟到的朱元璋带回滁州。有人推测，刘福通是死在朱元璋的手上。此时的小明王名为皇帝，实则是朱元璋的俘虏，完全受他控制。由于救驾有功，小明王内降制书，封赠朱元璋的祖上三代。朱元璋为表达感激，连夜撰写《朱氏世德碑》，记叙自己贫寒的家世和小明王对朱家先人的封赠。

在这兵荒马乱的年月中，做人能够做到小明王韩林儿这个份上，享受着流亡皇帝的待遇，然后再以个人名义发出"圣旨"四方传布，似乎是一件幸运的事。然而不幸的是，从这个年轻人被当作宋宗室后裔供奉之日起，他一生的悲剧也就注定了，他要为这短暂而虚幻的风光付出更为真实和惨痛的代价。从本质上说，朱元璋与龙凤政权之间的关系属于利益纠葛。龙凤政权强大时，朱元璋扮演的是一个依附者的角色；随着龙凤政权在北方战场上接连失利并败退安丰，与此相对应的是，朱元璋的地盘不断扩张，他在红巾军中的威望也就跟着水涨船高。依附与被依附者的关系就会发生根本性的逆转。

做一个默默无闻的小老百姓，或许可以苟活世间，要是一旦被人发掘身上具有某种奇异的价值，而发掘这种价值的又偏偏是野心家或不安于现状的枭雄，那么也就意味着，你的命运已完全掌握在别人的手中。小明王不论是在刘福通的手里，还是在朱元璋的手里，对他本人来说并没有多大的区别。表面尊贵的小明王，实际上是一个被人圈养、操纵的"超级玩偶"。像他这样一个活在权力世界中的玩偶，在中国历史上并不少见，他不是第一个，也肯定不会是最后一个。若论资质，小明王根本就没有资格登上历史舞台。可就是这样一拨人，却因缘际会，被人发掘了他活在这个世界上的奇异价值，最终成为大时代演进过程中绕不开的一种人物。毫无疑问这并不是他们的幸运，只是那些不能掌控自己命运的玩偶的个体悲哀。

小明王一直率领红巾军主力在北线顽强地抗击着元军的进攻，而朱元璋隶属其下，对他一直是毕恭毕敬。随着小明王与元军间的相互消耗，朱元璋的实力不断壮大，此消彼长，打破了他和小明王之间原先的君臣秩序。身为王者，朱元璋又岂能甘居人下，他早已将目光放得更加长远，放眼整个天下，而不是一城一池的得失。相对于历史来说，无论是纸上的荣辱还是时间的打磨，甚至是不值一提的。在人前，他依然毕恭毕敬地向小明王执君臣礼，为他建造宫殿。

小明王就这样被他像个宠物似的圈养起来，就连身边伺候他的侍宦都是朱元璋为他安排好的。小明王的一举一动，这时候都处于监控之下。小明王已经徒有虚名，手下将领几乎伤亡殆尽，他成了真正意义上的"孤家寡人"。尽管如此，朱元璋对小明王仍然心存疑忌。他的吴王身份并不是小明王封的，而是自立为王。在别人看来，只要小明王还活在这个世界一天，他的头上就会套着一道无法摆脱的"紧箍咒"。此时的他已经无法心甘情愿地居于人下，哪怕只是形式上的，也让他无法接受。

在小明王的龙凤政权里，游戏规则并没有发生根本性的转变，依然是谁有兵权谁当家，可是小明王系宋徽宗后裔的名声早已传播在外。不要小看这无中生有的名头，在元朝统治不得民心的时候，这个名头就能够起到凝聚人心的作用。正因为如此，各路红巾军还是愿意打着小明王的旗号从纷乱的世道里捞取利益。对于朱元璋来说，为小明王扛着这面大旗，并不需要付出太大的成本。只要将他圈养在自己身边，让他好吃好喝，而自己该干什么还干什么，势力并没有受到制衡与限制。在当时，几乎所有反元势力都是打着红巾军的旗号在江湖上闯名堂。红巾军的主力席卷了大半个中国，元政权被铺天盖地的红巾军折腾得疲于应付。红巾军的分支众多，让元政府军左支右绌，根本忙不过来，这也为朱元璋在江淮地区赢得了发展的良机。红巾军之所以能够发展起来，就是打着小明王的旗号。朱元璋比谁都心里清楚，龙凤政权和小明王的存在对他有多么重要。正因为如此，当张士诚的部队围困小明王所居的安丰时，他才会亲自领兵前去救援。

军师刘基劝朱元璋静观其变，不要轻举妄动，恐怕到时候请神容易，送神难，将来不好安置小明王。在这件事上，朱元璋看透了事物的本质，而刘基却只看到了表象。小明王拥有号令群雄的帝王名号，这让他成了一个烫手的山芋，同时也成了野心家们借壳上市的一个法宝。刘基所担心的，显然是前一种可能。他不希望朱元璋在这件事受到掣肘，也不希望朱元璋将来因为小明王一事处理不当给外界留下口实，失去人心。刘基考虑问题如有神助，总是先人好几步。这既是他的长处，也是他的短板。

乱世求生存，所有问题的归属都是基于利益上的考量或政治上的便宜。没有绝对的对与错，只有你敢不敢去做。刘基显然高估了朱元璋的觉悟，或者说，过高地估计了朱元璋的德行，以为朱元璋解救小明王仅限于"道义""君臣""迎圣"这些神圣堂皇的指向。随着朱元璋的势力不断做大，元朝皇帝想用笼络张士诚的那一套怀柔术稳住他。他们派遣使者主动向朱元璋招安，朱元璋并没有给以明确的答复。与其他同时期的政治对手相比，朱元璋的做法好像更合乎生存游戏所遵循的规则。比如说陈友谅，在生存圈子里的人看来，他应该算是徐寿辉的部下。可是等到徐寿辉兵败来投，他不但没有向自己的主子伸出援助之手，反而杀了对方。另外像张士诚、方国珍这些人，他们在革命的彻底性方面做得还远远不够，对待蒙元的态度也是摇摆不定。

虽然元政权曾经将他们分别封为太尉和行省左丞相，但是时局一变，他们便会翻脸无情。这种反复无常的秉性，从他们使用的年号上可见一斑。韩林儿称"龙凤"（宋），徐寿辉号"天完"，张士诚建"天佑"（大周），陈友谅立"大义"（汉）。和他们的反复无常相比，朱元璋算是一个有始有终的人。虽然他手里这时候已拥有足够的资本，但是基于政治上的考量，他还是把"龙凤"这个空头招牌在肩上一扛就是十二年。朱元璋也想砸烂它，打造属于自己的政治品牌。他在等待机会，等待一个一锤定音的机会。

让我们回到1367年的那艘船上，用文字尽可能复原那个诡谲的历史时刻：黑云滚过，天光渐渐被静寂无声的江水吞没，江面的能见度也随之变得越来越低，远处的景致影影绰绰，一切如在梦中。几只战船护卫着一艘飘扬着巨大"宋"字旗的官船，船头甲板上竖立着曲柄黄金伞，显示着翠华摇摇的威仪。船队即将抵达六合县境的瓜步山水域，一直站在御舟甲板上的廖永忠却在这时候进入底舱。他一个人躲在底舱的黑暗角落里蜷缩起身子，在橹桨发出的沉闷而又单调的声音里，昏昏沉沉的他像是进入了一场梦境。或许只有他自己明白，此时的他比任何时候都要来得更加清醒。他用眼神的余光透过舷窗恰好能够锁定那艘承载着小明王的官船。自从领着小明王上路，他就没有睡过一天安稳觉。在每天的计算中,目的地离自己越来越近。他在心里发出一声叹息,又慢慢地合上了自己的双眼,这一次他真的睡着了。

直到有人在他耳边炸雷似的一声吼,"将军,大事不好,龙凤皇帝的船翻了!"

小明王的死在意料之中,也在情理之外。刘福通败亡之后,韩林儿不过是一个普通人,只会慢慢被人淡忘,既无政治上的影响力,更谈不上军事上的号召力。战乱之后,教众各奔东西,或各自有所归属,也已丧失了宗教上的凝聚力。这样的龙凤皇帝,随时可以让他"禅让"。这时候除掉他,既无必要,也毫无意义。方国珍投降后,朱元璋都能让他享受一个"授广西行省左丞,食禄不之官"的待遇。廖永忠是安徽巢州人,他和兄长廖永安在渡江前随巢湖水师投奔明军,成为朱元璋的水军将领,廖永安在征讨张士诚时阵亡。随后,朱元璋和陈友谅在鄱阳湖上掀起滔天巨浪。廖永忠与俞通海等人用七条船载着芦荻,趁着风势放火,烧毁陈友谅军几百艘大船。又率领六条船深入敌阵搏杀,再冲杀一圈出来,敌军惊呼他为神人。

第二天,廖永忠又在泾江口拦击陈友谅,陈友谅战死。战争毕竟不是沙盘上没有血腥的推演,而是勇气与勇气的搏击,生命与生命的碰撞。也正是在这场生死大决战中,廖永忠一跃成为水军的领军人物。回到京城,朱元璋用漆牌写了"功超群将,智迈雄师"八个字赐给廖永忠。

这时候的廖永忠在巢湖水师将领中年纪最轻,朱元璋曾经问过他一个问题,问他为什么来投奔自己,是想要大富大贵吗。

廖永忠的回答是:"跟随明主,扫除寇乱,垂名竹帛,是我所愿。"

一个人能够在箭矢如雨、杀声震天的战场上做到凛然无惧、从容应对，还有什么事办不到的？朱元璋一番权衡之下，将迎接小明王这一重要任务交到廖永忠的手上。临行前，朱元璋特地将廖永忠召进自己的吴王宫，屏退了身边的所有从人。密室内只剩下他们二人，在外人看来，似乎要酝酿一场倾国倾城的阴谋。据说，朱元璋故意压低声音，简单交代了一番此行的任务，其余什么话也没有多说。烛影摇晃，廖永忠退去时的眼神里散发着阴鸷的光芒。那一刻，或许他心中已有了自己的打算。

在外界和后人看来，廖永忠杀死小明王，无非两种可能性：一是出自朱元璋的授意，二是他自己拿定的主意。但有一点是肯定的，那就是小明王的人间蒸发，最大的受益者不是别人，正是朱元璋。朱元璋不会把即将到手的皇位让给小明王，既然如此，小明王的存在也就成了他皇权之路上最大的包袱。对于朱元璋来说，他宁愿小明王是自己在正面战场上狭路相逢的对手，那样的话，处理起来就没有那么复杂。除掉小明王，是一件既简单又复杂的事。简单是因为这时候的小明王已经没有任何抵抗力量，复杂是因为贴在朱元璋身上的道义标签还没到完全撕去的时候，他还需要一个能够说服天下人心的理由。

朱元璋和他的那些文臣武将都清楚，他们都是韩林儿的臣属，韩林儿才是他们名义上的皇帝。如今王霸之业已定，一国难容二主，韩林儿又该作何处置呢？或许朱元璋此时才意识到，当初刘基不让他出兵救韩林儿是多么有先见之明。既生韩林儿，何生朱元璋？朱元璋若突然翻脸将自己的主子除掉，这显然违背了一个王者治国平天下的基本准则。独立领军以来，朱元璋向天下人所展示的都是仁义忠孝的一面。除非这时候他认为天下尽在掌控，自己可以完全抛弃先前的理念，撕掉儒家的伪善外衣，将王道直接化为霸道。

如果朱元璋还想让天下人相信自己得天下是天命所归的事。那么他在处理韩林儿这个问题上，就不得不谨慎从事。正因为如此，他宁愿选择与自己的对手在战场上刺刀见红，也不愿冒天下之大不韪。这个有点棘手的难题很快就随着一艘船的沉没而烟消云散，一个能够为自己主子排忧解难的人，应该得到更多的恩宠。廖永忠不是一个傻子，很多时候他比一只猴还要精明。他自作聪明地认为已经看透了主子的心思。就算一个眼神，他也能揣摩其中深意。

廖永忠内心清楚，自己所要去做的，就是要替自己的主子背上这个黑锅，他要把"不义""弑主"这些罪名全都一个人扛下来。他一定认为他是朱元璋最信任的人，不然朱元璋又怎会将那么重要的一项任务交到他的手上，这完全是基于一份信任。在这个世界上，还有什么比君臣之间的信任来得更加实惠？有了信任，其他一切也就迎刃而解。不管是廖永忠自作主张杀了小明王，还是朱元璋在事前向他传递了某种不可言说的暗示，总之，小明王在这个世界彻底消失了。

尽管事后朱元璋在人前表现出一种如丧考妣的慌乱与痛苦，但内心的轻松只有他自己最清楚。对于小明王的死，他没有理由不暗自兴奋。而廖永忠的结局似乎也印证了某种事实。让我们再次将时间钟拨快，拨到洪武八年（1375年）。从这一年的年初，朱元璋就病倒了，还不到五十岁的他须发白了大半。谋划国事之用心，可谓深远且细密，不累皇帝又累谁。人处于愁病之中往往会陷入悲观和不安，朱元璋常常会在梦中被一幅画面惊醒，梦中有一位将军，手持利剑，向他发出要挟。

梦中之人，轮廓模糊，朱元璋醒来后细细回想，总觉得梦中之人是廖永忠。廖永忠此时已经成为太子朱标名义上的辅佐，经常跑到太子那里履行职责，并说出类似于"太子必成太平之主"的话。要知道，这可是犯了皇家大忌。因为朱元璋还活得好好的，他说的那些话过于超前，甚至是大逆之言。廖永忠插手朝廷事务的态度和他本身所具有的功臣身份，都让他说的话成为压在朱元璋心头的一块巨石。要搬开这块巨石不是一件容易的事，做得太过直接，必然会引起功臣集团的恐慌和不满。可是要做得不露痕迹，以廖永忠的为人和行事，实在难以找到足以将其治罪的把柄。

正当朱元璋苦于无计可施之时，他想到了自己几年前无意中为功臣们挖下的那个坑。当年廖永忠接小明王来应天的时候，也一同运送来了大量龙凤朝廷的御用器物。小明王死后，这些东西有一部分被朱元璋留下，剩下的则分赐给廖永忠等人。既然是皇帝所赐之物，自然不会让它闲置，所以廖永忠便开始使用这些器物，其中包括卧床器用、鞍辔靴镫等物。谁也没料到，朱元璋早已在廖永忠家中布下眼线，搜集到了一些私密的情报。当时使用这些器物的将领并不在少数，就算是追究起来，也是法不责众。或许连廖永忠也不认为这是一个问题，依然将那些看上去花里胡哨的碗碟摆在自家餐桌上。也就在这时，有廖府仆人密奏，廖永忠在家里偷偷"僭用龙凤诸不法事"。由于此前廖永忠身上已经背负溺死小明王、勾结杨宪等罪名，数罪并罚，朱元璋派出专人前往廖家收集罪证，并将廖永忠绑了来。当床帐、器皿、鞍辔、靴、雕金钑花、龙凤纹样僭用御物等说不清的罪证摆放于廖永忠眼前时，他的内心世界瞬间坍塌。

朱元璋强撑着病体，厉声喝问道："廖永忠，你知罪吗？"

"臣已知罪！"廖永忠还想为自己辩护几句，话到嘴边又被他生生咽下，他明白一切早已注定。人活在这个世界能够体会到的悲哀有许多种，只有无法开口道出的，才是真正的悲哀。廖永忠虽然不认同那些附着于自己身上的罪名，但是他却认同时势逼人的道理。他并不后悔当初所做的一切，即使昨天的一切都没有发生，今天的一切也会发生。

朱元璋步步紧逼道："你知何罪？"

"天下已定，臣又岂能无罪？"眼前的廖永忠苍老了许多，官帽已经掩盖不住他的满头白发。看来这些年，他背着沉沉的心事活在这个世上，有多么辛苦。

朱元璋继续道："你以为朕是汉高祖，你是韩信吗？"

"臣是不是韩信，不是臣说了算，而是天下人说了算；陛下是不是汉高祖，陛下心里比谁都清楚。"命运，真是说不清道不明的东西。从准备接小明王渡江那一刻起，廖永忠就已经成了砧板上的鱼肉。为了堵住天下臣民的悠悠之口，朱元璋命刑部将那些从廖家搜罗出的所有物品罗列出来，榜示天下。纸醉金迷、裘马轻狂，对一个功臣来说算不得什么罪过，而放着美人在侧，说自己性冷淡的功臣才是最可怕的。朱元璋就这样将一个相对安全的开国元勋除掉了，用了一个算不上多大罪过的借口——"僭用龙凤不法"。要人命的八个字，几乎将一个臣子的狼子野心彰显无遗。私下里穿了绣有龙凤图案的衣服，以逾制为由将其除掉。说得过去，又好像说不过去。

等到了洪武末年，朱元璋再次将廖永忠之死归罪于擅杀韩林儿"不义"。一个王朝，一件事，让一个人如此反复，到底图的是什么？有人说，廖永忠是在狱中被折磨而死的；也有人说，廖永忠被打了四十廷杖后，暴死于家中。一代名将廖永忠之死，就这样成了大明王朝开国后发生的首例杀戮外姓功臣的事件，他也因此成为被朱元璋第一个推出来祭旗的开国功臣。在遭到诛杀的大批功臣宿将中，廖永忠算不上一个重量级的人物：论功勋，他与李善长、刘伯温这些人无法相比；论殒命，他不如蓝玉一案株连得那么深广。

## 5．张士诚的消亡史

解决了朱文正与小明王后，朱元璋的心情豁然开朗，国事、家事、天下事，事事了他的意。坐在应天府的大殿上，他终于可以定下心来考虑自己的最后一个对手——张士诚。虽然说元政权是块难啃的骨头，毕竟只是骨头，血肉和魂魄早就不复存在。张士诚属于非红巾军系义军，红巾军系与非红巾军系义军最大的区别是对待元朝廷的态度。红巾军具有明确的政治目标和民族思想，与元廷势同水火；非红巾军系则以个人利益得失为进退，对元廷朝三暮四，态度十分暧昧，张士诚更是此中好手。

早在至正十三年（1353年），张士诚就主动请降，担任元朝廷的淮南、江北行省平章知事。吃人家饭砸人家锅，没过多久就造了人家的反。不久，他就挑出大旗自称诚王，没做几天王，他又向元廷投去降书。元朝廷并不嫌弃他，又授其太尉。这就像是一个水性杨花的姑娘傍上了痴情汉，当然痴情汉也不是傻子。元朝廷之所以一再姑息张士诚，是因为他们需要他解决大都运粮问题。

张士诚一而再再而三地和元朝廷玩这种小孩子过家家的游戏，而这又何尝不是一种生存策略。他的西线进攻受阻于朱元璋，而东边又与元廷苗族将领杨完者不和，可谓两面受敌。张士诚所盘踞的地区是江浙沪的富庶之地，鱼盐丰聚；他的另一盟友方国珍拥兵海上，水路通达。两人由此结成了一种利益共同体，由张士诚出粮，方国珍出船，运济元大都。这世间看得最多的是，合作归合作，但又各怀心思，互相拆台。两人的结合基于一种利益关系，并不牢固。在这期间，他们每年都要向元大都运载十几万石粮食。这种局面一直维持到至正二十三年（1363年）九月，由于张士诚自立为吴王，拥兵自重，不再听从元朝节制。

随着张士诚与朱元璋势力不断壮大，双方领地有了大面积的接壤，在边界时起战端。等到进剿武昌后，朱元璋开始集中优势兵力向张士诚发起进攻。张士诚出生于泰州（江苏盐城大丰）白驹场一个盐户之家。泰州这个地方，自古以来是东南沿海主要的盐产地之一。彼时的泰州滨海共有三十六处盐场，隶属于两淮盐运使司，而张士诚所在的白驹场就是其中之一。

元朝廷为了填补不断扩大的政府开销和军费支出，大量增发盐引，不断提高盐价，解盐所办盐课在政府财政收入中占去相当大比重。盐价虽然不断翻番，但是真正的盐户并没有从中得到实惠，他们依然过着穷困潦倒的生活。泰州地处东南沿海，每年夏季这里都要遭到台风的侵袭。等到海水退去，那一块块被海水浸泡过的良田就变成盐碱地，庄稼没法种了。中国有句老话，靠山吃山、靠海吃海。这句话不仅是一种因地制宜的变通，更是顺应自然的中国式生存之道。

地是死的，而人是活的。那些生活在盐场附近的农民只好离开土地另谋出路,他们撑船运盐,在官府运盐的纲船上寻找生活的出路。生于斯长于斯的张士诚早就投身于此,为个人的生存努力打拼。少年时期的张士诚具备了一个江湖人的所有性格特质,算是一个讲义气、重情谊的男人。虽然自家穷得揭不开锅,但在别人遇到困难的时候,他总是会慷慨相助,时间久了,在当地盐户中树立了很高的威信。这样一个游走于江湖之人,你让他安分守己做个替官府运盐的盐户,几乎是不可能的。那份聊以糊口的收入,根本无法满足他的生活需求。他需要面子,更需要经营自己的圈子。一个男人如果不活在圈子里,就觉得浑身难受,找不到自己生存的坐标。

在这种情况下,张士诚拉了几个意气相投的朋友干起了贩卖私盐的营生。在运输官盐的过程中,夹带一部分食盐,偷偷卖给当地的富户。从春秋时代的齐国开始,食盐的生产和经营就一直是由官府垄断经营。由于食盐专卖事关国家安全,所以历代统治者都要对贩卖私盐的行为进行打击,元朝也不例外。元朝的惩罚措施是"杖七十,徒二年,财产一半没官,于没物内一半付告人充赏"。

贩卖私盐本来就是一项风险性极高的营生,这时候元朝廷在全国各地的盐场都设置了盐官和盐吏,专门稽查私盐贩子。那些私盐贩子既要面对官府的严查,同时还要面临购盐者的欺辱。而购盐的富户为了能够拖欠盐钱,常常以举报官府相要挟,对他们也是百般凌辱。本来就是违法行为,又加上低微的身份,让张士诚这样的私盐贩子的日子并不好过。这一行当让他们尝尽了炎凉世态和冷暖人情,也激发了他们超乎常人的奋斗精神和忍辱负重的心性。

至正十三年（1353年）正月，阳气上行，白昼渐长；但是从气候来说，依然处于交冬数九，中国南方地区的寒冷还没到完全结束的时候。做了一年买卖的盐贩子们比任何时候都要显得焦躁不安。辛苦了一年，他们不但没有收到半毛钱的利润，就连投进去的本钱也打了水漂。也不知怎么了，一个叫丘义的弓箭手就盯上了张士诚，没事就上门找茬，动辄抓他的人，扣押他的货物。既然你不让我活下去，我也就索性豁出去了。张士诚对此十分愤怒，于是就在一个月黑风高杀人夜带领他的弟弟及壮士李伯升等十八人杀死了丘义。一不做二不休，大不了是个死，一帮人又冲进当地富户家中，砸开仓库的大门，把粮食和钱财分发给当地的老百姓，接着又点起一把火将房屋烧了个干干净净。

　　张士诚就势扯出一面造反的旗帜，不到一个月的时间，他领导的起义军队就达到了上万人的规模，成为反元队伍中的一支生力军。或许是一切来得太过容易，张士诚没想到庞大的元政权不过是一只看上去吓人的纸老虎，一戳便穿，没费多大力气，他的军队很快就占领了家乡泰州与邻近的兴化、高邮等地。运气一旦来了，挡也挡不住。

　　朱元璋太了解张士诚这个人了，因为他们都是为这个沸腾的大时代而生的，又都来自喝人血的江湖。天高地阔，他们都不会安分守己地守着一亩三分地，守着一份勉强糊口的职业。他们深邃的骨子里都有着难以梳理的复杂性，精明之中透着沉稳和干练，狡诈之中又有着江湖人的重信守义与慷慨大度。身为乱世群雄中的一员，张士诚身上的优点和缺点同样突出。对于底层民众而言，张士诚这样的人对他们极具吸引力。他们来到这个世界，无所依凭，谁也不会在乎他们的生死。有一天，有人给他们钱花，给他们酒喝，带他们领略这个世界的罪与罚。这种感觉如同江湖上的草莽英雄只要听闻一声"及时雨宋江",纳头便拜他的公明哥哥。有一天,他呼啦啦竖起一面"义"字大旗,那些地痞流氓、小商小贩和失意的文人都卷着铺盖赶了过来,这也是张士诚能够在短短一个月时间就拉起一支上万人队伍的主要原因。

高邮是张士诚的根据地,他在建立起一方政权之后,对于那些拎着脑袋和自己一同创业的兄弟还是很够义气的,使他们每个人都成了手握重兵或重权的高官大吏。同时,他对那些投奔而来的文人士大夫抱着友善的态度,对辖地老百姓也能够做到轻徭薄赋。正因为如此,张士诚在底层民众中具有一定的美誉度,为自己赢得了广泛的支持率。如果能够将陈友谅与张士诚合为一体,那将是一个较为完美的造反者形象。天意使然,朱元璋的出现可以说是二者的结合体。这也是为什么朱元璋能够笑到最后,而他们却半途离席的深层道理。

至正十四年(1354年),张士诚在高邮建立临时政权,国号大周,改元"天祐",又自称"诚王"。高邮政权刚刚建立起来,元朝廷就派来重兵讨伐,想要将张士诚的新政权扼杀于摇篮。结果遭到张士诚部的奋力反抗,元军以失败而告终。张士诚借机扩张自己在江苏地界的领地,并由此牢牢掌控运河。如此一来,等于掐断了元朝运粮和赋税北运元大都的通道。为张士诚冲锋陷阵、统治领地的是他几个亲兄弟,张士义、张士德、张士信。除了张士信是一个贪图享受之人,张士义和张士德算是比较厉害的角色。

至正十九年(1359年)九月,元朝廷派人给张士诚送来了好几坛御酒,还为他量身定制了一套精美的官服。在对待张士诚这件事上,元朝廷采用的是胡萝卜加大棒的手法。元朝廷的目的很明确，那就是让张士诚继续给他们供粮。与此同时，元朝廷又传诏至杭州，要方国珍出船，将张士诚的粮食从海路运往大都。那些自认为"离了老子地球都不转"的人尖儿向来缺乏合作精神。蒙元朝廷的分工，并不能促使张士诚和方国珍之间提升信任。外力越起作用，他们之间就会越相互猜疑。张士诚怕方国珍吞没了他的粮食，让他赔了粮食而无功劳；而方国珍又怕张士诚趁机扣押了他的船只，并乘虚向他发起进攻，在背后捅他一刀。

秋色宜人，好风好水，到元大都的顺风船也不过半个月的行程。经过元朝廷江浙行中书省左丞相达识帖睦迩从中斡旋，张士诚交出了大批粮食。送佛送到西，帮人帮到底。张士诚索性出兵帮助元廷攻占了大宋政权的最后一个据点安丰，也由此成为红巾军的头号死敌。张士诚这么做自然有他自己的一套生存理念，那就是借重元朝廷的势力来提高自己的地位。比如说，他在叛降元朝廷之前，"始要王爵"，后又"请爵为三公"，一步步地抬高自己的身价。凡是你渴望得到的东西，带给你的总是痛苦大于快乐，元廷最后封了张士诚一个太尉，据守杭州。

一个政治家往往是在艰难绝境的磨炼中走向成熟，他在与元官家打交道的过程中，亲身体验到对方的骄横与跋扈。靠谁都不如靠自己，张士诚在降元后，虽然脑袋上还顶着元廷的名爵，但是他根本不听对方调度。无论是城池、府库、甲兵还是钱谷，统统被自己收入囊中。他甚至还趁元军在苏北、鲁南地区兵力空虚之机，积极抢占地盘，将自己的势力范围扩展到济宁。他仗着自己手中的兵力和地盘，一直在与元朝廷讨价还价，希望能够捞到更多的好处。

张士诚集团占领浙西地区后，很快就发生质的变化。攻占平江后，他开始设学士员，开弘文馆，大量搜罗、重用元朝官吏和儒士，他的这一做法与朱元璋不谋而合。史载张士诚"持重寡言，欲以好士要誉，士有至者，不问贤不肖，辄重馈遗，舆马居室，无不充足"。张士诚好脸面，能容人，尤为礼待读书人。用人不问贤良与否，只要来投，往往委以重任，所以才使得"东南文人多往依之"。相对于其他政权而言，张士诚以较为开明的姿态对待文人，为他们营造了较为宽松的话语空间和政治氛围。

在元政权的高压态势之下，文人的生存空间受到极大的挤压。说什么致尧舜兼济天下，没有舞台如何施展？没有舞台连吃顿饱饭都困难。纵使你有盖世才华，也只能一辈子沉沦下僚，或者沉默到死，遭遇一个时代的白眼。天下衮衮，一个时代的气象，从文风也大致可以看出端倪。元曲固然是中华文化艺术园地里的瑰宝，但也是文人群体无法回避的适应性变异，是一个时代的悲鸣之声。

朱元璋也好，张士诚也罢，他们为知识分子提供了重新出发的某种可能性。不少儒士和蒙元朝廷的官吏在这时候选择投奔他们，很多人在元朝廷混得如同讨饭的乞丐。手下人才济济，军队和领地也在不断地扩张。这种上升的势头，让张士诚产生了一种暴发户的心态。他以为自己在红巾军中的势力最大，又博取了元朝廷的信任，谁也不敢小瞧了他。正是这种心态的变化，加上身边围绕着一帮享乐型人才，让张士诚陷入一种虚妄的精神幻觉。

于是，不断有人来向朱元璋报告张士诚此时的动向。说他开始大造宫殿王府，修建了富丽堂皇的景云楼、齐云楼、香桐馆、芳惠馆作为寻欢作乐的场所，日夜歌舞升平；又说他的手下将领们纷纷跟着效仿，忙着享受生活，无心打仗。即使将领们吃了败仗，张士诚也不会追究他们的责任。张士诚的弟弟张士信和女婿潘元绍，是张士诚集团内部最大的腐败分子。张士信拥有妻妾数百人，生活极其奢靡。就连后花园里那艘巧夺天工的采莲舟，都是用沉香檀木打造的。前方战事吃紧，可他举行一场宴会，动辄耗用上千石米。连行军打仗，他也不忘带着四处搜罗来的绝色女子，每日莺歌燕舞，其乐陶陶。

张士诚变了，他不应该是这样的人。他应该是一个话不多、有器量的男人。但是从他现实的所作所为来看，他却是一个缺乏远见卓识的人。分析这个人的时候，朱元璋和他的谋士李善长、刘基等人一致认为，张士诚是一个懒得过问政事、性格固执、过于武断之人。这样的人眼界并不高，只要能够保住眼前的富贵对他来说就已经满足了。正因为如此，往往难以成就大事。让人想不通的是，天下纷扰、硝烟弥漫，张士诚这时候却躲在宫里做起了正儿八经的皇帝，和一帮文人学士、官僚政客舞文弄墨，不知今夕是何年。在利益的驱动下，文人士大夫们忘记了自己当初为什么出发，他们很快在歌功颂德中营建了新的话语系统。

张士诚在这种鼓噪声中获得了前所未有的满足和信心，他将军政大事全部交给他的另一个弟弟张士德。他认为自己已经吃定天下，富贵在手跑不掉了。这种排除其他选择的单向推理，简直是掩耳盗铃的现实版。也正是在这一背景下，朱元璋给张士诚写了一封信，在这封信里，朱元璋对他是有所警示的。朱元璋说："昔隗嚣称雄于天水，今足下亦擅号于姑苏，事势相等，吾深为足下喜。睦邻守境，古人所贵，窃甚慕焉。自今信使往来，毋惑谗言，以生边衅。"朱元璋在这里表达了"睦邻守境"的愿望。他将张士诚比作隗嚣，并说对方"擅号于姑"。隗嚣是汉代割据陇西的一个将军，起初依附于农民军更始帝刘玄，不久又投靠光武帝刘秀，随之叛降于割据四川的蜀王公孙述，最后被光武帝诛杀。

张士诚读出了朱元璋这封信的言外之意，他不仅没有回信，还扣押了朱元璋派去的信使杨宪。张士德是张士诚诸弟中最有谋略、最为强悍，功劳也是最大的。张士诚在淮东站稳脚跟后，又命他率军队由南通渡江，开辟江东地盘。朱元璋在攻打张士诚部所盘踞下的常州时，张士德率数万军队前往增援。结果中了徐达在常州附近设下的埋伏，张士德被俘。为除后患，朱元璋还是将他杀了。

张士德的死对张士诚的影响巨大，如失左右手。这件事进一步恶化了朱元璋与张氏兄弟之间的关系。张士诚将政权交到其弟张士信的手中，以他为丞相。在张士诚的三个弟弟中，张士信最摆不上台面。如今其他两个弟弟都已经战死，他也只能将张士信推到前台。用史书最常用的盖棺定论的写法，张士信是个贪腐无能、妒忌贤能之辈，正是他将张士诚苦心经营的政权引向土崩瓦解。张士信在这一时期还重用了黄敬夫、叶德新、蔡彦文等不擅长谋国理政的文人，真是成也书生，败也书生。吴中的老百姓为此还专门编了一首传唱度颇高的民谣："丞相做事业，专用黄、蔡、叶，一朝西风起，干瘪！"

当无孔不入的情报人员将张士诚的情况告于朱元璋，只见他哭笑不得，不免为张士诚的事业感到惋惜。他说："我诸事无不经心，法不轻恕，尚且人瞒我。张九四终岁不出门，不理政事，岂不着人瞒！"也就是说，天下最可信之人是自己，而不是别人。在通向权力巅峰的道路上，没有什么能够阻挡朱元璋前进的步伐。这让他体验到从未有过的力量感，一想到繁花似锦的江山就要落到自己的手上，搁谁都会产生幸福的眩晕感。从来都是别人主宰自己的命运，哪里想到有一天自己也会当家做主，主宰别人的命运。

朱元璋在等待一个最佳时机，一个将自己长期积压于心头的痛苦与仇恨一股脑地宣泄出去的机会。这种可怕的念头像是一头凶猛的怪兽，是他始终无法控制的。为了树立新政权代言人的形象，朱元璋要将过往岁月里自己所经受的那些苦难与屈辱全部抹去。他要让后人明白，自己生来就是皇权的化身，是一切正义力量的代表。既然如此，张士诚又是如何败在朱元璋手下的呢？在这其中，肯定有比江湖义气之类更为重要的东西牵引着事态的发展。

作为私盐贩子出身的张士诚，对未知的明天并没有多少长远的规划。他出身底层，对农业社会小富即安的心理有着与生俱来的亲近感。张士诚是一个容易满足的人，能够占据中国最为繁华富裕的鱼米之乡，已经让他感到心满意足。他并没有放眼天下的雄心大志，能够偏安一隅对他来说已经是最好的选择。但是他忘了一点，狼顾虎视之下，他想要保存自己的一方基业，几乎是一项不可能完成的任务。

朱元璋的军队将张士诚赶出了长江以北，使得张吴军队龟缩于苏杭地区。按照成王败寇论，张士诚明明握有一手好牌，却输得底朝天。其实并不那么简单。光是一个苏州城，朱元璋就围攻了将近一年的时间。张士诚虽然势力较弱，但也并非轻而易举就能攻取下来的。有人说，张士诚这几年只干了三件事：坐看陈友谅被朱元璋吃掉，坐看朱元璋蚕食地盘，坐看他的平江城一天天被包围。一个始终缺乏阳刚之气的政权，总是有着别样的困顿与悲情。

在此之前，朱元璋并没有与他全面开战，是担心陈友谅会乘隙东下，使明军陷入两线作战的境地。对于朱元璋来说，这个世界没有敢不敢做，只有该不该做。至正二十六年（1366年）三月，广袤的江南大地犹如一个嗷嗷待哺的弃婴，被久旱不雨的天空折磨得奄奄一息。这种日子对于朱元璋来说最熟悉不过，少年时的度荒经历，在他心里留下了难以抹去的阴影。

朱元璋以徐达、常遇春为主帅讨伐张士诚。既然张士诚缺乏战略眼光，那么朱元璋就用现实告诉他什么叫作高瞻远瞩。按照朱元璋的策略，"先取通、泰诸郡县，剪士诚肘翼，然后专取浙西"。如果先攻击杭州和其他地区，就可以剪除张士诚的羽翼，浙西也自然成为朱元璋的囊中之物。所谓战略眼光，在成为现实之前，都不过是一个职业赌徒的豪赌而已，而这一次朱元璋又赌对了。

在出发前，朱元璋反复强调，在攻克城池之后不要随便杀戮，因为杀完了人，得到空空的地盘，也没有什么实际意义。张士诚是一个意气用事的草莽英雄，在他的人生字典里有着中国传统江湖人的行为准则。如果用一句话来概括张士诚，完全可以用"江湖浪荡客的一生"来形容。同样来自江湖，朱元璋更懂得收放之道。在建立割据政权之后，他对跟随自己的人始终抱有一份特殊的感情。江湖在赋予张士诚草莽人特质的同时，也剥夺了一个成大事者应该具备的器量与才略。

这场战争并没有出乎朱元璋的意料，他只用了半年时间，就将张士诚在长江以北的全部地盘划拉到自己的名下。张士诚的残余部队退守苏杭一带，地盘虽然大不如从前，但这里向来是帝国的富庶之区，能够割据一方对这时候的张士诚来说，显然也是不错的选择。按照张士诚的性格分析，他应该相信，凭借他的实力，朱元璋不可能将其完全吃掉。江浙富庶之地，方圆两千余里，甲士数十万。口袋里有钱粮、手里有刀枪、后面有骁勇之士，乱世生存的三件法宝，张士诚一样都不缺少。

就连朱元璋手下那些谋略之士也看好张士诚的实力，李善长就说过："（张士诚）其势虽屡屈，而兵力未衰，土沃民富，多多积蓄，恐难猝拔。"李善长说得一点没错，争霸天下的三大要素张士诚都具备了。这种表面上的强大并没有吓退朱元璋，朱元璋早就看透了这个对手，不然也不会向他发起挑战。徐达深谙朱元璋的意图，向他进言："张氏骄横，暴殄奢侈，此天亡之时也！"

越姬风韵、吴娃柔美，张士诚是一个没有长远眼光的人，只是沉溺于生活的享受。这样的人在创业阶段布小局尚能勉强应付，如果将其放到争霸天下的大局之中，往往很难有所作为。在近十年的漫长岁月里，他将自己那副重担挑盐的身子骨泡进后宫的温柔富贵乡，酥软了自己本应勃发的精神意志。握有一把好牌的张士诚，却不能赢得一场好局，实在令人扼腕叹息。

而对于朱元璋来说，对手痛失好局，也就意味着自己将迎来一场大胜。至正二十六年（1366年）五月，朱元璋发布了那篇著名的《平周檄》。在这篇战斗檄文中，历数了张士诚的八条罪状：

> 为民则私贩盐货，行劫于江湖；兵兴则首聚凶徒，负固于海岛，其罪一也；诈降于元，坑其参政赵琏，囚其待制，二也；厥后掩袭浙西，兵不满万数，地不足千里，僭号改元，三也；初寇我边，一战生擒亲弟；再犯浙省，杨苗直捣其近郊，首尾畏缩，又诈降于元，四也；阳受元朝之名，阴行假王之令，挟制达丞相，谋害杨左丞，五也；占据江浙钱，十年不贡，六也；

知元纲已坠，公然害其丞相达失贴木儿、南台大夫普化贴木儿，七也；恃其地险食足，诱我叛将，掠我边民，八也……

有人说朱元璋的檄文写得过于吊诡，将自己从乱臣贼子的名单里摘除出来，与韩林儿、刘福通等人画出一条界线。其实说这句话的人未必就能猜中朱元璋的心思，他当初加入造反人群是为了能有下一顿饱饭，那时的他不会以造反为非、以做贼为讳，毕竟要团结全天下的劳苦大众，而他那时候所要扮演的角色就是苦难代言人。

此一时彼一时，朱元璋如今做了吴王，虽然富有四海，但同样需要用铁的法律与秩序对抗那些倔强难制者，需要用君君臣臣父父子子那一套来束缚天下臣民。时移事易，朱元璋摇身一变，从苦难代言人转换为利益集团的代言人。而这一切不过是逐利者的表演秀，又何必当真。一张讨伐檄文，朱元璋还不便于当着天下人的面公开叫骂。在世人面前，特别是在元朝权力集团和天下士子们的眼里，他的身份不过就是一个窃国的盗贼，一个犯上作乱的暴民。尽管如此，他还是希望能够与那些成不了气候，又被世人视为乱民的人划清界限。

在这里，朱元璋没有骂张士诚如何辜负天下苍生，辜负追随他的那些文臣将佐，辜负他自己，而是骂他犯上作乱，辜负蒙元朝廷。真是滑天下之大稽，这样一份讨张檄文让很多人读来，搞不清楚朱元璋的葫芦里装的是什么药。乍一看，还以为他是替蒙元政府发出的讨逆宣言，其实他这么做的道理很简单。也就是向世人证明，自己讨伐张士诚是顺天应人、光明正大的举动。自己既不同于草寇小贼，又不同于窃国大盗，自己是一个奉天讨罪、救世安民的大英雄，是应该被天下人歌颂的。

渔阳鼙鼓动地来，惊醒了张士诚高枕锦裘间的春梦。张士诚有三个弟弟，大弟士义已死，二弟士德有勇有谋，他曾经把军国重任基本都交给了这位二弟。张士德兵败成为朱元璋的俘虏之后，他在监狱里带话给哥哥张士诚，宁愿投降元军，也要和朱元璋拼到最后。张士德拒绝了朱元璋的劝降，最后绝食而亡。张士德的死让张士诚如失左右手，也彻底粉碎了张士诚与朱元璋合作的最后可能性。二弟死后，张士诚将他那个能力最低的三弟推向了丞相的宝座。当然除了对弟弟的宠溺，张士诚对追随自己多年的老兄弟也非常讲义气。以酒令为军令，以肉阵作军阵，让他们身心愉悦地进入一种飘飘然的状态。

张士诚与他的文武官员尽情享受着轻歌曼舞的生活，宫墙外的金戈铁马好像与他们没有任何关系。在不到三个月的时间里，朱元璋的军队陆续抵达平江城外，对张士诚形成合围之势。在此之前，徐达已经相继攻占了湖州、杭州、绍兴等地。包围平江后，朱元璋听取了谋士们的意见，采用锁城法。也就是将军队分驻各门，把张士诚死死困于城中，令其动弹不得。

由于围城的时间过于长久，城中已是弹尽粮绝。当时若能在城中捉住一只老鼠都能卖到上百文钱，皮靴马鞍等都被煮食充饥。张士诚实在不忍心城中百姓跟着自己走向死路，他流着泪要求百姓们自行散去。人之将死其言也善，他说："事已至此，我实无良策，只有自缚投降，以免你们城破时遭受屠戮。"这句话不说还好，说了反而要了更多人的性命。百姓们听了张士诚的这番话语，当时就伏地号哭，愿与诚王固守平江城，同生共死。这是一场惨烈的战争，城中木石俱尽，以至拆寺庙民居制作飞炮之料。

1367年10月1日平江城破，明军蜂拥而入。

城破之时，张士诚盼咐兵士点火烧了王府，但没有烧毁城中任何一户百姓的房屋。老百姓对于统治他们的人是极其包容的，稍微能给他们带来一点恩惠，他们就会还你更加绵长久远的回馈。在很长时间里，每逢张士诚的生日七月三十日晚上，苏州的老百姓就烧九四香（张士诚原名九四）、点地灯来纪念他。张士诚不愿意做俘虏，他也不希望那些给自己带来无数欢愉时光的妻妾侍女遭人凌辱，于是，狠心将她们全部赶到齐云楼上，纵火焚毁。可怜那些娇俏如花的女子就这样做了权力的祭品，凄惨的哭喊声如同一把利刃划破了平江城的夜空。取人性命是容易的，而要自己的命则需要更大的勇气。张士诚上吊自杀不够决绝，反而被部将救起成了俘虏，押解至应天。朱元璋派自己的首席谋臣李善长审讯，张士诚的态度极其傲慢，自始至终不改自己的王者本色，根本不把李善长放在眼里。本来朱元璋安排李善长提审，也是故意羞辱于他。

既然张士诚不给李善长面子，朱元璋就亲自出马。他问张士诚，如今兵败被俘，有何感想。朱元璋问这句话的目的很明显，就是想听到对方的臣服乞求之语。张士诚的回答却是："天日照尔不照我而已。"这句话让朱元璋想起楚汉争霸，项羽败于乌江，也曾经说过类似的话——"忘我者，天也。"这句话让朱元璋恼恨不已，虽然他可以武力征服张士诚，但却无法令对方低下那颗骄傲的头颅。朱元璋赏给他吃的，他拒不进食。朱元璋本想借机羞辱张士诚一番，结果却讨了个无趣，命人将其扛到竺桥打了四十大棍，一代枭雄当场毙命。朱元璋同时下令，将他的三位宠臣黄敬夫、蔡文彦、叶德新腊制成肉干，悬挂于苏州城楼上。

有人说，朱元璋这么做未免有失人道。他这么做的目的很简单，就是要让天下群雄都看一看，与他为敌会有怎样的下场。既然他的最后胜出是顺天应人的事，那么其他人的抵抗也就成了逆天而行。

这一年，朱元璋已经是一个四十七岁的中年人，一个即将知天命的人，终于天命在握。从不可一世到烟消云散，历史始终没有跳出人性的局限。消灭了陈友谅、张士诚等南方主要割据势力，等于控制了中国最富庶、人口最稠密的地区，实力得到了大幅度提升。朱元璋要建立一个理想国，自淮河以南，南方沃野千里。而下一步，朱元璋将目标锁定元大都，最后的决战就要到来。朱元璋并没有急于挥师北上，此时的元政权面临着分崩离析。作为一个卓越的军事指挥家，朱元璋步步为营，对每一个可能存在的风险点都进行客观地分析与巧妙地闪避。他并没有盲从于一些激进派将领，理由很简单——"元建都百年，城守必固，若悬师深入，屯兵于坚城之下，粮饷不足，援兵四集，非我利也。"朱元璋深知资本的积累来之不易，他毕竟是从小民一点点打拼出来的。他提出先取山东，撤其屏蔽；然后再进攻河南，断其羽翼，拔潼关而守之，据其户槛；等到占据了主动，再全力进攻元都的战略。

应该说，这时候明军与元军的实力对比，强弱已发生了根本性逆转。在这种情况下，攻克元都只是时间问题。当时元朝的军事实力还没有受到强有力的冲击，忽必烈的后代们忙于集团内部的自相残杀。当长江流域各政权在南方互争雄长之时，中国北方经历的事变则是察罕帖睦尔的兴起和被害，以及他的继承者扩廓帖睦尔想把他的统治及其重新捏合在一切的企图。正因为如此，他们已经很难再真正联合起来对付北伐军。如果说这是一项投资，朱元璋所做出的军事部署就是要把风险降到最低点。如此一来，耗费的成本也会随之上升。对于精于算计的朱元璋来说，宁可多付出十倍的努力，也不愿意多增加十分之一的风险。

正是按照他的军事策略，北伐明军步步为营，慢慢耗尽元军的有生力量，毫无悬念地从一个胜利走向另一个胜利，从出师北伐到攻克元大都仅仅用了不到十个月的时间。经过几年的发展，在南方群雄割据的各方势力中，朱元璋由最为弱小的一方慢慢变为最有竞争实力的一方。

# 第二章
# 枢阁的变局

## 第三节：血色王朝的起点

### 1. 洪武元年的奥义

吴元年（1367年）十二月的应天府（南京城），似乎在一夜之间，这里坊巷庭院由最初的热闹走向平静，又似乎不是一般意义的平静，像是一场狂欢来临前的期盼与等待。从洪武门到承天门，在这条城市的中轴线上，大大小小的瓦舍勾栏粉刷一新，各家商铺换了颜面。随着人流穿过御街（先借用这个名称），两侧是即将启用的大明中央机关府衙。过了承天门，就进入了即将启用的宫城。

朱元璋登基已进入倒计时。各项准备已完全就绪：新的"皇历"《戊申（1368年）岁大统历》已经颁布，新的法律《律令》及《律令直解》已经颁行，皇帝即位朝服、后妃官员朝贺礼服都已齐备。皇帝即位册立皇后、皇太子等各种仪礼已经起草完毕，包括皇帝仪仗的各种演习都已经相当精熟。

就在徐达的北伐军队以势如破竹之势向元腹地挺进的时候，朱元璋登上权力巅峰的时机已经瓜熟蒂落。虽然徐达所统领的军队还没有夺取大都，元顺帝还没有退位，但决胜天下的最后时刻已经到来。十二月十一日，李善长再率文武百官奉表劝进。朱元璋虽然没有答应他们的请求,但还是很满意这一出君臣之间的双簧戏。当皇帝像是活在一场春秋大梦里,来得虚幻。不要说让别人认可,就是自我说服,也需要一个情绪的缓冲。当群臣打着天下民意的旗号将那个即将成为皇帝的人绑架于权力塔顶的时候,任谁的心理也会发生微妙的变化。自己既然是来拯救万民的,为什么不能舍身取大义呢?

第二天,李善长等文武百官再次恳请:"殿下谦让之德,已经著于四方,感于神明。愿为生民百姓的利益着想,答应群臣的要求。"

其实那些准帝王比谁心里都要着急上火,恨不得一步登天。越到跟前,表面上越要推三阻四,做出谦虚低调的姿态。正所谓越高位,越要低调。

历朝的开国皇帝,不管是武力打拼来的,还是靠阴谋篡夺来的,都要践行"三推三让"的程序,好像唯有如此,才合乎天道。"三推三让"是礼,以礼来表现继位者内心的仁。一个想当皇帝的人,憋了几年几十年,天下皆知,但是即位之前,还要像演戏似的"三推三让"。这种做法,无非是要告诉别人,当这个皇帝不是出于个人意愿,而是天命难违,是民意难抗,不得不为之。

为了摘掉造反者的帽子,朱元璋称自己"乐生于有元之世""取天下于群雄之中,不在元氏之手"。他笼络作为社会精英的缙绅和文人,加速融入儒家传统,借此证明取天下的合法性。登基前,他摆出一副"我不下地狱,谁下地狱"的牺牲姿态,凡有耳者当聆听,凡有心者当铭记。身为官员要体察圣心,瞅准最合适的时机,做出最恰如其分的试探。朱元璋环顾整个朝堂,发现没有比左丞相李善长更合适的人选。更为重要的是,凭李善长的能力，他完全胜任这样一个角色。

登基对于新皇来说是极为隆重的事。自古以来，中国人讲究的是开局顺，事事顺。十二月二十二日，应天皇城全面竣工。刘基参考了天地阴阳消长之规律，判断来年正月初四应该是一个大吉之日，于是登基大典就定在那一天。

十二月份常常是雨雪连绵的阴天，如果到了即位那天仍然是这样的天气，就是一种不祥之兆。这一天，迁居新宫，祭告上苍，朱元璋说："明年正月四日，于钟山之阳设坛备仪，昭告帝祇，惟简在帝心。如臣可为生民主，告祭之日，帝祇来临，天朗气清；如臣不可，至日，当烈风异景，使臣知之。"如果上天认为他可以做天下苍生之主，登基之日就会天气晴朗；如果认为不够这个资格，那么老天爷就给个明示。时间一天天过去，一连十几天都是狂风暴雪。到了正月初一，上天仿佛得到了神明的某种暗示，风雪消停，朱元璋和文武官员大大松了一口气。

四十岁的朱元璋就这样站在了1368年的时间门槛上，看上去踌躇满志，意气风发。1368年是一个全新的起承转合的开始。说新，其实也并无多少新意。中国历史每一次轰轰烈烈的农民起义过后，就会迎来一个所谓的新朝。

在起义者的心目当中，他们扯旗造反的目的并不是为了推翻一个旧体制，打造一个新体制。他们打倒皇帝，图的就是皇帝屁股底下的那张龙椅，自己取而代之。"皇帝轮流做，明年到我家"，既是投机思维，也是普遍心态。翻阅历史时，我们一次次扼腕叹息，叹息那些流血和阴谋怎会不厌其烦地重复上演。新建的政权统治不过是前朝的复制与翻版，而高高在上的永远是张家的皇帝李家的王，下面匍匐着的官僚就像是机器模子倒出来的产品，庞大的政治机构犹如一辆腐朽的破车运行在跑偏的历史轨道上，一次次翻车，又一次次发动点火。茨威格在名著《异端的权利》里说："无论谁，如能给予人们一种新的协调和纯洁的幻想，就立即能够激发人类最神圣的情感：自我牺牲和宗教狂热。成百万人像是中了邪一样准备投降，他们允许被踩蹦，甚至甘受强暴。"这片土地上的子民，他们只要能有一口气活下去，什么不公和屈辱都能忍受。一旦统治者残暴贪渎得超过限度，让他们活不下去，那种既不惜自己的命更不管别人的命的凶残和嗜血就会被释放出来，陷入非理性的互害丛林当中。

新旧交替，经过一次摧枯拉朽的扫荡，表面的污垢被暂时清除。新朝之主看起来较为英明，官员们也较为清明，封建地主的剥削趋于缓和。可是好日子如昙花般绚烂于一瞬间，随着时间的推移，国家机器又会出现新的磨损，政治空气又会变得污浊不堪，王朝的统治又会陷入前朝的困境之中，历史又得周而复始地来那么一次大规模的清污运动。不同的是，在这场运动中的领头者获得了成功，最终登上了皇位。

历史的发展，循环着往复不断。谈不上进步，也谈不上落后，就像黑格尔所概括的那样，彼时的中国就是一个"停滞的帝国"。大明朝也不例外。以元末纷乱的天下大势而言，如果没有出现朱元璋，肯定还会有张元璋、李元璋挺身而出，以实现推翻元统治的目的。这一天是正月初四，整个天空像是被风雪洗过般洁净湛蓝，南京城沉浸于喜庆祥和的新年气氛。天朗气清预示着上天对朱元璋即位这件事是欣然接受的，也预示着大明王朝会有一个天朗地阔的未来。在大队仪仗的簇拥之下，朱元璋率文武官员浩浩荡荡前往郊祀坛。郊祀坛是"天地合祀"之所，与后来的天坛、地坛、日坛、月坛有所不同，它不是分开的。到了郊祀坛，敬天拜地，中国由此迎来新的君主。臣民们憧憬着朱元璋能够带领他们走进一个新的时代，他们为自己躬逢盛事而欢欣鼓舞。

朱元璋把命运终于活成了一个深藏的奥义，一个时代的某种象征。他将朱家从艰难苟活的困境里拖了出来，活成了一副不知今夕何夕的幸福模样。

"定有天下之号曰大明，建元洪武。"朱元璋穿戴衮冕，率领文武百官，在郊坛之南面北行礼，向上天祷告。他定1368年为洪武元年，顾名思义，这个年号暗示开国立本的赫赫武功。即位的第二天，朱元璋在和身边的官员交流治国之道时，不无忧虑道："创业之初其功实难，守成之后其事尤难。朕安敢怀宴安而忘艰难哉！"创业不容易，守业会更加艰难，自己不敢有一丝一毫的懈怠。

第三天，朱元璋在奉天殿大宴群臣，并说起自己当了皇帝的感受，他说"尊居天位，念天下之广，生民之众，万几方殷，中夜寝不安枕，忧悬于心"。说的是皇帝该说的套话，但其中不乏真诚。为了将那些陷于痛苦和灾难中的人解救出来，而让自己的人生奋斗变得崇高起来。尽管这个世界从来没有什么救世主，可造神运动在这块古老的土地上从未停息。或许是看到朱元璋做了皇帝还如此忧虑，御史中丞刘基安抚道："过去天下未定，皇上焦虑难安可以理解，如今四海一家，你应该少些忧虑。"自己和天下相比，太渺小了。一个人走路还有可能会摔跤，饮食生活不当还会引发疾病，何况一身担天下之重。

按说当了皇帝后，朱元璋应该放松下来，享受帝王生活。奇怪的是，他感到自己身上的担子越来越重，重到必须时时警醒自己。即使宴请群臣，歌舞升平，他也不忘语言上的敲打。他始终不曾忘记自己的出身，更不允许自己产生乐极一时的暴发户心态。一辆车子在险峻的路上往往会走得稳当，平坦的道路稍一颠簸就有倾覆的危险。守天下就如同车夫驾车，虽然天下太平，也不能忘乎所以，不然就会江山不稳，帝业不牢。一个人的出身环境、成长经历决定了他的思维。出生于世代雇农之家的朱元璋，在人生的旅途中备尝人间艰辛，这一切无疑对他设计国家制度和国家政策具有决定性的影响。

朱元璋将自己的这种忧患意识归结为"三畏"。他曾对文臣宋濂说：做人不能无知无畏，人只有有所"畏"，才不会胡乱来。自己"上畏天，下畏地，中畏人"，无时无刻都不敢疏忽，生怕所作所为违背"天地之道"，违背老百姓的意愿，触犯老百姓的利益。朱元璋从早到晚都抱着兢惕自持的心态，作为一国之君，若是无法让普天下的老百姓过上安稳的生活，那么就会失去天下民心，这是非常可怕的事。自从做了皇帝之后，他常常因为琢磨身边的人和事，寝食难安。

那么大一份家业，朱元璋总是担心哪一天被人颠覆，这皇城宫殿不是归别人所有，便是被一把火烧了；子孙妻妾不是被杀个精光，就是被掠去为奴做婢。念及于此，他就浑身出冷汗。眼前这帮王侯公卿没有一个吃素的，都是刀头舔血过来的。尤其是徐达、常遇春、蓝玉、胡惟庸等人，个个都是狠角色。所谓的礼义纲常不过是花架子，能唬住庸人可唬不住他们。为了不让自己迷失了方向、麻木了神经、忘却了忧患，朱元璋特地让人搜集和编纂历史上那些无道昏君的恶劣事迹，供他借鉴。历史上的那些帝王，无论是向善，还是为恶，他都可以拿他们作为自己的一面镜子，以史为鉴，少走弯路。

从游民领袖到一代帝王，社会地位的变迁好像并没有给他带来实质性的改变。两种身份似乎有高下之分，但是它们之间的距离却并没有我们想象中的那么大，庙堂之高与江湖之远基本上都是在一个规则体系里生存绵延，异曲同工。无论是朱元璋，还是其他的皇帝，他们的思想根源都深植于同一种文化的土壤，他们深信自己的个人意志应有绝对自由的空间，并具有自由伸张的绝对权力。他们确认自己的一切想法、一切行为及其所产生的一切后果都具有绝对的真理性，都代表着上天的意志。

一个叫"明"的王朝开启大幕，统一全国的战争还在向前继续推进。天下指日可待，朱元璋需要那些为他炮制宏大叙事的知识分子，和他一道筑造这个时代的乌托邦。大明是天下民众都在盼望的一个光明世界，寄托着朱元璋的治国理想。历史上出现过无数国号，有的标注姓氏、家族，有的标明地望、徽号，当然，也有的国号寄托了开国者的政治理想。在一个难以判定方向的未明世界里奔走，一个人又如何知道自己是在走向光明呢？如果说"明"是智慧的本性，那么它又何尝不是在警示朱元璋和他的后世子孙：从光明到黑暗，是很正常的事。

大明的"明"来源于明教的"明"，小明王宣扬的是"弥勒降生，明王出世"，将会给天下人带来幸福生活。红巾军要实现夺权，小明王是最好的一面旗帜。既然明王出世可以带来光明，那么就要在现实里找到一个明王带领大家推翻黑暗的现实。这是红巾军所信奉的宗教，也是红巾军所提出的政治理念。

当年，红巾军迎立韩林儿为"大宋皇帝"，使用"龙凤"年号。为了扩大自己在红巾军中的影响力，朱元璋打着小明王的旗号。

由此，他与小明王结下不了之缘，也与明教结下不解之缘。小明王是一块金字招牌，创业之始，人人都需要。每年的正月初一，朱元璋都要在军帐中专门设立一个座位——御座。虽然韩林儿没来，但那个座位也是属于韩林儿的，文武官员都要向着那个座位行叩拜之礼。虽然刘基等人私下称呼韩林儿为"牧竖耳"，但朱元璋表面上一直将其奉为正朔。

朱元璋在那篇讨伐张士诚的檄文中，说过元朝末年有很多人"酷信弥勒之真有"，误中妖术，"聚为烧香之党"，大家纷纷起兵，"焚烧城郭，杀戮士夫，无端万状"。祸害民众的怪力乱神只会给人民带来更加深重的痛苦和灾难，不可能迎来一个真正的光明世界。如果说"明"仅止于小明王的明，是摩尼教的明，人民肯定是不会接受的，儒家也难以接受。朱元璋和他的军队经过儒家知识分子的全方位改造，与依托白莲社的红巾军渐行渐远。

一年前，他派部将廖永忠准备将安置在滁州的小明王韩林儿接到南京来。船行至长江瓜步渡口即今日江苏六合附近，风起浪翻天，一船人全部沉没于江中。据护送小明王随行的官兵描述，船翻后，廖永忠亲自跳入隆冬刺骨的江水中援救，怎奈天意绝人。小明王沉江后，朱元璋就与以"弥勒降生，明王出世"为号召的红巾军完全脱离。他不再需要别人的金字招牌，自己就是招牌。

朱元璋仿佛是一个分身有术之人，隐身于光明的背面，看着自己建立的光明国。他必须要用这个"明"字，不能抛弃那些为了追求光明世界而追随他的部众，不能让他们失望。他要彻底改变信奉明教的红巾军部众无组织、无纪律的生存状态，要以"仁义"行天下，得天下。他身边不乏饱学之士，他们都是儒家学说的传承者，之所以会接受"明"字来做国号，是因为他们赋予了

"明"字一个新的含义。

明是什么？明是日月同辉。中国古代有日月崇拜。历朝历代的京都之地都设有日坛、月坛，要祭祀朝日，祭祀夕月。皇帝们都说自己做皇帝是奉天承运，皇权是神授的，因此要敬日、敬月，日月相合就是明。他们赋予了"明"字新的含义。在中国传统的思想观念当中，阴阳五行居于主导地位。按照阴阳五行之说，南方为火，北方为水；南方属火，火神为祝融；北方属水，水神为玄冥。每个皇朝都占有五行中的一种德运，哪一种德运兴盛，哪个皇朝就会兴起。元朝起自北方为水德，明朝起自南方为火德，水火相克，明朝取代了元朝，就是火克了水。

## 2. 天命、九言策及北伐

吴元年（1367年）的春旱并没有滞留季节前行的仓皇脚步，江南天空下的花红柳绿仍如往年那般绚烂。节气中的春天是从立春开始，而人们视觉里的春天却要等到春分才会姗姗而来。再过上几天，应天城外的桃花沽上春雨几点，那就不光是春色满园的小景致了，而是漫山遍野的浩大春景。

如同眼前这闹腾的春色，人体内各种不安分的情绪也会在这样一个蓬勃的季节里呼之欲出。天下大势只一握，此时的万里江山已尽在朱元璋的掌控之中。那些一路追随着他南征北讨的文臣武将都盼望着他能够早日登基，就好像一个上市公司在创业阶段让员工们入了干股，如今只等着分红，上演一场一夜暴富的戏码。那些自认为"老子功劳天下第一"的功臣早就搬好了凳子坐在位子上，等着分享胜利的果实。本是充满江湖烟火气的兄弟聚义，到了最后仍免不了走向军国大事的雅正、礼仪盛典的宏大、官场沉浮的挣扎。历史不会因为它的无趣而脱离既行的轨道，此时的应天城上空早已弥漫着一股欲望的铜臭味。虽然朱元璋的内心也颇不宁静，但他还是示意大家要少安勿躁，再等一等。

一路走来，无论起家比他早的，还是晚的，只要手里有几个兵将，能够划拉一块地盘，就忙着称孤道寡。朱元璋倒好，整个中华大地已大半在手，仍是哼哼哈哈，不急不躁。那些早就心潮翻涌的大臣面对此情此景，也只能无奈地发出一声又一声悠长的叹息。他们实在搞不明白，自己的主子怎会如此沉得住气，连当皇帝这么美的差事都不急，这天下还有什么可急之事。栏杆拍遍，谁又能解君王的心思。且由他去，反正又不是自家的天下，一个打工的，操那份闲心干什么。

在各路军事集团中，朱元璋是最为稳重的一个，在攻防转换之间，他尤其擅长于最佳时机的选择。其实朱元璋这时候称王的时机已经成熟，尽管中国北方的天空依然硝烟弥漫，但已遮掩不了大明既起的那道夺目曙光。对于急吼吼想让他尽快登基的群臣，朱元璋这样告诉他们："若天命在我，何必汲汲皇皇？"在请求朱元璋登基的那些大臣中间，只有一个人心里最清楚，那个人就是朱升。他曾经送给朱元璋一个九字真言——"高筑墙，广积粮，缓称王"，让朱元璋打好基础，别忙着挑旗称王出风头。

朱升这个人可不简单，他早年师从陈栎、黄楚望等当世儒学名家，十九岁中秀才，四十六岁中举人。时人将其称之为"休宁理学九贤"之一，"新安理学名儒"。在长达二十年的岁月里，朱升一直过着耕读于乡里的田园生活，常年在自己的家乡休宁、歙县一带开馆讲学。直到五十岁时，朱升才在江浙行省举办的科举考试中成为乡贡进士，随后出任池州路儒学学正。无论是披着布衣还是官袍，他枯瘦的身体里，都应该藏有一份不灭的信念，那就是对"道统"的坚守。中国历史上那些怀揣着理想的文人，他们身处于帝王的朝廷，内心却守护着一座属于自己的江山，那就是传之久远的"道统"。朱升任池州学正时，政绩非常突出，大江南北的饱学之士闻风而至。由此可见他在读书人中的号召力。这时候的他虽然勉强进入体制，但并不恋栈，也不愿意放弃安宁的耕读生活。等到任期满后，他毅然决然地回归山林，在家乡石门山过起了闲云野鹤的隐居生活。

朱元璋亲率大军出征浙东，途经徽州。休宁这个地方人杰地灵，自古以来英杰辈出，被誉为中国第一状元县。来到此处，朱元璋让那些文臣武将为自己推荐当地的文化精英。三军总管、大将邓愈在这里向朱元璋推荐了朱升，说此人是个饱学之士，在当地文人士子中颇具影响力，人称"诸葛亮"。刘基也知晓此人，说朱升与一般的儒士，尤其是那些名声大噪的理学家有着很大的不同。他治学严谨，平日事师交友，不论对方身份高低贵贱。即便对方是一个乡野村妇，只要能够让他从中获益，他都会恭恭敬敬地向人家请教。正因为如此，朱升掌握了一整套超乎常人的经世致用的本领，可以说他在经济、地理、天文、历法乃至算命、占卦等各个领域都有所长，完全是一个复合型人才。

朱元璋恨不得将天下英才尽入彀中，遂决定登门拜访时为布衣的朱升。招揽人才这件事不仅考人才，也考求才之人。有时候就像是礼佛，重在"虔诚"二字。山河破碎、风雨飘摇，凭什么天下英才都入了你的彀，而不是其他人的彀？战场上的胜负其实早在战场之外就已经注定。朱元璋此行是为了打破战场上的胶着状态，并试探一下朱升是不是真像传闻中的那般厉害。虽然朱元璋拿出了足够的诚意,但他并没有见到这个人。尽管如此,朱升还是给他留下了一个锦囊计,劝他亲临指挥必能收到奇效。

　　同时,朱升还向朱元璋提出一个忠告:"杀降不祥,唯不嗜杀人者,天下无敌。"没有露面的朱升还是奉上了"仁义"这面镜子,以此试探朱元璋。朱元璋捧着朱升留给他的这个锦囊,估计脸上会露出不易察觉的笑容。他手里拿着的不止一面"仁义"的镜子,先前投于帐下的读书人都会送给他这样一面镜子。至于让他亲临一线指挥作战,朱元璋也是依计而行。他亲率十万大军前往婺州,同时传令"城破不许妄杀"。至十二月,夺取婺州,一举获胜,这让朱元璋更加钦佩朱升,也坚定了要将其招入麾下的信念。

　　朱元璋初次登门没有见到朱升,却收到对方留给他的一条锦囊妙计。衡量之下,朱元璋决定再顾茅庐。一蓑烟雨任平生,像朱升这样甘于平淡生活的乡间知识精英,如果不是碰上那样一个新旧时代交错的年份,是很难被君王直接起用的。如果说打破一个旧制度意味着什么,那就是让日渐固化的社会阶层来一次重新洗牌,让那些真正有实力的人,无论居于社会金字塔的哪个位置,都会有向上流动的可能。

　　这一次,朱元璋率诸将亲征浙东道徽州,并将所率卫队伪装成商队,由江西绕过浙江,越过连岭,悄悄抵达朱升教馆所在地。在那些眼高手低者看来,朱元璋这么做未免显得有些夸张。朱元璋的突然出现也让朱升很是为难,他不愿意成为权力者养在笼子里的金丝雀。可朱元璋的诚意还是打动了他,徽州地区宗法势力极强,聚族成风,历久不衰,而朱升在徽州同族中享有族长之类的崇高声望。二人见面,朱元璋不但收敛起自己的王者风范,更是一口一声"宗长"地称呼，这也算是对同姓长辈的尊称。他请求朱升能够出山帮助他这个晚辈，为他们老朱家打下百世基业。

在朱元璋糖衣炮弹的作用下，朱升愿意暂时放下自己所留恋的田园生活，等处理完家中事务就出山辅佐他。然而，此时在朱元璋的心里，没有任何事比得到朱升更加迫切的。小时候读《三国演义》《大明英烈传》，总觉得主公与军师之间很像情人关系，越得不到越想得到，茶饭不思。等待的每一天都是漫长的，朱元璋攻处州不下，再度遣书急召朱升前来军门效力，他在信中写道，允升宗长阁下："去冬伐婺州，宗长占得贞屯悔豫卦，道是主公得天下之象。从前晋文公得此卦而复国，今伐婺州果然便得。……此次商议进兵处州，宗长又占得复卦，二爻有变，说是要等到十一月阳生阴消，此城可得。遵照您的教诲，已经据守九个月了。……今特差人赍书诣请，快来议决大事，万勿迟误，幸甚！"

秧池水漫，白鹭乱飞，做一个耕读乡间的农夫是何等的逍遥自在。朱升愿意出山辅佐朱元璋，也有自己的利益考量在其中。与其他人不同，朱升的出山并不是出于个人崇拜或政治上的投资分红心理，而是源自一种家国情怀。为了天下大局，他觉得需要一个稳定而权威的中央朝廷，更何况是他们朱家的天下，一笔写不出两个朱字。总之，驱使着朱升不管不顾投奔朱元璋的原动力，是从古至今文人士大夫所坚守的"风骨"二字，而不是一心想要依附一种政治体制的欲望。

朱元璋和朱升初次见面，大有相见恨晚之意。朱升就当时的斗争形势和朱元璋"地狭粮少"的实际情况，简明扼要地为他献上三策九字："高筑墙，广积粮，缓称王。"这便是后来闻名天下的"九言策"。这九字方略就像是武林中的绝顶高手打通了弟子的任督二脉，为朱元璋平定天下指明了方向。"九言策"不但指引着朱元璋平定江南、统一天下，也为新王朝的建立起到至关重要的作用，由此铸造了三百年王朝极度内敛的性格特质与政治特征。

如果说在此之前朱元璋所采取的是一种被动的生存方式，那么从"九言策"提出的这一刻起，他已有了更为深远的军事计划，更为内敛而膨胀的军事野心。对于朱元璋而言，与朱升彻夜长谈，无疑是一次政治视野的开拓与升华。茫茫九派，江天万里，这是指点江山的雄论和大气魄。对于乱世求生存的各路霸主而言，他们生存发展的前提条件，就是要想尽一切办法提升自己的生存指数，不让自己在这场竞争中出局，只有那些不被对手踢出局的霸主，才能谈得上发展壮大。而在这个过程中，高筑墙是至关重要的一环。

真正的高手对决，并不急于出招。在元政权和其他争锋势力互相撕咬的时候，朱元璋却将自己关在屋里，和刘基一帮人研究那张被他画得乱七八糟的地图。或者督促各处将领修筑工事、巩固城防，用实际行动践行朱升"高筑墙"的策略。他的军队绕开了各方主力，别人在大马金刀地打天下，而他却在认认真真地捡地盘。

我们再来看一看朱升送给朱元璋的最后三言——缓称王。朱升告诉朱元璋，让他不要学那些草头王，刚打下一块根据地，就急着穿上龙袍，戴上平顶冠。让他懂得真正的王者，不会只称一时之王，而要称百世之王。朱升这句话正好契合了朱元璋当时的心理。一直以来，朱元璋都将自己与那些只知道烧杀抢掠的农民军区别开来，他的军队已经深深打上了朱元璋的个人烙印。

在指挥作战时，朱元璋并不像其他武装势力那样凭着一时的血气之勇。朱元璋是农民出身，在他的生存字典里，"谨慎"二字是立身之本。朱元璋历来行事，讲究一个稳字当头，积小胜为大胜。他的一切活动，尤其是重大的军事和政治行动都是经过精心筹划的。

在现实中摸爬滚打过来的朱元璋，在利益方面有着自己的取舍与算计。他有着极度理性的思维，喜怒不形于色，很少干冲动犯险之事。在起兵之初，别人信奉流寇主义，而他则埋头致力于根据地建设。虽然说"高筑墙，广积粮，缓称王"的九字方针是儒士朱升提出来的，殊不知这也是朱元璋的一贯思想，只不过朱升在无意中把准了朱元璋的脉而已。朱元璋经常挂在嘴边的一句话是："吾平日为事，只要务实，不尚俘伪……不事虚诞。"

从一个过河小卒，到坐进深宫宝座，什么事没经历过，什么人没领教过？朱元璋说他并不看重那些虚名小利，他所看重的是那些长远的利益。虽然早就有人在称王这件事上劝过他，可他迟迟没有采取行动。在各支反元力量中，他是最后一个称王的，也是笑到最后的那个人。1367年11月下旬，朱元璋正式发布北伐的命令。徐达和常遇春照常统领二十万人的主力军去征服北方。他们在这一年即将结束时拿下了济南，然后花了两个月时间一步步消解山东的抵抗。而此时的南方，明军由陆路进入福建，汤和和廖永忠所带的水军则沿海岸线南驶，从海上进攻福建和广东。此情此景，无异于势如破竹。

## 3．北方的政争与战事

盛夏已过，秋意渐浓，玄武湖的荷花倏忽间就收起它的涟涟艳光。难得放松的朱元璋这一天正和朱升、刘基等人在湖边闲谈，谈话的主题只有一个：尽快拿下元大都，以胜利者的姿态结束这场旷日持久的战争。战场上的胶着状态这时候已经被朱元璋完全打破，南北大局基本趋于稳定。尤其是在平灭陈友谅、张士诚之后，朱元璋已领有相当于今天的湖南湖北、安徽江西、浙江江苏等地盘，这几个地方是彼时中国最为富庶之地。朱元璋已成为各路军阀中实力最为强大的一支地方势力，兵多将广，钱多粮足。

虽然南方还有一些不甘受他牵制的军事力量，北方还有所谓的元政权，但已没有什么力量能够阻挡他前进的步伐。对于朱元璋来说，这时候的南征和北伐已经失去意义。消灭南方陈友定（陈友谅的弟弟）、方国珍、明升（明玉珍之子）等地方势力，已经不需要牵太多的军事力量。他现在所要做的，就是集中一切优势兵力向北方挺进。朱元璋在任命领军统帅时，刻意做了安排。他将自己最重要的两员将领徐达、常遇春派往北方，将实力相对逊色的汤和、吴贞派往南方。

尽管形势一片大好，但朱元璋始终不敢掉以轻心，每前进一步，他都要经过深思熟虑。北伐中原之前，朱元璋曾经与刘基等人仔细商定作战计划。在讨论如何北伐时，朱元璋开始寻求新的解决模式。谋臣刘基和开平王常遇春提出，军队这时候应该长驱直入，直捣蒙元大都。而朱元璋则有不同的想法，在他看来，将进攻的目标直接锁定元大都，风险实在太高。

元大都是上百年的都城，防御工事坚固难摧，非一般豆腐渣城池可比。如果明军直抵城下，一时半会攻不下来，后边的军队补给又跟不上，等到元朝的援军赶到，明军将会陷入十分危险的境地。在距离成功只有一步之遥的地方，朱元璋宁可多做十倍的努力，也不愿冒增加十分之一的风险。正是基于这一考虑，他选择了一种更为稳妥的方式。朱元璋提出的"稳扎稳打，渐次推进"的北伐战略分为三个阶段：第一阶段，首攻山东，继攻河南，占据潼关，撤大都之屏蔽；第二阶段，攻取河北及大都；第三阶段，由大都南下攻取山西，西掠陕甘，完成北方之一统。

按照朱元璋的战略部署，明军先夺取山东、河南，控制潼关，堵住甘陕方面元军自西向东的通道；等到中原形势明朗之后，元大都将会陷入孤立无援的境地。到那时候，再围而攻之是最好的时机。攻下元大都后不要再继续向北挺进，而是掉转进攻方向，一路向西，拿下关陇之地。朱元璋的这条进攻路线并不是他的率性而为，这条路线沿着中国的传统农业区展开。"三军未动，粮草先行"，连最为拙劣的将领都懂得的道理，朱元璋又怎能不晓。如果按照他所制定的稳扎稳打的作战方式，元皇帝极有可能放弃北京这座孤城，遁入茫茫的北方草原，从哪里来，再回到哪里去。

当时的元朝还保有相当的军事实力，不过他们并没有将剩下的军事实力用在朱元璋和其他小股叛乱之军身上。元的领军者们正忙于争权夺利、自相残杀，他们没有联合起来对付北伐军。其实这时候元军的总兵力非但不弱，而且还很强大。可惜的是，蒙古铁骑的刀锋并没有架在朱元璋的脖子上。让人难以理解的是，他们这时候居然将仅剩的力气用在了权力内耗上，分属的几个军事集团互相看不上眼，相互拆台。如此一来，就给了朱元璋的军队各个击破的机会。

朱元璋派徐达为征虏大将军，常遇春为副将军，率二十五万军队，由淮水直下运河，北取中原。徐达长于谋略，谋定而后动；常遇春冲锋陷阵，长于恶战大仗。从战略上来讲，徐达能够忠实地执行朱元璋的军事战略并将其付诸实施，然后再由常遇春、冯胜等将领攻城略地。徐达、常遇春领军北进，一路之上，势如破竹。明军主力由连通江淮的京杭大运河北上，仅用四个多月的时间就攻下山东，在北伐创造了更为有利的形势。明军以济宁为进攻河南的基地，减小了后勤线的长度。元军是高度机动的骑兵，抄袭敌军的粮道是他们的惯常伎俩。运河作为后勤动脉是建立在明水师的实力上的。徐达的军队以摧枯拉朽之势，也仅仅用了两个月的时间，就拿下河南开封。接着在塔儿湾大败五万元军，分兵前去攻占潼关、夺取华州，然后乘势北上，直捣元大都——北平。

洪武元年（1368年）初，朱元璋的军队相继占领山东、河南，并开始着手进攻元大都。两个月后，朱元璋从南京出发，让李善长和刘基留守京师。经过二十六天的星夜赶路，抵达汴梁，并将汴梁改名为开封。曾经是王朝都城的开封如今宫宇颓圮、铜驼荆棘，昔日的繁华早已淹没于荒烟蔓草之中。江山易主，又怎不让人生出黍离之悲？南宋偏安，才让蒙古人长驱直入。

朱元璋不敢耽误北伐的时机，刚到开封就召集徐达、常遇春和冯胜等将领商讨战略。冯胜也是安徽定远人，他在平定河南和潼关的战斗中是徐达和常遇春的助手。徐达陪着朱元璋花了三天时间研究北伐计划，可以说，作战计划完全是按照朱元璋的意思制订的。他在开封一直逗留了三个多月，不是他不相信那些将领，而是他希望能够用最小的牺牲换取利益的最大化。在敲定北伐计划的同时，朱元璋又命令浙江、江西和江南诸城市备粮三百万担来支持北伐战争。他已经做了最坏的打算，万一与蒙古人处于战争的胶着状态，军粮的供给将直接决定成败。

安排完一切，当朱元璋准备返回南京时，徐达在开封又见了他最后一面。朱元璋对于大都城破之日如何对待大都百姓的问题作了指示。这时候,徐达向他请示,如果元政权撤出大都向草原北遁,明军是否要继续追击,以免为将来留下祸端。随后,徐达离开开封,率军北上。在当时的形势下,朱元璋认为必须乘势迅速攻取大都,以防止扩廓帖睦尔(王保保)与李思齐联手向自己发起攻击。所以当徐达提出"进师之日,恐其(顺帝)北奔"的意见时,朱元璋虽然同意了他的观点,但是并没有下达决战紫禁之巅的命令,他有意为元顺帝北遁留出一条去路,将其放逐塞外,以减少抵抗。

对于中华地区的人来说,大都被攻占,便宣告了元朝的覆亡。等到新的政权稳定下来,然后再腾出手来扫灭各地残敌。如果元朝皇帝北遁一头扎进无边无际的草原,徐达所率领的军队将无法深入草原腹地将其剿灭,毕竟那里才是蒙古人的天堂。朱元璋对战争结束后,元主北逃的结果已经有了一定的预见。他北伐的主要目的是夺取元的统治区域,然后在长城沿线附近形成两个互相防范和敌对的政权。

之所以他能接受这样一个结果,是因为他清楚,北遁的元残余力量大势已去,想要卷土重来几乎是不可能的。他所能做的就是固守长城边塞,防止元军队向南的侵扰。对于明军来说,将蒙古人赶出中原地区、赶回草原并不是纯粹意义上的放虎归山。在长城以南,明军暂时还没有能力消灭元政权的残余势力。元朝皇帝遁回草原后,将有可能会组织军队与朱元璋开创的新政权展开长期对峙。虽然朱元璋觉得自己完全有能力一路向北,深入元腹地,将对方的残余势力全部消灭,但是他并不希望自己的军队在地形不熟、作战方式不利的情况下与对手搏杀。他还是希望通过政治上招降和军事上积极防御的两手策略，来实现自家王朝的统一大业。

七月二十八日，徐达率领的明军攻克通州，至此，元大都已经直接暴露在明军面前。徐达派出的哨兵抵达燕都城下，连一个敌兵的影子也没有看见，城上亦无旗帜，疑有伏兵而回。明军在野外前后等了五天，并没有元军出大都城来接战，统帅徐达只好做出攻城的决定。让人想不到的是，这次具有历史意义的进攻，最后却失去了目标。自八月二日清晨开始，北京城外响彻了一夜的炮声就零落下来，取而代之的是纷乱的马蹄声。苍茫的天地之间，这座孤悬北方的城池被攻破了。来不及逃奔的元守军在做着最后的挣扎，无情的箭矢将他们从城墙上射落，他们的身体犹如秋风落叶一般纷纷坠落。

曾经雄视天下的元朝皇帝知道孤城难守，早在徐达攻城的前一天便带着他的后妃、太子弃城而出，一路逃向漠北。成吉思汗的子孙再也无法像他的先祖那样，将雪亮的蒙古刀插进欧亚大陆的腹地。城头变幻大王旗，他们将最后的马蹄声留在了紫禁城的上空。元朝皇帝明智地放弃了他们长达九十七年的中原统治，汉人将他们失去近百年的政权又重新夺了回来。九重宫殿，以不变应万变的姿态，漠然注视着英雄们的匆匆过场，注视着世道的纷乱无常。收到徐达的北伐军队向元腹地挺进的消息时，朱元璋知道，自己登上权力巅峰的时机已经瓜熟蒂落。虽然这时徐达所统领的军队还没有夺取大都，元顺帝还没有退位，但决胜天下的最后时刻已经全面来临。

谁都清楚，军队对于一个政权、一个皇帝的重要性。如果朱元璋的军队这时候能够将长城以南的元军队吃掉，那个所谓的元顺帝也就形同虚设。就在这时，朱元璋向徐达和常遇春发出指令：要不惜一切代价，消灭元最后的有生力量。当朱元璋和他的文武大臣们在策划新政权时，元朝廷的元顺帝并没有走远。蒙古人继承的全国性政权这时候虽然已经告一段落，但他们还是为自己保留着最后的生存底线——做一个地方皇帝。撤出元大都的元顺帝一路狂奔到了今内蒙古自治区锡林郭勒盟正蓝旗境内离大都仅几百公里远的上都，继续做他的北元皇帝。北方平，则南方无虞。朱元璋把大都的名字改为北平，以象征这个以南方为根基的明政权能够长治久安。

元军队虽然一路惨败，但还远远没到咽下最后一口气的时候。虽然王朝只剩下一小块江山，但收拾好了也足够自己受用的。明军北伐到此终于和元军的几大军事集团展开正面作战，第一个是扩廓帖睦尔集团。扩廓帖睦尔并非蒙古人，他有一个汉人的名字王保保。其实此人也不能算是完全的汉人，严格说他是汉人与色目人的混血儿。王保保的父亲是一个姓王的汉人，母亲则是察罕帖睦尔的姐姐（色目人）。正因为如此，他从幼年时起一直叫王保保。有汉人血统的王保保精通汉学，他曾经参加过元朝的科举考试，并且中过举人。至正二十一年（1361年），王保保运送军粮至元大都，受到元顺帝妥懽帖睦尔的接见，并被赐予蒙古名字"扩廓帖睦尔"，这是他以蒙古名字取代汉名"王保保"的开始。王保保是由显赫的乃蛮家族当作蒙古人抚养长大，这时统带着军队，足以威胁北平的安全。

由于他是元勤王军中最有威势的军人，他的存在将直接决定着北伐的成功与否。朱元璋对此人评价极高，在王保保死后多年，有一天他在与群臣谈话中还感慨不已。他问：谁是天下第一奇男子？群臣首推常遇春。朱元璋却摇头说："常遇春虽能，吾得而臣之，而王保保吾竟不能臣之，真天下奇男子也！"

在朱元璋与徐达、常遇春等将领研究攻占上都的战略战术时，有探子来报：王保保已从太原引兵出雁门关，直奔元大都——北平而来。这对朱元璋和他的两位元帅来说，显然是个意外，他们怎么也不会想到，元军队居然还有胆量主动发起进攻。之所以如此，是因为元顺帝和他的丞相王保保（扩廓帖睦尔）认为有翻盘的机会。在他们看来，元铁骑之所以会败给朱元璋的军队，是因为兵力太过分散，更重要的是没有充分发挥王保保的指挥才能。大权在握的王保保，为了向元顺帝表达忠心，拟定了一个大胆的以攻为守的作战方案，决定亲率二十万精锐部队突然南下，并让陕西守将李思齐前来接应，准备重新夺回元大都。

王保保的想法是，自己率领的这支元军可以避实就虚，绕道居庸关攻大都。他料想明军主力轻易还打不到太原来。只要自己将大都围困，奔向太原的明军肯定会回援大都，到时再迎战明军，元朝廷必大发援兵支持自己，如此胜算又多了几成。王保保便率主力北出雁门关，准备由保安州经居庸关攻取北平。

北平的意义对双方来说都至关重要。从战略上来说，一城得失或许不是致命影响；只是在政治上，元大都的得失却显得非常重要，影响人心甚巨。徐达当然不想北平有什么闪失，哪怕他可以轻而易举地再把它夺回来。在占领北平以后，徐达便遣薛显、傅友德、陆聚等将领兵略山西大同，由于大同地近塞北草原，所以在取得一些战果后傅友德等人又不得不退了回来。傅友德等人在这里是一次试探性的进攻，王保保的山西元兵与他地不可同日而语，所以徐达没敢贸然突进。北平地区这时候虽然已经成为明军占领区，但是军队补给并不丰足。在这种情况下，徐达也不敢有太大的动作。

朱元璋抵达开封后，随即命留守开封的冯胜率兵由河南北上，配合徐达的主力军进取山西。徐达并不害怕王保保攻打大都，因为他在那里留下了孙兴祖防守。换言之，如果徐达向对方的老巢太原发起攻击，王保保一定会反身来救。太原一旦陷落，王保保则进不得战，退无所依。如果他再回师救太原，肯定为自己所牵制，进退失利，最后也只能束手就擒。

这是一场与时间赛跑的死亡游戏，虽然已至北方的严冬酷寒之日，但是徐达的军队仍如一把利剑直插太原。还没等王保保的军队抵达北平城下，徐达的军队已兵临太原，直接点中了王保保的死穴。仓皇之间，王保保只能退兵保卫太原。狭路相逢，双方只能来一场遭遇战。战役进行得并没有想象中的那么酷烈，史称王保保在帐中读《春秋》，郭英率明军骑兵夜袭元军大营，常遇春紧随其后，元军全面溃败。但是却让王保保逃了，据说他连鞋都没来得及穿，可见明军来时有多么迅猛。

太原战役的胜利及王保保集团的有生力量被歼灭，让朱元璋的军队腾出手来对付元军的另一个军事集团即李思齐、张良臣集团。陕甘方面还被元的十万军队所占领：李思齐驻凤翔，张良臣驻鹿台（今陕西高陵西南）以拱卫奉元（今陕西西安），扩廓帖睦尔则驻扎于塞外。徐达以常遇春为先遣部队渡黄河，然后根据李思齐和张良臣的不同兵力，本着先易后难的进攻套路，先攻临洮而后进取庆阳。陕西战役一路顺风顺水，只是在庆阳碰到了一点麻烦，张良臣在庆阳守到弹尽粮绝而后城破。

元顺帝认为自己的皇帝梦还远远未到破碎的时候，他关起门来盘算：王保保率领十余万军队占据着山西、甘肃；丞相纳哈出还有二十余万军队在镇守辽东；此外，云南也有十余万军队。这些，似乎都是他可以在上都继续做皇帝的本钱。既然对手认为自己还没到末日一刻，朱元璋更没有理由过于轻敌。部署军队迎战扩廓帖睦尔，由徐达正面迎敌，常遇春迎战李思齐然后夺开平。徐达所率领的这支军队，在多年的战争中已被打磨得异常强悍，而昔日纵横欧亚大陆的蒙古铁骑，也早就失去了近百年前所向披靡的那种威力。一战下来，元军死伤过万，有四万多被俘。陕西守将李思齐见大势已去，由凤翔逃往临洮，根本不敢迎敌。扩廓后来成了沙漠之王，定西之战确立了明朝对陕西和甘肃走廊农业地区的统治。朱元璋则命徐达利用那一季的其余时间继续打扫北方战场。

### 4．墓碑上的罪与罚

洪武二年（1369年）七月七日，正午的骄阳无情地炙烤着这片斑驳的北方大地，这片曾经见证过无数悲欢离合生老病死的大地。从柳河川（今河北赤城县西）到南京，这中间的信息传递大致需要六天的时间差。也就是说，当常遇春七月七日暴亡时，身居南京奉天殿的朱元璋才刚刚接到开平大捷的消息。

如果说北伐对于朱元璋而言有什么惨痛的损失，那无疑是常遇春的暴亡。常遇春是一个天生的将才，他的马蹄过处没有踏不平的高墙壕沟，这一次同样没费多少周折就夺取了开平。他怀揣着满满的豪情壮志踏上了返京的旅途，身后拖着几万俘虏和大量缴获来的财物，一路浩浩荡荡。当队伍行至柳河川时，他感觉浑身燥热，便下马卸去身上铠甲，准备歇息片刻再继续赶路。这一歇下来不要紧，竟然全身疼痛难忍。随军郎中在一番诊断之下，也不明病因，匆忙之中，只能临时杜撰一个病名，曰：卸甲风。顾名思义，常遇春是在卸甲时中风得病。既然无法探明病因，一时之间也就难以找到对症的良药。更令人心惊的是，随着病情的不断加剧，他身上痊愈已久的箭创旧伤也无端溃裂，血流不止。

突降大病，或许是预感到自己大限将至，常遇春急召副将李文忠进账交代军队事宜。北方边地的夜晚，风从塞外高原横扫下来，发出呜呜咽咽的声音，像是千军万马发出的凄厉嘶鸣。也就在这白昼与夜晚的冷热交替中，常遇春走完了自己酷烈而又壮美的一生，年仅四十。常遇春一生忠于朱元璋，他与徐达为创建大明基业立下了不世功勋，二人犹如朱元璋身边的哼哈二将。徐达以谋略持重著称，而他以勇猛果敢闻名，正因为他们之间的默契配合，朱元璋的军队才成为元末各路豪强中的最后赢家。也正因为如此，世人才会有"一时名将称徐与常"的说法。

常遇春暴亡的消息传至南京，刚刚登上帝位的朱元璋瞬间惊倒在那张在他看来尚不稳固的龙椅上。他疲惫地合上双眼，仿佛能够看到年轻的常遇春骑着他的那匹高头大马迎面而来，刚毅果决的表情如石头般坚硬。那个金戈铁马、气吞万里的将军从他身边风驰电掣般地驰过，他想拦住去路，却无法做到，只能目送飞扬的征袍像一面旗帜，消失于马踏黄沙的梦境。接到消息的朱元璋半天缓不过神，一个那么彪悍的人怎么说没就没了。

朱元璋永远不会忘记1363年八月里发生的那场疯狂战事，陈友谅以号称六十万大军倾巢来攻。在那场决定生死存亡、耗时三十六天的鄱阳湖大决战中，如果没有常遇春的出现，也就没有他朱元璋披着光鲜华丽的外衣坐在这里，享受着四方臣服、君临天下的快感。那一日双方攻防进入白热化，朱元璋的座船突然发生搁浅，进退不得。陈友谅的大将张定边率船队来围攻，情况万分紧急。常遇春像是从天而降，射伤张定边，又用自己的战船撞击朱元璋的座船，使其脱离浅滩。

这场决战扭转了双方力量的对比，陈友谅覆灭，朱元璋由此成为群雄中之强者。常遇春因功受赏，得金帛田地甚厚。不久，朱元璋又将其擢升为平章政事。朱元璋曾经当着满朝文武的面夸赞："当百万众，摧锋陷坚，莫如副将军（即常遇春）。"一切就像是在昨天，朱元璋忍住内心的巨大悲痛，招来刘基、李善长、宋濂等人商量安排常遇春后事。死后的常遇春享受到一个武将应得的最高荣誉。朱元璋将其追认为"翊运推诚，宣德靖远功臣"，开府仪同三司上柱国太保中书右丞相，并追封开平王，谥曰：忠武！配享太庙。要知道在此之前的战将，死后被封美谥"忠武"的只有两个人，一个是唐太宗李世民的爱将尉迟恭，另一人则是死于"莫须有"的南宋名将岳飞，而常遇春是历史上的第三人。

常遇春的死让洪武皇帝很是伤心，以致他在闻讯后为之辍朝三日。没有人听到，在这三天时间里，朱元璋在宫殿里深长的叹息。或许他会转念，江山大局已定，战争机器将会暂时收敛它的血盆大口，像常遇春这样的功臣悍将也将会失去他的用武之地。在这个节骨眼上，失去常遇春这样的忠诚之士未必不是一件坏事。

当常遇春的遗体运回应天时，朱元璋亲自出城赶赴龙江送自己的爱将最后一程。与此同时，他还将这时候置身南北两条战线的徐达和汤和两位将军召回南京参加常遇春的葬礼，可见他对于这件事的重视程度。灵柩运抵南京当天，朱元璋亲率文武百官前往祭奠。在宏大的哀乐声中，朱元璋手扶灵车泪流满面，并于棺前泣咏挽诗一首：

朕有千行铁液汁，平生不为儿女泣。
昨日忽闻常君薨，一洒乾坤草木湿。

常遇春是凤阳府怀远人（安徽怀远人），同样生于贫寒之家，他不甘于像自己的父辈那样困死于田间，不安分的他少时便随人习武。长大成人后，因不满底层生活困窘，更无法忍受饥饿的折磨，就投奔了在怀远、定远一带活动的绿林大盗刘聚。仅仅过了数月，他发现刘聚不过是一个打家劫舍、四处抢掠的普通盗贼，并没有什么打算或远图。既然人生走到这一步，常遇春已经决定将造反当作一项事业经营。不安分的他萌生了脱离盗群，另寻出路的念头。也就在这时，他遇上了率军攻打和州的朱元璋。

两人初次见面，朱元璋问："你能跟我打过长江去吗？"

常遇春无比坚定地说："将军指到哪里，我愿打到哪里，渡江之日，愿为先锋。"

有人说，常遇春的表态是赤裸裸地在向自己的主子表达忠心。殊不知，他所臣服的并不是一个具体的人，而是臣服于自己内心的欲望。虽然这个世界没有所向无敌的神话，但是欲望所过之处，罕逢敌手。投靠了朱元璋，常遇春还是用自己的实际行动践行了自己最初的誓言。从二十五岁起追随朱元璋左右，为其南征北讨十五年。平心而论，朱元璋对常遇春是相当器重的。每逢大战来临，朱元璋都要单独召见他。

　　斯人已去，朱元璋悲不自禁，他命人打开棺木久久地凝视着自己的爱将，令旁观者为之动容。他甚至脱下身上的龙袍盖在常遇春的遗体上。后又亲自为常遇春选择墓地——南京钟山北麓，悲痛之情可见一斑。我们在为常遇春壮年暴亡感到惋惜的同时，也同时为他感到庆幸。如果再多活上那么些年，他能躲过朱元璋在洪武年掀起的一轮又一轮权力清洗吗？

　　在元末明初那个大时代背景下，凭借着宏大的战争舞台，常遇春演出了一幕有声有色的战争活剧。从最初的游击战、运动战到后来平原旷野之上的大兵团对决，常遇春能打征战这是事实，就算是给他戴上一顶战神的帽子也不为过。而最令世人诟病的是他曾经有过杀戮降将的耻辱经历，这也是战神和枭雄的区别，两者之间的差距在于视野和格局。至于常遇春到底是怎么死的，自明朝以来有着各种版本的演绎。

　　今日看来，常遇春死于"过劳"二字是最为合理的解释。一个一天到晚忙于军务，打起仗来又不惜命，体力脑力严重透支的武将，出现猝死的可能性极大。尤其在北伐期间，生于淮河流域的常遇春到了漠北极寒极燥之所，在饮食方面也有很大不同，无非是烈酒块肉，更谈不上精粮蔬菜。身为武将，他们身上的装备也有不同，常遇春身上披的铠甲到了北方，在舒适度上根本无法跟蒙古人穿的皮甲长袍保湿恒温相提并论。北方的七月份，日照时间长，阳光猛烈，护身的铠甲成了一副传热导体，一场恶仗打下来，大汗之后必然会导致全身脱水，又加上早晚温差大，冷风刺骨，按照现代中医的说法，就是"邪气入侵，中风致病"。随着天下既定，朱元璋在洪武年大行杀戮之风，很多开国功臣成为大明英烈谱上的一个个血腥的符号、屈死的冤魂。于是，关于常遇春之死，民间也有各种不同的版本。

明代王文禄就在他所著的《龙兴慈记》里记载：朱元璋奖赏屡立战功的常遇春两个貌美如花的侍姬。一天早晨，常遇春上朝之前，一位侍姬端洗脸盆伺候他梳洗，睡眼蒙眬的常遇春忍不住在她手上抚摸了一把，说了句"好白的手"，然后就出门了。等到晚上，常遇春刚进家门，他那个妒悍成性的夫人就派人奉上一个精美的礼品盒。常遇春还以为夫人是在和他玩浪漫，打开一看，吓得魂飞魄散，里面盛着他早上才称赞过的美女的双手。如此对待朱元璋赏赐的人，至少属于灭族的大不敬之罪。第二天朝会，朱元璋见常遇春一副心不在焉的样子，就关切地询问他怎么了。君前不敢有戏言，常遇春不敢隐瞒就说出了实情。朱元璋淡淡一笑地表示：这算不了什么，我再送你两个便是。然后继续朝会，在这期间，朱元璋向前来奉茶的侍卫耳语了几句。朝会将散时，在场的高官都收到了一个御赐的匣子，上面贴了一张条子，写着四个大字：悍妇之肉。里面装的是被肢解的常遇春妻子，让现场的官员惊得目瞪口呆。据说常遇春的癫痫病就是这时候落下的，他正值盛年便暴病而死，可能也与此颇有一些干系。

在各种演绎的版本里，有一个版本带着因果报应的"天谴论"色彩，那就是常遇春喜欢在战争过后，屠杀投诚过来的降将。从下面一组数据，我们可对常遇春这一血腥嗜好有一大概的了解。元至正十八年（1358年）九月，常遇春与陈友谅大战，活埋投降士兵三千多人。徐达阻拦未果，常遇春杀降将的理由是："此劲旅也，不杀为后患。"

洪武元年（1368年），常遇春率兵攻伐张士诚所占据的泰州，结果遭遇城中百姓的顽强抵抗。久攻不下，惹得常遇春对泰州军民十分痛恨，杀心即起。后来他用水陆两路夹击的方法攻破泰州。他进城后下的第一个命令就是大肆屠城，以泄心头之愤。同时朱元璋命人从高家堰放水淹淮扬，整个泰州随即成为一片汪洋泽国。一时间，泰州兵灾加水灾，百姓非死即逃，以致城空地荒。没办法，朱元璋下令迁移苏州部分百姓到泰州定居。同样是在这一年，常遇春从苏北长驱直入山东境内，在东进青岛途中，他的军队突然包围了鲁中重镇潍县城。守城的元士兵拼死抵抗，并强制不少当地青壮年男子上城保卫，使明军费了很多时日，做出重大牺牲才将县城攻下。恼羞成怒的常遇春在城破时下达了屠城的命令，残忍地将全部元兵及大部分城内居民杀死。

洪武二年，常遇春手下部将严广追讨陈友谅部将饶鼎臣于湘潭，同样是令人恶心的屠城把戏。明嘉靖刊《湘潭县志》称其屠城后，仅余"潭民七户"。这次屠城使湘潭人口剧减，湘潭城内土著仅存数户，包括乡村，全县仅存四千六百五十三户，两万零五十三人，可见当时杀戮之惨。因为经历这场浩劫，湘乡、湘潭从此由州降为县。在中国战争史上，自古就有"杀降不祥"的说法。身为一代名将的常遇春却为何对"杀降屠城"情有独钟，难道他不怕遭遇天谴？

究其缘由，一是对于那些放弃自己阵营转而投靠他的士卒，常遇春的心中始终存有一种疑虑，认为他们可能是诈降。为了免除后患，便将他们一杀了之。二是因为某些城池久攻不下，使他的军队蒙受了重大损失。这在一定程度上激怒了生性孤傲、冷血多疑的常遇春，破城之时便成了他泄愤之时。还有一种说法是，降兵也要大量粮草养活，且收服不易。为了不给对手留下翻盘的机会，出于战略上的考虑，常遇春也会选择将降兵杀掉，一了百了。一个对自己声誉都不爱惜的武将，就算再能打，就算民间社会将其捧上战神的高位，他在政治上都不可能有多么远大的图谋，充其量不过是一部战争的机器而已。

## 第四节：献祭与清洗

### 1. 刘基的罪与罚

在体制中人眼里，浙东集团的首脑人物是刘基。刘基的才华毋庸置疑，他与宋濂、章溢、叶琛等人并称"浙东四先生"。元末之际，"浙东四先生"在浙东地区已是久负盛名的贤士。至正年间，浙东贤士改换门庭，由事元而事明。"浙东四先生"虽然是一个组合式的名号，但是他们并无拉帮结派。就是在刘基与以李善长为首的淮西集团斗争时，浙东人士也没有像淮西党人那样抱团相抗。

刘基，字伯温，浙东青田人。不同于穷酸书生，刘基出生青田大族，虽不比钟鸣鼎食，但温饱有余，吃穿不愁。相较于朱元璋而言，刘基简直是天意眷顾的幸运儿。优越的生活环境，让刘基自小便在心里埋下读书入仕的种子。入郡求学后，刘基在读书方面表现出异于常人的天分。焦竑在《玉堂丛语》说："为文有奇气，绝疑义，皆出人意表。凡天文，兵法诸书，过目洞识其要。"据说，他曾经在元大都的一家书店中翻阅一本天文书籍，翻过一遍后竟然默记于心。书店的主人见他手不释卷，便要将此书相赠，刘基谢绝好意，他说自己可以将全书默写出来。

元朝至顺年间，二十三岁的刘基考中进士。他的科举座师揭傒斯见到他，不由惊叹："此人是魏征之流，而英迈犹有过之，是匡时济世之人。"经过三年的注官守阙，经过铨选，刘基受命赴江西担任瑞州西安县丞。时人眼中，刘基绝对是一个世间奇人。他的奇，不因时间的流逝而消弭，反倒如陈年的酒，越久越香，越久味越浓。他的奇表现在两方面：一是奇在相貌，满脸的络腮胡子，身材高挑而魁梧；二是奇在言行，常有惊人之言、惊人之举。生就一张张飞的脸，满腹却是诸葛亮的才情。《明史》说他"慷慨有大节，论天下安危，义形于色"，也就是说他是一个情绪外露的感性文人。

刘基的学问高深莫测，上知天文下知地理，有未卜先知之能。民间传说中，人们更是将他与"推背图"联系在一起，颇具神秘色彩。世人以为他的神奇，神奇在他所掌握的阴阳风角之术，其实他的学问不止于此。在这一点上，朱元璋曾亲口承认：伯温敷陈王道，数次用孔子的话教导我，岂有阴阳风角的影子？

这一时期，浙江一带灾异频仍，河南、广东、四川等地相继发生农民起义。社会动荡之下，刘基刚刚起步的仕途风波不息。科举在某种程度上取决于一个人的才华，而官运则考验个人在官僚体制中的适应能力。刘基虽有治乱之心，但仅凭一腔热血，也难以在浊浪翻滚的世道中求得安稳。他在执法期间间接或直接触犯了得到官员庇护的不法分子，让他体验到官途的黑暗与小民的苦难。

辞官江西后，刘基除了隐居修学，还踏上游历之途，增长见闻。这一年，浙东出现了一个在海上打劫财物的悍匪蔡乱头。就在元军例行抓捕之时，方家的仇人却趁机指证方国珍兄弟和蔡乱头是同党。方国珍做贼心虚，和几个弟弟杀死仇家，随即亡命海上。

刘基担任浙东元帅府都事，建议"方氏首乱，宜捕而斩之"。为了剿抚反元义军，刘基奔走于南北，南下永嘉，北上杭州，沿途但见瘦马路人、城池荒芜，只觉心中万般凄凉，写下诗篇，诗曰：

观音渡头天狗落，北关门外尘沙恶。
健儿被发走如风，女哭男啼撼城郭。

诗又曰：长夜风吹血腥入，吴山浙河惨萧瑟。

正当刘基准备大干一番时，方国珍突然掉转方向归顺元朝。元朝政府为了招抚方国珍，更是将刘基及其家属羁困于绍兴。长达三年的监困，让这个青田才俊吃尽了苦头。无乱可平的刘基被削夺兵权，弃官返回青田故里。愤然离去之时，他不禁仰天长叹："臣不敢负国，今无所宣力矣！"空有一腔报国志，怎奈天不遂人愿。刘基尚有未竟之志，并不甘心就此老于林泉。既然无法再为元廷效力，他只能被迫调整人生方向。

以刘基的神奇，天下大势又岂能躲过他的一双慧眼？北方红巾军如同被蝼蚁啃咬的河堤，随时有决堤之势；江南群雄中，方国珍、陈友定不思进取，苟安一隅，张士诚虽为豪杰，但甘于安逸，更主动请降于元，失去天下人心。纵观天下，仅陈友谅与朱元璋二人可代元成为江山新主，使天下归一。但陈友谅其人，威有余而恩不足，生性猜疑，为人狠辣；朱元璋出身布衣，处事谦善，善用人才，但此人似有骑墙之势，让人不明就里。在刘基看来，他们都不像是成事之主，倒像是趁火打劫的流寇、浑水摸鱼的强盗，不值得他以性命相托。

既然无法实现治国安邦平天下的人生理想，落个清风明月自在怀,见机行事、随机而动,也是不选之选。朱元璋对刘基动心思,应该是他的势力范围扩展至浙东以后的事。那时,他正在四处寻访人才。进入浙东前,他的人才库里已经储备了李善长、胡惟庸、汪广洋、陶安、朱升等一大批家门口的(江淮一带)文人谋士。自古以来,浙东一带都是英才荟萃之地,金华宋濂、青田刘基、龙泉章溢、丽水叶琛等人自然逃不出朱元璋的视线。朱元璋刚到滁州时,韩国公李善长就向他举荐浙东的名士宋濂,说宋濂知星象经纬。宋濂却说,他的才学远不如青田的刘基。

  朱元璋的军队攻下处州城,刘基被带到应天来见朱元璋。朱元璋开出优厚的条件,想要留下刘基帮他。刘基不为所动,朱元璋只好将其放回。为了留下刘基,朱元璋还专门写过一封言辞恳切的信,试图打动对方,刘基坚辞不就。这让朱元璋大为恼火,他为此找来宋濂问其原因。宋濂说:"刘君最有名,亦豪侠负气与君类,自以仕元,耻为他人用。"刘基是一个重气节的君子,既然他已经做了元朝的官,就羞于再来做朱元璋的官。

  没过多长时间,朱元璋指示处州总制官孙炎去劝说刘基出山。孙炎接到指示后,并没有亲自登门去请刘基,而是派使者前往。刘基不肯出山,只是回赠了一柄宝剑给孙炎。孙炎拒绝收下刘基回赠的宝剑,他说:"剑当献天子,斩不顺命者,人臣不敢私。"于是封还之。孙炎写了一封几千字的长信,反复陈说利害。陶安和宋濂也来信相劝。或许为朱元璋的诚意打动,又或许是折服于孙炎的人格魅力,刘基决意走出林泉。据说,早在刘基做江浙行省儒学副提举时,曾经游览西湖,见西北方的天空飘起奇异的云彩,光映湖水,同游的文人雅士都以为是祥瑞,准备当场赋诗。刘基却在旁边大声说道:"这是天子气啊,应在金陵,十年后有王者起其下,我当辅之。"

彼时的杭州城还是元朝的繁华之地,同游之人皆以为刘基喝醉了酒,说的是醉话,吓得那些胆小怕事的读书人躲得远远的。他们在刘基面前抱怨,说他将要连累他们被抄家灭族。据说刘基临行之际,在家中大摆筵席,向他的亲朋好友陈说天象,说:"此天命也,岂人力能之耶?"照他的意思,他前番拒绝朱元璋,今日又来投奔,一切皆是定数,自己不过是顺天而为。所谓"天命",不过是我命由我的托词。古人习惯于拿天做文章,因为没有什么比天更大。又或者说,他真的相信,朱元璋的出现迎合了他所想象的"天命"。对方的一再征召,让他颇为纠结。

一个乱世书生,处于各种势力纵横捭阖、互争胜负之际,刘基想要过一种半隐半仕的生活,既不现实,也不够真诚。就像司马光说的那样:"隐非君子之所欲也。人莫己知而道不得行,群邪共处,而害将及身,故深藏以避之。"隐,是因为天下无道;不隐,是因为天下道现。这种归隐不是和平与繁荣时期的一种追求生活的格调,而是迫不得已的行为。人家找上门来,藏是藏不住的,刘基必须做出抉择。朱元璋已经控制了他的家乡处州,如果他有心复出,朱元璋无疑是最为合适的投奔对象。虽说"一臣不事二主"的道德枷锁束缚着他,但在纷扰的世道面前,道德只是幌子,不是现实本身。

至正二十年(1360年)三月,已快到知命之年的刘基在应天府与朱元璋见面,朱元璋问他的第一句话是:"能诗乎?"

刘基的回答是:"诗是儒者的末事,哪有不能的。"朱元璋指着手中的斑竹箸,让刘基当场赋诗一首。

刘基随口吟道:"一对湘江玉并看,二妃曾洒泪痕斑。"

这首诗并不合朱元璋的口味，他说："你这首诗充满了酸儒之气。"

刘基话锋一转，说道："此言差矣。汉家四百年天下，尽在留侯一借间。"

如果说，前一句诗让朱元璋领略了刘基的文采，后一句诗则让朱元璋领略了他的政治胸襟。经过一番交流，朱元璋对刘基的印象发生了根本性的转变，由一个术士变而为一介酸儒，再变为张良似的纵横国士。初见宋濂、刘基、章溢、叶琛等人，朱元璋曾谦卑地说："吾以天下累四先生矣。"

刘基绝不是单纯的术士，也不是只会写诗填词的文人，而是具有远大抱负的儒生。他向朱元璋呈献的那篇《时务十八策》就是极为高明的策论，可谓字字珠玑。刘基等地方实力派的加入，不仅化解了元朝的抵抗力量，也使浙东的社会秩序趋于稳定。朱元璋授予刘基弘文馆学士时说过："朕初到浙东时，你就对我颇有好感。等朕回归京师，你就亲来投奔。这时，浙东的老百姓对我还不够信任，你老卿一至，山越清宁。"说到底，刘基的出山，一半是朱元璋请出来的，另一半则是被时势逼出来的。

刘基来投之日，正赶上陈友谅率军自上游浮江而下，攻陷太平（今安徽当涂），杀守将花云以及朱元璋的义子朱文逊。朱元璋专门召集诸将，讨论对策。手下将领各说各理，有主张投降的，有主张逃跑的。而刘基却向他献策：两军交战勇者胜，在生死决战的关键时刻，不应被将领们的不同意见所迷惑，而是应该开诚布公，整合人心，奋力一战，争取胜利。朱元璋大喜，当场赐刘基一把宝剑，令诸将拜他为军师，如有不服者，立斩之。

此次会面，刘基还为朱元璋带来了一幅堪比隆中对时诸葛亮献给刘备的那幅军事战略图。当刘基在朱元璋面前打开这幅亲手绘制的地图，山峦、河流、湖泊、城镇、关隘一目了然，帝国军事战略跃然纸上。从这张图上可以看到，朱家军被陈友谅、张士诚以及元廷压制在江南一隅。三面强敌，一面背海，形势岌岌可危。只有先弱后强，避免两线作战，各个击破，再集中兵力北定中原，才能一举奠定乾坤。刘伯温和朱元璋的关系，在帝国建制前后有过一段水乳交融的蜜月期，诚如朱元璋所说："三军所向，治国方略，卿能言之，朕能审而用之。"朱元璋将其视为汉代谋臣张良，尊称他"老先生"而不呼其名。在朱元璋的竭力敦促下，以宋濂、刘基为首的一批江南学者接受任命，到南京礼贤馆就职。他们在新设立的一个叫儒学提举司的机构里工作，一项重要任务就是给朱元璋时年八岁的儿子、未来的太子朱标讲授经学。

有一个细节，透露出许多信息，相当值得注意。1361年，刘基的母亲富氏去世。此时，正值安庆、江州之战，刘基虽然悲恸欲绝，但出于战争的需要与朱元璋的挽留，他并没有及时回家奔丧。翌年三月，刘基回乡葬母，在江西与老家青田途中，恰逢洪都降将祝宗、康泰叛乱，好友叶琛遇害。刘基在经历丧母失友之痛中协助地方守将平定金华、处州的苗军之乱，延误了回乡葬母的日期。刘基回乡时已是其年四月，至第二年正月，他一直在家丁忧服丧。在这期间"太祖数以书即家访军国事，基条答悉中机宜"，朱元璋时常以军国大事咨询刘基，他都回书一一作答。朱元璋在人前称其为"吾之子房"。

等到帝国建制后，君是君、臣是臣，身份地位发生了变化。朱元璋用刘基参议决策多年，对其城府之深是有所忌惮的。龙湾大捷、奇袭江州，显示了他的过人智谋；拒绝救援安丰，将小明王别置滁州，展现了他的政治远见；至于那些传说中的占星术，更是让刘基的头顶上方环绕着一圈圈神秘的光环。这个精明的浙江人，为自己涂上一层天然的保护色，让人看不清他的真实面目。在朱元璋的家乡凤阳，有一种叫作"李子"的水果。此果未成熟时，咬上去酸涩无比，一旦成熟便会在其表面涂上一层粉霜。之所以如此，是因为它的表皮分泌出一种天然保护物。李子尚未成熟时，在枝头上散发着青色勃勃的光泽，一旦蒙上粉霜，便灰蒙蒙得毫不起眼。在朱元璋看来，刘基就是枝头上的一颗李子，熟透了的那颗。他心底里一定藏着发痒的冲动，蓄积着不可遏制的力量。君臣之间，投桃报李显然不是叙事的结论。刘基不是淮河边上浪荡的游民，是生于浙江富足之地的读书人，朱元璋无法不对他怀有戒备之心。

刘基在南京时，虽然朱元璋优礼甚厚，但并不完全信任；虽然授予职位不低的官职，但并未委以重任、给予实权。刘基缜密的思维，对于形势的判断，以及战略眼光，让人刮目相看。朱元璋感谢命运将这样一个人推送到他的面前，庆幸他不是作为对手而存在。从龙湾战役、安丰战役、江州之战、鄱阳湖大战，一直到灭元之战，朱元璋想到的或者没有想到的，刘基全都替他想到了。很多时候静下来，想到这个人，想到他在一些事情上的看法，朱元璋会不由倒吸凉气，脊梁骨直冒虚汗。亏得刘基是自己的人，他若是早年跟随其他人，还能有老朱家今日的荣耀吗？这样的权谋之臣让人读不透，而读不透，心就会悬在那里。朱元璋突然意识到，将刘基放在最重要的岗位上无异于一场政治豪赌，他不敢冒这个险。

淮西与浙东两大集团开始了明争暗斗，这或许也是朱元璋希望看到的。他对淮西官员除了乡情之外，还掺杂着驭臣之术。所有的邪恶中，控制人是最邪恶的。在浙东人看来，朱元璋有意压制刘基的威望，逐渐淡化他对政局的影响力。与此同时，他开始有意无意培植淮西集团，制衡刘基、宋濂等江左名士。朱元璋对刘基既依赖又忌惮，他对李善长同样如此。有一天，朱元璋召见刘基。他们的话题围绕着丞相人选问题而展开，刘基劝说朱元璋不要撤换李善长："善长勋旧，能调和诸将。"朱元璋说："他数次想要害你，你为什么还要帮他说话？"

刘基说："这就像是给一间大房子换柱子，必须换最大的那根木头，如果把小木头捆扎换上去，这间房子很快就会坍塌。"

朱元璋又问："杨宪如何？"

刘基道："杨宪有丞相的才干，没有丞相的气度，丞相必须保持水一般平衡的心态，用义理来权衡一切，而不要感情用事。这一点，杨宪做不到。"

朱元璋又问："汪广洋如何？"

刘基说："此人过于偏浅，还不如杨宪。"

朱元璋接着问："你看胡惟庸这个人怎么样？"

刘基说："胡惟庸是最不合适做丞相的，就好比一匹劣马，你叫它驾车，必然会导致翻车事故。"

朱元璋故意试探他："我的丞相人选，难道就没有一个能够超过先生的？"

刘基的脸上马上现出惶恐谦卑之色，说道："臣疾恶太甚，口无遮拦，一向闲散惯了，无法应对繁杂的行政事务，在这个位子上，恐怕辜负皇上的重托。天下之大，怎么会没有人才可用呢？请明主悉心搜求。不过刚才提到的几个人，的确不合适。"朱元璋最终还是没有听刘基的,继任的丞相,他还是先用杨宪,再用汪广洋。此二人败后,李善长推荐的胡惟庸才登场。据说刘基私下里很是失落,在一些故交好友面前感叹:"希望自己评价胡惟庸的那些话不要得到应验,那样的话,天下百姓有福,大明王朝有福。"

洪武元年(1368年),朱元璋离开南京北巡,命李善长留守京师,授权他一切便宜行事,直与监国无异了。在此期间,发生了李彬贪渎舞弊案,这个案件在官修正史上记载得含糊不明。诸多版本中,有一版近乎小说家言,说的是李善长搬进新宰相府后,李彬则将老宰相府改造成一座京城权贵的销魂窟。他四处搜罗美女,还有从张士诚及其文臣武将那里俘虏来的娇姬美眷。张士诚有一套纯银打造的家具也被他搬进这里。这里的餐食酒菜,不输于朱元璋所享用的御宴。而到这里消费的,不仅要有钱,要有官衔品级,还需要推荐人。朱元璋对于嫖娼的官员惩处极为严酷,丢官事小,掉脑袋事大。趁着夜色,偷偷来此消费的人,都是出于对李彬的极度信任。

李彬是淮西人,他是李善长的同乡和死党,官任中书省都事。那些来此消费的人,不光冲着李彬而来,更是冲着他背后的靠山李善长而来。他们表面上是来享用美色和美食,暗地里是买官。据说,李彬承诺他们最高的官职是宰相助理和六部尚书。每晚的成交额在十五万到二十五万两白银。在当时的京城,就有大宰相府和小宰相府之说。而发现这里的人,正是杨宪,一个被朱元璋称之为皇家恶犬的人物。

朱元璋离京前,委托李善长与刘基共同负责担任留守。李善长负责行政事务,刘基负责监察百官。朱元璋再三敲打他们,不希望在他离开的这段时间,百官懈怠,朝政松弛。李善长并未将朱元璋的话放在心上,放眼朝堂,淮西人占据了体制内的许多重要位置。作为淮西人的主心骨,李善长无疑是百僚之首。李善长挟监国之威,风头一时无两。身为御史中丞的刘基则显得忧心忡忡。他纠察百官时,即使用击鼓传花的游戏手法,十个人中也会有八个人是淮西人。《明史纪事本末》曰:"基素刚严,凡僚吏有犯,即捕治之。宦者监工匠不肃,启皇太子捕置法;宿卫、舍人弈棋于直舍,按治人,人皆侧足立",刘基性格耿正,执法向来严苛。朱元璋前脚离开南京,杨宪就将小宰相府的事报告给刘基。刘基着人搜查小宰相府,并控制住李彬。在李善长看来,刘基纠察百官,大多都是冲着他和淮西官员来的。

应天府当时流传着一句诗:"马上短衣多楚客,城中高髻半淮人。"朝中六部百司,一大半权贵要员来自李善长的淮西同乡,而一品以上的官员当中,徐达、常遇春、冯胜、汤和等也都是淮西出身。他们占据着要津高位,盘根错节,潜在势力极大。这些掌权派不可能不犯错,刘基得罪他们,就是得罪朝中的掌权派。中书省都事李彬事发,将刘基与李善长的矛盾完全公开化。李彬犯贪纵罪,落在刘基的手里,被投进大牢。

朱元璋离京北巡,人不在南京。李善长只好去找刘基说情,刘基秉公执法,坚持要将此事报告于朱元璋。这是一起典型的卖官贪腐案件,朱元璋平生最恨的就是贪腐。他当即传话回京,命令处死李彬,绝不姑息。朱元璋的这份回复恰好落在李善长的手中,他虽然愤怒但却不敢隐瞒。为了救自己的亲信一命,李善长编造了一个理由。他找到刘基,对他说:"京城已经很久没有下雨,先生熟知天文,此时不应妄杀人。"李善长明知刘基深谙天文之道,却以此为借口。如果刘基坚持要杀李彬,那就将天不下雨的责任推到刘基的身上。让李善长没想到的是,刘基给出的答案是:"杀李彬,天必雨!"刘基敢说这样的话,应该说是有一定把握的,他确实懂得天文气象。天有不测风云,刘基这次真的失算了,南京果然许久不见一滴雨。刘基如此决绝,没有半点商量的余地。

李彬被依法处死,李善长也被彻底激怒,他开始反击。为了既成的仇恨而仇恨,自然会招来更多的仇恨。这个仇恨的爆发点,不是别人的有意为之,而是自己将仇恨的血吞回肠胃,是发自身体内的爆炸。等到朱元璋北巡归来,李善长开始爆发。他跑到朱元璋面前指控刘基在祈雨坛下杀人,惹得天怒人怨。李善长嫌个人的能量不够,指使众多对刘基怀有敌意的官员围而攻之。在围攻刘基的官员中,自然以淮人居多。对于淮西集团的官员而言,刘基成了他们捞取权力资本道路上最大的障碍。

朱元璋并不急于表态,几天后,他借天旱征求刘基意见。刘基说,阵亡士兵的妻子全部集中居住在营房,有数万人之众,阴气郁结。另外官府的工匠死亡后,暴尸野外,这些都足以"上干和气"。朱元璋依计照办,但老天仍不下雨。刘基惹恼了朱元璋和丞相,只能以自己的黯然退场为代价。

刘基这个人,是个还算有节操的读书人,虽然声望颇高,但从来不会主动挑事。可是在李善长等淮西人看来,朝堂上只有两种人,一种是淮西人,另一种是非淮西人。刘基是"非淮西人",后世学者专门开辟一个新的名词,说他是"浙东利益集团"的代言人。在李善长的众多假想敌中,刘基排名靠前。不管浙东士子有无集团化倾向,刘基都是淮西人的绊脚石。洪武初年,帝国的财政收入,每年只有几百万两白银,而李彬案涉案金额之巨令人震惊。诚如李亚平所言：

> 以朱元璋对人事关系的高度敏感，想要让他相信，只有李彬一个人，就能够在帝国官场掀起涉及几百万两白银的丑闻来，恐怕是有些勉强的，不久后，他早早让李善长离开宰相之位，这件事或许是诱因之一。

而刘基的悲剧，在于他看到了政治的根本，想要回避却已经来不及，他掌握王佐之术却掌控不了自身的命运。立德、立言、立功，三立于一身，三立皆达到顶峰，极目茫茫，这样的人历史上能有几个？朱元璋将其列为打压对象，其实是为了能够完全驾驭他。

洪武元年八月，刘基借着妻子过世，便向朱元璋请求"告归"。当了几个月御史中丞的刘基以"致仕"的形式，离开政坛。临行前，他向朱元璋提出忠告：一是不要迁都凤阳，二是集中力量消灭元朝残余势力。就在当年年底，朱元璋写了封亲笔信，将刘基召回南京，追赠其祖父、父亲为"永嘉郡公"。朱元璋信任更胜以往，每次召见刘基，屏退左右，长时间密谈。

## 2. 在死棋局中落幕

洪武四年（1371年）三月，弘文馆学士、诚意伯刘基致仕。李善长和刘基的相继离开，对于朝廷而言是巨大的损失。此二人在朱元璋的心目中，一为萧何，一为张良。如今，天下已定，朱元璋难道真的不需要他们了吗？有人据此揣测，这也可能是引发朱元璋后来一举端掉宰相制度的诱因。按照《明史》说法，李善长"外宽和内多忮刻",大权在握之后,"意稍骄",皇帝对他感到厌恶。李善长以身体有病为由请求辞职,朱元璋也有罢免之意。刘基则不同,当他看到李善长离去,取而代之的是汪广洋、胡惟庸,感到"不安于其位"。

刘基真的有些不安,主动提出致仕。眼前的刘基已不复神采,白发稀疏,步履维艰。朱元璋不免动了恻隐之心,答应放他回家了却余生。历史学家孟森感慨,刘基的归隐,实为惧祸,然而急流勇退尚且不免于祸。朱元璋还写信去向他请求临别赠言,刘基在回信中特别强调:"霜雪之后,必有阳春,今国威已立,宜少济以宽大。"刘基劝朱元璋,让他放弃严刑峻法,告诉他仁君当以宽大治国。这样的话,显然入不得朱元璋的耳中。不过,朱元璋还是礼节性地送了一首诗给他,题目是《赠刘伯温》:

妙策良才建朕都,亡吴灭汉显英谟。
不居凤阁调金鼎,却入云山炼玉炉。
事业堪同商四老,功劳卑贱管夷吾。
先生叱去归何处,朝入青山暮泛湖。

刘基的朋友宋濂,与同郡人吴德基一起致仕时,曾问吴愿不愿意接受长者的教诲。吴德基表示愿听指教,宋濂说是"慎毋出户,绝世吏,勿与交"。不知宋濂与刘基交流时是否说过类似的话。总之,刘基回到青田老家,布衣粗食,饮酒下棋,不问世事。他或许感觉到,远在应天的朱元璋仍在时刻关注着他,帝国的每个角落布下的眼睛和耳朵也在盯着他。诚如他在一首叫作《梁甫吟》诗中所写:

> 谁谓秋月明？蔽之不必一尺翳。
>
> 谁谓江水清？淆之不必一斗泥。
>
> 人情旦暮有翻覆，平地倏忽成山溪。

谁说，这秋天的月亮格外明，只要很小的一团云气就可以将它遮住；谁说，这奔腾的江水格外清，只要很少的泥沙就可以将它变得浑浊。在世间，人情世故早晚翻覆，平地忽然就化作山中的小溪。

为了与大明体制撇清关系，也为了证明自己已是闲云野鹤，刘基从来不与地方官员见面。据说，青田县令想见他而不得，打扮成乡民的样子前去寻访。刘基正在溪边洗脚，就让儿子将客人引入茅舍，烧了一锅黍饭招待他，称自己不过一介草民，何劳大人亲自造访。即使这般谨小慎微，也难逃事后清算。

在刘基的老家瓯江、括苍山间，南抵福建界有一处叫谈洋的地方，长期被盐枭占据。盐枭不服管制，埋下诸多不安定因素，刘基就向朱元璋奏请在此处设立巡检司。他为此写了一份奏章，遣长子刘琏带到南京，直接送达朱元璋。那时，胡惟庸刚升任左丞相，掌中书省，所有奏章都要经过他的手才能交到皇帝面前。中书省有权在皇帝御览之前拆看大臣的奏章，如果这份奏章落到胡惟庸的手里，肯定被截留于中书省。按照正常程序，胡惟庸不会让朱元璋看到这份奏章。胡惟庸意识到，攻击刘基的机会来了。胡惟庸指使刑部尚书吴云上书弹劾，刘基说谈洋之地有王气，他想死后把墓建在这里，他让朝廷设立巡检司的真正目的是驱逐百姓，争抢地盘。朱元璋看到奏章后，并没有按谋反罪逮捕刘基，只是剥夺了他的朝廷俸禄。朱元璋对此事的态度颇值得玩味，史料上的原文是这样记录的:"帝虽不罪基,然颇为所动,遂夺基禄。"不罪而罪,更让人惶惶不安。

江山初定,如果像刘基这样有影响力的人才心生异志,或另投他人,对于朱元璋和他的新王朝来说,着实头疼。此时的刘基已进入生命中的暮年时分,诚如他在文章中感慨,"须发已白过大半,齿落十三四,左手顽不掉,耳聩,足蹴踔不能趋"。刘基身在青田,心底的忧患却在京都。他害怕祸从天降,不顾老病之躯,急忙赶赴南京城向朱元璋澄清事实。朱元璋没有怪罪他,因此他也找不到机会做任何辩解。

朱元璋在他入京次月停发了刘基一个月薪俸,理由是他在一次祭孔典礼上不陪祭而受胙,这本是小事,朱元璋却小题大做,让刘基颜面扫地。此后年余,刘基进退两难,在朝无职事,青田归不得。他不知该以何面目与旧僚相处,更不知如何面对朱元璋,只能以诚意伯的空衔随朝陪侍。有时接一些临时性任务写一些无关痛痒的官样文章,有时也会出门应酬,不久就卧床不起了。

1375年春天,朱元璋决定赐刘基"还山以便侍养"。离京南归的日子定在二月三日,此前一天,朱元璋关心刘基病情,特召宋濂来问,宋濂答是患"霜露之疾"。宋濂步至丹墀,朱元璋让内使把一部新刊刻出版的文集赐予宋濂。后来,宋濂得知,这部文集受赐的唯自己与李善长、胡惟庸三人,没有给刘基。宋濂意识到,皇帝对这个老臣已是非常嫌恶。

一辆破旧的牛车"辚辚"地驶出南京聚宝门,载着刘基离开了这座沸沸扬扬的都城。驿道边的杨柳已经抽出了新枝,浮出了绿油油的春意。一群燕子从柳树的枝丫间飞起,掠向巍峨的城楼。刘基回头望了一眼冷冰冰的城郭,大开的城门仿佛命运敞开的巨大黑洞，将自己那些波澜往事吸附得无影无踪，剩下的只是躺在牛车上的一副嶙峋瘦骨的老人。

刘基小心翼翼地打开锦盒，取出皇帝赐予他的那道圣旨《赐归老青田诏书》，又仔仔细细地看了一遍。朱元璋在这封诏书里，用词极为严苛。里面甚至出现了这样的句子："君子绝交，恶言不出。忠臣去国，不诘臭名……"我们可以想象，刘基在拿到诏书后，那微微发颤的身体和内心的怅惘。打天下时亲密无间的战友关系越来越模糊，坐天下时泾渭分明的君臣等级越来越清晰。短短的十几年时间，朱元璋和这些读书人的关系发生了质的变化。从备受恩宠到君子绝交，当年荣邀至南京的盛大情景仿佛就在昨天，往事已成过眼烟云。

人与人之间的交往，一旦置之于权力的绞肉机下，也自然而然地将人性导向黑暗语境中的耻辱记忆。存在，或是不存在，都不算重要。重要的是王朝的惩罚逻辑和血性法则，有没有得到配合与落实。刘基的离开，不是因为刘基，而是因为这一切符合价值逻辑。朱元璋正在逐渐淡化自己与功臣之间的战友关系，他要让森严的君臣等级变得越来越清晰。

刘基返回故里，病情迅速恶化，两个半月后，六十五岁的刘基走到油尽灯枯的地步。直到临死，刘基还遥望着京都，幻想朱元璋有朝一日还能够念起他。他对儿子说："夫为政，宽猛如循环。当今之务在修德省刑，祈天永命。诸形胜要害之地，宜与京师声势连络。我欲为遗表，惟庸在，无益也。惟庸败后，上必思我，有所问，以是密奏之。"

关于刘基的死因，历史在这里打了个哑谜。朱元璋后来与刘基的儿子谈到这件事的时候，把刘基死亡的责任一股脑儿都推到胡惟庸的身上，当然这是十几年以后的事。朱元璋对刘基的次子说过几段话："你父亲活着的时候，满朝都是党，只是他一个不结党，结果遭到了胡惟庸的毒害，吃了他（们）的蛊。"

他还说："你休道你父亲吃了他们的蛊，其实你父亲心里是有分晓的，他们便忌恨于他。若是那无分晓的，他们也不会忌恨他。到如今，朝廷是有分晓的，终不会亏待了你父亲的好名声。"

朱元璋还对其他大臣说："刘伯温活着的时候，胡家结党，只是老子说不倒。后来胡家结党，加害于刘伯温。一日刘基来对我说：'上位，臣如今肚内一块硬结，怛谅看不好。'我着人送他回去，家里死了。后来宣他儿子来问，他儿子说（肚子）胀起来紧紧的，后来泻得鳖鳖的，人却死了，这正是着了蛊的迹象。"此说难以成立，刘基返乡两月有余，何种慢性毒药能够两个半月再发作毙命。吴晗给出这样的观点："刘基被毒，出于明太祖之阴谋，胡惟庸旧与刘基有恨，不自觉被明太祖所利用。"

在返乡两个半月的时间里，刘基有足够的时间梳理自己的人生。在他那部留存后世的《郁离子》一书中，他曾喟叹"君子之生于世也，为其所可为，不为其所不可为而已"，刘基就算能掐会算，也算不出可为与不可为之间，有着怎样的游走空间。时人称其"负气甚豪，恒不可一世士，常以倔强书生自命"，从追随朱元璋的那一刻起，他就活在可为与不为皆要为之的无奈中。他死之后，还得成为朱元璋手中的一颗棋子，是幸，还是不幸？这里有个事件颇为可疑，刘基的长子刘琏，后来受胡惟庸亲信胁迫，堕井而亡，有人以此作为胡惟庸毒死刘基的旁证。甚至有小说家言，刘基生前就已布好这场弈局，布局的真正目的是瓦解李善长、胡惟庸的淮西集团。从某种程度上说，刘基之死具有某种英雄末路的悲剧色彩。

无论怎样，刘基与李党之争，是以个人之力同一个权势在握的庞大集团相抗，注定了他在这场斗争中失败的命运走向。一介狷介、倔强的南方书生，生亦沉默，死亦沉默。

## 3. 所谓的派系与圈层
### ——检校及杨宪之死

中书省是丞相的办事机构，是朝廷的中枢，因此成为皇帝和大臣关注的焦点。朱元璋能够感受到来自以李善长为首的淮西集团的潜在威胁，他希望刘基取代李善长，起到平衡和制约的作用。刘基善于揣测朱元璋的心意，不想卷入权力争夺,怕引来杀身之祸，萌生去意。朱元璋心目中的三个人选，刘基将其全部否定。朱元璋没有听他的，先是起用杨宪，再用汪广洋，此二人败后，李善长推荐的胡惟庸正式登场。

当时最有可能代替李善长的是杨宪，朱元璋多次说："杨宪可居相位。"把他由御史中丞调任中书省左丞之职。杨宪其人优点突出，缺点也突出，刘基说他"有相才无相器"。史书对其评价是"有才辨，明敏善决事，然忮刻，有不足于己者，辄以事中伤之。在中书，欲近易省中故事,凡旧吏皆罢去,更用己所亲信者。"

认识杨宪，就要先认识检校这个组织。朱元璋骨子里天生就有敏感、偏执的成分，对人抱有警惕之心，凡事持怀疑态度。他的这种疑惧之心，只要受到外界的小小刺激，就会引发巨大的心理振荡。如果有人关注锦衣卫成立之前的那段历史，会发现有这样一批人潜伏于大明的内廷与外朝。他们没有留下自己的姓和名，他们只有一个称呼——"检校"。检校的品位极低，除伺察、告发他人的阴私勾当外，没有其他任何权力。就因为他们如魅似鬼地存在，让朱元璋觉得，自己混沌的双眼成了一双千里眼，幻听的耳朵成了一对顺风耳，无论品级多高的官员见了他们也都会惧怕三分。情报工作是没有硝烟的战场，你中有我，我中有你，阴谋血腥是斗争的常态化。早在开国以前，他已在身边豢养了这样一批由他调控、专门负责情报工作的检校。当时天下群雄四起，想要从中脱颖而出，战时的情报工作必不可少。

等到时局稳定，朱元璋并没有忘记那些藏于暗处的耳朵与眼睛。他不仅没有解散检校，还赋予他们新的内容，由前期的侦搜战时情报，转为监察帝国上下的一举一动。尤其察听京城大小衙门的官吏，他们所干下的不公不法之事，还有风闻之事，甚至连不着边际的道听途说也要随时监听，及时向他报告。监听的范围不断扩展和延伸，从上到下，如一张巨型之网涵盖帝国的每一寸土地。不光在职官员和退休官员，甚至连他们的家属、普通老百姓，也在监控范围之内。应天府那个崭新的门楼消隐在一株巨大的古树之后，像是湛然无绪的青天伸出的一双手，拨弄着人间的庸常与极端。

日光下的蠢蠢欲动、黑暗中的窃窃私语，因受制于制度的漏洞和官家的体面而无法施展。于是，朱元璋布下的窃听系统刚好弥补了这些遗憾，几乎是无孔不入。他曾征集了一大批的元末儒士来南京编纂经典，其中有个老儒士钱宰被征调，参与编纂《孟子节文》。一日，他在回家的路上，想到自己朝出暮归的诸般艰辛，不禁悲从中来。他本是个诗人，郁闷愁苦助长了他的诗兴，张嘴就来："四鼓咚咚起着衣，午门朝见尚嫌迟。何时得遂田园乐，睡到人间饭熟时。"不料牢骚诗句被暗中跟踪的检校听到。第二天上朝，朱元璋便将钱宰找来问话："听说爱卿昨日作了一首好诗，不过诗的意境值得商榷。寡人从未'嫌'你上朝迟啊，你看改作'忧'字是否更贴切？"钱宰冷汗直冒，忙不迭地磕头谢罪。这个向朱元璋打报告的检校成员，是和钱宰擦身而过的某个年轻书生，还是在他身后丈余外正在和小贩讨价还价的路人甲，又或者是对着钱宰宣过一声佛号、讨过几枚随缘钱的游方和尚？

总之，无人不是检校，无处不有检校。检校里大多是好事之徒，无中生有、无事生非、无风也可卷起三尺浪。朱元璋喜欢怀疑人，他们就将丁点大的事儿放在显微镜下审视。朱元璋通过锦衣卫与巡检司两个机构，在全国布下了一个庞大的监控网络，从中央到地方，从城市到乡村，无论官僚还是百姓，均处于严密的监视与控制之下。

检校从事的脑力劳动，通常是由文官担任。儒家文化的肃然与庄重，伴随戳心剖腹的残酷浮现于他们的脸上。朱元璋早期的亲信幕僚大多为检校出身，如高见贤、夏煜、杨宪、凌说等人。这些人一天到晚干的就是告发人隐私的勾当，朱元璋视他们为自己所豢养的恶犬，人见人怕的恶犬。检校，无品无级，甚至连办公机构和人员编制都没有，他们不过是被安插于不同部门不同职业中的隐形人。朱元璋虽然亲自领导检校组织，但无法做到事必躬亲，需要有人替他分忧。杨宪是最好的选择，他是检校成员，而且是核心人物。

检校不分白天黑夜，像幽灵一样四下活动，一有风吹草动，便会向皇帝报告。于是，臣僚们退朝后的一举一动，尽在朱元璋的掌控之中。有一次，大学士宋濂在家里请客。第二天，朱元璋就找他问话："你昨天喝酒了吗？座上的客人是谁？吃些什么菜？"宋濂面露惊诧之色，只好如实回答。朱元璋从袖子里掏出一张图，图上准确地标出赴宴者的座次顺序。宋濂脸色大变，汗如雨下。

国子监祭酒宋讷因事在家中独自生闷气，暗中监视他的检校便将他生气的表情画了下来，报告于朱元璋。待到上朝时，朱元璋便问宋讷，为何在家中生闷气，是不是生他这个皇帝的气。宋讷叩头如捣蒜，说自己是因为夫妻关系不睦而生气。他问朱元璋如何得知，朱元璋便将锦衣卫为宋讷画的像递给他。当他看到自己面带怒容的画像时，脸色异常难看。

吏部尚书吴琳已告老回湖北黄冈，但朱元璋对他还是不太放心。朱元璋怕他利用自己的威望在下面做出一些不利于朝廷的事。于是，便派检校前往侦察。这个检校到了吴琳的家乡，并不直奔吴宅，而是东溜西逛，打算收集一些关于吴琳图谋不轨的传闻。这名检校经过一片稻田，看见一个农夫模样的老人坐于田边休息，便上前问他："可知此地有个吴尚书？"不料老人答道："敝人便是。"检校见其苍老的模样，与山村野夫并无区别，便如实向朱元璋报告。

类似的事例举不胜举，朱元璋编织的这张网络体系让整个帝国处于监控之下。在这里，借用一个禅门公案来形容监控与被监控之间的奥妙——老和尚与小和尚下山。当看到一个酒家的酒旗被风吹动时，老和尚便问小和尚是"风在动"，还是"旗在动"。小和尚说"旗在动"，老和尚摇头。于是，小和尚改口道"风在动"。老和尚还是摇头。小和尚很是奇怪，既不是旗在动，也不是风在动，那么到底是什么在动？老和尚给出的答案是：你的心在动。这个问答的机锋在朱元璋和官员的心里，也有着类似的观照。每个人都是一面旗帜，用别人的眼睛看，我们都活得猎猎作响。即使你活得静默无语，而在我看来，依然是那面不安分的旗帜。因为我们都有一颗不安分的心，所以怀疑与防范才会成为人性的必然选项。应天府那个崭新的门楼消隐在一株巨大的古树之后，像是湛然无绺的青天伸出的一双手，拨弄着人间的庸常与极端。检校从事的脑力劳动，通常是由文官担任。儒家文化的肃然与庄重，伴随戳心剖腹的残酷浮现于他们的脸上。元末，朱元璋消灭张士诚后，在他的地盘上设立浙东行省。朱元璋专门派自己的外甥朱文忠（李文忠）担任行省右丞，总管军务，同时让杨宪作为属官随行辅佐。

临行前，朱元璋特地叮嘱："朱文忠是我的外甥，年轻且未经过历练。地方事由你做主张，如有差失，罪只归你。"他这么做，是让杨宪帮他盯着朱文忠。杨宪到任不久就密报朱元璋，说朱文忠图谋不轨，任用儒士干预公事。这是朱元璋最为忌惮之处。为了防止朱文忠这样的实权派武将自立门户，朱元璋规定不许他们任用文人。收到杨宪的上书，朱元璋将朱文忠重用的五人押解进京，杀了其中的两人，其他三人罚做抄写手。

随后不久，杨宪又将同僚张昶陷害致死。张昶是元朝旧臣。察罕横扫中原之时，他担心自己的军队被元廷吃掉，有意通好察罕。朱元璋曾两次派使者携带重礼和亲笔信前往察罕处求和。而元廷也派户部尚书张昶带着"江西行省平章政事宣命诏书"来南京招安朱元璋。后来察罕被刺身亡，风云突变，朱元璋改变主意，不但拒绝接受元廷的招安，而且将张昶扣留下来。

张昶在元廷任职多年，精通朝章法典。朱元璋的文臣谋士大多是元朝的中下级官员，他们从来没有接触过元朝高官，因此对张昶极为敬重。为了让张昶死心塌地效忠自己，朱元璋用一个死囚替代张昶，将其押往刑场处死。杨宪与张昶在中书省相识相交，出于职业习惯，杨宪将自己恶犬似的眼睛和耳朵长在了张昶的身上，时常窥测他。当时元朝气数尚未散尽，北方地区仍拥有较强的势力。张昶出使被困，元廷高官要员却成为朱元璋的普通官员，或许这种身份上的落差让他无法接受。有一天，或许是憋得实在难受，他向所谓好友杨宪倾诉："我如果能够回到元朝，仍会不失富贵。我是元朝旧臣，将我勉强困在这里，实在是思念故居。我的妻子儿女都在北方，不知她们现在过得怎样？"

当时元臣守节不辱被朱元璋放回的事例有很多，况且杨宪又是他的同僚兼好友，张昶并未设防。待到朱文忠收复杭州时，又将那些俘虏来的元朝高官放还大都。张昶得知此事后，非常羡慕，暗中让那些遭返人员带表章给元顺帝，带家书给自己的儿子。结果底稿落到了杨宪的手里，杨宪随即呈递给了朱元璋。在审问过程中，张昶在简牍背面写道："身在江南，心思塞北。"这让朱元璋大为震怒，只好将其处死。

杨宪的斗争欲望太过强烈，居然连张昶都不放过，他这种四面树敌的做法给自己带来了杀身之祸。现实与宿命，不管是让现在预言过去，还是让过去告诉未来。那些最先辨识政治风向的读书人，很容易陷入简单的是非选择中。杨宪的举动为文人集团所齿冷。在他们看来，杨宪是一个阴险狡诈、出卖朋友的小人。虽然他为同僚所不容，但是得到了朱元璋的信任。有着丰富情报工作经验的杨宪，正好可以作为安插进中书省的一枚有用的钉子。然而杨宪很快就让朱元璋失望了，他一进入中书省，就像是换了个人似的。

李善长、胡惟庸告发杨宪唆使侍御史刘炳陷害汪广洋，同时，刘基也告发杨宪的种种阴私之事。胡惟庸对这个山西阳曲人耿耿于怀，他和左丞相李善长说："杨宪为相，我等淮人不得为大官矣！"刀尖碰着鼻尖，有时恐惧比疼痛更让人难以忍受。面对血肉的决绝，没有人能真正做到身不摇晃心不动。朱元璋鉴于李善长有病，把陕西参政汪广洋晋升为中书省右丞。杨宪位居左丞。汪广洋初来乍到，表现得十分低调，依偎于其间。杨宪仍不满意，唆使侍御史刘炳弹劾汪广洋"奉母无状"，要求将其调回陕西。不久，又奏请皇帝将其调往海南。

杨宪如此上蹿下跳，无容人之忍，让朱元璋大为不满。李善长立即上了一道奏疏，指责杨宪"排陷大臣，放肆为奸"。于是，朱元璋下令逮捕刘炳。杨宪唆使侍御史陷害朝廷大臣，虽然是大罪，但罪不至死。问题在于，无论是李善长、胡惟庸还是刘基，他们都不希望杨宪活在这个世界上。杨宪是检校出身，他们不想让朱元璋把大明朝变成一个用特务手段控制的国家，因此在处死杨宪的问题上，他们才能够抛弃以往的成见，联手出击，欲置杨宪于死地。

杨宪是洪武年间复杂的派系斗争中第一个流血的高官。他死于朱元璋为其设定的恶犬职业。他自以为有皇帝宠着，就可以不管不顾地向所有人发出挑战，逮谁咬谁。现实却并非如此。随他得罪的人越来越多，反而将自己逼入一个孤立无援的状态。其他检校人员也都没有落得好下场：高见贤、夏煜、丁光眼等人告讦他人，结果被人反告讦，导致被杀。

检校人员不断被杀，证明了一个道理：咬人的狗都不会有好下场。庙堂与江湖之间地域漫漶，仅有一条并不明显的模糊界限。

庙堂不是人性的跑马场，江湖也不是白刀子进红刀子出的投名状。一个有了出路却走上绝路的人，一个明知归宿是与刀锋对撞的人，还是没有躲过命运的劫难。杨宪之死只是一个开端，朱元璋并没有因为一个检校的死而放弃整个检校组织，反而使他们变得更加警惕。

杨宪罪不至死，真正置杨宪于死地的，不是刑律罪责，而是官僚集团的利益需求。无论是淮西派的李善长、胡惟庸，还是浙东派的刘基，他们都不愿意看到杨宪居于显位。作为一颗棋子，它的存在如果不是为了迎合主人安排的战略，而是整天想着走出主人控制的领域，那么它的命运之路除了自我毁灭，还能有其他更好的选择吗？朱元璋不会因为一个小小的杨宪，使自己与功臣们的关系陷入僵局。更何况此时的朱元璋还没有下定彻底改组中书省体制的决心，在这样的利害计算之下，他能够做出这样的取舍也是符合逻辑的。不久，中书省右丞杨宪被处死，做了帝国的第一个冤大头。杨宪死后，朱元璋重新召回汪广洋，恢复中书省右丞之职。

## ——帝国的分封与差异

洪武三年（1370年）十一月初九日清晨，朱元璋率群臣以武成告于郊庙，诏谕文武群臣："尔等戮力王家，着有茂绩，非有世赏，何以报心。"从来皇帝封功臣，最大奖赏莫过于死后配享太庙，让后世皇帝时常祭祀怀想，功臣名爵与整个王朝相始终。

朱元璋下敕给中书省，他要在配享太庙之外，另建一座单独的功臣庙，把那些和他一起打天下的人按功劳大小分作三六九等，供在功臣庙里受人间香火。对于那些文臣武将来说，能够进入帝国的功臣庙，无疑是巨大的荣耀。游民出身的朱元璋没当过家，更没治过国。做了皇帝，只能参照前朝，依葫芦画瓢地为自家王朝定规矩、画方圆。至于方不方，圆不圆，只能摸着石头过河。

不久前，征虏大将军中书右丞相、信国公徐达，左副将军、浙江行中书省平章李文忠奉诏从北方班师回京。次日早朝，朱元璋驾临奉天殿，皇太子朱标、诸位亲王、百官朝服陪列。先是徐达率诸将上《平沙漠表》，接着李文忠上《贺表》。官样文章，少不了一番吹捧。天下归一、人心大定，太祖朱元璋自然高兴。他当场宣布大封文武功臣的决定，确定封功原则。群臣欢呼，各自分头准备封功的大事。"忠"字怎么写？上"中"下"心"，"中"是旗帜中心的圆环，引申为旗帜，旗是原始民族的精神图腾，"忠"字就是心随旗帜而动。古人造字，自有奇妙的道理可言。过往时代的"忠"，是朗朗乾坤、罡风猎猎，而"义"则是江湖血性、结盟抱团。"忠"借助"义"涂抹了一层嗜杀的气象，而"义"则借助"忠"坚定立场，改变个人命运。

朱元璋从洪武二年（1369年）建功臣庙，到洪武八年（1375年），功臣庙里总共供奉了三百零九位功臣。所谓功臣庙，其实就是皇帝心里的忠义庙，忠与义犹如剑之双刃，又如两面飞扬的旗帜。中国的江湖义气，在其早期，表现为拔刀相助、扶弱锄强等侠义行为。所谓的"侠义精神"，也就是贵族精神向社会层面的延伸，体现在任侠上就是"忠敬勇死"四个字。诚如司马迁在《游侠列传》中所言："今游侠，其行虽不轨于正义，然其言必信，其行必果，已诺必诚，不爱其躯，赴士之厄困，既已存亡死生矣，而不矜其能，羞伐其德，盖亦有足多者焉。"

在司马迁看来，侠义精神表现在"为他、反主流、敬事、谦逊"四个方面。

侠义的本质即在于"为他"。"为他"是注重公义，也就是后世俗语所说的"路不平，有人铲；事不平，有人管"。当时侠的"为他"与后世的"为他"是有区别的，后者是由于道德感的激发，站出来打抱不平，而前者是出于一种职业习惯，像是侠士个人应尽的职责和义务。

先秦的侠大多来自"大夫""士"两个阶层。大夫，多是执政者；士，多是行政人员。自西周以来，这是一个相对固化的圈子，他们世代相承，几百年来逐渐养成了处理公共事务的责任感与荣誉感。虽然经过了世事的变动，公共事务早就交到了各级官僚手上，但由责任和荣誉形成的习惯不可能一下子被皇权专制扫荡得干干净净，必然还会残留在一些早已没落的贵族的身上，只要机会合适还是会冒出头。那些贵族的侠，他们在体制内有权力、在社会上有势力，可谓名利皆有。而那些身处闾巷的布衣之侠，也就是所谓的"游侠"，他们靠的是自己的打拼和修行，得到世人的认可，其艰难程度可想而知。游侠与游民的地位相去无几，或许只是比一般游民具有更强的暴力指数，更丰富的人生阅历和指挥人的才能。班固在他的《两都赋》里说："乡间的豪俊和游侠中的佼佼者，名节上追慕平原君、孟尝君，名声上仅次于春申君、信陵君，他们互相联合交往，驰骋遨游于其间"。由此可以看出，那些具有侠义精神的人在当地都是略有点人脉和势力的。

到朱元璋的时代，侠义精神开始延伸至社会末端，逐渐混同于江湖义气，带有浓厚的帮派、团伙色彩。朱元璋和他的合作者们立身处世只论交情，将他们掰开，个个命如草芥。为了生存，他们凭着嗅觉开始寻找各自的"兄弟"，而不问是非善恶。我们从元末明初的史料中，以及《英烈传》各种版本的传记作品中，很容易找到答案。

现如今，大明开国，"兄弟"成为帝国的开国元勋，江湖义气将化为他们的地位和荣耀。坐在皇位上的朱元璋，看着当年仅凭"义气"二字就追随自己的兄弟，心里百感交集。曾几何时，他们口称"有肉一起吃，有事一起当"，如今肉来了，就看朱元璋怎么来分这块肉。

次日五鼓，朱元璋驾临奉天殿。皇太子及诸王、左丞相李善长、右丞相徐达率文武百官朝礼毕，分列丹墀左右。太祖诏谕群臣：

> 汝等其听朕命，朕今日定封行赏，非出己私，皆仿古先帝王之典，筹之二年，以征讨未暇，故至今日。思昔创业之初，天下扰乱，群雄并起，当时有心于建功立业者，往往无法以驭下，故皆无成。朕本无意天下，今日成此大业，是皆天地神明之眷佑，有非人力之所致。然自起兵以来，诸将从朕被坚执锐以征讨四方、战胜攻取，其功何可忘哉？今天下既定，是用报以爵赏，其新附将帅之有功者，亦如之。凡今爵赏次第，皆朕所自定，至公而无私。

十一月十一日，按照司天监早已择好的良辰吉日，举行隆重的仪式。朱元璋大加封赏，金銮殿上跪满了功臣，一个个如雷贯耳的名字在大殿上响起。公封完了，侯封完了，伯封完了，然而，在宣封的声音中迟迟没有响起刘基的名字。过了一段时间，朱元璋才给刘基补封了一个诚意伯，年俸禄二百四十石。有人议论，说功劳在刘基之下的后勤总管李善长被封为韩国公，俸禄四千石，是刘基的十几倍。嚼舌之人并非无中生有，他们轻易就识破了事物的本质。即使在伯爵中，刘基的俸禄也是最低的。没有比较，就没有伤害。朱元璋是一个举着权力之灯照明的人，在他看来，那些接近皇权的人未尝不是如此。天下初定，一切都有推倒重来的可能。如此想来，朱元璋寝食难安。

开基之始，朱元璋就想大封功臣，只因天下尚未进入完全的太平时期，武将们还在四处征战，功过不好衡量，此事便一拖再拖。文武大臣早就盼着这一天，于朱元璋而言，这也是皇权运行的一次重大考验。此次分封，朱元璋一口气封了六公、二十八侯、二伯。上榜之人由此成为大明朝第一批勋贵，构成明初勋贵的主体。按照分封体系，应该分为五等，公、侯、伯、子、男，朱元璋却将子、男追封给那些战死的功臣。皇帝不是完全自由人，朱元璋同样处于游戏规则之下，他也要以富贵与热情维系上下左右各方关系。朱元璋给了有功之臣足够的尊崇，按照品级划分，公、侯、伯的权威要高于一品大员。他的封赏在天下臣民看来，虽然有些贤明君主的宏大气象，但在貌似公正奖赏的背后，也有个人的算计在里面。这个世界本来就没有什么绝对的公正，而朱元璋的公正只有一个原则，那就是建立在有利于皇权的基础上。

对于分封之事，朱元璋有自己的考量。正因如此，他从建立君臣尊卑有序、防止左右上下纷争的原则出发，按照功劳大小，分为三六九等，依次封赏。封赏功臣向来是皆大欢喜之事，但是处理不当也会引发各方纷争，为帝国埋下斗争的隐患，是一颗随时会爆的定时炸弹。朱元璋在封赏之前，就已经向大臣们反复做了强调：封谁？怎么封？都是由他一手定下的，绝对是公正无私的，不存在厚此薄彼。不同意见者可以当面提，一旦他做了决定，就不希望再听见不和谐的声音。一个不知恐惧为何物的莽夫，似乎比那些老谋深算的智者更能因势利导地解决问题。按照所说的公正无私，六公按地位高低依次为李善长、徐达、常茂（常遇春之子）、李文忠、冯胜、邓愈。此六人即明初六公，全部令子孙世袭，只有常茂，如无子嗣，即以兄终弟继的形式世袭。

那些被封公爵之人，他们的功劳毋庸置疑。受封者的心里很清楚，关键是他们要识时务，可偏偏有人就是做不到。六个人各有优势，其他几人都是凭着战场上出生入死军功卓著受封的，文臣仅李善长一人，可见他在朱元璋心目中无可替代的位置。大封功臣时，朱元璋就特别强调：善长虽无汗马军功，但功劳甚大，连汉时的萧何也不一定及得上，由是授开国辅运推诚守正文臣、特进光禄大夫、左柱国、太师、中书左丞相，封韩国公。岁禄四千石，子孙世袭。予铁券，免二死，子免一死。虽然李善长得圣眷之隆，无人出其右，但在分封的大原则下，总体来看武人的封赏还是高于文臣。

一切有为法，如梦幻泡影，如露亦如电。没人相信，自己苦苦争取来的功名转瞬即逝。攻打滁州时，李善长就追随在朱元璋身边。鞍前马后这么多年，功劳非常人所及，所以朱元璋才会将其封为"公"。除了此六人作为一个特殊的等级之外，二十八个侯全部来自能征惯战的武将。在此，公侯伯的分封需要一个条件：凡是封侯的，都是武臣，带兵打仗的；封伯的，是文臣。

洪武三年的这次分封，只封了两个伯，一个是刘基，另一个是汪广洋，他们都是文臣。当年所经历的浮萍般的漂泊生涯，让朱元璋懂得了读书对个人的重要性。在此后的戎马生涯里，读书成为朱元璋生活中不可分割的一部分。创业之始，朱元璋非常尊敬那些地方大儒。他们往往有辩才，替人出谋划策，很是高明。

谁能够给他们足够的尊重，让他们体验到存在的价值，给予他们良好物质条件，他们就为谁奔走出力。开国君王在打天下的时候，身边都会笼络一批谋臣，他们备受主子的恩宠。"养士"对于个人来说，是一件好事，你不养，别人也会养，别人养了就可能会成为你的对手，成为你的祸患。造反之初，养士是朱元璋苦心经营之事，他要尽可能养天下可养之士。

正因为如此，朱元璋才会禁止武将和文臣结交，更不允许武将私下养士。每占领一地，他就做出规定，将领在占领区域，不能同当地的文化名流接触。他会在第一时间派人将各地文人接到他的面前，如果条件允许，他会亲自登门接待。朱元璋还规定"凡爵非社稷军功不得封""凡公侯伯封拜，俱给铁券"，根据勋臣爵位的高低，将他们的军功封爵与颁赐铁券完全结合于一体，铁券定为七个等级。同时又铸铁榜文，从法律上对铁券的免罪特权做出具体的限制。

历史无错，错的都是人。铁券是朱元璋赐予勋贵功臣免罪免死的凭证，因取坚久之意，乃以铁铸之。其形似瓦，铁质，上面镌刻着皇帝诏敕，底部刻着本人爵位及其子孙免死的次数，字用镂金。铁券可以传世，故亦称世券。铁券制是汉高祖刘邦首创。朱元璋登上皇帝的宝座，正式开启了庙堂与江湖的联欢，马蹄踏出的山河大地，把这样一大批人赶进了他的乌托邦世界，旧的体制像一柄折断的剑，被重新抛入熔炉进行锻造。各个王朝对铁券制一直都没有形成严密的、规范化、程序化的典章制度，时用时废。为了巩固皇权，笼络这批功臣，朱元璋将封爵与赐券进行二合一处理，铁券也就成了明朝重要的典制。有道是，美人如霜，草木如刀。好看与实用兼而有之，面子与里子都要讲究。

朱元璋和他的功臣们都明白，免死金牌只是暂时的隆恩崇誉，刻上字的铁牌子真的能免死吗？当功臣们因于槛车、押赴刑场，免死铁牌又何曾起过丝毫作用？铁券并不是朱元璋赐给功臣的护身符，它既以维护皇权利益而开启免罪功能，又同样以损害皇家利益而失去免罪功能。说到底，真正决定铁券是否有效的还是朱元璋这个制定者，毕竟它是为皇权服务的。分封的二十八个侯爵依次为汤和、唐胜宗、陆仲亨、周德兴、华云龙、顾时、耿炳文、陈德、郭子兴、王志、郑遇春、费聚、吴良、吴祯、赵庸、廖永忠、俞通源、华高、杨璟、康铎（康茂才之子）、朱亮祖、傅友德、胡美、韩政、黄彬、曹良臣、梅思祖、陆聚。

人生两大苦楚：想要而不得，不想要而得。对于权力的得失，只有无条件地接受。朱元璋既没有按照官职高低，也没有按照俸禄多寡，而是按照投奔自己的时间先后排定。这一原则将濠州红巾军旧将，也就是将汤和到吴祯等十四人的排名向前提。时间分先后，人分三六九，朱元璋有意将部分位高名重的战将排在了那些平庸战将的后面，水军头号战将廖永忠、骁勇善战的傅友德便是如此。投奔时间越靠前的人，忠诚度越高。他们在朱元璋身处险境、居于低微之时，就将身家性命交付于他，感情是不一样的。

分封的这些人物中，汤和算是个例外。这个像锅汤一样和和气气的男人，于朱元璋而言有着重要的意义。当年朱元璋被他的一封信忽悠到这条路上来，再也回不到顺民之路。必须承认，在那个封赏的具体场域中，声名比死亡更锋利。汤和是资格最老的红巾军将领，也是最早与朱元璋相识，又立下了封公之勋。虽然犯过小错误被朱元璋贬封为"侯"，但在朱元璋分封的侯爵中仍处于第一的位置。朱元璋向官员们强调封爵规则时说过，汤和、赵庸、廖永忠、郭子兴等四人各有罪责,"止封为侯"。

御史大夫汤和与朱元璋从小玩到大,一起从军,一起建功立业。此人有一致命弱点,喝完酒后控制不住自己的情绪,喜欢胡乱杀人,无视法度。他在镇守常州时,曾经有事想要向朱元璋当面请示,没得到批准。他借酒浇愁,酒后吐出一段愤懑之语:"吾镇此城,如坐屋脊,左顾则左,右顾则右。"他认为自己镇守这座城池,就像坐在屋脊上,他帮谁谁就能赢。他要是当时投了张士诚,张士诚也能赢。茫茫黑夜,他成了点燃圣灯的人。他若是点灯人,那朱元璋又算得了什么?

凡事有度,富贵于人更是如此。富贵极致,难免让人心浮意骄,朱元璋焉能不察?他太了解汤和,这个家伙口无遮拦,挟功恃宠,朱元璋早就在心里给他立下尺规。汤和的情绪里,有对朱元璋的不满,也有对个人处境的不满。如果每个功臣都怀有这种不满的情绪,将会是一件很危险的事。当然很多事情不便说得过于通透,只得安一个"欲加之罪",算是对每个人心底的疑惑有个形式上的交代。

除了看重分封之人的资历,如同绝大多数决策者,朱元璋也凭借个人好恶来确立他们所占的位次。对于开国功臣,他最为看重的是他们的忠诚度,以及他们在帝国权力体系中的安全性。朱元璋的用心裁夺,让官员们感受到了皇权带来的压力。他要让他们知道,天下一切皆为其所用,都是属于他的,包括他们的身家性命。

封侯的同时,还有六个人与其他侯爵同时受到重赏,最后却没有捞到侯爵的封号。朱元璋本来打算分封三十个侯爵,最后剔除两人。他们是来自巢湖水军的汪兴祖和早年跟随赵均用、后来率泗州军队投奔而来的薛显。汪兴祖先是被封为东胜侯,后来有人向朱元璋告发他犯过错误,于是朱元璋将其从侯爵的大名单里抹去,只给了他一个都督的职务。洪武四年(1371年),朱元璋派傅友德出兵征伐四川,汪兴祖受命戴罪立功,或许是立功心切,他战死于沙场。待到蜀平,朱元璋准备追封其子为东胜侯,赐予铁券。因其子年幼,停袭。

薛显曾经追随大将军徐达攻取中原,朱元璋曾当着众将的面夸赞此人。朱元璋说:"薛显勇冠三军,可当一方。"但这个人身上的戾气过重,经常拿身边的属吏、兽医、火者、马军开刀,动辄取人性命。分封时,朱元璋将其封为永城侯,并没有授予他免死铁券。没过多久,他被贬往海南。

分封并不能让每个人都满意,毕竟僧多粥少。宽袍大袖的官服之下,那一副副历练自江湖的筋骨,在夜深人静的夜晚,隐隐发出锵然之声。朱元璋在淮河岸边长大,他肯定体验过,人在河里游泳最危险的事,莫过于身处险境而不自知。何为险境?就是死水之地,看似无波无纹,水底却蕴藏着难以估量的迅猛之力。擅游者,不会往死水的地方游。作为开国之君,朱元璋并不担心功臣们对于欲望的执念,反倒担心他们对于欲望的无所追求。为了安抚他们不安的心,朱元璋告诉他们,如果不满意封赏,可以当面说出来。

朱元璋虽然这么说,可是没人敢当面质疑。有些人心里虽有不平,但表面上还要装作欢喜。不管怎么说,这些被封赏的开国功臣都成了这个社会新一代的大地主、大贵族,也成了新王朝的既得利益者。他们应该关起门来歌唱和舞蹈,而不是在暗处嘀咕和抱怨。

初登大位的朱元璋不敢懈怠，那些文武功臣结成的关系网过于庞杂，让他透不过气来。即使用非常规手段用力戳破几个血窟窿，也无法让他感觉到呼吸通透。大风卷起巨浪，哪管浪花发出的呜咽声。那些在朱元璋心中彷徨不定的想法，此时获得了一种"借力"落地的平静。事情就此注定。他知道，编织这张网的人不是别人，正是他自己。

十四位濠州旧将中，其中有十一个人来自濠州的钟离县，一人来自定远县，他们与朱元璋都是长于淮河岸边，同饮一河水。元代的濠州辖钟离、定远、怀远三县，濠州红军先起于定远，然后占据濠州，这些将领都来自钟离与定远，统称为濠州人。而后十四人绝大多数来自淮西地区，都不属于濠州人。如常遇春、胡大海、傅有德、廖永忠兄弟、华云龙、汤和、俞通海父子等，这些人都是游民出身。在投奔朱元璋之前，他们或是沉沦游荡于社会底层，或是占山为王，或是地方秘密宗教的组织者和传播者，游离于宗法网络之外，没有任何牵挂，来去自由，同时又有着强烈的反社会倾向。

在社会大动荡中，此类人是最积极的勇敢分子，他们自然也就成为朱元璋军事集团的铁血骨干。在火光乱窜的时代，无论是归去还是出山，都必须赤脚从火上踏过。只要不怕痛，以刀杀火，咬牙踩过去，一切皆有可能。都是方圆百里之内的乡人，在亲疏远近上，犹如大圈套小圈。偌大的朝堂，成了一个巨型的套娃，无人不套，无人不被套。历史充满了幽默感，让人无从可笑。朱元璋是钟离西乡人，与费聚、王志、顾时算是近邻同乡，这些人的位次都排在定远人华云龙之后。在地位更高的六位公爵中，除了徐达是钟离人，李善长、常遇春、冯胜都是来自濠州外围的定远、怀远，而李文忠、邓愈则来自泗州的盱眙、五河。

虽然他们都出自濠泗地区，与朱元璋属于大同乡，但是六位公爵除了徐达属于最早一批濠州红军追随者外，其他五人都是从濠州红军的其他派别、民间或其他社会组织投奔而来。他们中的绝大部分人投奔朱元璋的时间，都要晚于十四位濠州侯爵。尽管如此，他们所享受的待遇却不比濠州旧将们差。

生于斯，长于斯，乡土成为游民们抱团而生的唯一理由，这个理由胜过一切说教。同饮一河水、同食一地粮、同说一乡音的地缘，像是一股热血从人的脚底板贯通至每个人的天灵盖。当然，所有的事情都没有绝对的。在这块古老的土地上，有很多奇妙的事情，比如婚姻。如何掌控这些同生共死的战友，除了封赏杀伐外，朱元璋选择了最为传统，也最为有效的手段——联姻。在他的儿子、女儿成年后，他和功臣们之间的羁绊除了最初刀口舔血的友情以及立国后的君臣之义外，又多了一层关系——亲家情分。打天下时，朱元璋和那些功臣正处于风华正茂的年轻时代，而他们的子女也大都处于幼年时期。等到坐天下以后，随着亲王、公主们渐渐长大，那些元勋宿将的孩子也都到了谈婚论嫁的年龄。为了将皇权这盘棋越下越大，朱元璋主动和他们攀亲，这当然也是他们求之不得的。于是，在朱元璋的执政历史中，也因此留下一段暴力与媚眼交相辉映的特殊时期。

朱元璋犹如一只巨型蜘蛛，盘坐于宫殿的内部。乡土远近的亲疏关系是他吐出的丝，勋贵之间的姻亲关系也是他吐出的丝。千丝万缕，缠绕纠结，他在网中央，网住别人，也网住自己。当这张网越来越密，越来越紧，他的应急反应也随之变强。直到有一天，他将其撕扯得七零八落。皇太子朱标的岳父是常遇春，李善长的儿子娶了临安公主，傅友德的儿子娶了寿春公主，而邓愈之女为秦王妃，汤和之女为鲁王妃，蓝玉之女为蜀王妃……其中和皇族最为亲善的是徐达，他的三个女儿，分别为燕王妃、代王妃和安王妃。至于年纪稍长的功臣家的女儿，朱元璋也主动将她们召入后宫。

邓愈和李善长都是皇族的亲家，但他们私下算起来，李善长却比邓愈长了一辈，因为邓愈的儿子娶了李善长的外孙女。可以想象，若是在家宴上，这些人的称呼怎一个乱字了得。至于那些和朱元璋关系并不密切之人，他们也会主动和那些功臣联姻以求富贵。与此同时，诸位皇子也在娶妻后被分封到了全国各地。毕竟这时候还有仗可打，让皇子们以亲王的身份分镇各地，既是对他们的锻炼，也是对领兵将领的监控。徐达、傅友德、蓝玉这样的高级将领几乎年年在外征战，但真正的最高军事统帅并非他们，而是他们领兵所在地的藩王们，即那些被分封出去的皇子。如此一来，以朱元璋为核心，以和皇家结亲的关系远近为半径，在大明帝国画出一个封闭而又盘根错节的联姻圆。庞大的圆，像是朱元璋吹起来的泡泡，它将所有的功臣宿将，包括大多数高级文武官员都粘在一起。

朱元璋若信赖他们，他们的荣耀既有公侯封号和铁券封赏，也有亲密的联姻；朱元璋若是怀疑他们，那些东西也就不值一提。功臣联姻不再是维系个人和王朝安全的纽带，反倒成了相互勾结的罪证。出生入死换来的信任、得到的荣耀，完全建立在一座名为"皇权"的沙砾城堡之上。一句话兴之，一句话亡之。权力有时候看上去硬如刀锋，实则薄如蝉翼，每一个局中人都是透明而脆弱的。

昔年，濠州城的红巾军南渡长江，一举奠定立国之基。那些在江北加入队伍的势力与濠州旧部，朱元璋用"从朕渡江"的"渡江旧人"称呼他们。"旧人们"也引以为荣，用"从上渡江"等话语来炫耀自己这一象征着荣誉的身份。同时期不同时间节点投奔的人，他们在排位上有着很大的区别。渡江前追随朱元璋的功臣，他们来自不同队伍、不同地域。之所以能够成功南渡，最后占领集庆，是因为在此之前朱元璋就吸纳了巢湖水军。

如果按功劳划分，巢湖水军是渡江前投奔而来的。除濠州旧将外，他们是朱元璋集团中最重要的一支军事力量。朱元璋称霸水上、支持北方作战，完全得益于巢湖水军。令人不解的是，巢湖诸将却无一人跻身公爵，只有赵庸、廖永忠、俞通源、华高在侯爵行榜中占据四席。其主要首领俞廷玉、俞通海、廖永安、赵伯仲、张德胜等人则于洪武三年先后离世，剩下的都是他们的兄弟子侄。这些人的官位和战功虽然高于排名在他们前面的很多人，但是得到的封赏与取得的功绩是不相称的。从表面上看，巢湖水军只是比常遇春等人晚一点投奔过来，但是投奔的对象有所不同。

至正十四年（1354年）是朱元璋人生轨迹的一个重要转折点，当时濠州城解围后，他就脱离大部队，回乡组建个人武装。当时只带了二十四名亲信回到定远，经过一番经营，收编二万人归属红巾军。朱元璋因此分得部分军兵，独自南下滁州。朱元璋军事集团的核心部分初步形成，其中包括徐达等旧属和李善长等新人。郭子兴去世，濠州红巾军接受龙凤政权的任命，朱元璋成为三号人物。此后不久，巢湖水军才投奔过来，而朱元璋还不是濠州红巾军的统帅，与巢湖水军的将领并没有建立起私人归属关系。渡江之后，朱元璋才算真正夺得军队的领导权。

那些早期没有追随的濠州旧将，以及巢湖水军和新归附降将，虽然他们对朱元璋的忠诚经受了同样的考验，但却无法建立起那种人在初始阶段患难见真情的私人关系。带有感情色彩的私人归属关系，往往会在一个人名位不彰时确立下来。

朱元璋要给他们设置空间和时间的界限，让他们在帝国秩序里分出等级。那些最早投奔他的追随者，属于濠州人群体，他们构成了公爵的全体和侯爵的前半部分，在洪武三年的勋贵体系中，居于主导地位。他们是朱元璋最亲密、最可信赖的战友。而那些渡江前的归附者，其中以巢湖水军为主力，他们并不是严格意义上的濠州人。在朱元璋的早期关系网中，他们甚至没有资格涉足其中。这一部分人仅在侯爵中占据四席，还不如渡江后的归附者。至于渡江后的投降者，他们能够在帝国勋贵格局中占据一席之地，大多仰仗其战功。他们虽然带来了战斗力十足的军队，但是朱元璋对他们仍存有防范之意。一言蔽之，洪武时期与勋贵有关的部署，与朱元璋刻意打造的体制结构有着莫大的关系。

在这场"有肉一起吃"的分封盛宴中，朱元璋煞费苦心。他既要做到貌似公正地封赏，甚至颁赐那块晃人眼的免死铁券，又要貌似合理地消除皇权的潜在威胁，同时还要避免天下人言而无信之讥。在他所颁发的免死铁券中，都刻有同样一句看似不经意的话语："除逆谋不宥，其余若犯死罪，尔免二死，子免一死。"朱元璋于此埋下伏笔：若有人谋反，一律不得免死。让人感到讽刺的是，这道象征着荣誉和功勋的免死铁券日后看来，反而成了催命符。

——李善长与淮人朋党

洪武四年（1371年）正月，帝国朝堂突然爆出一条惊人的消息：左丞相、韩国公李善长致仕。功臣们似乎嗅到了帝国上空弥漫着不祥的气息，他们并没有意识到，朱元璋心中那把无形的屠刀已缓缓举起。从无形到有形，缺的只是一个借口。

有人说，朱元璋是个暴君，从登上帝位的那一天，就想着杀戮功臣、清除异己。还有人借用经济理论来形容他与功臣的关系，说他们是一种委托代理关系，极为形象。作为法人，他手里控制着帝国的产权，却分身乏术，抽不出更多的时间和精力来打理，于是委托一个或数个代理人来帮助管理国家。朱元璋所能做的，就是让他的代理人享受政治待遇、得到经济效益。他希望用现实利益换得他们对他的赤胆忠心，以保证皇权独大，不要生出异心，更不要想着去造反。虽然说，有人的地方就有江湖，有江湖就无法淘尽这滚滚而来的恩仇与鲜血，但庙堂江湖从来不按常理出牌。有条件要上，没有条件创造条件也要上的惩罚逻辑，是歪理，有时也是真理。

造反是一项高风险但高收益的职业。对于皇帝来说，要让江山千秋万世传下去，就要排除功臣造反的可能性。在不清楚谁将会造反的时候，每一位功臣都有嫌疑。这种完全靠内心推理来完成的命题，对于功臣来说，是致命的。

新朝刚立，朱元璋任命两位丞相：左丞相李善长和右丞相徐达。左、右丞相无异于早期明教中的左右护法，一文一武。李善长是安徽定远人，他和胡惟庸是小同乡，和朱元璋是大同乡。而徐达和朱元璋是小同乡，都是安徽凤阳人。从年龄上看，李善长比朱元璋大了十四岁。

李善长毕竟不是草根阶层，他是读书人，是修习过法家思想、有着深谋远虑的知识分子。与传统意义上的儒生有着很大的不同，他们是坚定不移的实用主义者。在他们看来，儒家信奉的"为政以德"过于温良，不足以固国安邦。李善长与朱元璋有着某种相似之处，朱元璋后来推行的铁血政策与法家"以暴抗暴"的统治理念如出一辙。秦制两千年，不单单是朱元璋，每个帝王都会这么认为。信奉法家，即拥有无边的法力，这也使得他们在欲望的旷野上时刻与血肉相遇，而儒家只能在被语言架空如道德的天色里，想着如何飞，却飞不起来。当朱元璋还是吴王的时候，李善长便出任右相国。在相国这个位置上，李善长如鱼得水，可谓首功之臣。

在王朝更替，皇权易主的时代背景下，像李善长这样的实用主义者，每天醒来思考的问题就是如何在乱世之中掘得第一桶金。第一桶金到手，他们又会幻想着建立自己的财富王国。他们中的很多人打着道德的旗号，怀揣着不道德的心思。他们并无普世的家国情怀，有的只是个人的小我满足。毕竟苟且于乱世，生存才是第一位。儒家推崇的导君于正、匡扶社稷的人文理想，在他们的头脑中所占的比重是极少的，也是不切实际的理想主义。对于赤手空拳起家夺得政权的朱元璋来说，他不愿意分权与人，他将处理朝政视为自己的责任，也是他的一种人生乐趣。这种乐趣是权力带来的，是人性在权力游戏中得到的满足。

朱元璋端坐于御座之上，好似真理在握。一个人在其一生中若能有一秒钟的时间得以窥见真理的面目，甚至是灵魂的面目，就会哑然失语。在朱元璋看来，若能将帝国朝政一把抓，那该是多么过瘾的事。可"奏事不许隔越中书"的制度却让他无法和各级官僚有效快捷地沟通。虽然宰相们唯他马首是瞻，但是制度的鸿沟摆在那里，一步当作几步跨，谈何容易。更何况鸡毛蒜皮之事，宰相们是不愿意去劳驾皇帝的。在他们看来，举手之间就能摆平的事，再转手交给皇帝，多此一举。其实这种体制运行是有问题的，对于朱元璋这样一个还算勤政的皇帝，倒也无妨；若是摊上一个贪图享乐的慵懒之君，很容易惹祸上身。宰相们也有钻制度空子的嫌疑，像是故意架空皇帝、瓜分皇权。

开国初期，朱元璋在朝廷设置三大权力机构，分别是中书省、大都督府和御史台。中书省总领帝国政务，大都督府分管军事，御史台负责监督检察，而这三大机构的领导者都要对皇帝负责。从帝国政治制度的表面看来，政治、军事和监察部门各负其责，但是在实际的工作运行中，大都督府和御史台都要受到中书省的掣肘和节制。

朱元璋要用制度打穿一切纸上的字和无底的黑，在宫殿的幻象中高歌前行。新朝初立，正在过渡的人和事物带来的不确定性，让朱元璋感到焦虑。作为中书省的最高行政长官，李善长和徐达这两个左、右丞相官居正一品。而表面上和中书省平行的大都督府、御史台的最高长官大都督和左、右御史大夫则稍逊一筹，只能算是从一品。所以从品级上来看，大都督和御史大夫比宰相要矮上半个头。

人们常说帝王之道，聪明的帝王会将皇权的秘密埋在宫殿的某个角落。朱元璋无比珍视抢来的皇权，除了保留元朝沿袭的中书省，还设置了左、右丞相，让独大的中书省实现了两条腿走路。一切，看上去都成了，但一觉醒来，发现一切并不明晰。右丞相徐达作为一员大将，长年领兵在外，追讨遁入草原沙漠的北元势力，迟迟无法归位。如此一来，中书省大权独揽的只有李善长一人。

李善长追随朱元璋多年,有着极为高超的行政才能,在他的身边逐渐形成了一个以他为首的势力集团。集团中的人分布于帝国官僚机构大大小小各部门之中,把持着政府的行政运作。朱元璋没有当皇帝的经验,从帝王传、忠臣录的文字高处找到答案。纸上得来终须浅,现实被日光涂抹得不成样子,而让人有所觉察的总是生活的单面。即使李善长是个有品有行的政治完人,可他在面对一人之下、万人之上的局面时,估计也会在某个时刻被眼前的幻境冲昏头脑。于是,有官员私下向朱元璋打小报告,说他"外宽和,内多忌刻",当时朱元璋并没有将这一妄评之言放在心上。

李善长是淮西出身,对同乡有着强烈的护犊之情。居高位时期,他所重用的官员也大多是乡党人士。在朱明王朝的权力体系中,形成了一个盘根错节的淮人朋党。战争年代,权力者需要乡人的抱团相助,可等到江山坐稳,官僚集团的抱团只会削弱皇权。对此,朱元璋有着清醒的认识。因为清醒,他才无法容忍。

这时,他必须回到有宫殿和旗帜庇护的氛围中,成为皇帝,而不是淮西人的首领。这一年,汤和、傅友德平定蜀地,天下蓝图已定。虽然还有小股势力在边境打打游击,虽然扩廓帖睦尔领着北元骑兵还在和右丞相徐达缠斗不休,虽然梁王还在云南试图做最后的挣扎。但是放眼辽阔的中原地带,那里已经成为明朝的天下,平灭或者驱赶四方边境之敌只是时间问题。如果没有石破天惊的突发事件,朱元璋设定的皇权格局基本落定。他正在调整自己的角色,由一名军事统帅向帝国领袖转型。他开始改革沿袭于元朝的一揽子计划,在诸多的计划中,首当其冲的是宰相制度的存与废。

皇权的意象在紫禁城里是硬邦邦的行礼如仪，是软乎乎的尸体横陈。朱元璋习惯了在黑暗中淬火。中书省的存在于他而言是皇权通行路上的第一大障碍，他要大权独揽，势必触及宰相的权力。触及宰相制度，就不得不从帝国的权力壁垒中打开一道缺口，否则的话师出无名。制度的缺口存在于人，人的缺口又往往发乎于人性。要废除一项制度，首先要废除制度内的人。朱元璋也是有所顾虑的：一是将现任宰相拉下马，能否废除现行制度；二是废除此项制度，能否堵住天下流言汹汹。现实逼人，如果我们把一个新皇帝视为进京赶考的举人，那么朱元璋对于自己的这份答卷显然是胸有成竹。在权力运行的规则体系中，进京赶考的朱元璋在登上皇位的那一刻，就有了自己的想法和思路。对于朱元璋来说，李善长并不仅仅只是一个居于高位的权臣。在长期的战争岁月里，他们之间建立起来的情谊并不比徐达等将领少。对于大自己十四岁的长者，朱元璋的心里更多的是一份敬重与感激。时过境迁，随着各自身份的变化，这份感激也滋生出更为复杂的情绪。

洪武初年，在即帝位、册封皇后太子等一系列的大事件中，李善长都扮演着大礼使的重要角色。朱元璋还让他担任太子朱标的太子太师，等于将帝国的未来也交到他的手上。君臣之间的这份信任并非一朝一夕培养起来的，当年朱元璋羽翼未丰，寄身于郭子兴麾下。郭子兴听信身边人的挑拨，扬言要夺回他的兵权，甚至要将李善长调到自己身边。听到消息后，李善长第一时间赶到朱元璋面前表达忠心，话语言及肺腑之处，涕泪满面。

对朱元璋来说，李善长是一个亦臣亦师的人物。只要李善长没有犯下谋逆这种不可饶恕的罪行，朱元璋很难找到一个杀他的理由。此时，朱元璋并没想过清理李善长、徐达这些开国功臣。

不然他就不会给他们那么重的封赏,他还是有过与他们共同分享胜利果实的想法。

朝中的实权人物大多是朱元璋的同乡,即所谓的"淮西勋贵"。有人将中国的熟人社会比作丢入水中的石子,水面会形成一圈圈向外放射的波纹,而每一个人都是自己圈子的中心。社会关系是逐渐从一个个人向外辐射出去的,是私人联系的累积和增加,而社会范围也是由一根根私人联系发展起来的网络。李善长只是常例,并非特例。朱元璋南下攻打滁阳(今安徽滁州)时,李善长特地赶到军门求见。朱元璋听说此人是地方的知名人物,号称"里中长者",就礼节性地接待了他。一番交流,顿生相见恨晚之意。从厚待李善长开始,聚集在朱元璋身边的文人逐渐多了起来。这些儒生士子中,李善长是最为特殊的一员。朱元璋曾与他有过一段推心置腹的交流,朱元璋说:"如今群雄纷争,要打好仗,最要紧的是要有好的参谋人员。现在群雄中管文书与作谋士的幕僚,总喜欢说一些左右将士的坏话,从而导致文武不和,将士难以施展才能,这样的军队非败不可。将士垮了,好比鸟儿失去羽翼,主帅势孤力单,必然要走向灭亡,这是一个教训。你应该为我搭建一座桥梁,将文武官员的心联结在一起,千万不要学那幕僚的坏样。"

朱元璋的政治蓝图中,李善长扮演着一个能够左右时局的重要角色。如果我们能够理解西汉开国丞相萧何靠着为刘邦转运粮饷而摘得头功,进而荣升丞相,也就明白李善长在朱元璋的心目中居于何等位置。朱元璋称吴王后,就将李善长封为右相国。元朝以右为大,李善长已是朱元璋创业团队中最重要的人物。他不光接手军机檄文之类的文案工作,更保障了军队的后勤供给,使得前线将士安心作战。同时他还制定一系列的法律法规，如经营盐、立茶法、立钱法、开矿冶炼、定鱼税等。在李善长的高效运作之下，朱元璋的统治区域呈现出一派兵强马壮、经济繁荣的景象。吴元年（1367年），朱元璋论功行赏，封李善长为宣国公。后来改革官制，不再像元朝那样以右为尊，改以左为大，李善长理所当然地调整为左相国。

朱元璋大封功臣之时，李善长虽然没有在战场上获取卓著的军功，但并不妨碍对他的重用。朱元璋给出的褒奖理由是：后勤保障工作做得好（给军食，功甚大）。于是授太师、中书左丞相，封韩国公，岁禄四千石，子孙世袭。他还赐给李善长一副铁券，"免二死，子免一死"。封公的六个人中，李善长名列第一。在颁发的嘉奖令上，李善长更是被朱元璋比作萧何，朱元璋给予他的风光荣耀在那些开国功臣中绝对是首屈一指。

以李善长为首的淮西勋贵在帝国的官僚系统中炙手可热，淮西集团的勋贵们把持了洪武初年的政治要塞，由他们释放出的熏天势焰让其他派系根本无法近身，更谈不上掣肘。当各个派系之间的欲望无法得到遏制的时候，明争暗斗则不可避免。帝国政界上层圈子中存在的这个政治集团是以朱元璋为背景的，早在创业之始，就已形成并逐步发展壮大。

朱元璋的培植与倚重，使得淮西集团的权势之火越烧越旺，烈焰沸腾。而淮西集团与其他派系之间的矛盾也由最初的暗流涌动，开始水面震荡，直至掀起滔天巨浪。为了巩固既得利益，攫取更大的空间，淮西勋贵岂能容得下其他势力与自己分肥？他们当务之急就是想尽办法，通过一切正常或非正常手段来打击压制其他势力。从前期的李善长到后来的胡惟庸，十七年时间，淮西集团都在竭力挤压非淮人的生存空间，不给他们揽权的机会。李善长势力的发展很大程度上得益于朱元璋对淮人集团的倚重，身为淮右党人的首领，李善长的权力越大，意味着集团势力在王朝体系中分肥到的利益蛋糕也就越大。

李善长迎来他的巅峰时刻，虽然高处不胜寒，但他并没有被眼前的幻象迷惑。他所辖的中书省威权最重，也是朱元璋最为关注的地方。对于此人，朱元璋从未放松警惕。李善长比刘基难以对付，刘基毕竟是一个耿介之臣，而李善长肚子里的花花肠子要曲折得多。淮西集团在帝国官场上再无对手，李善长位居左丞相，一人之下万人之上，加上他打着同乡的旗号立于朝堂，权势到了无以复加的地步。不光个人权势炙手可热，亲友也遍布朝堂内外，盘根错节。对于这样的功臣，历代开国皇帝用之也忌之，用是因为确实好用，忌是怕他们功高震主。朱元璋将这种纠结的心态传递给了李善长，他提醒对方：作为一个臣子，你要做到时时检点自己，不能由着自己的性子乱来，凡事都要讲究一个度；如果一件事情做得不合理，就可能前功尽弃。

聪明如李善长，怎会听不出弦外之音？朱元璋向他敲警钟，让他学会低调，不要过于张扬。否则的话，再大的功劳、再多的免死金牌也保不了命。洪武四年正月，李善长以"患病"为由，向朱元璋递交了一份致仕奏疏。朱元璋并没有与他虚伪客套，就势批准了他的请求。李善长急于退出，是因为他已经嗅到朝堂上散发出的危险气息。他在最为风光的时候选择退出，不是真的想要放权，而是为了明哲保身。

让人遗憾的是，精明如李善长，也难以猜中故事的结局。对于朱元璋织下的这张庞大的蛛网而言，身陷其中、不得挣扎，越挣扎困得越紧，陷落得越快。别说李善长，就是朱元璋也不知道，今天和昨天会有多少不同，明天又将会走向怎样的命运。斜睨之处，余光所及，命运对他们并无另外一番心肠。李善长致仕回老家安徽定远，朱元璋赏赐了他土地若干顷，并赏给一百五十户人家为他守冢、佃户一千五百家、仪仗卫士二十户。年仅五十八岁的李善长就这样被提前退休，颐养天年。昨天还处于权力的巅峰，今天就远离了朝堂。这个世界，有些人的影响力是超越距离的。蜘蛛在困住自己的同时，也在不断吐丝，延展自己的触角。

李善长致仕的旨意一下，平日里仰其鼻息的朝中百官无不震惊。两个月前，李善长才被封为国公。转眼之间，就被打发回家抱孙子了。一时之间，朝堂上下人心鼓噪，朝局大动。

## 4. 帝国的危机与重构

朱元璋在完成自我身份更迭的同时，也在将个人烙印深深刻于历史的天空。一个人从放牛娃、农民、游方和尚（游民）、争夺天下的豪杰，直至坐上皇位。封建社会的小农经济，决定了个体农民的生存状态。对于他们来说，人生无非四件事，春耕、夏播、秋收、冬藏；人生亦无非四个头，休养于炕头、劳作于地头、最远来到村头、最终走向坟头。终其一生，仅此而已。在一个农民的心目中，土地是维系他们生存的根本；而对朱元璋这样一个当了皇帝的农民来讲，整个天下都是他的田间地头。

有人说，人性的欲望就是由空荡荡的胃传导给这个世界。像朱元璋这样一个处于社会底层的家庭里的孩子，生来是以世界上最粗劣的粮食来填充胃肠。少年时的生活经历深深地影响了朱元璋的治国理念。他生来是一个赤贫者，是最接近社会底层的人，遭受过人间最惨烈的困苦。

朱元璋从乡村社会出走，可他的一生都像是在原地打转转。离开的是他的身体，而他的精神气质早就钉在了那里。那里不仅有浓厚的人情，有田园风光，也有愚昧、野蛮与懦弱，有对权力的盲目崇拜和顺从。就在社会最底层的摸爬滚打、血肉横飞中，底层文化精神全方位地渗透进他的身心。而随着命运神奇的改变，赤贫出身的他登上皇位，因此不可避免地将自己性格中的贫困文化因子传播得更深入、更广泛。

别人对他与他对别人的种种阴谋，遵循的生存逻辑是一种互相伤害，他的血越来越肉，心却越来越冷。这让他始终处于高度的敏感与警觉中，并对人性深处的温情不再抱有任何幻想。甚至有学者认为，朱元璋在他帝王生涯的中后期，已经患上相当严重的精神疾病，譬如迫害狂和被迫害狂。罗素曾经描述过此类疾患的病理，他说：

> 有些人幻觉他人企图杀害自己，囚禁自己，或者施以其他方式的侵害。由于想要保护自己免遭幻觉中迫害者的侵害，他们往往会采取一些暴力行动，因此，对他们的自由应该给予一定的限制。

问题是朱元璋是皇帝，限制其自由的现实可能近乎无。董仲舒提出的"君权天授"论，目的也是想要将皇帝的统治权力限制在"德治"和"仁政"的范围内。

经过扫荡群雄拿下江山，尤其是无数文人武将士大夫三叩九拜热烈赞颂，传统文化一次次夯实论证，在热浪滚滚的皇权加持下,朱元璋也早已将自己视为天授之子。他是天子,何为天子?天子集诸多国家大权于一身,且其权力不受其他任何权力机构和社会组织的限制和约束,天子的意志就是法律,天子一言而为天下法。

朱元璋写了《皇明祖训》,定下《大明律》,又颁布《大诰》,把大明王朝打造成了一只风雨不透的铁桶。就连什么人什么职业穿什么衣服什么鞋,住多少尺的房子,都要逐条逐项分列清楚。种种规定烦琐细密,已经到了让人无法分清辨明的地步。为了摸清家底和控制老百姓的行踪,朱元璋创建了户籍制度和土地登记制度,进而实现稳定压倒一切的治国理想。老百姓要守着自己的田地,日出而作日落而息,不要闲来无事惹祸端,更不要四处走动。一个人离开乡土超过百里,就要到地方县衙申请备案,让官府开具"路引"即"介绍信",说清楚自己去往何处、几时回乡。私自出门者要打八十棍,偷越国境者要处以绞刑。

有人说,人是活的,制度是死的。但凡制度,总有它的漏洞。可朱元璋不相信这一点,他用心编制了里甲这张大网对整个帝国进行管理。也就是将全国人民,每十户编为一甲,每一百一十户编为一里(一里包括十甲,另十户轮流为里长)。如此一来,生活在大明土地上的每一个人,他们各有各的网格,各有各的位置,不可逾越。只有将他们牢牢钉死在土地、职业与有限的活动半径内,是帝国安详、宁静、和谐的前提与保障,也是大明王朝万世一统的前提与保障。

虽然说,人最宝贵的是自由,但一个人若是吃不饱穿不暖,任人欺凌宰割的日子真的比自由来得重要吗?在朱元璋的理想国里,每个人都好似生活于天罗地网般的牢笼之中。尽管如此,其间毕竟还能看到脉脉温情，而那些官吏士绅就没有这么好的运气了，当他们由士绅而为土豪劣绅，由官吏而为贪官污吏，等待他们的将是无情的诛杀。大明帝国的社会结构是一个金字塔，广大农民处于塔底，向上逐层缩小，依次为士绅、官僚，金字塔的顶部是皇亲国戚勋贵，朱元璋端坐于顶部。各个阶层一级踩着一级，一层压着一层，撑起了大明朝的江山。

朱元璋来自最底层，他比谁都清楚那些生活在社会底部的农民，他们最容易得到满足，一室避风雨，一饱解千忧。当时，全国推行了一套极有创意的引凭制度。这套制度将身份证、通行证、许可证、各种证明身份的执照熔于一炉又分别打造，对于各种职业、各种身份的活动方式及其范围作了严格甚至非常严厉的规定，其管理可谓细致入微。

商人有商引，无引以奸盗论处。

贩盐有盐引，卖茶有茶引，无引以走私论，处死刑。

百姓外出有路引，凡百里之外，无官府发放之路引者概可擒拿送官，告发、擒拿者有奖，纵容者问罪。

凡行医卖卜之人，只能在本乡活动，不得远游，否则治罪。

作为平民老百姓出入家门，下地忙农活、在家闭门睡懒觉，必须让你的乡邻知道你这个人到底在忙些什么。你日常的活动范围仅仅限于一里地范围内，早晨出门，傍晚一定要回家。包括你何时睡觉、何时起床，都必须互相知道。而那些行踪诡秘、不务正业、游手好闲之人，都要统统流放到边远地区。对于这样的人，允许四邻、里甲、亲戚诸人拘拿到京重处；如果坐视不问，一旦这些人犯了大罪，与之相邻相识之人全部连坐。

百姓邻里必须互相知根知底，也就是所谓"知丁知业"。凡成年男子，从事何种职业、何处高就、何地发财、何种营生，必须彼此知晓，否则人们可以以社会破坏分子论处报官。

像朱元璋这样的社会游民，之所以能够夺得天下是因为参加了农民军。如今他做了皇帝，自然想尽办法杜绝历史的重演。民众的自由流动和接触是导致社会动乱的根源之一，他本人就是这样一个典型。他这么做是为了防止在他的帝国里出现另一个当年的自己。或许是这些看上去有些乖戾不祥的法令，让整个帝国充满了令人不安的气息。这也正是朱元璋想要达到的目的，他要让整个国家变成一个牢笼，民众不仅没有空间流动的自由，也没有身份改变的自由，只是尽其本业，为朱明王朝提供赋税、徭役。

从底层一路拼杀，坐进皇宫宝座，朱元璋深知这座形似金字塔的社会结构并不牢靠。他太过于忧患，这种忧患来自帝国长治久安、皇家万世一统的深切追求。他既然可以从别人手里抢来江山，那么别人也同样可以从他的手里抢走江山。他穿着皇帝的新装，潜意识里还是那个被逼得走投无路的游民，是那个刀头舐血的造反者。

刚开国那几年，朱元璋每次醒来的时候，不知今夕何夕，醒在何处。所谓屁股决定脑袋，而他的脑袋总是觉得屁股底下的那张龙椅在摇晃。自古天下江山之失，有因外敌入侵，也有统治集团内部的争斗所致。作为被统治者的广大群体，如农民、中小地主，只要有可能存在的生存空间，他们并不会起事反抗，倒是官僚集团随时都有篡夺皇位的野心家。江山初定，大明中枢政制多沿袭元朝，在中枢设中书省，置左、右丞相，其下设平章政事、参知政事，居于其他官职之上，掌中央最高行政权。

李善长回乡的第二年，无官可守的岁月让他备感凄凉。他偶尔站在淮水岸边，遥望着南京的方向，发出一声悠长的叹息。权力好似春药，给男人带来的不仅仅是财富与显赫，还有精神层面的勃发。不甘就此谢幕的李善长连着上了几道奏疏，说自己病已痊愈，希望朱元璋能够给他一个继续为国效忠的机会。李善长去年退休时，也才五十八岁，从他活到七十七岁还很硬朗的情形看，他的确算不上老。

可以想见，朱元璋看到奏疏时那副暗自窃喜的神情。他不想让李善长返回京都，便在凤阳给他安排了一个差事，命其在凤阳督建宫殿，再造一座皇城。凤阳定都计划是从洪武二年（1369年）开始的，朱元璋命令从江南、山西迁十四万户富裕人家来此带动地方经济发展。在《中都告祭天地祝文》中，朱元璋说："自洪武初平定中原，臣急至汴梁，意在建都以安天下。及其至彼，民生凋敝，水陆转运艰辛，恐劳民之至甚，遂议群臣，人皆曰古钟离可，因此两更郡名，今为凤阳，于此建都。"朱元璋要将李善长像钉子一样锲在凤阳，让他死了重返帝国中枢的心思。此时，汪广洋出任中书省右丞相，胡惟庸出任中书省左丞。

作为百官之长，丞相是官僚集团和士大夫的领袖，处于官僚组织的顶端，是皇帝之下权力最大、地位最尊的职务，又加上位居皇帝的"卧榻之侧"，比较接近皇权，地位十分特殊。朱元璋忌惮李善长之处，并不仅仅在于他的丞相之位，还在于他是淮西勋贵的首领。君臣关系本就十分微妙，丞相的特殊地位和身份更容易遭到皇帝的猜忌，引起和君权的冲突摩擦。

在通常情况下，封建社会最有组织性的集团当首推军队。除了军队之外，以丞相为代表的官僚集团就是最有组织性的力量。这不仅是因为官僚组织是一个组织严密、机构庞大的整体，而且在其内部还因科举制度、地缘因素而形成官员之间的师生关系、乡籍关系等非正式群体。也就是说，无论是帝国权力的正室，还是偏房，李善长都是那个拍板做决定的"话事人"。

如果我们将皇权视为一块蛋糕，有资格分肥皇权的，不是农民，不是中小地主，而是丞相以及他背后庞大的官僚集团。他们拥有知识，且以儒家思想作为其共同的信仰与行为准则，因而也比其他社会集团更有群体意识和整体性。丞相是官僚组织和士大夫的重心所在，而这势必成为朱元璋猜忌防范的首要对象。

胡惟庸是李善长的同乡，也是安徽定远人。他在和州投身朱元璋幕府，授元帅府奏差，不久转为宣使，除宁国主簿、进知县，迁吉安通判，擢湖广佥事，以办事灵巧著称，再加李善长的举荐，一步步赢得朱元璋的赏识。先是擢太常少卿，再拜中书省参知政事，逐渐成长为帝国的高级文官。作为淮人首领的李善长虽然离开帝国中枢，但他并不甘心就此撒手。他了解到朱元璋非常看好胡惟庸，而胡惟庸刚好又是淮西人时。于是，李善长向朱元璋上书保举胡惟庸，一来逢迎圣意，二来也能将淮人心腹继续安插在帝国中枢，可谓一举两得。胡惟庸为朱元璋所赏识，并不完全是李善长的功劳。朱元璋在用人上从不假手与人，何况像宰相这样重要的位置。

胡惟庸的出现，让李善长找到了淮西集团新的代言人，也是自己的接班人。不久，胡惟庸又将侄女嫁给了李善长的弟弟李存义的二儿子李佑。就这样，李、胡两家的来往更加密切。胡惟庸是淮西人，他一门心思结交李善长，逐渐成为淮西集团的朝堂核心。相比之下，汪广洋这个非淮西集团出身的右丞相则要孤单许多，每日只知饮酒而不管事。胡惟庸的职位低于汪广洋，却"专决省中事"，反过来指责汪广洋"无所建白"，终于导致右丞相汪广洋被贬为广东行省参政。

洪武六年（1373年）七月，胡惟庸升任为右丞相，任命陈宁为御史大夫、涂节为御史中丞。不久，胡惟庸又转任左丞相，实至名归地主持中书省的政务。自从李善长退休以后，左丞相的位置一直空缺。徐达虽然兼着右丞相的头衔，但是他为人谨慎，又加上常年领兵在外，政务方面也是只占位置不问事。如此一来，胡惟庸就成了真正的独相。一人之下、万人之上的感觉让人迷醉。《明史·胡惟庸传》写道：

自杨宪诛，帝以惟庸为才，宠任之。惟庸亦自励，尝以曲谨当上意，宠遇日隆。独相数岁，生杀黜陟，或不奏径行，内外诸司上封事，必先取阅，害己者辄匿不以闻。四方躁进之徒，及功臣武夫失职者争走其门，馈遗金帛、名马、玩好，不可胜数。

朱元璋像是在故意娇宠一个放肆的小孩，任其为所欲为。在此之前，御史大夫韩宜可就对胡惟庸与陈宁、涂节之流恃宠擅权有所不满，当面向朱元璋递交弹劾奏疏，措辞犀利："三人险恶似忠，奸佞似直，恃功怙宠，内怀反侧，擢置台端，擅作威福，乞斩其首以谢天下。"朱元璋看到这份奏疏，大为愤怒，破口大骂："快口御史，敢排陷大臣！"当即把他押入锦衣卫诏狱。不久，国子监助教吴伯宗察觉胡惟庸的奸恶，不愿同流合污，被胡惟庸贬至凤阳，他上书皇帝："胡惟庸专恣不法，久之必为国患。"精明如朱元璋，又怎能视这样的话为耳旁风。

从朱元璋一生行事和众多文件书信中，我们知道，朱元璋是那种事无巨细、几乎无微不至的性格。然而，在如此长的时间里，朱元璋不仅没动过胡惟庸，还放手甚至纵容他，以至于将其扶上"独相"的宝座。这实在让人感到不可思议。或许是为了让胡惟庸更好地专权，这一年，中央政府撤销了中书省编制中的平章政事和参知政事两个职位（平章政事就是副宰相）。同时，在地方上废除了元朝实行的行中书省制度，改由承宣布政使担任地方行政长官，直接向中书省负责。本来在中书省的编制中，左、右丞相是级别最高的，其下分别为平章政事，左、右丞和参知政事，如今废除了平章政事和参知政事的职位，中书省就只剩下了左、右丞相和左、右丞的编制，其下增设了几个和地方布政使司相联系的位置，不过是辅助丞相而已。

官僚机构改革使得胡惟庸在中书省，乃至在帝国的整个官僚集团，都获得了无与伦比的权力。朱元璋已经意识到相权之重对皇权的威胁，特别是中书省权力过大，"君不能躬览庶政，故大臣得以专权自恣"，容易导致皇权旁落。大都督"节制中外诸军事"权力过重，御史台无法满足对官民监控的需要。朱元璋开始了他的改革，其目的就是集中皇权，使"权不专于一司"。因此可以推断：相对于李善长和刘基的功劳、威信和才干，他们若身处宰相之位，朱元璋要想废除宰相制度，难度要大得多。因此，我们可以再大胆揣测，朱元璋是有意在宰相之位上，放置胡惟庸这样一个人。他需要这样一个权欲熏心、利令智昏的人物，需要他替自己清除障碍，如消灭刘基。他需要在这个岗位上，放置这样一个不安分的人。

人，只有在不安分中，才能露出更多破绽。一个撒欢尥蹶子的人，随时可能犯错误，而这也为朱元璋废除宰相提供借口。功高如李善长者都可以被朱元璋轻松挪开，更何况区区胡惟庸。胡惟庸和杨宪一样，一门心思要独揽相权，成为中书省第一人。杨宪被除掉以后，胡惟庸前面的绊脚石就只剩下汪广洋，他又岂能轻易放过这唾手可得的机遇？待到汪广洋被贬，胡惟庸任右丞相，这时的他，大权在握，风头一时无二。

洪武九年（1376年），朱元璋废除了地方权力高度集中的行中书省。这一年，他将女儿临安公主嫁给李善长的长子李祺，将其封为驸马都尉。操办喜事时，李善长进京主持儿子的婚礼。当年的丞相，如今成为皇帝的亲家翁，此等荣耀绝非一般臣子能够享有的。李善长进京以后，朱元璋虽然委任他一些职务，但要想东山再起已不可能。相权带来的荣耀早已不复存在，李善长知道，他已经没有能力再次染指帝国权杖上那颗最耀眼的宝石。

李善长作为淮西集团文官的当家人，经年经营地盘，这个羽翼丰满的官僚集团对于急于抓权的朱元璋来说如芒在背。胡惟庸原本是朱元璋帐下的一个文书，朱元璋看中他并无党羽，才将其放在重要位置以制约李善长。让朱元璋没想到的是，胡惟庸居然无视自己的良苦用心，反而投身李善长门下。世事如棋，李善长虽然离开丞相之位，但他在朝堂上的影响力还在，各个官僚机构的当家人大多是他布下的棋子。

汪广洋以为真正离开权力中枢，就可以落得逍遥自在。但是朱元璋并不这么想，没过多久又将他召回京城，让他做了左御史大夫。性情懦弱的汪广洋担任监察部门的负责人，对于急于揽权的胡惟庸来说是最好的安排。汪广洋在左御史大夫任上和他以前在中书省毫无区别，一无建树，丝毫没有影响到胡惟庸的相权。无所掣肘的相权是可怕的，这让朱元璋感到皇权正在一点点被侵蚀。

此前左丞相李善长虽有威望，但处事谨慎，右丞相徐达经常统兵在外，后来的右丞相汪广洋也是无为而治，相权与皇权的矛盾隐而不显。朱元璋夺权之心日重，在任命胡惟庸为左丞相的同时，重新起用汪广洋为右丞相，让他们互相牵制。怎奈事不遂人愿，胡惟庸越来越胆大妄为，而汪广洋"依违其间，无所救正"，这让朱元璋大为不满。事已至此，朱元璋心里已有改组中书省、废除宰相制度的想法，但如此大动作非得拿人头祭旗才行。

## 5．胡惟庸案的逻辑推演

洪武十年（1377年）六月，太祖朱元璋参加了一次廷臣们召开的御前会议，在这次会议上，他当着胡惟庸等官僚高层的面说了这样一段话：历史上，那些政治清明的王朝有一个共同特征，那就是上下相通，耳目相连；凡是昏暗的朝廷，都是上下隔绝，聪明内蔽。国家能否大治，与此有着莫大的关系。他担心下情不能上达，因此不能知道治政的得失，所以要广开言路，以求直言。

这样的政治腔调在胡惟庸听来，不过是朱元璋在为自己捞取开国皇帝应有的政治形象分而已。胡惟庸的势力一天天坐大，他把大量亲信安插进了帝国官僚体制中，并利用手中权力把他们提拔到高级职位上，对不听从号令的官员则大肆打击、罢黜。为了改变被动局面，朱元璋还专门设立了一个官署来处理行政要件，这就是通政使司。这个机构的横空出世传递出这样一个强烈信号：朱元璋准备为帝国官僚系统动一场大手术。

——奏事不许隔越中书

黑夜的屋顶上，亡灵的呼号穿云裂帛，只有活着的人浑然不知。这是朱元璋第一次命令御史们巡行各地，目的很简单，为了实现下情上传。通政司每天都要将朝臣们的奏章进行收纳整理呈报朱元璋，让"实封直达御前"，然后再转交相关职能部门予以处理。设立通政司，负责"中外章疏敷奏封驳"，取代原来奏疏直接禀报丞相的做法。朱元璋想要减少对丞相的依赖，不允许他们代表皇权任意胡为。

新朝初立，很多制度都是参考元制而来。对朱元璋来说，一切都是摸着石头过河。大臣们所呈报的奏章要先经过中书省，其中三分之二的奏章由中书省直接处理，然后按照丞相批注的意见分别发往吏、户、礼、兵、刑、工六部以及大都督府和御史台等各相关职能部门。如果奏章涉及军政大事，丞相当不了家，那么就要转呈皇帝来做最后的拍板。官员的所有奏章都不能插上翅膀飞过中书省这一级，直接摆在御案之上。在丞相们看来，官员的奏章需要分级别类，区别对待。哪些内容能够让皇帝过目，哪些内容不需要皇帝过目，这并不取决于皇帝的好恶，而是由中书省来决定，也就是由丞相来决定。作为丞相来说，这是他们最乐于享受的一项政治福利；可对于作为朱元璋来说，这是他最不能容忍之事。在胡惟庸等帝国高官的门庭外，每一个黎明和夜晚都聚集着大批的人群，好人摇晃不定，坏人用钱铺路，那些黯淡的冤魂无人理会。朱元璋无法想象，他们背对着自己，隐藏了多少秘密和恶念。

设立通政使司，是为了破解这一切。说到底，它就是一个夺权的部门，夺的不是别人的权力，而是丞相的权力。制度虽然发生变化，但是多年来形成的权力思维惯性还在旧有的轨道上滑行。出现了一个通政使司，丞相制度并没有消失。通政使司收上来的奏章还是要送达中书省，由丞相胡惟庸做最后的决断。检校在无形之中成为朱元璋安插于中书省的内线,除了监视中书省的官员,还要掌握朝臣们所上书的奏章内容,免得皇帝当了冤大头。通政使司最初并没承担更多的职责,不过扮演了一个权力偏房的角色,作为中书省的秘书处仍然存在于帝国的官僚体系中。

洪武十一年(1378年)的一次政务会议上,朱元璋当着六部官员的面说:"皇帝深居宫中,能够知晓万里之外的事,这主要是因为兼听广览,了解民情。胡元之世,政令都出自中书省,大小事务都要先关报中书,然后才奏闻给皇帝,元朝又多昏君,才导致民情不通,以至于天下大乱。我要引以为鉴。"

朱元璋要掌握天下实情、掌握官员的思想动态,就要撇开中书省。既然他已经找到破解的密码,就不会再做无谓的等待。他随即下诏,诸司今后奏事不要再报经中书省,直接向他这个皇帝奏报就可以了。他无法做到无条件地信任,也无法做到无条件地怀疑。他每天在这里忙碌,旋转得像一个陀螺,却始终无法解除内心的困惑和迷津。朱元璋的精力极为旺盛,他将当皇帝视作田间劳作,而枯燥烦琐的事务如同长势喜人的庄稼,让他舍不得假手于人。根据《明太祖实录》中的记载,朱元璋时常沉浸于帝国事务中,不论吃饭还是睡觉,但凡想起一件事,立即便要拿笔纸记录下来。若逢吃饭时,他通常会将这些纸条别在衣服上,故而,他的衣服上常常会别着许多纸条。他自己不以为意,还会戏称"鹑衣",即破烂衣之意。

朱元璋的集权做法,对胡惟庸来说,无疑是致命的打击,因为它从根本上动摇了丞相专权的根基。在此之前,胡惟庸利用手中的相权排除异己、打击政敌,靠的就是旧制中"奏事不许隔越中书"这一条款。制度是王朝土壤里开出的花,而这朵花到底能开成什么样，则取决于个人的命运和天性。朱元璋怕自由，自由在理论上是永恒的，但在实践中则显得过分缥缈。制度是自由的对立面，如同笼中鸟与苍鹰的对话。制度赋予了丞相极大的自由度，他可以任意扣压奏章，欺下瞒上。而那些六部长官就是想在朱元璋面前告丞相的御状也不可能，因为他们无权与皇帝直接取得联系。如今颁布实施的新政打破了这一局面，六部官员可以绕过中书省，直接与朱元璋接上头。这样一来，独相胡惟庸的危机感顿生，他的丞相权力正在被一步步架空。

开国之初，朱元璋对外廷势力尚未腾出手来加以梳理，只是在王朝体制的建立上照搬元朝那一套。朱元璋对帝国的天空充满了向往，却对夜晚和星辰恐惧。自由会将一个人的影子带上天空，而恐惧会将他的敬畏之心洗劫一空。中书省的官僚结构设置是左、右相国（后改名丞相），秩正一品；平章政事，秩从一品；左、右丞，秩正二品；参知政事，秩从二品，其属官有左、右司郎中及员外郎等官员。中书省的权力极大，大到可以总领百官，事务涉及方方面面，帝国的一切命令及章奏都需要中书省呈转颁发，不然就视为违法和无效。除了人事任免权、决策权、行政权、监察权、财政权等大小不等的权力，中书省还同时掌管军令、军务。也就是说，靠着中书省一个官僚机构的运转，皇帝就可以不用上朝。

朱元璋坐在宫殿的宝座上，不像是皇帝，倒像是一个震慑人心的牌位。丞相的权力极大，一人之下万人之上。就连六部长官也下辖于中书省，成为其属吏。从洪武元年（1368年）起，中书右丞相徐达就一直是军中的最高指挥官，直到十七年以后他死于北京城。从秦朝创立丞相制度起，排除一些历史时期出现的波折，丞相的权力时大时小。丞相制度天生有个缺点，即皇帝和丞相的权力分配难以平衡。别小看这个问题，因为王朝的制度，皇帝是至高无上的独裁统治，官僚集团只有一个老板，那就是皇帝，所有的人（包括丞相）都是为他打工的。朱元璋当了皇帝，就不能用朱重八的脑子思考，也不能用刘基、李善长的脑子思考。丞相的特殊性在于，他是一人之下万人之上。如果处理得不好，皇帝太过强势，丞相就会经常换人，甚至会换一个杀一个。若是皇帝太软弱，皇权便会被相权架空。

一旦局面形成，皇帝所能做的只是根据丞相的建议颁发圣旨，其他不用操心。时人可以不知道皇帝是谁，但一定会知道丞相是谁，这是非常可怕的事情。在权力的哀歌与颂歌之间，朱元璋的选择由不得别人做主。他出身草根阶层，虽然当了皇帝，但还是能够清醒地认识到自身存在的不足。在学习前朝明君圣主的同时，也以一个草根者的立场来观察自己的帝国和臣子。他肯定会想起前朝那些实权派大臣，他们在掌权时说一不二，风头甚至盖过皇位上坐着的那个人。丞相因为权力过大就有可能干预到皇帝的意愿，甚至威胁到皇权，比如那个挟天子以令诸侯的曹操。在权力面前，人永远是有缺陷的，是病态的。

这是朱元璋内心深处最大的忧虑，而这种忧虑也必将促使着他做出改变。他需要时间来为自己证明，他所做的一切是值得的，是不二的选择。有人会问，既然他后来废除丞相，为什么当初还要设置丞相？其实朱元璋当初这么做也是有苦衷的，建立一套新制度并不是那么容易的事，不光需要大量的时间，更需要实践的检验。既然不是一朝一夕的事，只有先拿旧体制应付着。

朱元璋设立中书省，授大臣以重权，是他为新王朝量身定制的。我们都是从刀光剑影中一路拼杀过来，同当患难，同享富贵。

身为开国皇帝，这种姿态一定是要有的。在帝国的创业阶段，文武大臣们都曾经立下赫赫功勋。朱元璋所要做的，就是根据他们每个人的功勋、才具和特点，量体裁衣，授以高官显职以平衡权力集团之间的利益。

从胡惟庸位极人臣之日起，朱元璋散开的这张大网也到了收网阶段。在巩固政权时，朱元璋更多地表现出人性冷酷的一面，制造了大量的冤假错案，该杀和不该杀的人不分青红皂白地大肆诛杀。有史家认为，说朱元璋对生命、对人的生存权利、人的自尊采取的是贱视和蔑视的态度。他们匍匐于他的脚下，却没有一个人真正懂得他。朱元璋得感谢命运，它给自己带来灾难的同时，也给自己注入了抗体。

朱元璋也许并不认同这种观点，他们不是皇帝，又怎知他这个皇帝内心深藏的忧惧不安。正是这种不安，让他很多时候表现出一种喜怒无常，怀疑一切。在他看来，体制内的"忠臣良民"太少，每个人的眼睛里都写着"欲望"二字，他们寻找一切机会蚕食他所开创的基业。正因为如此，他才要从肉体上消灭他们。对于皇帝来说，杀人是件容易的事，兴之所至、任意为之。人在经历了太多的苦难后，精神感知会变得麻木迟钝，对他人所遭受的苦难会缺少常人应有的感觉，甚至不觉得这是一种痛苦。

## ——积疑成狱及其他

有案可查的是，朝臣们第一次对胡惟庸的攻击是在洪武九年（1377年）八月份发动的。这时候，胡惟庸将大量亲信盟友提拔到了高级职位上，并且以各种理由和借口将他认为的反对者赶出要害部门。胡惟庸大肆排除异己的做法令官员们感到恐慌的同时，更多的是愤怒。

御史韩宜可就在朝堂之上攻击胡惟庸及他的两个盟友,他告发胡惟庸等人悖逆于皇帝,僭越了皇权,要求将这帮人全部收监或者斩首。朱元璋记下了韩宜可的这句话,但是并没有按照他所说的去做,而是命人将韩宜可交付有司并将其下狱,没有十足的把握,朱元璋不愿打草惊蛇。此次事件虽然没有撼动胡惟庸,却引起了朱元璋与诸臣的警醒。朱元璋当着六部官员的面训话后,原来在中书省辖下的六部获得了越过中书省直接向他呈报的权力,这给朝政带来了不小的混乱。

一个体制里,一对一的单线管理是最简单的,放到大明朝就成了皇帝——中书省——六部的管理链条。按制度来说,六部还是属于中书省的管辖范围,六部的尚书们应该对胡惟庸负责。而按照朱元璋的想法,六部可以向他直接呈报。这样的话,在六部尚书的管理和使用上,就形成了一种双线模式。在君臣齐心、意见统一的时候,还能够保持政务畅通。一旦皇权与相权发生冲突,事情就会变得比较麻烦。尚书任何事情不能瞒着皇帝,皇帝才是帝国的一把手;但是尚书又不能不上报中书省,皇帝批阅过的折子绕不过中书省,最后还得交由中书省发布。如此一来,帝国的权力运行就变成了多头管理,这可苦了那些整日奔波于皇帝和宰相之间的六部官员。如此繁复的程序让他们疲于奔命,难免造成一些常识性的错误。

朱元璋看出其中的弊端,他早就想要掀起一场体制革命,苦于找不到突破口。帝王的命运太过虚妄,它就像一个光荣的象征,尽可能地不与神性混为一谈。朱元璋的精明是惜利者的精明,他只是在替自己看护一个庞大的庄园,容不得别人践踏。

1379年的10月，即洪武十一年的秋天，位于大明西南边陲的占城国来使进贡。按照帝国的外交程序，中书省应该在接到这种外交大事的第一时间上报皇帝。但实际情况却是，朱元璋并不是按照正常程序从中书省或是礼部那里得到的消息。消息是出宫办事的宦官带回来的，由于无人接待，占城国使者连宫门都没有摸到。由于语言不通，外邦使者只好流落街头。这件事让朱元璋勃然大怒，堂堂大明居然如此对待番邦小国的外交使者，传将出去有辱大国名声。朱元璋当即传唤胡惟庸和汪广洋，责问他们占城国来使事关国体，竟敢隐瞒不报。胡惟庸和汪广洋在这件事上的表现大相径庭，一个急于推卸，一个茫然无措。

洪武九年，汪广洋发动了对李善长的弹劾。这是他人生的第一次，也是唯一一次。他最初还是想要有所作为的，不然不会公然挑衅李善长的权威。虽然弹劾没有取得预期效果，但是他在面对李善长时所表现出来的大无畏精神，还是博得了朱元璋的赏识。令人遗憾的是汪广洋并不是一个越挫越勇的人，弹劾李善长失败对他的打击是巨大的。虽然事后朱元璋将其重新放入中书省，但他的心性已经发生了蜕变。

在这个世界上，多是逆境造就人、困境磨炼人。汪广洋无意再去困境里磨炼，也无意再参与到权斗的游戏中。多年的宦海生涯，最初的政治理想离他渐行渐远。虽然他还有一把风中的骨头属于自己，但他的魂魄已摇晃得散了架。汪广洋的存在于朱元璋而言就是一枚棋子，通过他来盘活中书省这盘棋，借以削夺相权。这就像是一个人在黑夜里行走，以为自己的移动是由身体带动的，却突然发现，一双隐藏在身体外的无形之手，提着自己在黑夜里奔走。这是多么可怕的发现，这个发现让汪广洋惶恐不安。对于中书省二把手的这份工作，他无意周旋，任由胡惟庸为所欲为。对于占城国来使这样重大的外交事件，汪广洋根本就没有反应过来，在朱元璋问起他时，也不知如何作答，只是跪在那里支支吾吾，磕头如捣蒜。胡惟庸辩解说这种事情一向都是由礼部负责，都是礼部惹的祸，与中书省没有任何关系。

面对胡惟庸的狡辩，朱元璋找来礼部官员和两位宰相当面对质，礼部官员面对两大宰相毫无惧色，说这件事已经给中书省打过报告。礼部与中书省当着皇帝的面踢皮球，这让朱元璋更加恼火。他接连下了几道敕书，说："你们互相推卸责任，朕不聪明，不知道究竟该追究谁的责任，所以中书省与六部，一定要追究到底。"朱元璋下令将礼部负责接待外宾的相关人员全部下狱，同时让检校暗中调查。

这是一场明暗两面的牌局，明面上，两位宰相和礼部官员都被皇帝骂了一通，毫发未伤；暗面上，朱元璋已经在酝酿一场暴风雨。那段时间里，南京城中书省昏暗的烛光下，胡惟庸和汪广洋怀揣着各自的心思坐立不安。这种不安前所未有，他们从朱元璋暴怒的表情里已经感觉到，或许这一次不同往日。检校的调查结果很快出来，汪广洋成了占城使者事件的第一责任人。朱元璋下令将汪广洋正式拘捕，罪名是"不能效忠为国，坐视兴废"，也就是说他凡事不作为，抱着葫芦摇。朱元璋将其安排在中书省的位置上，本意是为了掣肘胡惟庸。结果汪广洋却当起了甩手掌柜，好端端的活棋走成了死棋。既然是死棋，作为棋子的他也就走向了死路。

汪广洋再次被贬往海南，朱元璋囚禁了其他附有连带责任的官员，包括胡惟庸在内。船行至黄山地区太平县时，朱元璋追加了一道圣旨。这道诏书追究了汪广洋在江西包庇朱文正的事,同时又细数他在中书省袒护杨宪等罪责,下诏将其赐毒而死。估计到生命的最后一刻,汪广洋都没弄明白,是什么原因让朱元璋对他痛下杀手。

在太平县这个不太平的地方走完自己的生命旅程,对于汪广洋来说,有着更为特殊的意义。要知道,太平这个地方是汪广洋仕途的起点。至正十五年(1355年),他还是元朝的一名进士,并没有被授予实职,客居太平县,每日过着诗酒风月的恬淡生活,等待着人生机遇的突然降临。而就在这一年,朱元璋的军队突破长江防线,攻下采石矶,进驻太平。求贤若渴的朱元璋,闻汪广洋才名,便于帅帐之中召见了他。两人相谈甚欢,从此汪广洋走上了人生载浮载沉的不归之路。终点回到了起点,汪广洋做梦也不会想到自己会成为朱元璋清除相权的祭旗人。

洪武十三年(1380年)正月初二,整个帝国沉浸于浓浓的新年气氛中,南京城的上空却笼罩着一层阴霾。御史中丞涂节突然告发胡惟庸涉嫌毒杀刘基,并意图谋反。毒杀刘基并无实据,真相还不确定。可对于朱元璋来说,他需要的不是反复求索的真相,而是一个治罪的理由。朱元璋接到涂节的报告后,立即批转司法部门连夜突审。官方给出的案卷中,胡惟庸案的构成和经过并不复杂,也不难断,大罪小过充塞其间。在这里择其大者,表述如下:

按照《明史纪事本末》记载,胡惟庸老家旧宅的井里,忽然长出竹笋,高出水面数尺。有献媚者说,他家三代祖坟上,夜晚火光烛天,此为祥瑞。于是,胡惟庸心有所动。其后不久,他的儿子在大街上策马狂飙,恰好一辆马车经过,胡公子当场丧命轮下。胡惟庸丧子心痛,一怒之下杀了马车夫。有人将此事告到朱元璋那里，龙颜大怒，责令胡惟庸向马车夫的家属做出赔偿。当胡惟庸备好重金为自己赎罪时，朱元璋却将其拦下。罪不可赎，罪在其身，这让胡惟庸心生恐惧。于是，他和御史大夫陈宁、中丞涂节图谋兵变，同时密告四方及追随自己的那些武将。其后不久，胡惟庸突然对外宣称，自家老宅的井里涌出醴泉，就是甜蜜的美酒。为了表明自己不敢独享祥瑞的态度，胡惟庸邀请朱元璋临幸府上观赏稀罕之事。这一天，当朱元璋的龙辇行至西华门时，一个叫云奇的太监突然拦住去路。他没有说话，却急得汗珠顺着脸颊往下淌。卫士乱棒齐下，差点将云奇活活打死。无论怎么打，云奇却一直用手指着胡惟庸府邸的方向。朱元璋随即登上宫城远眺，发现胡惟庸的府邸，隐约埋伏着大量的士兵。于是，"即发羽林掩捕"之。

胡惟庸党案说法众多，真相莫辨，恐怕穿越回明朝也难以探知究竟。诚如吴晗先生所言："这原因大概是由于胡党事起时，法令严峻，著述家多不敢记载此事。到了事过境迁之后，实在情形已被淹没，后来的史家只能专凭《实录》，所以大体均属相同。"只要《实录》没有记载的，便只能闭门造车、以讹传讹，所以有诸多时间冲突、空间不合理的地方。比如，《明史》中所记涂节告变和《纪事本末》所记的云奇告变就存在冲突。若采信前者，则胡惟庸已服罪被诛，也就不存在朱元璋临幸府上观赏醴泉之事；若采信后者，胡惟庸当天被诛，也就不存在涂节告发之事。孰真孰假，或两者皆不可信，疑点重重，实在让人难辨真伪。

事情到此远没有结束，胡惟庸的罪名在他死后不断升级。治胡惟庸一人之罪，擅权植党就已足够，要扩大打击面，牵蔓其他功臣宿将难免让人觉得小题大做。比如，也有史家反复求证胡惟庸通倭、通房之事，在这里聊作表述：胡惟庸通倭之事多采自《明史》和《实录》，文中以口供叙述胡惟庸的罪状，其中通倭投房事，仅有两句："惟庸使指挥林贤下海招倭军，约期来会。又遣元臣封绩致书称臣于元，请兵为外应。"此事若成立，林贤和封绩此二人，便是胡惟庸案发时的漏网之鱼。林贤通倭，而那个叫封绩的元朝旧臣则通元。

明朝的两大强敌，所谓南倭北房，胡惟庸都与他们有瓜葛。胡惟庸被诛后七年，《大诰》中提及林贤，说明州卫指挥使林贤在南京时，已经私通胡惟庸，结成死党；胡惟庸派遣亲信陈得中，与一个叫归廷的日本朝贡使节密谋：由林贤前往日本请求国王发兵，打着朝贡来大明的旗号，配合胡惟庸谋反；这件事随着林贤被举报而浮出水面。朱元璋知晓后，直接诛灭林贤九族。至于胡惟庸案牵涉中日关系，实在是无稽之谈。

在这里插一句，早在即位初期，朱元璋就宣布对东方和南方诸国实行不干涉政策。他坚持说，所有这些域外诸邦彼此之间都是平等的，但与中央王国不完全平等。他的《祖训》中列出一份"不征之国"的名单，还限制了名单内的三个国家的朝贡关系：大琉球、柬埔寨和暹罗。不知是因为他发现了胡惟庸曾想借日本人兵力来实施政变的计划，还是因为他本来就不喜欢发展海外关系。洪武朝的对外关系用朱元璋的话说："彼既不为中国患，而我兴兵侵犯，亦不祥也。"

再说那个叫封绩的元朝遗臣，更是毫无根据。虽说欲加之罪何患无辞，朱元璋不仅要做到罪臣有辞，还要营造出戏剧性的效果。于是，他在完善故事的过程中，也在替胡惟庸做合乎故事需要的逻辑推演，力求剧情合理、演员到位。而封绩就是他找到的演员,此人本是从未到过北方的江苏人,他用别人写好的台词供出胡惟庸通元的事迹,当成胡党造反的罪状。或许觉得剧情还不够合理,封绩又改籍为河南人,身份是元朝遗臣。他奉旨扮演的那个角色,除了要指控胡惟庸,还有李善长。

当然这一切,都发生在胡惟庸案发十年之后,早已死无对证。审查结果出来:胡惟庸谋反案坐实,不可不杀。与此同时,朱元璋做出一个惊人的决定。御使中丞涂节和御史大夫陈宁作为胡党嫡系也难辞其咎,因为有官员禀告,涂节也参与了谋反,见事情败露才站出来检举胡惟庸。此案由朱元璋"自临问之",自正月甲午日(二日)廷臣审录,到戊戌日(六日)结案,胡惟庸为首的一大批人及其家族被全部处死。

新年伊始,帝国中枢一下子处决三个文官大臣:一个丞相、一个御史大夫和一个御史中丞。处死宰相是非同寻常的政治事件,朝堂内外为之震骇。朱元璋为此颁布了一系列诏书,以平息人心躁动。第一道诏书,他告诫文武百官,朝廷设立中书省"以总天下之文治",设立都督府"以统天下之兵政",设立御史台"以括朝廷之纲纪"。"岂意奸臣窃持国柄,枉法诬贤,操不轨之心,肆奸期之蔽,嘉言结于众舌,朋比逞于群邪,蠹害政治,谋危社稷",因此他主张"革去中书省",提升六部职权。第二道诏书,他要大肆清算胡惟庸等人的罪状:"丞相汪广洋,御史大夫陈宁,昼夜淫昏,酣歌肆乐,各不率职,坐视废兴,以致胡惟庸私构群小,夤缘为奸,或枉法以贿罪,或挠政以诬贤,因是发露,人各伏诛。"两道圣旨将帝国的体制运行做了重新布局,处于极度震骇状态下的官员如梦方醒。原来他们的皇帝早就酝酿好了这一切,两道诏令绝非朝夕之间能够完成。朱元璋担心有人在诏令里做手脚,篡改他的意思。他从不假手于人，他宁愿用粗粝不堪的乡间俚语表明观点、做出决断，也不希望他们用圆融的文字在那里不知所云。

中书省作为最高行政机关从此退出历史舞台，宰相制度也就此废除，这项变革在中国政治史上堪称一重大事件。自汉代以来，丞相一直是官僚机构中的最高职位，是秉承君主旨意综理全国政务的人，一人之下万人之上。朱元璋将整个中书省的官员编制几乎全部废除，只保留了一个纯粹记录官性质的中书舍人。原本属于中书省和丞相的权力，分摊给原来由丞相管领的六部和监察机关，大幅度提升监察机构在官僚系统内的地位。他们直接对皇帝负责，王朝政务的决策者和实行者之间再无任何阻碍。

在正式宣布废除中书省和丞相制度时，朱元璋言辞凿凿："自古三公论道，六卿分职，不闻设立丞相。自秦始置丞相，不旋踵而亡。汉唐宋虽有丞相，然其间所用者多有小人，专权乱政。"因此他决定废除中书省和丞相，大权归于朝廷。在帝国官僚系统的复式结构中，丞相作为体制结构最顶端的那尊大神，一直与皇权此消彼长地博弈。朱元璋索性连根拔除，为他的继任者们"拨刺"。

他说："以后嗣君毋得议置丞相，臣下敢以此请者，置之重典。"他在这里打了一剂预防针，为的就是要向世人展示自己改革的决心和魄力以及对个别妄言者的警告。在发布的文告里，朱元璋给胡惟庸定下的罪名是"擅权枉法"。含糊不清的罪名，就好像一个大大的箩筐，任何逾越法律的行为都可以往里装。从打压同僚到私扣奏章，从收受贿赂到专权独断，就连沉湎于声色犬马之类的流氓罪名都包含在内。后来，朱元璋命儒臣编撰《相鉴奸臣传》，他在序言中给胡惟庸定性："不守人臣之分，恃要持权，窥觇人主之意，包藏祸心，舞文弄法"。

胡惟庸被杀之后，帝国的皇权运行模式突然风格大变，由君臣共治转换为君权独大。更为要命的是，这架皇权机器被朱元璋打磨得异常锋利，犹如一台令人胆寒的绞肉机。由胡惟庸案引发的连锁反应就像平地起了一场龙卷风，朱元璋要除掉的并非胡惟庸一个人，而是一个庞大的"胡党"。

相比在朝廷中人脉广泛的胡惟庸，朱元璋反倒成了独坐于深宫禁院中的孤家寡人。像胡惟庸这样的权相，他的交往范围从朝廷文官蔓延至开国功勋和军队将领。当他被定性为"谋反罪"后，那些与他有来往之人就应该是同案犯。朱元璋有着强大的怀疑精神，人心如盗贼，眼里看见的也全是盗贼。他所做的任何决定，在分析家们看来，都充满了盗贼式的疑问。"谋反"不是小事情，牵涉面之广、参与人员之多、付出成本之高，都是其他行业无法比拟的。朱元璋将胡惟庸参与谋反案坐实，是为了将更多的官员牵扯进来。官僚系统内部陷入巨大的恐慌，死者像是穿过黑暗的蝙蝠，生者像是在劫难逃的窃贼，赴死与逃亡，都在皇帝的掌控中。朱元璋觉得一切都是值得的，因为手握军政大权的相权集团终于被斩落马下。朱元璋并不是突然提速，也不是突然采用激烈的手段。

他耗尽心力，不仅对文官机构做了大幅度调整，对军事机构也同样做出调整。大都督府则被分割成中、左、右、前、后五军都督府，五军都督府掌管军旅之事，隶属于兵部，曾经和中书省分庭抗礼的大都督府编制也就此消失。废黜丞相和大都督这文武两个最高职务，丞相的权力一分为六，分别给了六部；大都督的权力一分为五，分别成立五军都督府，并且从制度上让各个部门相互牵制，谁也不能单独对皇权构成威胁。这才是朱元璋的真实目的，那些躲躲闪闪的文臣武将，他们并不甘愿领受惩罚和喝下毒药似的解药。虽然这场体制革命的主刀者是朱元璋，但他从来就不是慈悲的济世者。

朱元璋并不具备主刀者的技能，他只有并不盲目的乐观。长胳膊拉不住短命鬼，他只能尽其所能护住自家的王朝。他发出诏令：

> 今我朝罢丞相，设五府、六部、都察院、通政司、大理寺等衙门，分理天下庶务，彼此颉颃不致相压，事皆朝廷总之，所以稳重。以后子孙做皇帝时并不许立丞相，臣下敢有奏请设立者，文武群臣即时劾奏，将犯人凌迟全家处死。

经过整顿之后的政治舞台俨然成了皇帝的独角戏，皇权的高度集中、官僚集团的分权制衡呼之欲出。各部门只需要对朱元璋负责，受他的直接领导和监督。它们之间既能独立行使职权，又能相互掣肘。他们无法自由地发力，力道自然汇入皇帝的能量池。监察机关将六部纳入它的监察范围，而六部的给事中（言官）也可以反过来对监察机关的官员进行弹劾。这是朱元璋最希望看到的一幕，他希望在他的王朝体系里，权力可以相生相克，没有一权独大。

洪武十三年（1380年）的春节，大明建制以来最为特殊的日子。正月过后，朱元璋才算真正开始至高无上的皇权运作。现在的大明，没有了中书省的宰相掣手掣脚，朱元璋的皇权达到了百无禁忌的巅峰状态，这让他感觉到从未有过的愉悦，整个人都处于无比亢奋的状态。"事皆朝廷总之"，也就是由他这个皇帝总揽一切,他就是自己的丞相。权力高度集中带来的衍生物就是尽不完的义务,就算皇帝也不例外,除非皇帝"三观"尽毁,破罐子破摔。

没过多久,皇权运行所带来的副作用开始显现。一个有为的君主,其底线是保障帝国的基本运行。百无禁忌的权力,带给朱元璋的不光是权力上的高度集中,更是繁重的工作压力。据吴晗统计,洪武十七年(1384年)九月十四日到二十一日。在这八天时间里,全国共有一千一百六十件各种文书报告送到皇帝的案头,其中涉及各类事项三千三百九十一件。平均计算,他每天要批阅文件字数约二十万字,处理事务四百二十三件。这样的工作量,即便不眠不休,一个小时也要阅读八千字以上,同时要在二十多件朝政事务上做出决断。一个成年人每天需要六到八个小时的睡眠时间,才能保证身体健康和意识清醒。而朱元璋在洪武十三年以后,一天的睡眠时间估计还不足两个小时。生于物质世界并沉迷于它的繁华和乐趣,必将累死于它的繁华和乐趣。

有人替朱元璋算过一笔账,废除丞相制度之后,每天呈到他面前的奏章将近有二百封,里面大大小小计约五百件事需要皇帝亲自拍板才能施行。文官都是文章好手,平常之事也能写出花,洋洋洒洒,文四骈六。一篇万言长文,切入正题的只有几百字。刑部主事茹太素曾经上过一份长达一万七千字的奏章,朱元璋令人诵之。听到六千多字的时候,还没有进入正题。朱元璋大为愤怒,将茹太素在朝堂上杖责一顿。第二天,再令人诵之,读到一万六千五百字时才进入主题。

朱元璋不由喟然长叹:"为君难,为臣不易,朕所以求直言,欲其切于情事。文词太多,便至荧听,太素所陈,五百余言可尽耳。"一道五百字就能够说清问题的奏折，结果注水成了万言书，当时像茹太素那样动辄上万言的奏章是很正常的。按照一封奏章五千字计算，二百封就是百万字。皇帝不仅要看奏折，还得动脑子去考虑如何解决问题。

对于一个生下四十二个子女的男人来说，他的身体绝对称得上健壮。面对繁重的朝政压力，朱元璋即使有着超强的精力，也耐不住无休止的耗损。他本就不是一团和气之人，长期置于满负荷状态，脾气变得异常暴躁。朱元璋就像是一支脱弦而去的箭，不断被空气磨去飞行的力道，只剩下一截锐器延续着自己的前进方向。

一切并不如朱元璋想象中的乐观，他和官员进入一种角力状态。他虽然是皇帝，但是他与他的那些土里刨食的父老乡亲并无区别，他们将一个家庭扛在肩上，他将一个王朝扛在肩上，他们沿着不同的道路向着同一个方向奔跑。一个人的家庭和朝堂并不会让意志坚定的人心生颓丧，只会让他们在内心里拥有一笔神秘的财富。

每天完成一天百万字的奏章批阅量，今日忙不完，明日再忙，而明日又有新的奏章呈递上来，周而复始。官员们得不到皇帝的回复就不敢擅自做主，帝国的运行效率随之慢了下来，官员落下一个行政不作为的恶名，自然遭到皇帝的严厉惩罚。如此恶性循环，朱元璋和朝臣之间的关系越来越紧张。朱元璋就像是一个端坐于高处的复仇者，每天都被愤怒的火焰点燃。

### ——体制，还是绞肉机

朱元璋将胡惟庸党案编织成了一个超级大箩筐，这个箩筐始终没有成形，越编越细，越织越密。从通倭、通房，直至谋反，每编织一条罪名，就有人遭到清洗。那些功臣宿将的关系本来就是网状结构，从甲株连到乙，从乙株连到丙，每个人都是网中人，每个家族都是网络之家。杀人屠家，国家机器犹如绞肉机。为了提高效率，一击即中，朱元璋在洪武十五年（1382年）设立了锦衣卫。《大明会典》将其职责归结为两点：其一"直驾侍卫"，其二"巡察缉捕"。而在实际操控中，锦衣卫的第一个功能为人忽视，第二个功能令人生畏。神灵在先于人类认识欲望和疯狂之前，就埋下了恶念的种子。有人说，这个世上有一种人，是虎或狼的后代，他们血腥的恶习让人心惊胆战。有人将他们称之为，食人者。

如果说，检校是朱元璋释放出去的恶犬，那么锦衣卫就是虎狼。它是一个集特务、法庭、监狱三位一体的组织，其功能更加完善。锦衣卫掌侍卫、缉捕、刑狱之事。它的镇抚司专门从事侦查、逮捕、审问人犯，并且有自己的监狱——直接听命于皇帝的"诏狱"。《明史·刑法志》曰："锦衣卫狱者，世所称诏狱也……幽系惨酷，害无甚于此者。太祖时，天下重罪逮至京者，收系狱中，数更大狱，多使断治，所诛杀为多。"避死而不能，脱去皮囊之累而不得。

一场场秋风扫落叶，一次次暗夜索冤魂，锦衣卫这头龇牙咧嘴的猛兽逐渐成形。朱元璋要的就是雷霆之撼，要的就是噩梦不断。正是在锦衣卫的协助下，朱元璋得以有条不紊地开始他对功臣的肃清行动，行动稳健、准确，如同一架高效精密的仪器。那些位居高位的官员，早晨出门上朝，心情如同上坟。因胡惟庸案牵连而死的高级官员不可胜数：御史大夫陈宁、中丞涂节、吉安侯陆仲亨、延安侯唐胜宗、平凉侯费聚、南雄侯赵庸、荥阳侯郑遇春、宜春侯黄彬、河南侯陆聚、宣德侯金朝兴、靖宁侯叶升、申国公邓镇、济宁侯顾敬、临江侯陈镛、营阳侯杨通、淮安侯华中、高级军官毛骧、李伯升、宋慎、丁玉和，甚至任太子师十余年的儒臣宋濂也被牵连，贬死茂州。

胡惟庸死了，故事还没有结束。一个不断演绎中的故事，随着时间的推移，故事的轮廓越来越大，内容也越来越庞杂。所有人都将目光投向李善长，不是因为李善长真有什么故事，而是故事本身需要李善长。帝国中枢的大部分官员还是李善长在任时的老部下，面对胡惟庸已死、皇帝对他们日益不满的现实，他们只能回到李善长的羽翼之下，寻求庇护。

在朱元璋看来，要想实现皇权的最大化，就要想办法分化官僚集团，各个击破，千万不能再让他们抱团。李善长的存在让那些文官功臣集团心有所属，这是他最为不安的地方。淮西集团虽然因胡惟庸之死受到重创，但是只要李善长还活着，淮西勋贵集团就不会从帝国的官僚体系中消失。生死之间，是谁在不断地转换着生者与死者的运道？在新的秩序和律令面前，死亡是最有效的解读方式。

事实上也如此，外廷的许多部门都由淮西勋贵集团的人把持。在洪武十四年（1381年）成立的大理寺和都察院，它们和刑部一起并称三法司。刑部受天下刑名，都察院纠察，大理寺驳正，这是大明司法程序的三个支点。三法司多是文官，文官有党，他们都可能是胡惟庸的同党。胡惟庸案再生波澜，犯罪性质也由当初暧昧不清的"擅权枉法"变成十恶不赦之首的"图谋造反"。

因胡惟庸案牵扯进来的有一公、二十侯，其中连坐、死罪、黥面、流放的关联人员有数万人之多，朝中文臣几乎为之一空。

朱元璋不能容忍一个有可能凌驾于皇权之上的官僚体制存在，数以万计的人命不是胡惟庸的陪葬，而是为朱元璋定下的这项制度陪葬。生者不断死去，有人不断通过死亡更新着生者与死者的群体。对此，生死之间失去了界限，现实的死亡与虚妄的生存相互转换。或许，这个时代的秘密就在于此。

洪武二十三年（1390年），注定这将是一个不平常的年份。虐杀的阴云在天空几度徘徊和犹疑，最终还是决然地降落到李善长的身上。十年前，胡惟庸案发。十年，为什么要等上十年，而不是胡、李案并时而发？朱元璋打的就是时间差，胡惟庸案发时，他没有去惊扰李善长和一批武将。李善长和胡惟庸是同乡，且李善长弟弟李存义的儿子娶的是胡惟庸的侄女，结下姻亲关系。胡惟庸仕途得意，得益于李善长的举荐。胡惟庸案初始阶段，有人控告李善长也不干净，朱元璋并未追究。在这期间，御史台缺行政长官，朱元璋还将致仕归乡的李善长召回京城，主持御史台事务。

洪武十八年（1385年）有人再度对李善长发起攻击，揭发李善长的弟弟李存义父子"实为胡党"。朱元璋将李存义发配至崇明，对李善长仍没有采取行动。对此，他的解释是："我当初起兵时，李善长前来投奔，说从此见天日了。那年我二十七岁，善长四十一岁。他是我初起时的股肱心腹，不忍心惩处。"果真如其所言，君臣情深吗？显然不是。李善长此时威信尚存，朱元璋仍有所忌惮。同时，帝国的军事行动尚未结束，无论是处置李善长，还是打击武将，都不是最佳时机。尽管如此，朱元璋还是在一道题为"谕太师李善长"的敕文中向李善长发出警示：

今卿年迈，故精力之为可期。不审为何，同小吏而枉功臣，而乃黉昏定拟诡语，符同朝奏，此非臣下之所当为……卿谋欺诳，法当斩首。然行赏有誓，尔当三免极刑。今无患矣，止削禄一千四百石。

朱元璋在当年颁发给李善长的"免死铁券"中，明白无误地写着"尔免二死，子免一死"，敕文中"尔当三免极刑"，因此，削夺年薪抵其罪，以示警告。如果李善长的政治嗅觉足够敏锐，他应该能够感受到危险正在逼近。在帝国的官僚体系中，他长期占据着淮西集团的首领地位。李氏家族势力越大，积怨越多。但是以其特殊身份和他在朝野积累的深厚背景，除非皇帝要动他，若不然，放眼朝堂之上谁又能动得了他？

这一年春天，李善长在凤阳府定远老家享受着他的晚年生活。那一刻，他不会想到死亡。阳光下，他抚摸着自己老迈的身体，幸福地眯起那双浑浊的老眼，就像是一个经历过风暴劫后余生的人，正在回味过往的时光。不久前，他的一段老房子的墙体突然倒塌，让这位古稀老人受到了惊吓。他只想安度余生，并没打算惊扰乡里。而这轰然一响，让他想到了昔日的战友，信国公汤和。于是，他给汤和写去一封信，希望他能够借自己三百名士兵帮助修葺房屋。

李善长与汤和的致仕有很大区别，汤和是全须全尾地退出。李善长则不同，他即使从朝堂上退出，其影响力还在，权力的触角还在。汤和在考虑是否借兵给李善长的同时，写了一封信将此事告知朱元璋。汤和是个识时务且宁静淡泊之人。开国初期，他第一个站出来表态。他说："臣犬马齿长，不堪复任驱策，愿得归故乡，为容棺之墟，以待骸骨。"他愿意交出兵权，回归故土。

当李善长糊涂到借兵帮忙时，汤和对此异常敏感。一直以来，他的乡居生活悠闲自得，每日吃酒下棋、游山玩水、含饴弄孙，从不结交地方官和乡绅，不谈国家大事，给人一副世间散人的印象。朱元璋对这个股肱之臣生出一份嫌恶，李善长就像是一个走在布满了陷阱道路上的盲人，他压根就不知道自己已经从鬼门关转了一圈回来。他毫无知觉地绕过第一个陷阱，第二个陷阱又在前面等着他。

这一年五月，京中一些被查处的下级官吏和犯人将发配边境，李善长数次请求赦免一个叫丁斌的人。据说此人是他的一个远房亲戚。朱元璋密令刑部尚书、左都御史詹徽追查丁斌这个案子，交代任务时，詹徽却在皇帝给出的只言片语中捕捉到了极为准确的信息，他连夜拷问丁斌。在詹徽的诱导下，丁斌供出了李善长之弟李存义与胡惟庸共同谋反的细节。詹徽是个很会办事的人，他选择李存义为突破口是因为此人既是李善长的弟弟，也是胡惟庸的亲家，是李、胡二人的天然桥梁。

综合《明太祖实录》和《明史》中所写，继续追查李存义，他也随即供出足以置李善长于死地的证词，胡惟庸多次请求他游说李善长共举大事，李善长大为震惊，他拒绝道：你为何说出这样的话，要灭九族的。胡惟庸知道李善长贪婪，可以利诱，十多天后又派李存义上门游说：一旦举事成功，封你为淮西王。李善长惊讶不许，却心有所动。胡惟庸亲自前往游说，李善长还是没有许诺。过了一段时间，李存义又上门劝说，李善长叹息道："吾老矣，吾死，尔等自为之。"胡惟庸闻讯大喜，他亲自去和李善长商量，两人屏退左右，密谈良久，"人不得闻，但遥见颔首而已"，胡惟庸欣然告辞。于是，胡惟庸立即指使林贤出海，邀请日本军队约期来会；又派元朝旧臣封绩带信给蒙古，请他们出兵接应。

如果李存义的说法成立，李善长造反未遂就是重罪。詹徽随即展开大规模的罪名罗织，重赏之下必有勇夫，李府的家奴纷纷起来告状，编织了一个个造反有理的故事。直到此时，文武百官方才如梦初醒，或许是怕李善长案牵连到自己，大小官员口诛笔伐，千夫所指，李善长求生无门。有一名御史站出来弹劾李善长，劾状称，洪武十八年，蓝玉将军征讨蒙古时，捕获一名叫封绩的信使。此信使手中持有胡惟庸写给北元君主的一封亲笔信，此事后来被李善长暗中瞒报。墙倒众人推，就连钦天监的官员也赶来凑热闹，说什么天有异象，当诛杀大臣。这一年四月，朱元璋批下此案。《明太祖实录》"洪武二十三年五月"条下录："善长遂自缢，上命以礼葬之，厚恤其家。"可现实既无理可言，也无礼可讲。李善长因参与胡惟庸谋反案，被赐自缢，夷其三族，赦其长子驸马李祺及临安公主所出嫡二子李芳、李茂死罪，贬为庶民。七十七岁的李善长领着全家七十余人走上黄泉路。不知李善长闭上眼睛的那一刻，会否想起他与朱元璋第一次见面时的情景。至正十四年（1354年），正值青春勃发之年的朱元璋见到了当时刚过四十的李善长。朱元璋问他：天下英雄豪杰无数，为何独独选择追随我？

李善长的回答是：天下豪杰虽多，但得天下者非将军莫属。

朱元璋虚心向他请教。李善长说出了那番慷慨之辞，他说：

昔汉高祖以亭长起家，兵不过百人，将不过三五，终披荆斩棘开创大汉四百年江山，何也？惟善用人耳。今将军比高祖强盛多矣，我观天下大势，元失其鹿、汉人归心，正是驱逐胡虏、恢复中华之良机，望将军胸怀万里而豁达大度、纳天下英才而知人善任、宽恕仁和而不嗜杀人，救天下民众于水火。

朱元璋当时许下重诺："等到将来霸业有成，必回报当日之言！"也许他会后悔当日的选择，不管怎么说，命运之神在这里开了一个残酷的玩笑。如果说朱元璋走的是当年刘邦之路，那么被他称作"朕之萧何"的李善长却没有萧何的好命。朱元璋从来不否认李善长是大明开国的第一功臣，他娴于辞令、明习故事，处理政务裁决如流；他调兵转饷而无乏，他恢复制钱，榷淮盐、立茶法、开铁冶、定鱼税等。正因为这些赫赫功绩，朱元璋才会封他为国公之首、大明第一任相国，赐他铁券，免其二死。有人对朱元璋处死七十七岁的李善长无法理解，对一个行将走到人生尽头的老人，为何还要穷追不舍？在朱元璋的皇权世界里，臣属不能走得太近，需要和他保持一个空白区域。唯有如此，才能让他有安全感。作为淮西集团首领的李善长，故旧戚党遍布朝堂各个角落，势力可谓盘根错节。他是帝国官僚集团的一支标杆，他的存在就是对皇位的最大威胁。

李善长死后的第二年，工部郎中王国用冒死向朱元璋呈上由翰林学士解缙代为起草的《论韩国公冤事状》。这道奏折分析得透彻。在青年才子解缙看来，李善长没有铤而走险的必要，否则于理不通，于情不合，难以说服人心。至于说他辅佐胡惟庸造反，更是谬之千里。试想，一个人爱自己的儿子肯定甚于爱侄子。李善长与胡惟庸是侄儿结亲，与陛下则是亲子亲女结亲。即使他能帮助胡惟庸谋反成功，所得到的和今天的地位差不多，难道胡惟庸会与其半分天下？以李善长七十多岁的高龄，他绝不可能这么做。

朱元璋看完解缙的这封奏疏，无言以对。他并没有借此去寻解缙的麻烦，其实他也是那么认为。李善长遭到灭族，固然有朱元璋的原因，但和他参不透帝王心术也有很大的关系。解缙文中所说"出万死以取天下，勋臣第一"，这是李善长生前的荣耀，也是置他于死地的刀锋。想当年李斯与儿子一起被绑缚至刑场，李斯发出了"牵犬东门岂可得乎"的人生感叹。不知道李善长有无如此这般的慨叹。很多搅进体制内的知识分子，至死也不会有所醒悟。生命就算重新再来一次，权力依然是他们的心头好。解缙代王国用所写奏疏被载入史书："韩国公李善长得罪死，缙代郎中王国用草疏白其冤。"或许这道奏折使朱元璋良心发现，让他体会到臣子的初衷。反正，在看了这份奏折后，向来多疑的朱元璋居然未予深究。——"太祖得书，竟亦不罪也。"如此，使得挂名的王国用和捉刀代笔的解缙侥幸逃脱一劫，并得以青史留名。

到了明朝末年，钱谦益根据内阁所藏诏书，一一对照。他认为，李善长受胡惟庸案株连，"善长之罪，实由婚姻谊重，家门虑深，目瞪口呿，受惟庸之笼络而不能自拔，辛委身以殉之"。大明体制的绞肉机已经启动，胡、李之死，只是最早的献祭。为了彰显这部机器的强大和凛然之气，还有更多的血肉将被它吞噬。胡惟庸案一再清算，牵连的人员也由与胡惟庸血缘相近的亲族、同乡，延伸至故旧、僚属以及其他关系。凡是牵扯上一星半点关系的，皆被连坐诛族，三万余人先后被杀掉。

# 第三章
# 天网与牢笼

## 第五节：财富原罪论

### 1．沈万三与财富的耻感

随着时间的流逝，身为帝王的朱元璋渐渐失去初登大宝的新鲜感。眼见得文臣武将们一个个黯然离场，很多时候，他觉得自己就像是一个演员被孤零零地抛在舞台中央，除他之外，四周全是挑剔的观众。该清除的已经清除，不该清除的也已经清除。政治就像是一个制造盟友和炮制敌人的游戏，一台从来不缺主角与配角的大戏。旧的敌人消灭了，新的盟友又会出现。对于洪武年间的朱元璋来说，敌人存在的价值要远远大于盟友。是敌人，赋予他永不疲倦的进取心。

如果说大明皇权是他这个胜利者的纪念碑，那么也同样是那些失败者的墓志铭。他踩着敌人的尸体埋葬了一个旧时代，他同样踩着战友的尸体开创一个新时代。而这一次他要面对的是财富，是贪腐。在他看来但凡与这两种原罪沾边的人，都有一万个死亡的理由。他也从未将他们的意志看得高于一切，他知道这个社会的根基不是这一部分人。

洪武三年（1370 年），朱元璋曾特意下诏，让户部将"诸郡富民"召集入京训话。训话的主旨是要富民知晓自己为何能安享富贵:"古人有言,民生有欲,无主乃乱。使天下一日无主,则强凌弱、众暴寡,富者不得自安,贫者不能自存矣。"简言之就是要支持他这个皇帝、支持洪武政权。

明朝开国后,朱元璋强调以农为本,抑制农村人口向城镇流动,禁止农业人口向非农业人口转化。他经常在对户部官员的训话中流露出重农抑商的主张,他说:"朕思足食在于禁末作,足衣在于禁华靡,宜令天下四民,各守其业,不许游食,庶民之家不许衣锦秀。"《大明律》规定,"凡无引文私渡关津者,杖八十"。又规定出行在百里外,没有路引者,军以逃军论,民以私渡关津论。

洪武年间的商人地位达到历史的最低点,名目繁多的摊派、闻所未闻的纳税,稍不留意就落得个人亡财尽的下场。据说,朱元璋登上帝位不久,就接见了当时的江南首富沈万三。这时候的沈万三,还无法预见十年后的人生结局。在他的观念里,一个拥有财富的男人和一个拥有权力的男人,就算地位不是平等的,最起码也是难分伯仲的利益伙伴。帝国首富做梦也不会想到,他所拥有的财富有一天会被帝国的血盆大口吞噬,而自己也就此沦陷于万劫不复的泥沼。中国有句老话"富贵险中求",也就是说商人是一群风险偏好者,他们的富贵往往伴随着风险。在古代的商业环境中,商人们险中求来的并不是大富贵,而是活命之资,天大的富贵只能在权力系统中寻求。

沈万三是元末明初影响力最大的商人,他的许多故事流传民间,让人真假难辨。无论辨与不辨、真或者假,那些故事所构筑的时代背景——一个仇富的皇帝坐在南京城里,则是可以肯定的。综合各种版本中的沈万三,我们会发现,不同版本的沈万三,其实只有一个共同特点，那就是他的财富之路，每一步都契合了政治智慧和对政治机遇的准确把握。据说，他敢于在张士诚攻打苏州前，倾其所有，买下大半个苏州商业。在时代的恶风大浪中，此人准确判断了形势的走向。还有人说，他走私南洋大发洋财，就是直接利用了政府资源，特别是皇船和出海通行证这样的政策资源。

江南士民反抗元朝时，获得当地众多汉族富商地主的支持。对于那些豪族巨富来说，这无疑是一场财富的轮盘赌。沈万三先是资助张士诚，帮助他购粮扩军。后来，他又投靠更有势力的朱元璋。如同对待那些听话的知识分子，刚开始，朱元璋对待这些富商也戴着温情脉脉的面纱。他广泛吸纳这些财富之主进入他的国家体制，与他们推杯换盏、称兄道弟，而沈万三就是其中最重要的金主之一。

民间有传说，他与朱元璋曾经结拜为异姓兄弟。南京城原有十三道城门，南门又被称作聚宝门，据说这段城墙就是由沈万三筑建。朱元璋定鼎南京之初，国库空虚，就让沈万三出资筑造东南诸城。为了讨得新主子的欢心，沈万三不惜花重金买宠。结果皇家出资建造的西北城尚未成形，沈万三的东南城已经提前竣工。不久，他又献出白金两千锭、黄金两百斤，建了南京的廊庑、酒楼等。他的这一做法大大触痛了一个人的神经，此人便是朱元璋。这个出身于草根的皇帝，似乎对富贵者有着天生的敌意。

明末《云焦馆纪谈》说得更加具体，朱元璋和沈万三约好同时开工，结果被沈万三抢先三天完工。在庆功会上，朱元璋举着酒杯对沈万三说："古有白衣天子一说，号称素封，你就是个白衣天子。"这句话表面上听着像是夸奖沈万三，可话里话外透着隐隐的杀机,大明江山又岂能容许两个天子并存于世?

有一天,君臣闲聊,春风满面的沈万三突发奇想,愿意拿出一笔钱来犒劳帝国军队。朱元璋听后,脸色变得异常难看,冷冷地说道:"朕有兵马百万,你犒劳得过来吗?"

沈万三拍着胸脯说道:"我每人犒劳一两黄金如何?"

我们难以想象精明如沈万三,能说出这样不知深浅的话。他有着富可敌国的财富,以此来犒劳帝国军队,既能取悦皇帝,又可以炫耀财富。他并没注意到朱元璋变幻莫测的脸色下藏着深重的忧患。《明史·后妃传》中记录了此事发生后,朱元璋与皇后马秀英的一段对话,朱元璋忍着怒气说:"一个匹夫要犒劳三军,他这是想要犯上作乱呀,朕一定要杀了他。"马皇后劝说道:"这种不祥之民,老天自会杀他,何须陛下动手。"在"家天下"的皇权年代,家国一体,这天下的一切都是他皇家的,一个商人居然要犒劳皇家军队,真是活得不耐烦了。而马皇后告诉朱元璋,江山尚需稳固,现在还未到杀沈万三的时候。

中国历史上的每一个时期,开国之初都会呈现出貌似宏大宽松的气象,任由工商自由,恢复民间元气,朱元璋的时代也不例外。洪武初年,朱元璋提出一个庞大的减税计划,减轻民众负担,同时明令不得扰商,官府不能以节庆为名,低价强买民物。可是等到政权稍有稳定,朱元璋对工商的态度立即发生微妙的变化。每次王朝更迭,旧词翻新阙的建政者都会吸取前朝败亡的经验教训。朱元璋对元朝不足百年就迅速败亡的历史现实也同样做出总结:"元氏阘弱,威福下移,驯至于乱"。也就是说,元帝国之所以走到中央集权涣散的境地,是民间的势力过于强大,才导致了天下祸乱。这也是为什么朱元璋在听到沈万三要犒劳三军后会勃然大怒的主要原因，一个商人居然想要犒劳自己的三军，这让他这个皇帝的脸面往哪里搁？

朱元璋从底层打拼上来，吃了太多的苦，见识过太多的社会黑暗面，这也成为他日后改造社会的强大决心所在。由于来自民间草根阶层，朱元璋对富人向来无善意。他应该是中国历史上最仇富、最歧视商人的皇帝，没有之一。朱元璋不仅没有赋予商人某种特权，甚至通过不合常理的制度来限制和束缚他们的自由。

比如在生活方面，他规定，农民可以穿绸、纱、绢、布四种衣料，而商人却只能穿绢、布两种料子的衣服。可是朱元璋并有考虑到，无利可图的农民即使有权利穿高档服装，也根本穿不起；而商人能够穿得起，却没有穿的权利，他们也只好将绫罗绸缎烂在自家的箱底。不仅如此，商人在科举和仕途上，也受到了种种限制。在朱元璋的潜意识里，只有那些实实在在生产粮食和棉花的劳动才算是真正的劳动，而那些商人们整天只知道耍些坑蒙拐骗的卑劣手段去牟取暴利，却从不愿意花时间和精力去生产任何产品。他们依靠财富过着挥霍无度的生活，他们是社会的寄生虫，是造成社会分配不公的根本所在，是社会稳压器上最危险的隐患所在。

朱元璋的逻辑来自小农的利益计算方式，简单而现实，他认为：沈万三既然有养活军队的庞大财力，那么他就具备发动叛乱的可能性，即使没有叛乱的现实行为，也应该将其列为打击的对象或者平灭的乱民。如果我们把朱元璋的帝国战略分为左右手，那么他在运用左手打击贪官污吏的同时，右手则用来打击富商和地主。虽然他并不想建立一个完全均贫富的新世界，但是也不希望自己所建立的帝国出现贫富两极分化。那样的话，就意味着大量的农民将会被财富者赶出土地，农民则会转变为对社会波动具有狂热追求的流民。曾经颠沛于江湖之上的朱元璋就是一个流民，对那样一个吸血噬骨的社会，他是再熟悉不过了。朱元璋拔除富民的手段之一是强制迁徙。如吴元年（1367年）冬十月下令"徙苏州富民实濠州"，洪武七年（1374年）下令"徙江南富民十四万田濠州，以（李）善长总理之"，洪武二十四年（1391年）"徙天下富民"五千三百户于南京。富民虽然可以保留土地与资产，但离开原籍便等于失去了原来的社会关系网络，进入京师更形同被皇权变相监管了起来，不但失去了返乡的自由，还得应付朝廷摊派下来的徭役征发和税赋征收任务。

史料记载，三吴地区的豪族大姓在离开故土后就成了离水之鱼，辛辛苦苦攒起来的资产也流失殆尽。在数年之内，这些离乡背井之人或死或迁，能活下来就算祖上积德。他们留恋曾经的富足生活，常常扮成乞丐回乡扫墓探亲，沿途唱着他们自编的凤阳花鼓："家住庐州并凤阳，凤阳本是好地方，自从出了朱皇帝，十年倒有九年荒。"定都南京之后，朱元璋先后两次将天下将近七万户富商迁居到南京，这几乎是对富民阶层又一次伤筋动骨的打击。除了动用迁徙之法，拔掉他们在乡土之地的富根，朱元璋动用的另一常规手段，便是将富户们牵连到政治大案当中。

洪武年从不缺大案，无论是胡惟庸案、蓝玉案、李善长案，还是郭桓案，大有将天下富户网罗殆尽之势。除了政治大案，那些极具个人色彩的社会运动，无论是整肃胥吏，还是举报害民者，目标指向皆为富户。明代中期的苏州人吴宽深有体会道："皇明受命，政令一新，富民豪族剗削殆尽。"吴宽的祖宅原本在苏州城东，后来之所以搬离，便是因为"遭世多故，邻之死徙者殆尽，荒落不可居",繁华的苏州城东因洪武时代持续打击富户而成为荒凉之地。

明初名臣方孝孺对此也曾做出评论:"当是时,浙东、西巨室故家,多以罪倾其宗""太祖高皇帝……在位三十年间,大家富民多以逾制失道亡其宗"。对于富人阶层采取"先用之,后弃之"的使用策略,朱元璋并不是历史第一人,也不会是最后一个人。这种对待商人的态度,可以说是所有造反成功者的共通之处。朱元璋有一段话讲得非常明白,他说:"以前汉高祖刘邦把天下富商都迁到关中,我刚开始还觉得不妥。现在想来,京师是天下的根本,才知道必须要这样,这也是没有办法的办法。"

当剪灭富户豪族成为朱元璋稳定国本的战略之后,沈万三走到了命运的终点。在此之前,他已经从朱元璋的一系列铁血政策嗅到了扑面而来的风险气息。为免树大招风,他主动将偌大的家族资产分割为四户。当沈家有人被举荐到京师为官时,沈万三会找各种理由推辞:"臣等田地家财都是上位保全底,又蒙赐俸,难以消受,敢辞。"

沈万三想的是用财富为当权者分忧解难,也希望借此利用皇权为自己的财富之路保驾护航。可是他哪里晓得,这种做法不但没有博得君王的欢心,反而适得其反。当沈万三进一步进贡龙角、白金二千锭、黄金二百斤、甲士十人、良马十匹,并在南京城内投资兴建廊庑酒楼时,朱元璋愤怒道:"匹夫犒天下之军,乱民也,宜诛之。"财富散发出来的光芒是朱元璋无法容忍的,任何时候,垄断都是要付出巨大的代价,无论是权力的垄断,还是财富的垄断,高利润往往会伴随着高风险。沈万三就这样被安了个莫须有的罪名,充军云南。而沈家的财富也随着沈万三的轰然倒下,全盘尽墨。

## 2. 空印案：《大诰》的试验现场

那些一饱难求的苦难岁月，是朱元璋对原有社会体制充满敌意的主要原因。父母兄弟在短短一个月之内死亡殆尽，那种人世间难以描述的惨痛，不是一般人能够承受的。即使事情过去了许多年，每每想起，朱元璋还是忍不住去寻找真正的凶手。这个凶手，朱元璋在许多次与臣僚们的谈话里都提到过。他曾经不止一次地总结元朝灭亡的原因，并且不止一次地重复过那两个字：贪腐。贪官是一群寄生于皇权肌体上的软体动物，一群脑满肠肥的既得利益者，他们当然不想破坏现有的秩序和游戏规则，也不会忧国忧民持不同意见。他们虽然品行不端、蝇营狗苟，却总觉得自己在不断地得到，利润可观，一切都很滋润。即使原先有一点志向和抱负，也会因手头已经攫取的利益而患得患失。

诚如御用文人刘三吾在《御制大诰》后序里说：皇上自夺取天下以来，"思得贤才与图治道"，天天盼着能与那些道德高尚、能力出众的人才一起将这天下治理好，让百姓过上好日子。结果却是"中外臣庶，罔体圣心，大肆贪墨"，朝廷内外竟然全是贪污腐败分子。皇上无奈，"不得已施之五刑"。本想着严刑峻法可以让他们有所收敛，结果却"犯者自若"，官吏们仍然贪腐不休。

一个把利益看得太重的人是不敢承担风险的，他们没有那么大的能量和气魄，他们的大脑已经萎缩到只够算计好处和倾轧同僚。作为寄生物种，他们在这个世上通常不具有独立性，只具备依附功能。他们寄生于主子无所不能的权位中，有时甚至寄生于主子的痛苦中谋取利益。他们想得最多的是既得利益。

朱元璋登基之后，颁布了有史以来最为严苛的针对官员贪污的法令。与历代帝王相比，朱元璋在治国治官方面都绝对算得上是一个超级猛人。从他所制定的《大诰》《大诰续编》《大诰三编》《大诰武臣》等刑典中都可以对他的以猛治国，有一个大致了解。在朱元璋执政期间，全国上下受到凌迟、枭令、族诛的案件达到几千件，弃市以下的有一万多件。自洪武年以来，官员贪污案件不断发生，这让一心打造清明世界的朱元璋大失所望，也因此激活了他性格深处的暴虐基因。

大明建国才十几个年头，全国十三个省从府到县的官员能够做到满任的几乎为零，绝大部分都做了刀下鬼。据统计，因贪污受贿被杀死的官员达数万人。可见在洪武年当官并不是一件值得幸运的事，一个官员平平安安地活到退休就已经祖坟冒青烟。如果朱元璋想要自己的大明王朝传之久远，必须要建立起一支高效廉洁，最重要的是要听他的话、不给他添乱的官僚队伍。建国初期，朱元璋并没有想到要用屠刀为一个继往开来的清明世界开道。他最先想到的是如何完善帝国的官僚制度，比如他制定了大量的官员考核办法。

朱元璋制定的考核制度分为两种，一个叫作考察，一个叫作考满。考察就是对于天下所有的官员进行审核，不限于哪一级、哪一个官员的具体任期。考满就是就一个官员而言，在他任职三年、六年、九年的时间节点上，进行考察。考满三年叫作初考，六年叫作再考，九年叫作通考，通考就是要把这九年任职期间的表现都考察下来。考察的等级根据工作表现，根据官员所承担任务的繁重程度，定称职、平常、不称职。九年通考的结果将决定一个官员的升迁，四品以上的官员经朱元璋之手，由他这个皇帝亲自裁决这个官员的用与废。而四品以下的官员则交由吏部来处理，这叫考满。考察又称为大计，分为京察和外察，主要内容为"通天下之官员而计之"，也就是把天下所有的官员都进行一次政绩考核，通常是六年一次。以亥、巳之年进行。在亥、巳年之外也进行的考察叫作润考，就是临时增加的考察。朱元璋定下的考察制度非常严厉，它贯穿了整个大明王朝的始终。

制度是死的，人是活的。作为一国之主，朱元璋对官员极度不信任，他曾说过："朕自即位以来，法古命官，布列华夷。岂期擢用之时，并效忠贞，任用既久，俱系奸贪。"为此，他用严刑峻法治贪，铁血肃贪。直到晚年，他还在哀叹："我欲除贪赃官吏，奈何朝杀而暮犯！"朱元璋真是搞不明白，那些饱读圣贤书的读书人，抱着"朝闻道，夕可死"的人生信条，耗尽半生，总算挤进体制内。本来以为可以光宗耀祖，结果这边刚刚走马上任，那边就成了刀下之鬼，成了大明体制的祭品。朱元璋对官员腐败零容忍，不再以六十两银子作为底线，触及必死。

杀完一批，又上来一批，刀锋所向，非但没有杜绝大明官场的腐败，体制内的官员反倒越来越少。其实科举这玩意与才华不可画上等号，很多时候那些有幸敲开仕进之门的读书人，凭借的不过是一种组合技能，死记硬背的知识、迎合主流的立意、规范端丽的文本，再加上恰到好处的临场发挥，同时运气的成分也很重要。进入体制之后，他们想得最深的、琢磨得最多的还是升官的终南捷径与发财的门路。很多时候他们将这两大主题合二为一，互为因果。朱元璋常叹：

我处乱世，不得不用重典。
国初至今，将二十载，无几时不变之法，无一日无过之人。
天下初定，民顽吏弊，虽朝有十人弃市，暮有百人而仍为之。

洪武中期，朱元璋连续颁布《大诰》《大诰续编》《大诰三编》和《大诰武臣》。既然大明已有典章制度，为何还要一再颁布《大诰》？对此，朱元璋在《御制大诰》的序言里做出解释。

朱元璋说："朕听闻古代的君臣，担当天下重任，关心民生疾苦，制定纲纪造福百姓。真可谓君臣同心，志气相投。皇天后土被感动，四海五岳也愿意显灵，于是风调雨顺、五谷丰登、家给人足。这些君臣故事载入史册，今天读到，仍会让人感动仰慕，只恨自己没机会耳闻目睹。反观我大明朝，情况却全然相反。官员办理政务总是私心胜过公心，贪赃枉法层出不穷，最后搞到罪愆深似大海、重如山岳。前一批被杀者的尸体还没清理干净，后一批死刑犯又送到了刑场。如此这般前赴后继，倒在尸山血海之中的贪腐官员不计其数。"

据此，他发出两连问："呜呼！果朕不才而致是欤？抑前代污染而有此欤？"

如果说，王朝的体制运转是一条奔腾的河流，面对裹挟而下的泥沙与浊流，朱元璋在中世纪的长夜发出疑问。是他治国的才能不够，还是前代污染导致？答案毋庸置疑，都是元朝惹的祸。诚如他在《御制大诰》序言里所说：败坏世道、败坏读书人节操的，是元代的"九十三年之治"。这些道德败坏的士人，进入大明体制为官，个个"私胜公微"，即私心膨胀公心衰微。朱元璋只好拿起屠刀，一批接着一批将他们诛杀。朱元璋早就把话说在前面，在《大诰》正式颁布之时，他曾当着群臣的面说过：

> 上叹曰：华风沦没，彝道倾颓。自即位以来，制礼乐、定法制、改衣冠、别章服、正纲常、明上下，尽复先王之旧，

使民晓然知有礼义，莫敢犯分而挠法。万机之暇，著为大诰，以昭示天下。且曰：忠君孝亲、治人修己，尽在此矣。能者养之以福，不能者败以取祸。颁之臣民，永以为训。

也就是说：朕自登基以来，制礼乐、定法制、改衣冠……该恢复的传统都恢复了，该施展的教化也都施展了。还从百忙之中抽出时间，写了这本《大诰》。忠君孝亲、治人修己的法门，全包罗在该书当中。朕现在正式颁行《大诰》，天下臣民须永远服从该书的指示。遵从指示者有福，不遵从指示者要倒大霉。

朱元璋颁布的四部《大诰》，针对的是洪武朝的官僚集团。其中记录了二百三十六条案例，惩治贪官污吏的案例多达一百五十条，其中凌迟、枭首、夷族的有上千例，弃市以下的上万。如此震慑贪腐，效果又如何呢？该年同批发榜派官三百六十四人，一年后，杀六人，戴死罪、徒流罪办事者三百五十八人。也就是说，这三百六十四人，无一例外皆以贪污治罪。何谓戴死罪、徒流罪？很多犯罪的人被带到衙门，他们在升堂时发现了一幕滑稽剧，那些提审他们的官员除了穿着官服和他们没有什么区别，他们也戴着镣铐，有人在旁边监控。之所以会出现这种状况，是因为被清洗的官员太多，已经到了十位九空的地步。如果将这些人全部清洗，衙门就没有干活的人了。

于是朱元璋创造性地发明了戴死罪、徒流罪制度，该项制度完全没有顾及官员的面子。那些被判了死刑或者要遭到流放的官员，被押送到各个衙门去处理公务。等处理完公务，该杀的杀，该徒刑、流放的还是会照样执行。很多时候，他们的命运有可能还不如堂下那些受审的犯人。朱元璋虽然用尽了各种酷辣手段肃贪,但是并没有收到实际效果。一个王朝开国阶段,通常是政治清明、官吏廉洁,但是洪武年间会出现官员塌方式的腐败。

有人将官员腐败归结于明朝薪俸过低,我们可以大致了解一下。洪武四年（1371年）,朱元璋集团在应天的地位已稳如磐石,于是便大肆封赏百官、制定朝仪、确立制度,其中就根据百官的品级规定了相应的俸禄,此后又两次重定（洪武十三年和洪武二十年）。洪武十三年（1380年）,在禄米的基础上增加了俸钞一项,这一年恐怕是大明官员过得最宽裕的一年了。洪武二十年(1387年)取消了俸钞,官员薪俸与洪武十三年相比大为降低了。到了洪武二十五年（1392年）,朝廷重定了官员的品级,但薪俸数量并没有变化。洪武二十五年的官员俸禄是这样的:

> 正一品月俸米八十七石,从一品至正三品递减十三石至三十五石,从三品二十六石,正四品二十四石,从四品二十一石,正五品十六石,从五品十四品,正六品十石,从六品八石,正七品至从九品递减五斗,至五石为止。

在供应的时候,并非全部通过米进行兑现,还有布匹、丝绢和经书、货币等方式支付。低薪制是基于儒家学说的一种政治传统,只不过其他朝代没有低到让人吃不饱饭的地步。

帝国的官员们一方面是官俸低得不足以维持正常开支,另一方面是各级官员的权力根本不受制约,他们可以通过各种管道榨取油水。这种"灰界限"的荒悖,正如同"渴马守水,饿犬护肉",导致帝国权力集团的整体腐化成为一种不可避免的趋势。在这种制度下,帝国的文官集团也自然化作两大主流:一种是做清官,一丝不取，结果就是像后来的海瑞那样甘于正常人无法忍受的贫穷；另一种就是浊流，他们遵照官场惯例，通过灰色管道来维持开支，支撑所的建立关系网。而一旦越限，人们的欲望就会变得一发不可收拾。就像癌细胞遇上了适合的环境就会疯狂生长，直至吞噬掉一个庞大的帝国。

发生于洪武九年（1376年）的空印案很能说明一些问题，也有史料说，此案发生于洪武十五年（1382年）。客观地说，这件案子在惩贪方面并没有取得应有的成效，不过是朱元璋猜疑个性的又一次滥用。案件的缘由是这样的：明朝规定，各地每年都要派人到户部报告地方上缴的钱粮账目，必须府合省、省合部，一层层传递上去，一直到部里审核完毕，才算手续完备。数字有出入还须重核，这一年的地方财政计划才能完成。如果对不上，即使只是一个小数字，账目必须重核，账册也需要重新填造，更让人为难的是所有重修账册必须盖上原衙门的印章才算有效。各省离京师距离各有不同，远的三四千里，近的也要好几百里。

这项制度如果放在今天并不是一件难事，飞机和高速铁路让千里之外也变得近在咫尺，但在当时却是一道令人忧心的难题。云贵地区的官员要想进一趟京城，就是骑上最快的马也要在路上颠簸一两个月。当他们风尘仆仆赶到京城敲开户部大门，进去核对时，才发现钱粮账目有错。他们只好折返而回，修订完账册、盖上官印，再进京上报账目。为了账册上的一颗印，却要花上的一年时间。就当时的条件而言，这种来回折腾是不可避免的，因为钱粮在运输过程中会有损耗，这就导致发运时的数字与户部接收时的数字是不相符的。但在路上到底损耗多少，官吏们并不知晓，只有到了户部才能知道其中的差额。深受其累的官员很快就发现，这件事是有空子可钻的。

他们奔波千里不过是为了盖一个印，因为纸和笔都是现成的，账册错了可以改，但是官印不能随身带。官印带走几个月，官府发文就无法生效。上有政策，下有对策。那些赴京核对账目的官员很快就找到突破口，他们带上事先预备好的盖过印信的空白文册。如果再遇上需要重新核对钱粮、修订账册的情况，就不需要再马不停蹄地返回地方官署。他们躲在驿馆里，只需要几个时辰就可以搞定。在这种情况下，带空印文书进京成了一条不成文的潜规则，沿袭多年，户部官员也默认了这一做法。朝廷上下人尽皆知，只有朱元璋蒙在鼓里。

巧合的是，在洪武九年一次检查户部钱谷账册的例行公事中，朱元璋发现了这一潜规则。这帮胆大妄为的官员竟然用这种投机取巧的手段糊弄自己，拿自己当冤大头。朱元璋震怒之下，立即对此事展开调查，务必水落石出。按说朝堂内外都知道的事，想要一个调查结果并不难。那些负责参与调查的官员，他们也应该清楚这件事的真实度。可是经过一番调查，他们非但没有获得想要的结果，就连知道情况的官员也没有向外吐露一个字。问话的官员明白，回答的官员也明白，只有朱元璋不明就里。

就在这个时候，有个人勇敢地站了出来。此人不是在职官员，而是一个普普通通的生员。从某种程度上来说，他只能算是一个老百姓。这个人叫郑士利，他没有任何背景、没有任何靠山，凭借的只是勇气。郑士利是因为他的兄长郑士元被牵涉进这个案子的，郑士元当时任湖广按察使佥事，因此案而被投进大狱。所幸的是，郑士元不是主印者，待其杖后出狱，郑士利才敢上书言空印之冤。因为朱元璋曾经说过，会严厉惩治那些假公言私者。在这种情况下，郑士利只有等到兄长的案子结了才站出来上书。

他说皇上不知空印是惯例，不能因为空印而滥杀无辜。郑士利对于空印案的申辩与批评有以下几点：一是官方文书要有效，必须盖有完整的印章，而钱粮文书盖的是骑缝印，是不能任意妄为的；二是钱粮之数，必须由县、府、省到户部，一级一级向上核准，最后到户部才能得到一个准确的数字，如果"待策书既成而后用印"，就必须返回省府重新填写，这样就势必花去大量的时间，所以"先印而后书"只是权宜之计，不足以怪罪；三是朝廷此前一直没有明确禁止空印的立法，现在诛杀空印者是没有法律依据的；四是帝国官吏都是经过数十年才得以造就的人才，杀人夺命过于草率。郑士利还原了事情的本来面目，可以说是有理有据，并没有过度渲染。他指出了空印案存在的诸多不合理、不合法之处，而朱元璋对此的反应是"大怒"。郑士利戳破了空印案的真相，大失颜面的朱元璋让人去调查谁是郑士利上书的幕后主使。

郑士利是一个敢于直言的聪明人，他已经估计到朱元璋可能羞于认错，然后笔锋一转，为朱元璋开脱道："其实皇上也是为了百姓好，您是怕贪官污吏借机挪用这些空印纸，用来危害老百姓（恐奸吏得挟空印纸，为文移以虐民）"。郑士利把事情看得过于简单，朱元璋不是一个糊涂的人，也不是不肯认错的人。他从安插于体制内的无数耳目那里，是很容易获取事实真相的。如果他连这个简单问题都搞不清楚的话，这坐天下的人也就不会是他。

朱元璋发现盖印空白文册这件事后，第一反应是"盛怒"。他认定自己发现了一起官员相互勾结、舞弊欺诈的泼天大案。当朱元璋获悉这种现象普遍存在后，即"疑有奸，大怒，论诸长吏死，佐贰榜百戍边"，他怀疑这背后存在着普遍的贪污腐败与作奸犯科，震怒之下，将所有的掌印官员判了死刑，副职一律杖刑一百、流放边疆。共计约有数百人，冤死在了朱元璋的屠刀之下。空印案发生之时，以胡惟庸为首的朝廷官员谁也不敢站出来进言。他们太了解朱元璋，若是他们顶风强谏，搞不好把自己也搭进去。

同年十月，帝国的天空出现异象，为了平息沸腾的流言，洪武皇帝下诏，要天下人士上书朝廷，对朝政提出批评建议。时任山西平遥儒学训导的叶伯巨上奏了《奉诏陈言疏》，全文近三千字，以大量例证指出朱元璋"分封太侈、用刑太繁、求治太速"的三大过失，其中也提到了空印案。叶伯巨说，历代开国之君，没有一个不是以仁德笼络民心，绝不会因为滥施刑罚而丧失民心，国运之长短，取决于君王施的是仁政还是苛政。他以古今作对比，说古代的读书人都以中进士做官为荣，以罢官为耻，当今的士子都以选不上官暗自庆幸，受了廷杖鞭打也只当寻常之辱，这是不正常的现象。凤阳是皇陵所在、龙兴之地，让大批罪人迁徙居住，怨嗟愁苦之声充斥园邑，这是对祖宗的不恭敬。

朱元璋看了这份奏疏，大为恼火，尤其是对分封藩王的意见尤其不满，气得大叫："小子间吾骨肉，速速逮来，我要亲手将他射死！"遂派官兵星夜赶到平遥，将其押解到南京严加审讯。隔了些时日，中书省官员趁朱元璋高兴时奏请把叶伯巨下刑部狱，不久还是活活饿死在大牢里。

既然朱元璋已经清楚地了解了事情的真相，为何还要处罚这些官员？真正的原因在他的心里。朱元璋从来就没有信任过那些官员，甚至很多时候还将他们视为朱明王朝的假想敌。这种患得患失的心理与他从小的经历是分不开的，他太了解这帮官员营私舞弊的本事。在他看来，官员的道德良知早就被污染了，自己虽然使用他们,但并不代表他们是忠诚可靠的。空印案之所以会给朱元璋造成如此大的内心触动,是因为他的过度敏感。虽然他手握皇权,但是这些官员还是对他不够重视,他们居然敢不向他请示就私下擅自盖印。这种做法,等于藐视他这个皇帝的权威。他们今天胆敢不经过自己的允许,将印盖在文书上,一旦条件成熟,他们明天就会把印直接戳在他这个皇帝的脑门上。

朱元璋并没有调查出郑士利背后有什么主使人,但他仍下旨将郑士利发配去终身劳役。在一个人成功与否的世俗衡量标准中,郑士利必然是一个失败者,可是他却凭借自己的勇气完成了个人的壮举。由于这一英勇行为,这位既非皇亲国戚也非名臣将相的普通人就这样被载入史册。在属于他的《明史·郑士利传》上,我们看到了一个普通人面对命运所表现出来的决绝的勇气。历史长河虽然长期被所谓的大人物、大英雄霸占着头条,但是小人物在某个时间节点所散发出的人性光辉是我们无法遗忘的。相对于那些空印案中获罪的官员,郑士利还是幸运的,至少他活下来了。

案件已经定性,那么接下来的就是处罚,问题在于全国所有的府县几乎都存在着空印现象,法不责众,总不能将所有的府县官员都一杀了之吧。这又是一个难题,在朱元璋那里,似乎没有他解决不掉的难题。他总能做出别人意想不到的事,他也不相信自己能将那些涉案的官员都清洗掉,但是他真的就一步一步去做了。明代的省级地方机构有三个,即布政司(掌民政与财政)、按察司(掌司法与监察)和都指挥使司(掌军政),三司分权,互不统属。往下的地方机构府、州、县,都是由布政司这个系统顺下来的,跟其他二司没有关系。空印案中被处罚的官员大部分是布政使司以下的官吏,还有一部分是地方监察官(言臣),也就是各省按察司系统的官吏。

只要被裹挟进来，无论身在何方、去往何处，无论身处繁华还是荒芜，结局已经注定。就连那些"言必称清，言必称廉"的言官中也有主印者，他们自然也逃不掉被诛杀的命运。这时候，朱元璋已经改行中书省为承宣布政使司，文中的"行省"是方孝孺沿袭旧称。在这里交代一下当时全国的行政结构，全国共有十三个省，一百四十多个府，一千多个县，这些省、府、县的官员中大部分都与空印案有关。处罚结果出来，举朝震惊。主印官员全部杀掉，副手打一百杖充军。除此之外，连各省按察使司的言官也多有获罪者，理由是监管不力。这是名副其实的一扫光，平时都削尖脑袋往上钻营，这下倒好，干个副职还有机会被拉壮丁留下一条活路，正职就得掉脑袋。这就是所谓的级别越高，责任越大。

在这次空印案中很多素有清廉之名的官员也遭到清洗，最有名的就是后来建文朝的忠臣方孝孺的父亲方克勤。方克勤当时在山东济宁任知府，为官清廉，平时连肉也舍不得吃，衣服上满是补丁。就是这样一个清廉之士，却稀里糊涂死在这场反腐风暴中，就因为他是主印官。需要说明的是，空印案中所杀官员的数目一直以来都存有很大的争议，有史料记载死者达上万人之多，也有史料确认是数百人。朱元璋处理的只是掌印的官员，对副职并未杀掉。杀光所有地方官员，剩下自己一个光杆司令显然是不现实的。其实空印案和朱元璋掀起的肃贪风暴并没有太大关系，官员们由于工作上的便利采取的一种变通手法，结果演变成了一桩大案。而在大家都心知肚明且有人上书说明真相的情况下，朱元璋执意要拿这件事大做特做文章，实在令人费解。

### 3. 郭桓案的暴烈指数

朱元璋始终保持着一种习惯,即地方官上任之前,找他们谈一次话。那些官员在皇帝面前伪装得卑怯而诚实,随着谈话的深入,某个瞬间,朱元璋或许差点就相信他们的忠诚和廉洁。他告诉他们,做大明的官,要做到两点:正确对待自己的事业,做到恪尽职守;正确对待贪污受贿的诱惑,做一个清官。

有人说,当官有自己的一套利益规则。规则倒映着人世无边的镜像,身在体制内,就不能坏了规则,朱元璋会给他们算一笔很实在的利害账。人生于世,又何尝不是一场欠账之旅,不是借,就是还。人,生来都是卑微的。就算高贵如皇帝,也是被权力喂养着的卑小而虚妄的个体。朱元璋给官员们总结出来一个"守井定律"——老老实实地守着自己的薪俸过日子,就好像守着井底之泉。井虽然不满,却可以每天汲水,泉不会干。受贿来的外财真有益处? 你搜刮民财,闹得民怨沸腾,再高明的密谋也隐瞒不住。一旦事发,关在监狱里受刑,判决之后再送到边远之地服苦役,这时候你那些赃款在什么地方? 在数千里之外。你的妻子儿女可能收存,也可能没有。那些赃物多数落到外人之手,你想用钱,能到手吗? 你家破人亡,赃物也成了别人的东西。所以说,不干净的钱对自己是毫无益处的。

#### ——发动良民治良民

朱元璋曾在那本名为《大诰武臣》的小册子里说,"我每日早朝晚朝,说了无限的劝诫言语",结果却是"听从者少,努目不然者多",没几个人愿意听我的话。等他们犯了法被抓起来,又"多有怀恨,说朝廷不肯容,又加诽谤之言,为这般凌迟了这诽谤的人若干"。总之,"似此等愚下之徒,我这般年纪大了,说得口干了,气不相接,也说他不醒"。官员们深陷于自己的欲望世界,又岂能轻易被几句话打动。虽然朱元璋恨得牙痒痒,但真金白银的诱惑,要远远大于单调乏味的说教。

他心里清楚,当时动用酷刑的案子,如果按照《大明律》的尺度来量刑,很多人是罪不至死的,有的甚至只需要受到轻微的惩罚。比如说官吏隐漏文书不报的,按律应该只杖八十、收粮违限的杖一百。可是当朱元璋颁行《大诰》后,这些人居然全都处以凌迟之刑;有司滥设官吏,按律应该只杖一百、囚三年,而在《大诰》里的要求却是族诛。

朱元璋应该也很清楚,自己在世人眼中已经逃不脱一副暴君模样。他们背地里对他咬牙切齿,发出的诅咒声像一柄利剑刺穿黑夜。他无法安抚他们的恐惧,就像他们无法了解他内心的苦闷。如同他在《大诰》续篇的第七十四条《罪除滥设》中所讲:"呜呼!艰哉!刑此等之徒,人以为君暴,宽此等之徒,法坏而网弛,人以为君昏。"他不相信诚实的面孔,也不相信信誓旦旦的承诺。他宁愿背负暴君的恶名,也不愿意做一个受人蒙蔽的昏君。与稳固大明江山根基相比,其他的都不重要。

朱元璋手中的屠刀什么时候才能安然入鞘,似乎并不取决于他。人的欲望似无形却有形,像群蛇一样嘶嘶地叫着,滚滚而来。官员们前赴后继,趋利而行。他要让那些食俸禄者有所戒惧,在他们伸手拿赃时,要掂量一下付出的成本和代价。在缠绕交错的权力体系中,他尤其关注财税系统的官僚机构,因为那是王朝赖以生存的生命线。王朝的庞大支出依靠它来运转,容不得出现任何闪失,即使是细微如丝的问题,也要小题大做。朱元璋习惯于用刀作尺子，这样可以丈量他内心的决绝。他颁布了最为严苛的法令，将反腐的利刃托举到无法再高的程度。看着那些贪腐者像荒草一样倒伏在泥坑，他内心的悲愤激荡不已。

洪武十八年（1385年），帝国爆发了一桩震动天下的大案——户部侍郎郭桓盗卖官粮案。该案的起因，是监察御史余敏、丁廷举等向朱元璋告发，说北平布政使司、按察使司的官员李彧、赵全德等人，与负责户部日常工作的户部侍郎郭桓、胡益、王道亨等人舞弊贪污，侵盗了朝廷的官粮。震惊之余，朱元璋毫不犹豫地施以重手，致使天下半数中产以上家庭陷入破产的境地。郭桓案遍及浙西四府，牵连十二个布政使。全国的布政司总数也就十二个，这件案子如同疾风暴雨，将大明王朝的地方官场扫荡了一遍。朱元璋在《大诰》里说，郭桓等在检查浙西衢州、金华等地的秋粮征收时，"接受浙西四府钞五十万张"。落叶和死寂的官场如同死亡前的回光返照，奄奄一息却又无比亢奋。如果说胡惟庸案和蓝玉案将中央机构清洗了一遍，那么郭桓案又将地方官场扫荡一遍。在朱元璋的整个肃贪生涯中，规模庞大的郭桓案，无疑是具有里程碑意义的事件。

这条贪腐的源头来自它的第一环节——粮长。洪武朝幅员辽阔，全国人口六千多万，其中百分之九十是农业人口，全国有一千四百二十七个县。所以说，尽管明朝拥有当时世界上规模最大的官僚系统，要对人数如此繁多的农民定期征税，还是远远不够。如此一来，只能用间接管理的模式。官僚机构确定税收额度，然后找民间代理人来帮自己征收。当时，每个县分为几十个区，每个区从富裕人家选择一户，当总催，相当于本区的税收总代理。总催手底下，会有几十个从当地富户里选出来的"收兑"，就是一线督办田赋征收的办事员,收兑要把征收上来的钱粮进行核算,还要自掏腰包雇人把钱粮送到官府的运粮码头,官府核算无误后,给收兑一张盖了大印的收条,这才算大功告成。

除了收兑,还有"听解",由官府从富裕人家里选择充当。听解不用下乡收税,但需要自己雇运输队和保镖,把征收上来的钱粮物资送到首都南京或者北京去。由于收上来的东西太多,本地的听解都不够了,就从收兑里再强行指派几个人,安上一个"粮长"的头衔,强迫他们成为自掏腰包的运输大队长,和听解一样,押着物资赶往京城。粮长制是税粮征收的第一道权力关卡,粮长们借助体制的便利游走于民间社会与府衙之间,人性使然,贪婪的欲望剥夺了他们所剩无几的善良。

郭桓案是由纳粮而起,粮食是维系一个王朝生存发展的命脉。在任何一个时代里,粮食都是执政者心头之重。推行粮长制度,将体制的抽水管道深深地扎入民间社会,是朱元璋的初衷。他将每一万石税粮划分为一个纳税区,每个纳税区由当地富户中最有实力者担任粮长,负责税粮的催征输解。朱元璋建立粮长制,并将这项制度作为官吏下乡扰民问题的撒手锏。或许是出身使然,朱元璋对农民始终抱有深情,口口声声视他们如兄如父亲。他赋予他们拿官的权力,发动他们与那些盘剥他们利益的下乡官吏做斗争,并给予丰厚的物质奖励。即使错了,也不追究他们的责任。他甚至发动他们参与大明的制度建设,尤其是惩治那些贪婪的胥吏与官员。朱元璋甚至在《大诰三编》中明文规定"民拿害民官吏",将悬于贪官污吏头上的那把尚方宝剑赐给那些手无寸权的百姓。

在这样的背景下,一场捉拿害民吏胥的群众性运动在全国各地陆续展开。大量的吏胥被老百姓捉拿并绑赴京师,情节严重者被当即处以极刑,情节轻微者发配充军。由皇帝一手打造的民间防控网络体系就这样强力而行,一时间,官吏的言行大为收敛,他们不敢再像以前那样云海翻腾,肆无忌惮地伤害地方良民。粮长制存在着严重缺陷,王朝制度只是一种恐怖的蔓延。至于它的功效,则又另当别论。对于开国立朝的朱元璋来说,这项制度只是权宜之计,用它来割断官员假借税粮鱼肉百姓后的一种替代性方案。它的所行所止,并无可能与不可能。一切才刚刚开始,朱元璋还没来得及建立一套完全属于自己的权力框架。在没有更好选择的情况下,他只有延续前朝旧制——"以吏治国"。朱元璋从民间社会选用一些相对可靠的人员来督征税粮,如此一来,国家的收入就可以增多一些。同时对于那些饱受官府压迫的农民来说,他们也不愿意与官府直接打交道。

由于地方官员基本上都是由外地人充任,对于当地的情况不是很了解,往往容易受到地方胥吏的蒙蔽。经过一番利害权衡,朱元璋所倡导的民间自理方式应运而生。对于贪官污吏,他一贯的态度就是从严从重,绝不留半点情面。他的"以良民治良民",前一个"良民"是那些大地主,而后一个则是普通农民;前者是治人的粮长大户,后者则是被治的农民小户。"以良民治良民"关键之处在于如何区分"良民",他们之间到底是谁治谁?所谓的"良民",不过就是那些"有恒产有恒心"的地主,庞大的帝国机器只有得到他们的支持才能够平稳运行。

朱元璋本人是无产者出身,现在当了皇帝,摇身一变成了最大的地主,而那些官僚胥吏是小地主。大地主重用小地主,让他们赚得盆满钵满。在这条食物链中,无论是朱元璋,还是那些民间地主,他们的利益管道是彼此互通的。

在朱元璋的人生字典里，最为痛恨的两个字莫过于"贪腐"。对待那些贪赃枉法的官吏，他的刚猛手段没有最猛，只有更猛。除了动荡期的特有腐败，旧体制的破车带着惯性冲进了新时代，呼啸着、跑冒滴漏着他固有的历史性腐败。大明，固然有清风明月，但是这乍暖还寒的清明并没有迎来真正的春天。洪武年间，朱元璋大肆杀戮功臣宿将，株连极广，这也无形中提高了官场的风险值。一个读书人寒窗苦读是为了做官，实现光宗耀祖、庇荫子孙的人生终极梦想，怎奈生于洪武年间，保命为大。

无论是体制内的官员，还是体制外的读书人，他们视宦途为畏途。以血偿血、以肉偿肉，虽然是那个紧绷时代的血性法则，但是人的欲望会不自主地站在它的对立面上。很多人对朝廷的征招录用并不热心，谁也不愿意拿自己的一条命去赌未知的荣光。既然读书人不愿意主动依附，朱元璋便从民间社会将那些忠诚之士选拔出来，不然没人替他这个皇帝干活。很多粮长属于地方上的半公职人员，并不属于体制内的官员，接近于吏。有权无职这点对他们有着很强的诱惑力，他们能够从征收税粮的过程中捞取更多的好处。这个世界，利益出没的地方，往往会有趋之若鹜的人群。

朱元璋对于这一套粮长制还是颇为得意的，这也正好契合了他"以良民治良民"的想法。为了让粮长能够忠诚地服务于大明，朱元璋给了他们十分优厚的生存条件。甚至不惜打破吏不为官的传统，让粮长有机会晋级官员，甚至是更高级别的官员。从体制外到体制内是一座千万人在挤的独木桥，通过率实在太低，只有科举考试能够实现。尽管如此，一些中饱私囊的粮长还是感到不满足。

有权力出没的地方，就会有寻租，就会有腐败。所有既定的法则都有不可摇晃的立场，所以朱元璋的刀一直插在光明与黑暗的缝隙处，它随时会嵌入人的头骨，抵近人的咽喉。粮长，一个个深谙底层智慧的小人物显然没有意识到风险，他们甚至认为，依托纳粮来捞取灰色收入，效率太慢。他们饥渴了太久，他们认为自己已经穿上了隐身衣。朝廷赋予他们权力，而权力赋予他们一种隐身的法术。这与其说是权力与生俱来的能力，不如说是世人固有的权力崇拜赋予他们的超能力。

他们想的是一夜暴富，而且是巨富。蜜蜂蜕变为苍蝇，蝴蝶化为飞蛾，邪不压正的叙述就是压死他们的最后一根稻草。他们将自己及其亲友们应当缴纳的税粮，分摊到纳税区的众人头上；或者在应该缴纳的正粮之外，再加上各种附加费，名目达到十八种之多，通常是正粮的数倍以上；或者将收缴上来的税粮当作高利贷放出去，再向上级衙门申请延期交纳。他们大多是地方大户，负责田赋的催征、经收和解运。无论是"官治民"，还是"良民治良民"，最后都会落入人治大于法治的历史俗套当中。当历史里的"纸片人"与现实中的血肉之躯狭路相逢时，面具与真相互为因果，难分伯仲。治人的良民是皇权在民间社会的代言人，他们在纳粮过程中动用的暴力手段，也是大明体制赋予他们的合法伤害权。朱元璋推行粮长制的本意是为了防范胥吏害民，结果却养出了另外的祸患。每当粮长解运税粮抵达京城时，朱元璋都会安排时间和他们见上一面。在那样一个地位悬殊的见面会上，朱元璋除了要向他们敲敲警钟（训谕），还要详细垂询民间情况。对于大老远赶到京城的粮长来说，他们非常珍惜与皇帝的见面机会。

这样的机会，在不经意间改变他们的前途与命运；这样的场面,更像是一次官员遴选,而遴选的对象则是有着丰富基层经验的粮长。他们在皇帝面前口吐莲花,说出皇帝想听的,将皇帝引领到一个无限光明的地带。朱元璋最初是信任他们的,以为他们嘴里说的黑白就是现实的黑白,以为他们让他见识到的真相就是世界的本来面目。他错了,他们也错了。他们本来可以通过这样一个有着面试性质的机会博取皇帝的好感,而朱元璋也会将他们提拔到一个相对的高度。

平日这些粮长在乡村里,也算是场面上行走的人物,他们表现出来的八面威风,与地方官吏的做派并无二致。据说,地方上的那些大地主以晋升粮长为荣。而且粮长这个位置具有世袭效应,老子是粮长,儿子也是粮长,这就是"永充制"。演员是无法自我欣赏的,而作为导演的朱元璋,在赋予演员出镜权力的同时,也对他们篡改剧本、利用职权害民肥己的事实痛恨不已。有的粮长巧立各种名目、科敛害民,甚至采取残酷的刑讯手段,逼得老百姓拆屋揭瓦,或变卖牲口、农具等来缴纳粮税,连最基本的生活资料都丧失殆尽。

朱元璋对那些害民之官极为愤恨,这帮人虐民之心,甚如蝮蛇。既然他们可以虐民,他就可以虐他们,不然难消心头之恨。暴力打造事物的特质总是显得急不可待,就好像干柴遇上烈火。朱元璋一次次使出极端手段,逮着一个杀一个,抄没其家产,曾创下一次杀头抄家一百六十个粮长的纪录。

浙江金华有个杨姓粮长,他是地方首富。或许是财富助长了他的狂妄之气,他居然在人前放话,说皇帝征粮万石,还不及他一个田庄的收入。这句话很快就传到朱元璋的耳朵里,等到杨粮长解粮进京时,朱元璋专门召见了他。

朱元璋故意问道:"粮食何在?"

他傲慢地回答:"霎时便到。"

朱元璋冷冷一笑:"杀时便到吗?"

粮长们往往搞不清楚状况,他们的权力是皇帝赋予的,而他们不过是皇权伸展于民间的触角。当这个触角失去控制,想反过来挑衅皇权时,他们的下场也就可想而知。

**——近水楼台先得祸**

历史是一面镜子,若是你在镜子外面点了一把火,那么镜子里也会着火。于是,一团火焰被另一团火焰照亮。郭桓案是一把火,这把火从应天、镇江等五个州府开始烧起。这把火烧在外面,而朱元璋心头的那把火是镜子里的火。

俯察民情,从中觉察王朝更替的气息,是朱元璋多年来养成的习惯。他享受皇权带来的无上荣耀,也偶尔一个人待在黑暗里,回忆清贫岁月,情至深处兀自落下泪来。维护主流与正统,对于他这样一个曾经的叛逆者而言,做起来会比那些寻常者更为卖力。这几个州府在战争年代曾长期支援大明的军队,朱元璋不曾忘记这份恩情,在他即位后就免除了这一地区所有民田的夏税秋粮,官田则减半征收。一个合格的君王,既要雄视山岳与庙堂,也不会放过民间社会的风吹草动。在他们看来,山岳的崩塌、庙堂的摇晃,其源头皆来自民间社会的风吹草动。

在朱元璋处理政务间隙,他偶然发现这是一起性质恶劣的贪腐案。一石秋粮从浙西运送到南京,沿途层层剥盘,所耗运费高达四石粮食的价格。为了减轻农民负担,朝廷采取以钞折粮的办法。即每石米折钞两贯,农民可以缴钱折粮,免除运费。对于那些习惯了"上有政策，下有对策"的地方官员，他们会变着法子在秋粮征收中苛敛，以获取灰色收入。

贪欲是万恶之源，那些身处于体制金字塔底层的胥吏，他们总是以钱财和热情维系着自己的社会圈子。他们崇尚生活中的财色酒气，渴望能够蹚一蹚体制的浑水。为了捞足油水，他们挖空心思。比如他们对每石秋粮征收水脚钱、车脚钱、口食钱各一百文；按照规定，以钱折粮是不用再包装的，可那些粮库官员仍然加征辨验钱、蒲篓钱、竹篓钱各一百文，甚至还要征收水路运输沿江神佛的香火钱一百文。各项杂费累计九百文，差不多等于一石秋粮折款的一半以上。朝廷实行钞折粮的本意是为了降低运费，减轻粮农负担，可是一项好政策就这样被歪嘴和尚念歪了。每有官员向朱元璋汇报这些问题，他都有想要杀人的冲动。也难怪，他会愤怒道："害民如此，罪可宥乎？"也就是说，你们如此坑害老百姓，还指望我饶了你们吗？

洪武十七年（1384年），帝国的五个州府全部免除夏税秋粮，没有一粒粮食提交国库。当地官田名下的几十万亩田地，也实行减半征收。让朱元璋感到困惑的是，征收的粮食都跑到哪里去了？是用于填补历年亏空，还是上下级官僚层层瓜分了？每个疑问都像是一把钩子，将朱元璋的内心撕扯得血肉模糊。他来自江湖，如今端坐于权力的制高点。他比谁都清楚，江湖与体制之间存在那条灰色地带。想一想那样的场景都让他浑身发抖，他宁愿相信，这一切并不是发生在他的国度里。贪婪的人啊，回头是岸。

这个案子就像是一个既定而又丑陋的价值算式，让置身于其中的每个人都蒙蔽了羞耻之心。右审刑（明朝检察系统副长官）吴庸等办案人员认定的结果是，当地官吏张钦等人勾结户部侍郎郭桓等,将税粮作弊私分。这还是京城附近地区,发生在皇帝眼皮子底下的事情。那些稍微远一点的地区——浙西地区,帝国版图中最为丰饶富裕的地区,暴露出来的问题更为严重。当权力的绞肉机已经逐渐钝化于这样的麻木群体时,如何让制度的刀片得到及时的更新换代?朱元璋就像一个笨拙而又勤快的老农,在自家的土地上怀揣着"精神的痛苦"踽踽而行。

郭桓案版本不一,所盗卖的官粮究竟达到多少石呢?朱元璋在《大诰》中将其粗略地定为七百万石,再加上其他各项,损失精粮总数达到两千四百余万石。朱元璋说,天底下"造罪患愚者"莫过于郭桓,此人盗卖的粮食规模极大,"前者榜上若欲尽写,恐民不信,但略写七百万耳",之前担忧老百姓不敢相信,所以在公开张贴的榜文里只写了七百万石这个数据。事实上,郭桓和以他为首的贪污集团,这些年里贪污掉的钱粮,"共折米算,所废者二千四百余万精粮"。我大明朝"空仓廪,乏府库,皆郭桓为之"。

"二千四百余万精粮"是何概念? 洪武时期明帝国的夏税秋粮收入,共计二千九百四十三万石。也就是说,按朱元璋认定的数据,以郭桓为首的这个巨型贪污集团,几乎吞掉了帝国一年的夏税秋粮。真实的数字大得惊人,其中不乏水分。这种虚报数字的恶习,并不是朱元璋的喜好。自元朝以来,虚报数字就成为官场上的一种数字游戏。数字里面出政绩,数字能够掩盖真相。如此惊人的浪费与损失让朱元璋感到既愤怒又心疼,自古以来,贪赃枉法之人,没有比郭桓这帮人更过分的。这如山似海的粮,能够填饱多少人的肚子,让多少家庭能够打开门户,见到大明的日月和蓝天。朱元璋将最终的数字认定为七百万石,这是他强行给此案定性。既然皇帝开了金口，其他人就不敢再乱嚼舌头根。郭桓案确实存在贪污，若说金额巨大到可以抵得上国家一年的收入，规模巨大到牵涉全国部级以下所有官员，牵涉全国所有"中产阶级"，那是不可能的。

朱元璋的处理很简单粗暴，他要让他们知道，他才是这个国度里唯一拥有合法酿制罪恶和疼痛的特权人，而敢于对抗这一价值逻辑的人，必须要付出代价。户部所收赃款既然从布政司来的，那就把布政司的官员抓起来，拷问他赃自何处而来。他们必然会供出赃款来自府城，那再把府官也抓起来；如果府官说来自州县，那就接着把州县官也抓起来。这一以暴制暴的循环，虽然并不能扫除数千年专制的罪恶，但于朱元璋而言，能为大明朝扫荡出来一片清明世界才是他所希望的。从哪儿来的贿赂，就查到哪儿，一查到底，逼着官员如实退赔。这是一条罪恶的河流，它从京城滚滚而下。郭桓、王志等京官是源头所在，地方官位居中游贯通上下，苏州粮长们在底部更是将这条河流搅得如同混沌泥浆。

大明开国以来，那不绝如缕的杀戮好像并没有给这个国度带来想象中的清明，朱元璋也从来就没有达到杀一儆百、制造恐怖、消解罪恶的目的。就拿眼前这桩案子来说，一查到底的结果，只会让他这个帝国的一把手自取其辱。朱元璋派人去各地追赃，各地官员为了保全身家性命，必然会想尽一切办法去填补仓库的亏空。

惩罚，只会制造身体的疼痛。

惩罚，从未触及灵魂的觉醒。

历史充满了荒谬，没有荒谬就没有历史。那些针对人心的罪与罚，高歌猛进的制度总有一天会反噬。朱元璋成不了圣主，他们会用他施于这个时代的所有手段，扒出来的罪恶，然后将他封闭于历史的丑陋一页。或许在朱元璋看来，这都算不得事，化国为家的人，考虑即是国，也是家。朕即天下，既然天下都是朕的，你们侵吞天下，就是害朕。那些贪婪的人，恨不得将他的家搬空，将他的国掀翻。他们像虎狼一样科敛老百姓，每一笔朱元璋都记在《大诰》里。府州县官不收粮食，逼着百姓折钞票交纳，每石米折钞二贯，他们巧立名目，另外索取"水脚钱"一百文、"车脚钱"三百文、"口食钱"一百文。管仓库的衙役要"辨验钱"一百文、"蒲篓钱"一百文、"竹篓钱"一百文、沿江"神佛钱"一百文。从源头算起，每石米的价值不过五百文，官吏们胆敢收取将近三千文。

许多地方官员借此机会在全县范围内科敛百姓，等于加征了一道税。收税的总额之中，大约上缴百分之一就足以补偿赃款，其余部分便落入自家的腰包。朱元璋要求各地耆民赴京面奏，揭发地方官的犯罪事实，他要严厉惩处那些涉案官员和牵连案件的富人。人的欲望就像是一块很大的石头，你不去触碰，它是安静的；当你将它投之于水，它就会掀起巨大的波澜。短短几年的时间，郭桓等人连贪污带盗卖再加上掺水毁掉的官粮，给朝廷造成了两千四百万石粮食的损失。如此肆无忌惮，朱元璋焉有不怒之理。如果再不出手，任由事态泛滥下去，后果将变得不堪设想。

朱元璋不再姑息，他随即成立了以右审刑吴庸为组长的郭桓案专案组，不光要查，而且要一查到底。既然这条利益的食物链已经裂纹斑斑，那些怀揣着欲望之人每天想的是如何从这条食物链里捞到更多的好处。这个案子不只是郭桓和几个主犯的问题，朱元璋要将这个案子扩展得更宽泛。郭桓只是户部的一个侍郎，竟敢以身试法，贪污如此巨额的国家财产。朱元璋与那些陷落于体制的大小官员无法达成妥协，他从他们眼中看到的都是暴力，彼此默许且相互鼓掌。

这时候，朱元璋所布局的特务网络已经遍及全国，许多官员白天贪污，晚上就被揭发。在如此严酷的形势下，郭桓却能私吞几个省的公粮，这很不正常。朱元璋从废除丞相之后，大事小事都事必躬亲，成百上千万石的粮食没有按期入库，他应该有所察觉。住在宫殿里的皇帝，虽然不能亲临每个地方、吃透每个官员的心思，可是这么大的案子，他又怎能做到一无所知。朱元璋或许在等待一个合适的机会，再将这张巨型大网撒下，以捞取更多更大的鱼虾。撒下这张巨型大网，对郭桓同党的追查在全国范围内陆续展开。不见血的权力运行，根本无法保证一个王朝的长治久安。那些自认为瞒天过海的贪婪者，根本没有意识到脚下蛰伏的危机。他们每天忙于算计、宴请与交游，无暇顾及眼前的风险。

追查之下才发现，六部的所有官员几乎都成了郭桓的同案犯。其中涉案官员包括兵部侍郎王志、礼部尚书赵瑁、刑部尚书王惠迪、工部侍郎麦至德等。除了上面所列的六部高级官员外，所有侍郎以下官员都卷入其中，成为刀下之鬼。

兵部侍郎王志职务犯罪获得赃款总额是二十二万贯。事情败露后，朱元璋亲自提审他，当场质问："谁借你那么大的胆子，贪污受贿那么多？"

王志回答："财利迷其心，虽君亲亦忘之。"

朱元璋问他："现在将成为阶下囚或者刀下鬼，还有什么想法？"

王志的回答与所有临刑的贪官如出一辙："臣临刑方觉悔不及矣！"

当时的六部,每个部除了尚书一人、侍郎两人,所有的办事官员都受到牵连。长官成了光杆司令,纷纷陷入恐惧之中,他们见面问候的第一句话通常是"你们今天死了几个"。其实这个问题根本就用不着回答,因为一个部里最多只剩下三个人。

除了皇帝眼皮子底下涉案的朝廷官员,地方的经办官员也未能幸免。粮食是由省里送来的,往下查,就是各个府县;府县再往下,就是那些所谓的富户、粮长,这些人也大多被杀。古语云"法不责众",可朱元璋偏偏不信这一套,凡是牵涉到的人,一律杀无赦。结果令所有人感到震惊,王朝体系里仅有的十二名部堂级官员全部涉案。朱元璋的悲愤可想而知,他再次举起了那把令所有帝国官员都为之胆寒的血腥屠刀。如此糟糕的结果难免让人陷入忧郁的沉思,多杀会好起来吗?

在郭桓案中,从六部各个侍郎往下,到地方各级官吏,牵涉此案而死者,达数万人之多。整个帝国但凡有些田地和余粮的家庭,都被这个案子逼至绝境,直至破产。不知他们中是否有人掂量着手里的铜钱,细细地嗅着手掌上残留着的铜钱气息,贪婪且畏惧。不得不承认,人有畏惧之心,才能产生最有威力的感情。等到尘埃落定,朱元璋的朝堂为之一空,甚至连中枢各部机关的普通文吏也所剩无几。这张巨型大网,由上至下,前一秒钟还在庆幸自己是漏网之鱼的官员,下一秒钟就有可能成了网中的鱼儿。

朱元璋要求以赃款贿银为线索一路严查下去,从第一个行贿者到最后一个受贿人。这条线索就是大明官场的生存路径,每条路径又有若干分支,从京官、地方官,直至粮长。这件大案处理后,朱元璋应该有所反思。这些官员在刚刚提拔的时候都会表现得清廉忠贞,可是随着任职时间越久,就会变得又奸又贪。他不明白的是为什么他这个皇帝越反贪,却越反越贪。割韭菜般杀贪官,结果贪官却越杀越多,杀不胜杀。百思不得其解的朱元璋,陷入巨大的迷惘之中。或许他只看到了人性中的贪婪一面,却没有察觉到皇权制度下隐藏着的巨大黑洞。当人的欲望化为绝望,他们也只有无奈地接受绝望安排的所有议程。受死若是来得太快,恐怕连一场潦草的告别都来不及,更不用说自我反省。血在地面勾勒出一幅狰狞的画面,没有自我否定,只能埋怨命运的捉弄与不公。人啊,就是连自寻死路,也要绕过自己去讨伐命运。

郭桓等人收受应天等地富户徐添庆等人的贿赂,私自免除他们的马草(战马所需的草料),将负担转嫁给已经交纳马草的安庆百姓。他们私底下实施纳粮入水、纳豆入水的勾当——每年都有一些奸诈的粮长,伙同仓库官在豆、粮中拌水,以增加斤两。每间仓库容量不下一万余石,往往就因为一户刁民掺水,官粮就会经湿热一蒸而全仓坏掉。

在朱元璋的屠刀之下,有多少人是罪有应得,有多少人是背了黑锅?按常理推测,像郭恒案这种高级别的贪污大案参与的人是越少越好,如此既能保证安全,也能确保利益分成较为集中。最后的处理结果让人震惊,这是一起牵涉面广、参与人员众多的腐败窝案。礼部、刑部、兵部、吏部、工部各个部门一起分工合作,这显然不符合常理。他们扛起这所有的痛苦,也是理所当然的。主流文化的肃然与庄重,伴随着满脸横肉的欲望回到地面上。人活一世,若只为稻粱谋,容易将自己卷入旋涡。

朱元璋告诉那些心有疑虑的官员:当你们祸害百姓的时候,如果有人能够对百姓的疾苦产生恻隐之心,不同流合污;当你们向百姓科敛的时候,如果有人拒绝在公文上签字画押,或者阻止,使其不能得逞，或者用密封的奏书向我报告，对百姓予以关怀体恤。如果你们这么做了，朕还不分轻重一视同仁地惩处你们，那朕就是在枉杀无辜。可现实并非如此，每次那些寄生于体制内的蛀虫在横征暴敛时，都没人站出来阻止。这种权力上的不作为也是一种腐败，朕今日将你们和贪污犯一起治罪，有什么冤枉可喊的？

朱元璋借着郭桓案，将帝国上上下下来了一次大清洗。或许在他看来，制度这种东西要保持它的新鲜度，只有越洗才能越健康。尽管每一次清洗，他都会打着维护老百姓利益的旗号，但这些案子也确确实实损害到了帝国的统治根基，伤害到了士子阶层的忠孝之心。十年或者更长时间的寒窗苦读，辛辛苦苦挣了一官半职，最后还是受到牵连，落得身首异处。像朱元璋这样草根出身的农民，与那些高门大户有着一种与生俱来的隔阂与仇恨。在他看来，高门大户往往为富不仁，与官府有着某种交易性质的勾连，将手无寸权的良民逼至生存的绝境。朱元璋通过这样残酷的方式，有意无意达到消灭天下富户的目的，留下老实巴交、安分守己的小农。这真是历史的奇妙所在，打造一个恒定的小农社会又何尝不是他梦寐以求的政治理想？郭桓案引发的大清洗，使得体制内人人自危。虽然没人敢指责皇帝有什么过错，但是对于那些告发此案的御史和审理此案的审判官，却表现得群情激愤、议论鼎沸。由此可见，这个案子所带来的负面效应正在逐渐摧毁天下士子的制度信仰。

朱元璋不断扩充涉案名单人数，而那些"有幸"进入黑名单的官员，大部分是负责审理此案的司法官员。比如说，负责此案的主审法官吴庸，就成了最后一个因郭桓案被杀的官员。而且死得极惨，是磔刑，也就是将身上的肉一片片地割下来，朱元璋用他的死来平息众怒。办完了这两件事,他随即下旨,大赦天下。

事情到此应该结束了,可现实让朱元璋一再失望。

在郭桓案中,龙江卫几个仓官因为伙同户部官郭桓等盗卖仓粮,被处以墨面、文身之刑,挑断脚筋、割去膝盖后,仍旧留在本仓看管粮食。然而,还没过半年,一个进士到仓库放粮,早晨发出两百根放粮的筹码,晚上竟然多出来三根。进士当面责问,发觉是已经受刑的仓官康名远不思改悔,私自偷出放粮的筹码,转卖给几个同样受过刑的小仓官,用来盗支官仓里的粮食。朱元璋在听说这件事后心痛难抑,那些听上去让人魂魄俱散的刑法已经够残酷了,按说领略过其中滋味的人应该会有所收敛。万万想不到的是,康名远等人肢体残了、面容毁了,仅存一条活命,但还是没有停下作恶的脚步,仍然盗卖官粮。

朱元璋愤怒地向天下人发问:"此等凶顽之徒,果将何法以治之乎?"对于那些凶顽之徒,还有其他办法吗?严刑峻法是唯一的选择。官员们早上刚上任,晚上就有可能将手伸向不该伸的地方。虽然杀了一批又一批贪腐之人,但仍无法阻止官吏们心头的贪念。据《明史》记载,此案的结果是:"六部左右侍郎下皆死,赃七百万,词连直省诸官吏,系死者数万人。核赃所寄借遍天下,民中人之家大抵皆破。""数万人"被诛这个数据,并非虚构,而是史实层面上的非虚构。按王春瑜《简明中国反贪史》的说法,此处的"数万人"约为八万余人。实际上,此案被杀者的具体数目已不可考,连朱元璋也不知道自己到底杀了多少人,他只能在《大诰》里说"系狱者数万,尽皆拟罪"。但有一个数据是可以算清楚的,即明帝国自中央六部而下至府县地方官,这套官僚系统的人数,全部加起来不过两万余人。

诚如谌旭彬在《活在洪武时代》一书所言，朱元璋不可能将官僚集团上上下下杀个干干净净。他至少还需要保留一个比"郭桓贪污集团"更大规模的官僚系统，来替他办理"郭桓案"。所以，可想而知，倒在朱元璋屠刀之下的"数万人"里，大部分属于普通百姓。数万人被杀，入狱、受刑、流放者以十倍计之，数十万乃至上百万普通人，成了这场以反腐为名的政治运动的牺牲者。

## 4．旁入公门的门

我们可以想象这样一幅场景：群情激奋的百姓冲入府衙，把贪污的官员们抓起来，准备绑送京城，官员们跪在地上瑟瑟发抖。这是通俗历史作品和野史惯用的爽文式写法，借以将朱元璋在"群众反贪运动"中的形象推向极端。在这里，"旁入公门"不是理性的规则，而是粗暴的呐喊，是无法想象的街头革命。事实上，朱元璋在赋予群众监督权甚至执行权方面，表现得务实而谨慎。至于"百姓拿官"那种激烈的场景、超前的意识，更不可能出现在当时，因为洪武年间的老百姓从来就没有得到过"拿官"的权力。

朱元璋在《大诰三编·民拿害民该吏》中说："朕设立地方各级官员，本是为了治理百姓。然而所任命的这些官员，都是些不堪之徒，到任之后就与当地的吏员、皂隶以及泼皮无赖一起残害良民。这等贪官污吏，若不惩处，民何以堪！"于是，朱元璋号召当地"高年有德耆民及年壮豪杰者"，来帮助自己治贪，但百姓们的捉拿权却被严格限定在污吏上。比如：

　　"今后所在有司官吏，若将刑名以是为非，以非为是，被冤枉者告及四邻，旁入公门，将刑房该吏拿赴京来。"

"若私下和买诸物,不还价钱,将礼房该吏拿来。"

"若赋役不均,差贫卖富,将户房该吏拿来。"

"若举保人材,扰害于民,将吏房该吏拿来。"

"若勾捕逃军力士,卖放正身,拿解同姓名者,邻里众证明白,助被害之家将兵房该吏拿来。"

"若造作科敛,若起解轮班人匠卖放,将工房该吏拿来。"

朱元璋在这里说得很明白,百姓旁入公门,捉拿的是"该吏",即犯事的胥吏。明代的衙门,有"三班六房"的建制。所谓"三班",即负责缉捕罪犯、看守牢狱、站堂行刑等职务的快、皂、壮三班;所谓"六房",则是与国家六部相对应的吏、户、礼、兵、刑、工六房。三班里设有衙役,六房则由胥吏负责。三班六房里的工作人员都不属于官员。朱元璋在这里明白无误地告诉世人,受贪官污吏欺压盘剥的百姓们,可以"旁入公门",从小门冲进去,把与自己的冤屈相对应的六房的胥吏抓起来拿送京城。至于有品级的官员,百姓是无权捉拿的。当然,朱元璋会给那些参与捉拿的百姓吃颗定心丸,如果有官员试图阻止他们捉拿污吏,朱元璋将对阻挠者施以酷刑,然后族诛。朱元璋用石头般坚硬的力度,费尽了九牛二虎之力,也只是构建了一种微弱的平衡。一个王朝的统治结构是由帝王、文官、胥吏三级构成,抛开那些奉行孔孟之道的文官集团,还有大量混迹于基层的胥吏。即便微不足道,即便难以出头,也要拥有一个完整的自我。这些活在权力金字塔底部之人,他们的存活之道就是向老百姓不断地索取,通过从民间刮地皮来满足自己的欲望。

当年朱元璋还是游民朱重八的时候,经常砸开朱家柴门盘剥的人便是那些拿着鸡毛当令箭的胥吏。正因为如此，朱元璋对胥吏的恶行有着切身的体会，而他的痛恨比其他皇帝来得更为强烈。

按他的说法，胥吏是一群天然存在人性缺陷之人。洪武初年，朝廷制定科举政策时，中书省建议允许"府州县学生员、民间俊秀子弟及学官、吏胥习举业者"都来参加考试，朱元璋却特别强调："惟吏胥心术已坏，不许应试。"他认定胥吏没好人，好人不做胥吏，他毫不客气地堵死了胥吏们的科举晋升通道。朱元璋还在《御制大诰续编》中向胥吏的亲人们喊话，要他们好好规劝监督家中胥吏，因为胥吏这个职业天然造就坏人，正所谓"天下诸司所用走卒不可无者，持簿书亦无可无者。然良家子弟一受是役，鲜有不为民害者"——天底下各处衙门都少不了胥吏，良家子弟只要做了胥吏，其道德与品性便无法挽救，便极少有不祸害百姓者。

朱元璋还肯定地认为，造成胥吏猛如虎的真正祸根，不在本朝，而在前朝。这倒不是他栽赃元朝体制。蒙古族入主中原后，产生了汉官不通蒙语、蒙古色目官员不通汉文的普遍现象。语言上的隔阂，极大地提升了胥吏在元朝体制中的地位。而且，与唐宋两代不同，元朝廷从胥吏队伍中大量选官。元朝官员的主要来源，第一是"根脚"，即背景出身，如忽必烈时代怯薛出身的官员占到了官员总数的十分之一；第二是"吏进"，也就是由刀笔吏升迁为基层和中层官员；第三才是"儒士"，也就是科举考试出身。按元朝人的说法，如果"吏进"出身的官员占比是百分之九十五的话，"儒士"出身的官员占比便只有百分之五。与之前和之后的朝代相比，元朝确实是胥吏们待遇和出路最好的时代。老百姓很少有机会与官员打交道，而胥吏则代表府衙、代表官员，甚至代表皇帝，在民间社会为所欲为。他们是妖人，王朝便是妖国；

他们是天使，王朝便是天使国。

胥吏的疯狂与贪婪将好端端的一个清明之国搅得乌烟瘴气。胥吏对民众的盘剥，使得底层民众的生存境况迅速恶化，损害了朝廷可汲取的社会财富总量。朱元璋已经意识到，胥吏害民是元帝国灭亡的重要原因，他的明帝国此时正走在"官员被胥吏架空"的歧路之上。虽然说朱元璋对那些与自己理念不符的文官采取了极端的方式，但对数量众多的胥吏却毫无办法。在朱元璋的一再号令下，整个帝国掀起了一浪高过一浪的群众斗争胥吏的热潮。为此，朱元璋在《大诰》中一再警告官员需将权力牢牢握在自己手中，不可下放给胥吏，否则便"未有不堕于杀身者"；他还多次不问缘由便公开表彰虐杀胥吏的地方官员。

常熟县乡民陈寿六是一个最普通不过的人，低眉顺眼地过着他的穷日子。如果不是因为下面发生的事情，他也许一辈子就将悄无声息地淹没于时间的深处。他应该感谢，不，还是应该诅咒他生活的时代，将他从成千上万的平庸者中托举而出。于是，历史给他留下了几行字，一个小人物的名字和他干的那些事也就被记了下来。于是，一个小人物也跟着不朽起来。说到底，陈寿六的故事只是洪武年间成千上万类似故事中的一例。

事情的起因是陈寿六得罪了当地一个叫顾英的县吏，遭到了顾英的迫害打击，陈寿六家仅有的口粮和来年的种粮都被顾英的爪牙搜刮殆尽。顾英不只是针对陈寿六个人，他平时就横行乡里，受他迫害的人不在少数。恶是可以量化的物质，它无时无刻不在摧毁这个世界的良知。人生来是为了做个好人，而物质将我们逼向恶的那一面，是恶的理由和借口。顾英这种人根本不懂得估量小民的力量，或许在他看来，老实巴交的农民只会沉默地面对生活的不公，并不会翻起多大的风浪。而这一次他真的错了，因为他遇上了陈寿六。顾英在陈寿六胸中烧起了一团火，当"旁入公门"的号令抵达民间社会，我们完全能够想象得到，陈寿六眼眸深处闪动的那一缕光泽。陈寿六爆发了，他扔下了锄头，像一个战士一样将自己武装起来。他不是一个人在战斗，他率领自己的弟弟和外甥冲进了"旁入公门"的那道门，趁顾英喝得酩酊大醉，将其五花大绑捆了起来，连夜押送离开常熟县，直奔京城而去。这事来得太过突然，常熟县的官吏们根本来不及做出任何反应。

燃烧的火焰硬生生撞烂体制的那道窄门，在黑暗的庇护下，两道火焰相互拥抱、相互滋长。陈寿六不是一个头脑简单四肢发达的村夫，他是一个知法懂法的乡民，他的所作所为并没有违反当时的法律。也就是说，陈寿六绑架县吏顾英的行为完全符合大明的法律条文。这个大字不识的农民，在有限的悲哀中寻找生存的活路。既然无罪，他决定孤注一掷。他在一个无人关注的夜晚离开了他生活的地方，隐匿了自己。他要出门远行，他不会很快回来，他甚至做好了死亡的准备。临行之前，陈寿六做了一件事。他让乡亲们找来了朱元璋专门发布的反贪法律手册——《大诰》，随身携带以作护身符之用。因为按照皇帝的圣谕，对持有《大诰》押送巧立名目、害民取财的地方贪官赴京的普通民众，各个关卡路口都要一路绿灯。陈寿六等人押送顾英抵达京城后，朱元璋传令将那个可恨的顾英投进监狱。朱元璋不仅没有追究陈寿六等人的罪过，还当面赏银三十锭，其他三人各赏衣服两件，并免除了他们的杂役。在陈寿六等人离京后，朱元璋发布谕令警告地方官吏："如果有人敢罗织罪名，搬弄是非，扰害陈寿六，我就将他族诛！"在谕旨里，朱元璋对陈寿六这种大无畏精神大加褒扬，动员底层民众都要学习陈寿六这种敢与恶吏做斗争的精神。当然，若是陈寿六仗恃着皇帝的恩宠而横行不法、为非乡里，也同样罪不容赦。陈寿六若有过失，地方官员无权做出决断，必须将他召到京城，由皇帝亲自审理。既然朱元璋开了金口，陈寿六似的农民，很快成为这块土地上最为耀眼的政治明星，成了归皇帝直接领导的御用农民。沉默的农民如同石头，当朱元璋用深情的目光注视他们，石头便开始歌唱。

此风一开，前往南京城的各条驿道上，时时处处都能看见这样一幅景象：乡民们三五成群，甚至百十为伍，带着干粮，押着几个手脚绑得结结实实的富豪或者胥吏，或步行或驾着破驴车匆匆赶路。遇到关口有官员盘查，他们就会从怀里掏出几本金黄色封皮的小册子。平日里不可一世的官员们见到这些小册子，立刻会收起平日里的威风，毕恭毕敬，恭请"陈寿六们"赶快过关。这些官员并不是畏惧于手无寸权的乡民，而是畏惧于他们手中握着的《大诰》，准确地说是官僚对于皇权的畏惧。每个农民都是一块怀抱绝望且卑微的石头，他们靠自己的力量在绝望的山谷，让乌云遮盖，让动物的粪便掩盖，让大地有无法承受之重。若是他们好命，能遇上一个像朱元璋这样心疼他们的君王，他们的日子也就有了翻转的可能。

洪武十八年（1385年），朱元璋在颁布的《大诰初编》中这样号召百姓："今后布政司、府、州、县在职的吏员，赋闲的吏员，以及城市、乡村中那些老奸巨猾的顽民，若胆敢操纵词讼、教唆犯罪、陷害他人、勾结官府、危害州里，允许当地的贤良方正、豪杰之士将这些人抓起来，绑送京城。如有人胆敢中途邀截，则枭首示众。各处关津、渡口，也不得阻挡。"

几千年历史，何曾有过老百姓捉拿贪官污吏的事情发生。所以朱元璋在和官员们说到这件事时，也不由得发出感叹："其陈寿六其不伟哉。"——这陈寿六难道不是很了不起吗！一个农民能够绑架县吏，翻越千山万水来到京城之地，来到他这个皇帝面前"告御状"，过程艰难，勇气可嘉。当然朱元璋并不是站在一个农民的角度考虑其中的利害计算，那样的话，他充其量只能是一个有政治意识的农民，而不是一个政治成熟的皇帝。朱元璋用自己手中的圣谕赋予乡民集团一项特权，用来制约官僚集团，以达到整顿吏治的目的。团结这个世上的绝大多数，朱元璋站在金字塔的塔尖俯瞰江山如画，他在活人堆里喊出一个死者的名字，无数双惊恐的眼睛都会转向他。

一个手无寸权的乡民，绑着一个县吏进京，这种行为本身的难度系数就已经高得离谱。陈寿六离开常熟县时，他让乡亲们找来《大诰》。《大诰》虽然只是朝廷颁发的普法小册子，这时候成了陈寿六手中的"通行证"。作为皇帝钦定、国家散发的普法宣传品，《大诰》是不能当作信史直接采纳的。每一桩案子的发生逻辑、每一个恶吏和良民的命运脉络，都有重新审视的必要。这个小册子有着怎样的魔力，可以为陈寿六遇水搭桥、逢山开道。小册子的神奇之处在于，只要陈寿六们顾虑到的，远在千里之外的朱元璋也都想到了。他担心陈寿六们抓污吏上京，地方政府会拒绝给他们"路引"。没有"路引"，也就没有通行的资格。他能够想象得到，每一个城门都不会主动为一个农民开放，每一座府衙都不会主动为一个农民申冤。好人惊魂未定，弱者忧郁哭泣，那些居无定所的流浪者需要有人安慰。他们是他的子民，他责无旁贷。朱元璋在《大诰二编》做出规定，百姓们没带路引出门，将治地方当局以重罪。又补充说：凡是进京上访或者是抓污吏上京的百姓，"虽无文引，同行人众，或三五十名，或百十名，至于三五百名"，只要各处关口要津查问清楚是入京的，即刻放行，不得阻拦，否则一律杀头。

那些日子，估计朱元璋每天坐在紫禁城里，想象着农民从四面八方涌向京都的热闹场景。那些平日来作威作福的恶吏，低下他们高傲的头颅。这是多么美妙的时刻，他的王朝因此具有形而上的意义。洪武年间"旁入公门"的门并不是只拍苍蝇，不打老虎。就算朱元璋看不见苍蝇，但是他能够想象得到，苍蝇在最广大的土地上飞舞；他看见老虎，他们在他面前装成病猫。他们能瞒得了他什么呢？什么也瞒不了。朱元璋在他们每个人的头上都悬着一柄利剑，警醒他们，让他们心生敬畏，让他们面对夜晚的星辰，有着高远的追求与向往。在颁布这些新制度以前，朱元璋已经采取了许多霹雳手段来惩治那些贪赃枉法者。大批官员倒在了一波又一波的肃贪风暴之中，他甚至不惜动用剥皮实草这样的人间酷刑来震慑他们。酷刑虽然很酷，但效果看起来似乎并不明显，贪污之风依旧炽烈如火，可谓"前尸未移，后尸继之"。侥幸与苟且成为他们自我安慰的良药，而人骨子里的逐利性已经超越了生命与尊严的界限。《大诰》里制定的那些破天荒的新制度，正是在这样的背景之下产生的。

鹰，端坐于山巅翱翔云端，像是真理在握。它将自己的血肉之躯锻炼为一道闪电，将更多的鬼怪精灵逼入绝境。有时候，朱元璋对从体制内根治贪腐丧失了信心，在诏书里，他将警示的对象从个别贪腐官员转为全体官员："朕自开国以来，凡官多用老成。既用之后，不期皆系老奸巨猾，造罪无厌。"朱元璋说，他颁布

《御制大诰》时，已处于一种"控驭之道竭矣"的状态。这话有些矫情，却并非夸张。朱元璋的控驭对象有二，一是官吏集团，一是普通民众。官吏方面，仅洪武十八年的"郭桓案"便"六部左、右侍郎以下皆处死"。"空印案"与"郭桓案"加起来，一共杀了八万余人，朝廷内外为之一空。可是，如此这般地疯狂杀戮，且辅以"剥皮实草"的酷刑，朱元璋也没能得到他梦想中那种既有道德又有能力的官吏集团。而民众方面，谌旭彬仅根据《明太祖实录》与《国榷》等书做粗略统计，"自洪武元年至洪武十八年，各地农民起义达百次以上。一个新王朝建立之初爆发这么多的农民起义，在中国古代历史上是少见的"。

颁布《御制大诰》并没有药到病除，用朱元璋的话说便是"恶人以为不然，仍蹈前非者叠叠，不旋踵而发觉"，于是又有了《御制大诰续编》。但《御制大诰续编》也不解决问题，"凶顽之人，不善之心，犹未向化"。都说皇帝无所不能，可谁又知皇帝也苦于无计可施。一而再再而三，朱元璋再出《御制大诰三编》。时人在诗里说"挂书牛角田头读，且喜农夫也识丁""短檠灯火读《大诰》，喜色夜夜灯花亲""田家岁挽柴门闭，熟读天朝《大诰》编"——洪武时代的百姓，白天忙于田间地头，晚上收工回家，还要挑灯夜读《大诰》。饭可以不吃，觉可以不睡，但《大诰》要入心入脑。人生来自由，没有谁喜欢整天被人监视和操控。只有身为统治者的朱元璋喜欢这种死气沉沉——秦制"外儒内法"，本就一贯崇奉以损害社会活力为代价来维护社会的稳定。尽管如此，他还是不满意："我设各级官员，本来为治理人民。然而，过去所任命的官员，都是不才无籍之徒，一到任后，就和当地吏员、衙役、地方上的黑恶势力相勾结，害我良民。"

洪武十八年，山西人李皋前往溧阳任知县。时间不长，李皋就和衙门里的差役潘富勾结起来盘剥当地百姓。潘富是个善于搞关系的人，李皋到任不到一个月，潘富就用搜刮来的钱财买了一名苏州女子贿赂他。在潘富等胥吏们的教唆下，李皋下令科敛荆杖（拐棍）。溧阳县的所有百姓，都要向官府缴纳一根拐棍。百姓们把拐棍送来，潘富们又借口质量不合格，拒绝收纳，甚至对其拳打脚踢。潘富们要求老百姓把拐棍"折换"成银钱直接交上来，拐棍是幌子，榨老百姓的钱才是真正的目的。

在无数个不眠之夜，估计朱元璋内心都会生出荒凉之意。眼前这疯疯癫癫、危险且丑恶的一幕，难道就是他要建立的庙堂和理想之国吗？显然不是。这些依附于地方官府衙门的胥吏大多是当地人，他们熟悉家乡的风土人情。像潘富这样的胥吏就像吸附于权力底部的巨型蜘蛛，他们在地方上织成一张由亲属、邻居、朋友构成的关系网。相比而言，那些官府选派的州县官员却是外乡客，胥吏与地方势力往往盘根错节，他们的权力是世代递延，而官员们则任满后就拎包走人，正所谓"铁打的衙门流水的官"。

潘富打着知县李皋的旗号，疯狂敲诈地方老百姓。就算知县是个有几分清明之人，也无法阻止潘富。更何况李皋这个知县，是个贪图钱财美色的腐官。无奈之下，当地有个叫黄鲁的百姓就跑到京城告御状。因为这个案子涉及的主犯是知县李皋，老百姓没有"旁入公门"自发捉拿的权力，只能通过越级上访。朱元璋获悉情况后，下旨严查属实，并派人捉拿潘富。结果走漏了风声，潘富成了一名在逃犯。这家伙脚力惊人，一口气跑到千里之外。先是溧阳本地的儒士蒋士鲁等十三家将潘富秘密递送到邻境的广德县。不久，潘富流窜到建平县，当地百姓王海三悄悄将其递送回溧阳,溧阳百姓朱子荣又将其暗地里递送到宜兴县。

一次又一次,经过数次你递我送,潘富被秘密护送到了崇德县。等到缉捕的衙役赶来,赵真将潘富暗地里递送到千乘乡的一座寺庙里。庙里的和尚们纠集两百余人,反将缉捕潘富的差役们团团包围,直至杀伤人命才肯散去。这件事越闹越大,直到传入京城,传到朱元璋的耳朵里。朱元璋传令,将赵真及其同伙的两百余户人家的家产全部抄没,凡是参与围攻办案人员的,一律诛戮;沿途窝藏潘富,帮助其逃跑的一百余户人家,全部枭首示众,家产也一并抄没。一个小小的知县,在皇帝签发了缉捕诏书之后,居然能够引发一场如此大规模的连环大逃亡,先后历经八县,涉及三百多户人家,真是让人感到匪夷所思。如此巨大的能量,让朱元璋感到胆战心惊。胥吏们的社会关系在民间已经错综复杂到了令人匪夷所思的地步,单凭他这个皇帝和各级官僚的力量,已经无法摆平帝国庞大的胥吏集团。一个县里的小小污吏潘富,就能搅动四方为之奔忙,官府奈何不得。

朱元璋来自民间,了解民间的力量有多大。从登上皇位的那一天起,他就在琢磨,如何将自己的权力触角伸向帝国的每一寸角落。朱元璋不光这么想,也的确这么做。可以说,在中国历史上对老百姓的个人日常生活干涉得最深入的一个皇帝,非朱元璋莫属。

在《大诰续编》里,朱元璋第一次提出让老百姓"互相知丁"。他要让这块土地上的每一个角落都处于日月朗照之下,都藏不住秘密。对于执政者来说,秘密是火光与危险,是阴谋与死亡。从章程颁布之日起,市井村镇中的老百姓要对自己的左邻右舍做到知根知底。既要知道他们平日里从事何种职业,还要做到知道邻居家里几口人、几个人从事农业、几个人读书、几个人从事手工业或者商业；对于读书的邻居，一定要知道他的老师是谁，在哪里上学；给别人做老师的，也必须知道他所教的学生都是谁。

朱元璋似乎并不在乎，这么发展下去，大明王朝将得到一个畸形的、破坏性的社会环境。社会生态缺乏活力，每个人都被牢牢地捆绑在了各自的身份和职业当中，想动而不可得。许多的所谓"逸民"，便因为邻居亲戚的举报而遭到工役流放乃至诛杀的酷刑。朱元璋这么做的目的很简单，是因为他始终找不到更好的办法来延伸自己的"权力触角"。朱元璋设立巡检司和锦衣卫，让巡检司专门负责盘查全国各地的过往行人，人们被限制在方圆一百里的活动范围之内。每一条街道，每一条道路，都有锦衣卫的人在潜伏。如此下去，吏民的一言一行都逃不过他的耳目。朱元璋不无遗憾地指出："*朕如宽厚行仁，人将谓朕不明于事；朕如加严，人又指之为暴矣。*"有时候，朱元璋对自己实施的严刑峻法是有所怀疑的。重刑并不能完全把官吏吓得不敢去做错事，皇帝的权力再大也有其局限性。按照圣贤的分类，老百姓可以从事士、农、工、商四种生计。而在圣人们的教导下，老百姓应该在这四个领域，各守其道、各尽其职。唯有如此，天下才能实现真正的太平。而那些不在"四业"范围内的谋生者，大多数走的都是犯罪道路。无论如何，不能将失去土地的农民赶到街头。天上只落冰雹从来不掉馅饼，地上只生五谷从来不长人心。在山顶赏月，但不能飞檐走壁；流落街头的人，必须口袋里揣着"黄册"，以便证明自己是自己，自己是大明的子民，没有更多的误会和嫌疑。

朱元璋实施"知丁法"，是为了揪出民间社会的害群之马。这些人大多是游手好闲之辈，只知道罗织词讼、勾结胥吏、弄权官府，实在是体制的毒瘤。谁要想当个游民，就要做好被官府抓捕的准备。那个当年叫朱重八的社会游民，若是今日来到朱元璋的王朝里，他同样会失去人身的自由，做不成无所事事的游民。"知丁法"推广开来之后，老百姓们把自己了解的邻里情况上报里甲（乡村社会的基层组织），里甲再把情况向县衙报告，一级级地向上申报。这种天罗地网似的人口摸排，使得潘富那样的逃犯无所遁形。不要以为一个无名者在太阳下的奔跑毫无意义，也不要以为一块石头，或一把泥土的秘密，与偌大的王国没有致命的联系。一个逃亡的知县，先后历经八县，涉及三百多户人家，一千多人受到株连，数字的变化是物质运动的规律。对于铁板一块的王朝体制，运动是可怕的。

朱元璋不相信命运，是因为他已经成功摆脱了命运的束缚。而那些默默无闻者的命运，需要他的指引，更需要他的束缚。朱元璋做出最为严酷的补充：如果《大诰》颁布下去，一里之间、百户之内还有无所事事的游民，里甲坐视，邻里亲戚不抓，任凭这些游民流窜于公门、市井之中，为非作歹；一旦他们被官府抓住的话就有可能处死，里甲和四邻全家发配边疆。法度是为逆者而设，不是为顺者而定。那些泛滥如草芥的无名者，总有出头冒尖的。福建沙田县有十余个不愿务农的百姓，想要合作干点营生。为首的是一个叫罗辅的人，他们聚在一起商量："如今朝廷的法律好生厉害，我等不务农恐怕会因此获罪，不如大家一起切掉几根手指，如此变成残废，不务农也就没罪了。"

这件事被人告发至京城，朱元璋下令将那些"奸民"押回原籍枭首示众，再将各家的成年男丁诛杀，妇女、小孩一律流放。等到案子了结后，朱元璋痛心疾首道："不遵教化，自残父母赐给的身体,是为不孝;诽谤朝廷法度严苛,是为不忠。将此等不忠不孝之人诛杀,也是迫不得已的事!"许多的所谓"逸民",便因为邻居亲戚的举报而遭到工役流放乃至诛杀的酷刑。朱元璋在他的《御制大诰续编》中不得不承认:"蒸民之中有等顽民,其顽也如是,其奸也如是,其愚也如是。呜呼!……今朕不能申古先哲王之道,所以奸顽受刑者多"。

为了粉饰洪武年的血腥,《大诰》中所有与消灭逸民有关的内容,都被精心包装了起来。包装的基本手段,便是渲染逸民如何包揽词讼、如何敲诈勒索、如何为非作歹。在《御制大诰续编》里,朱元璋一直在不厌其烦地列举:松江当地的逸民如何与官府勾结,"纷然于城市乡村扰害吾民";嘉兴当地的逸民,如何私刻催粮官的印章,假装成朝廷的催粮官,一路骗吃骗喝敲诈民众……将残酷害民的知丁法,打扮成了"全是为了民众好"。

## 第六节：治国者的法器

### 1．"特务组织"的虎狼性

朱元璋站在秦淮河的码头，绵延的江水匍匐着接住了低垂的白云，如同鹏鸟之羽翼在开合中鼓风荡气。它们又像是巨大的棉花团吸纳了这个时代太多的毒素，于是，白色就变成了污浊的黑暗。很多时候，朱元璋实在搞不清楚是因为检校和锦衣卫真的拿到了谋逆者的证据，他才会大开杀戒，还是因为他想要杀人，检校和锦衣卫才会通过各种手段和途径找来那些谋反证据。

朱元璋无法想象，几百年后，人们会怎样评价他，评价这个时代。他们或许会说，看吧，那个只会杀人的家伙，他的王朝是建立在累累白骨之上，他不是靠仁德而是靠绵绵不休的江湖智慧才拥有今日之地位。他的王国布满了无处不在的耳朵和眼睛，他的疑心病源于一个"怕"字，既怕官僚手中握有过分膨胀的权力，有一天会威胁到他的皇权；也怕那些强悍跋扈的武将，私底下积蓄叛变的力量；更怕低层民众的不满，就像他当年一样起兵造反。民事如歌，江水汤汤，时间会让往事倒流。而人居于其中，不知什么时候变成了一个瞎子，一个看不见自己，也看不见别人的瞎子。

历史充满了怀疑，没有怀疑就没有历史。当怀疑带有必然的、隐秘的、预言的色彩时，怀疑对象就会成为客观事实的存在，从而使怀疑成为肯定。那些捕来的风、捉来的影，以及针对人心的罪名，必然将以制造血肉惨案的方式呈现，再旁及精神层面。

前文提到的杨宪是洪武年间复杂的派系斗争中第一个流血的高官，他死于朱元璋为其设定的恶犬职业。他自以为有皇帝宠着，就可以不管不顾地向所有人开战，逮谁咬谁。可现实情况却并非如此。随着得罪的人越来越多，他反而将自己逼入一个孤立无援的状态。其他检校人员也都没有落得好下场，高见贤、夏煜、丁光眼等人告讦他人，结果被人反告，丢了性命。检校人员不断被杀，说明了一个道理：咬人的狗都不会有好下场。庙堂与江湖之间地域漫漶，仅有一条并不明显的模糊界限，庙堂不是人性的跑马场，江湖也不是白刀子进红刀子出的投名状。一个有了出路却走上绝路的人，一个明知归宿是与刀锋对撞的人，还是没有躲过命运的劫难。杨宪之死只是开端，不是结局。朱元璋不会因为一个检校的死而放弃整个检校组织，不仅不放弃，还要让他们变得更加有用。他治理的天下那么大，而每天送到御案上的奏章却是有限的。尽管他不眠不休，也知之甚少，朱元璋急需掌握朝臣的思想动态和真实的生活状态。想一想，天下有多少真相是他这个皇帝不知道。检校必须存在，那是他伸展出去的触角，无所不在的触角才能使他真正掌控这个国家。既然朝臣们都讨厌检校，那么就用他们的死亡来平息愤怒者心底的火光。

不知在何处读过这样一句话：神灵在先于人类认识欲望和疯狂之前，就埋下了恶念的种子。这个世上有一种人，是狼或鹰的后代，他们血腥的恶习让人胆颤心惊。有人将他们称为食人者。

胆小的人类在梦境与现实的边缘能够听见他们血腥咀嚼,以及神灵操控他们的咒语。检校从一诞生就为朱元璋一手掌控,为他立下赫赫功劳。它是一个职务名称,并非正式机构,有侦察权,却不能扣押人犯和判罪量刑,要想让检校发挥更大的作用,就必须赋予他们更多的权力。如果将检校放到外廷文官系统的三法司的话,只会让他们更加拘泥于国家法律和程序正义,而无法让他们无所不在、任性而为。皇帝是驱赶虎狼之人,他的判断力就是驱动一切的理由,不需向任何人做出解释。在朱元璋撒开的这张权力大网中,仅有检校是远远不够的。虽然恶犬无处不在,但是大规模的屠戮,还需要一批虎狼出来执行。于是,朱元璋将他的目光收回到内廷,放在身边侍卫的亲军身上。侍卫亲军是他的私人卫队,他将检校放入其中,并赋予他们侦察之外的权力也是能够说得过去的,锦衣卫也由此产生。

朱元璋怀疑一切,哪怕是一次援手相助,他都认为那是气节和美德的明码标价。锦衣卫,他们接受了指令而去向不明,他们是皇权的无形之手,掌握着生者和死者的秘密。洪武二年(1369年)四月,锦衣卫成立。检校与锦衣卫区别很明显,检校负责把收集到的事向皇帝报告,而锦衣卫则是一个集特务、法庭、监狱三位一体的特务组织,其功能更加完善。一个王朝的命运,与人的命运并无差别,都有着不可动摇的法则与设计:蝙蝠要在黑夜寻找光明,狗则为人类看守家园,有人在梦里回到故乡,有人却在现实被投入牢笼。如同那些锦衣夜行者,他们让生者伏法,让死者说话。他们可以伸手抓住空气里飘荡着的亡魂,可以替朱元璋消弭内心的孽障与恩仇。

朱元璋需要这样一个组织,也是为了给那些功臣子弟一个吃皇粮拿俸禄的机会,因为锦衣卫最初的人员组成大多为恩荫寄禄,没有固定的人员构成。他们不是底层的小人物,没有品尝过被命运驱赶到山穷水尽的滋味。每逢朝会之时,官员们午夜起床,穿越半个京城赶往午门。就在天光微亮、雾霭氤氲中,那些身着飞鱼服、腰配绣春刀的殿廷卫士也会天神鬼魅似的紧随而入,他们手执銮舆、擎盖、扇手、旌节、幡幢、班剑、斧钺、戈戟……在冗长的朝会开始之前,这些有力有势的年轻人,不仅彰显皇家气势,更让他们每个人体内的热血瞬间燃烧起来。这些殿廷卫士,又称为大汉将军,隶属于锦衣卫,飞鱼服与绣春刀是他们身份的象征。飞翔的鱼,看上去有些龙的风姿,而绣春刀则像是拉长的一弯新月,阴柔轻巧,并无横暴刚霸之气。

曾听人说起过婆罗门教的事,在他们皇帝的宝座四周,围绕着人数众多的天使,组成天使军团,在皇帝面前说好话、唱赞歌,每天心情愉悦地享受着天堂里的生活,而心中却隐藏着自甘堕落之恶。如果朱元璋是那个皇帝,那些围绕在他身边的人,他们只能是魔鬼,不会是天使。朱元璋需要他们的守护,也需要他们用"邪恶"让他拥有警惕和知戒的本能。那些于内廷行走的人是朱元璋精挑细选出来的,属于锦衣卫中最为风光之人。内廷拱卫司是朱元璋身边最亲近的一支队伍,属于他的专职贴身卫队,拱卫司的每一个成员都必须经过严格的筛选和审核,包括他们的出身、祖上三代是做什么的、所有的亲属关系。这些人对朱元璋必须死忠,同时,他们的个人能力和心理素质必须达到顶级水平。

有人说,一切都是善的,一切都是恶的,在万恶之中,以人为最恶。他们生于原罪,死于自相残杀,最后终将消失于内心的魔鬼和炼狱之火。而在朱元璋看来,人的世界虽万恶丛生,但人还要艰难苟活。他是皇帝，他们是臣子，既然套在不同的角色中，那就各自辗转腾挪，无所谓对错。开国初始，朱元璋便已动用锦衣卫来对付自己的政治假想敌。虽是假想敌，但有的人是真正的敌人，有的人仅是潜在的威胁，他从不后悔揪住他们的罪恶、割下他们的脑袋。一把刀的命运开始于怀疑，也必将终止于厄运。要说出锦衣卫的秘密，就绕不开内廷拱卫司。内廷拱卫司属于皇帝的亲军，级别不高，其首领也不过七品的官职。朱元璋将它独立出来，变成亲军都卫司以后，又将指挥使品秩从正七品提升到正三品，提高规格、增加人数编制——下辖左、右、中、前、后五军，统称为侍卫亲军，专门负责皇城的守卫工作。其后开始大肆扩充亲军都卫司。

在亲军都卫司里，仪鸾司和皇帝的关系最为亲密，锦衣卫的发端就是从仪鸾司开始。作为一个君主，朱元璋在他的国度里，既承认黑夜与恶魔的存在，也期待他的人民在光明的祈愿中御风飞行。在胡惟庸案启动以后，亲军都卫司中的仪鸾司开始慢慢转换自身的职能，向着锦衣卫蜕变。这时候，朱元璋的统治基础已经趋于稳定，政权建设已摆上议事日程。当年跟随他打天下的老少爷们儿都已放下战刀、脱去戎装，换上锦袍玉带，等待着他论功行赏，准备投入荣华富贵的下半生，光宗耀祖、庇荫后人。

于朱元璋而言，面对的考验才刚刚开始。他不敢有丝毫大意，更何况他早已习惯了那种无时无刻不存在的危机感。此后他所要做的，就是把仪鸾司中让他无法放心的人员逐个清理，然后再将心腹人员秘密训练成为超强的特殊人才。那些身穿飞鱼服、腰挎绣春刀的锦衣卫并不只是履行守卫的职责，朱元璋在最开始设立锦衣卫的时候，把朝臣们都给欺骗了。那些看起来像是散兵游勇的锦衣卫,个个都是军队里千锤百炼的精英分子。虽然是军人出身,但是他们在军队系统只是兼理而已。朱元璋建立锦衣卫的真正目的,是为了对付外廷。

早在朱元璋当吴王之时,就想要改组军队编制,他将军队分为武德、龙骧、豹韬、飞熊、威武、广武、兴武、英武、鹰扬、骁骑、神武、雄武、凤翔、天策、振武、宣武、羽林等十七个侍卫亲军指挥使司,废除了袭用元朝旧制的枢密、平章、元帅等官衔,同时废除的还有亲军都尉府和仪鸾司。锦衣卫正式公开挂牌后,朱元璋也从幕后走到台前。锦衣卫已经不再像当初挖掘胡惟庸谋逆案时那般生硬如刀,他们已经成为一支成熟的特务组织。就在穿着大红蟒衣的锦衣卫们手握着"诏令"耀武扬威的同时,更多的锦衣卫在不为人知的暗夜里蠢蠢欲动。如果说大明政权是朱元璋亲手栽种的一棵参天大树,那么他所要做的就是把影响这棵大树生长的多余枝叶全部修剪掉,哪怕用最冷酷、最残忍的手法也在所不惜。正因为如此,配以锦衣卫们维持皇权威仪的刑罚也比一般监狱要严酷得多。锦衣卫的"诏狱"总共有十八套常用刑具,几乎每一种都是让人魂飞魄散的酷刑。

对朱元璋来说,他已经无法再回到普通人的生活,不再像朱重八那样活得像一只蝼蚁。这时候的他更像是一个精神病患者,怕光、怕风、怕黑,准确来说,他怕身边那些既熟悉又陌生的人。锦衣卫建立起来以后,交给什么人负责?朱元璋选定的锦衣卫第一任指挥使是毛骧。毛骧原先负责的是仪鸾司,仪鸾司本是一个不太重要的部门,其职责不过是负责宫廷礼仪的布置和实施,负责皇家祭祀、巡幸、宴会的筹划和安排。就是这样一个偏软偏文的部门,在毛骧的一手打造之下,居然呈现出另外一番狰狞的面目。

毛骧借着仪鸾司的层层掩护，从事一些机密活动，监视文武百官的动向。在他的用心经营下，仪鸾司被改造成为一个直接有效的特务机构，成为朱元璋在内廷安插的一柄利剑。毛骧在这些人中有一定的影响力，由他训练出来的成员，都以誓死的决心捍卫皇家的安全。

在废除亲军都尉府和仪鸾司后，朱元璋重建了一支既贴身又贴心的护卫队伍——上十二卫，仪鸾司的员工可重新调配。上十二卫中的一支重要队伍，就是锦衣卫，锦衣卫的带头大哥就是毛骧。朱元璋想要使用的人，不能有善恶观念和自己的思想，更不能拥有人的情感，他最好是一块冰冷而绝望的石头，不能为山鬼所驱使，只能为皇帝一人驱使。

毛骧也是凤阳府定远县人，早在朱元璋进攻定远时，他的父亲毛骐就带着当地的县令归降于红巾军。当时朱元璋的身旁只有李善长和毛骐两位机要秘书。毛骐死后，朱元璋厚待其子毛骧，将他留在身边当了亲兵卫队的指挥使。在大明正式建立之前，毛骧就已经是检校中的一员，有着丰富的稽查捕拿经验，更重要的是他赢得了朱元璋的信任。当然这份信任并不是白白送给他的，任用此类人物，除了要通过行动来发现他人性的阴暗面与狠辣程度，更重要的是观察他在处理棘手问题时的方式方法。朱元璋在将锦衣卫的指挥权交给毛骧之前，交给他一项重要的任务，那就是利用锦衣卫为他清除异己，替他找到清洗那些固执难制大臣的突破口。这种事对毛骧来说易如反掌，两个字就可以解决所有问题——谋反。栽赃谁谋反呢？胡惟庸。

夜色再深沉，也不会将死亡的秘密淹没。就算是一头狮子滚落山坡，他在遇见比他弱小的野兽和迷路的精灵时，也会下意识地遮掩自己暴露的身体。然后说，黑夜是忧伤者的黑夜，与道德无关。朱元璋就是那只狮子，捏着道德的命门，看上去无比神圣。胡惟庸案被朱元璋编织成了一只大筐，什么人都往里装。大部分都是让朱元璋不放心的，或者对大明有潜在威胁的人，他们的存在让朱元璋日夜难安。胡惟庸虽然已经死了有些年头，但是朝中与他有牵连的官员依然活着，并且活得很好。栽赃栽到死人头上，便是一道无解的题，纵使千口万口也难辨真伪。经过几年的蛰伏，原本早已尘埃落定的胡惟庸案再起波澜，性质也从普通的"擅权枉法"变成了十恶不赦的"图谋造反"。从洪武十八年（1385年）到洪武二十三年（1390年），短短五年的时间，被胡惟庸案牵扯进的功臣有一公、二十侯，连坐、死罪、黥面、流放的有数万人之多，朝中文臣几乎为之一空。

避死而不能，脱去皮囊之累而不得。锦衣卫取得了朱元璋的充分信任，随着权力不断扩张，分工更趋于明确和完整，时间，在锋利的刀刃的面前散发出料峭的冷意，被割裂、被撕开，露出了龙袍下的血红。朱元璋要的就是雷霆之撼，要的就是噩梦不断。那些伴他打天下的功臣们已经无法得到他的信任，他身边新的一批亡命之徒正在应运而生。最初出现在历史舞台上的锦衣卫是蒙着面纱的，人们无法看清他们的真实面目。让朝臣们感到惊骇的，是朱元璋对胡惟庸、蓝玉等人的清洗会如此完整和周密。他们不会想到，正是在锦衣卫的协助下，朱元璋才得以有条不紊地开始他对功臣的肃清工作，行动稳健、准确，如同一架高效精密的仪器。

历时十多年的屠杀和不断地发掘，朝臣们已经习惯了，朱元璋的计划和手段从来都是缜密无误的。也许正是这时候，人们才想起不知从何时起，刑部天牢外，出现了一座由锦衣卫管理的"诏狱"。不管是骨头比刀锋还硬的武将，还是意志力超强的文官，只要是个人，他们进入这里后，也会完全崩溃。锦衣卫的十八酷刑光听名字就让人魂飞魄散，什么刷洗、油煎、灌毒药、剥皮、铲头会、钩肠等超出人类想象极限的刑讯手段在这里得到了创新升级。走在黄泉路上而不知何时抵达黄泉的尽头，这既有恐惧，也会让那些当事人魂魄难安。这座"诏狱"关押的犯人，他们的身价丝毫不逊色于刑部天牢里的人物，锦衣卫手里绣春刀的杀气弥漫过南京城高耸入云的城墙。

外廷官员的一举一动，几乎在一夜之间成为贴在皇帝寝殿屏风上的一张张小纸条，这样的办事效率看上去是不可能完成的任务。即使知道这样可怕的事情已经确实存在，很多外廷的官员还是不愿意相信自己身边早已密布鬼魅暗影。朱元璋并不希望锦衣卫只在他的眼皮子底下扑腾，站在皇宫大殿，他眼睛里所看到的，并不仅仅只有那一面面贴满小纸条的屏风。成吉思汗和他的子孙曾经横扫欧亚大陆，转眼还不是被他这个放牛娃给掀得天翻地覆，千里之堤，溃于蚁穴。在渗透外廷的同时，他召见了仪鸾司的小头目，告诉他们，未来锦衣卫的版图必须要扩张到大明江山的每一个角落，无孔不入。朱元璋有理由相信，历朝历代，没有一个皇帝打造特务机关所花的精力超过他。

其实真正查起案来，让朝中的锦衣卫出动到地方上去追查也不太可能，毕竟蟒衣鸾带过于招摇。因此大批量的基层锦衣卫才是朱元璋掌握外廷边缘地带动向的秘密武器，但是让下级锦衣卫直接向皇帝报告也是不现实的。出于节约成本和提高工作效率，锦衣卫的情报输送工作应该是一级一级地传递到京城，而不是由专人护送。一系列的血腥清洗导致了外廷臣子们的大换血，无数的位置在瞬息之间就变换了官员，而在这些新陈代谢的过程中，锦衣卫轻易就将自己的耳目安插进去，这种刻意地清洗不但没让基层的锦衣卫们失业，相反使锦衣卫的网络建设更加趋于严密和完善。

　　朱元璋就像是一个超级玩家，步步紧逼地完善着自己对于外廷的掌控，尤其是通过"胡惟庸案"完成了仪鸾司到锦衣卫的蜕变和进化，将仪鸾司与基层的特务们成功地连接在了一起。建立起了一支史无前例的、最为强悍的秘密部队。锦衣卫的存在让朱元璋省心不少，凡是他有心清除的官员，都会将自己的意图传达于锦衣卫，根本不需要走正常的司法程序，外廷的三法司对他来说已形同虚设。

　　在朝的功臣们虽然每天活得战战兢兢，生怕锦衣卫指认自己是某党某派，但他们毕竟跟随朱元璋出生入死打下江山，血性和胆气还没有被完全消磨殆尽。有的人就算自己赴死，也要拉上锦衣卫做垫背。等到洪武年后期，朱元璋已经决定收手的时候，而锦衣卫如同一匹失去控制的野马，仍然没有停止对功臣的屠戮。比如洪武十八年，毛骧将胡惟庸的亲家、李善长的弟弟李存义扯进案子，想要就势诛杀李善长。朱元璋阻止了他的这一疯狂举动，因为李善长在朝中势力盘根错节，牵一发而动全身，现在还不到动他的时候。

　　李善长也意识到朱元璋想利用锦衣卫将胡案扩大化，一旦掀起株连风暴，他们这些元老大臣将会首当其冲。在这种情况下，李善长联合朝中一些功臣不断地向朱元璋施加压力。这些年来，胡惟庸案已牵连进来几万人。毛骧真是一个人才，天生就是吃这碗饭的。先是找到了胡惟庸"通倭"、与海外番邦勾结的证据；

后又找到胡惟庸和北元余孽相联系、阴谋颠覆大明的证据,锦衣卫的诏狱里早已人满为患。

凡事不能做得太绝,物极必反的道理,朱元璋还是懂的。为了安抚天下臣民,尤其是那些整日活在噩梦中的官员,洪武二十年(1387年)的正月,朱元璋召集朝中大臣,将自己的决定告诉他们——锦衣卫设立以来,经常非法凌虐犯人,现在将这些凌虐犯人的刑具都毁了,将诏狱里的犯人交由刑部审讯。朱元璋这么做只是想缓和一下外廷的紧张形势,毛骧和他的锦衣卫已经让那些朝臣恨得牙根痒痒。焚毁了的刑具可以再造,已经收押的犯人转交刑部。

随后的三年时间,攀附于李善长这棵权力大树上的枝枝叶叶被一一清除。到了最后收网的时刻,毛骧这时候敏锐地捕捉到朱元璋内心释放的强烈信号。旧事重提,李善长的弟弟李存义与胡惟庸有勾结,当年准备共同举事。这一次,朱元璋没有再多做犹豫,李存义被杀,李善长遭到株连。就在李善长倒下的那一刻,他居然在口供中将审讯他的毛骧也拉进了"胡党"。以其人之道还治其人之身,这真是一个意外的惊喜,毛骧就这样做了陪葬。害人终害己,试问苍天饶过谁?

锦衣卫是朱元璋的私兵,没有他的授权,他们根本没有资格和条件与那些朝臣相抗衡,尤其是那些开国功臣。毛骧的死让所有锦衣卫的成员都明白了一个道理,在大明王朝的体制内没有谁是不破金身。既然成为锦衣卫的一员,你身上背负的使命就是皇帝的千耳百目,就是皇帝的一柄利剑。一旦有一天被皇权抛弃,他们的命运也就走到了尽头。

诚如朱元璋后来对皇太孙朱允炆说:"我在乱世,用刑不得不重。等你当了皇帝就是太平之世，到时用刑一定要轻。"随后不久，朱元璋又召集群臣，发布诏书宣布："今后内外刑事不用再经过锦衣卫，不论大小直接送交三法司。"也就此撤销锦衣卫缉捕、刑讯、论罪的权力。时隔不久，忠心耿耿的锦衣卫指挥使蒋瓛得到了朱元璋赏赐的一杯毒酒。

杀胡惟庸也好，后来杀蓝玉也罢，都是为了江山稳固，但由此造成朝廷上下万马齐喑的现状是朱元璋始料所未及的。他深知恐怖政治不可能长此以往，彼时的大明王朝上上下下弥漫着对皇权的恐惧情绪。如果不能尽快消除这种情绪，给民众以安全感，新王朝势必会在动荡中倾垮下去。至于锦衣卫，不过是皇帝豢养的一条恶犬，是他拿来对付功臣集团的一件工具而已。即使再亲近，恶犬也不可能得到相应的尊重。等到一切尘埃落定，他们也就失去了存在的价值。

## 2. 养天下可养之士

这是一个平平常常的春天，夜将要走到尽头，黑而且凉。启明星那如水波跳跃的音符，如常般照亮着无数后来者的征程。朱元璋又是一宿未睡，仍端坐于奉先殿那张御案前批阅奏章，保持着石化般的姿态。这些朝臣的奏章越来越敷衍，像是有意无意和他这个皇帝玩文字游戏。他懂得他们，就像他们懂得他一样。打天下时亲密无间的战友关系越来越模糊，坐天下时泾渭分明的君臣等级越来越清晰。短短的十几年时间，他和这些读书人的关系发生了质的变化。

少年时那段浮萍般的漂泊生涯，让朱元璋懂得了读书对于个人成长的重要性。尤其在他进入皇觉寺后，开始发奋读书。此后的戎马生涯，读书更是成为他生活中不可或缺的部分。没进过几天学堂的人似乎比读书人更懂得读书的好处，朱元璋便是如此。当然对于儒生，朱元璋不会将他们白白地养在身边，士人可以为自己捞取政治资本，那些儒士基本上都是地方上的名人，在老百姓中有一定的号召力，他们往往会左右地方百姓的政治取向。将他们养在身边，老百姓也会跟着过来，这样等于间接巩固了地方的政权。

随着地盘的不断扩张，朱元璋加紧对天下儒生名士的网罗。他毫不掩饰自己求贤若渴的心态，每日反复念叨："予思英贤，有如饥渴。"生怕属下不了解他的心思。朱元璋打下定远后，冯国用、冯国胜（后改名为冯胜）两兄弟前来投奔。他们的出现，让朱元璋初次领略到读书人的不同凡响。冯氏兄弟家境富裕，熟读兵书战策，对天下大势有着非常独到的看法。见面后，冯国用从他的怀中掏出一幅手制地图。据说，这是朱元璋第一次看见真正的天下大势图。只见冯国用手指着集庆那个地方，在他面前侃侃而谈。冯国用说："集庆，古称健康，自古以来兵家必争之地。要想得天下，就要先拿下这个地方。"两个人说了很多话，最让朱元璋印象深刻的莫过于那句："有德昌，有势强。"也就是说，有势力固然可以强大，但是如果一个创业者能够拥有道德操守，那么他的事业就会蒸蒸日上。

群雄逐鹿，究竟鹿死谁手还不明朗。在这种情况下，冯氏兄弟竟然能够如此明晰地在朱元璋面前勾画天下大势，如此远见卓识怎不令人心动？这不禁让朱元璋想起刘备当年与诸葛亮的隆中对，当即任命他们为军中参谋。朱元璋攻下太平，当涂县的儒士、明道书院山长陶安率地方百姓出城相迎。陶安为人相对谦和，不好名利，礼让贤者，为朱元璋招纳了不少贤才俊杰。刘基、宋濂、章溢、叶琛应聘至金陵后，朱元璋向陶安咨询他们四人能力如何，陶安谦虚地说："臣谋略不如基，学问不如濂，治民之才不如溢、琛。"他的谦逊礼让博得了朱元璋的赏识，朱元璋亲自撰写"国朝谋略无双士，翰苑文章第一家"的楹联悬于陶安的府邸门楣之上，以示尊荣。这些儒生虽然身受乱世之苦，目睹群豪蜂起之乱，但是一直没有放弃努力。他们与朱元璋相逢于乱世，不仅同患难共命运，更奉献出自己的聪明才智。他们有一个共同特点：都无一例外地规劝朱元璋多行仁义、勿动杀念、勿掠财物，以成就他们理想中的仁义之君的形象。

朱元璋本是小民出身，他们所倡导的仁义天下的理念与他不谋而合，而这也成为朱元璋与那些烧杀抢掠的造反者的不同之处。定远人李善长来到军营求见，朱元璋将其留在幕府掌书记，言听计从。攻占应天后，朱元璋向天下书生发出号召——愿意追随立功业者，自己都会以礼相待。不久，朱元璋又将闻名一方的"浙东四学士"征召到自己麾下。他们分别是青田（今在浙江文成）的刘基、龙泉的章溢、丽水的叶琛和浦江的宋濂。朱元璋热情接待了他们，然后充满诚意地对他们说："我为天下屈四先生耳！"为了表示尊崇之意，他还专门在自己住宅的西边盖了一座礼贤馆，将他们安置在那里。如此一来，在朱元璋身边逐渐形成了一个以刘基、宋濂等出自浙东的儒家学者为核心的幕僚集团。

龙凤七年（1361年）三月，朱元璋命中书省招揽文武人才："自今有能上书陈言、敷宣治道、武略出众者，参军及都督府具以名闻。"后又强调："得贤者赏，滥举及蔽贤者罚。"尤其是那些曾经身在元朝体制内的儒家士子，他们中的很多人参与过镇压红巾军，对朱元璋的招降既疑且惧。为了打消他们的顾虑，朱元璋特地宣布：只要诚心归附，一概既往不咎。在他的感召之下，不少曾经仕元的儒士和多年隐居不仕的耆儒名贤，纷纷前来投奔。这些贤人儒士的加入使朱元璋的精神视野发生了质的变化，尤其对于儒家奉行的那套纲常之理和治国安邦之术有了更多的了解。朱元璋在这种政治权术的指引下，逐步走向身份的转型，从一个暴力求生存的草莽英雄跃升为争夺天下的霸主、进退有据的权术高手。在那样一个时代背景下，无论你是属于哪一个阶层，只要参与到争夺最高权力的斗争中，并希望能够从中获利，就要懂得如何运用儒家思想这个屡试不爽的政治法宝。使用方法上各有千秋，或公开以之为号召，或暗地里使用。否则的话，很难取得预期的效果。

朱元璋之所以会在群雄之争笑到最后，与他从那帮书生那里所接受的儒家思想密不可分。他是一个没有文化底子的草根，造反起义之前，他的社会身份只有两个：一个是乳名叫朱重八的长工，一个是法号叫如净的游方和尚。凭借着草根的底子成就了一段儒家特色的创业之路，这不能不说是一段传奇。朱元璋在自己的创业和守业阶段，大打儒家特色牌。不仅尊重知识分子，自己也经常用实际行动向他们靠拢。大字不识几个，却经常在战争间隙作诗为文，抒发情怀。他写下的人生第一首诗《不惹庵示僧》：

杀尽江南百万兵，腰是宝剑血犹腥。
山僧不识英雄汉，只凭哓哓问姓名。

不夸张地说，如果要找帝王自学成才的典范，朱元璋当列其中。在婺州，朱元璋曾经招揽了十三名儒士专门为他讲解那些晦涩难懂的经史。与读书人相处日久,朱元璋的文字功力自然提升,他能够亲笔写些命令告示之类的语体文,甚至可以写诗作赋、注解经书。在他亲自起草的《御制皇陵碑》中,已经可以做到通篇用韵。在《御制文集》中,他更是将自己创作的一百多首诗歌结集,其中不乏得意之作。比如那首他本人最为满意的《咏菊花》,就寄托了他的某种精神信仰:

百花发时我不发,我若发时都吓杀。
要与西风战一场,遍身穿就黄金甲。

再比如另一首无题诗:

天为帐幕地为毡,日月星辰伴我眠。
夜间不敢长伸脚,恐踏山河社稷穿。

朱元璋受儒家理学影响非常深刻,如果说宋朝是理学的理论形成与成熟期,那么到了朱元璋这里则完全进入实践阶段,开始渗入社会生活的方方面面。他已经深刻认识到,知识是可以改变实力的。之所以这么说,是因为朱元璋在这条路上尝到了甜头。即使在打拼创业的初始阶段,与对手刺刀见红,他也不曾忘记拉拢知识分子。他曾经抽调人员专门负责人才工作,让这些人携带大量金银珠宝,四处寻访地方大儒。其实请读书人出山并不需要多高的成本,只要你能客客气气地给足他们面子,然后再安排一个虚头巴脑的闲职,他们便会许下"士为知己者死"的誓言。投入不高,收益却极大,这是一桩只赚不赔的买卖。

听说朱升很有学问，朱元璋就学着刘备三顾茅庐，亲自登门拜访。攻下应天后，他又礼聘夏煜、孙炎、杨宪等十余人。在和这些文人儒士打交道的过程中，朱元璋一直居于主导地位。从他领军以来，很多知识分子都是主动来投。当他听说洛阳有个儒士秦从龙，非常有学问，曾经做过元朝和林行省左丞、江南行台侍御史，后来隐居镇江。当徐达出征镇江之时，朱元璋特地交代于他："镇江有秦元之者，才器老成，当询访，致吾欲见之意。"

徐达攻克镇江后找到秦从龙，朱元璋赶紧派侄儿朱文正和外甥朱文忠带着钱财、宝物前去礼聘。秦从龙来到南京，朱元璋更是亲自到龙江（今南京中山门外）迎接，与他朝夕相对，甚至同榻而眠，随时向对方请教时政策略。后来建立江南等处行中书省，朱元璋搬进元朝御史台府第居住和办公，也将秦从龙安置于西华门外，事无大小，都要和他商量。为了表示尊重，朱元璋言必称先生，从来没有直呼过对方的名字。每年逢秦从龙生日，朱元璋和朱标都会送上一份大礼，或者亲自到他的家中，与其对饮。秦从龙被朱元璋的诚意所打动，又将另一位饱学之士陈遇推荐给他。有人说，武人最讲义气，你对他好，他可以将一腔热血献给你。可在朱元璋看来，文人最重气节，你对他好，他也同样会将身家性命托付于你。

朱元璋自立为吴王后，在建置百官的同时，又派遣编写起居注的吴林、魏观待专门负责搜罗那些散落民间的贤才大儒。人才越多越好，朱元璋恨不得将天下儒者文士都聚集在自己的周围。就算将他们养在身边派不上用场，也好过他们被敌方阵营收买，成为自己的对手。对于刚刚起兵的朱元璋来说，文人能够主动来投，当然是求之不得的一件事。自己是个没文化的泥腿子，有饱学之士愿意跟着自己干事创业,让他觉得底气更足。他们在关键时刻点拨几句,就让朱元璋茅塞顿开,大有拨云见日之感。冯国用初次见我,就建议朱元璋取建康以为根本。而李善长刚见面,就将朱元璋比作汉高祖刘邦,劝他:"法其所为,不嗜杀人,天下不足定也。"

这些建议让在黑暗中摸索的朱元璋如遇明灯,扑朔迷离的前途一下子变得清晰起来。朱元璋也知道,这些知识分子打心里瞧不起像他这样出身寒微的草寇,但他并没把潜藏于内心的不悦表现出来。他们越是清高得难以接近,他就越要表现得虔诚恭顺。或许是朱元璋的低姿态,以及他所采取的知识分子的优待政策让这些读书人找到了存在感,他们才会放下心中疑虑追随于他。又或许是朱元璋所表现出来的谦虚、热情、耐心、豪爽、推心置腹让他们看到了自己的锦绣前程。总而言之,朱元璋的诚意深深打动了他们中的大多数人,他们一定暗自庆幸:"吾辈今有主矣。"他们坚定地认为,自己在百转千回的人生境遇中遇上了明君圣主,只要自己死心塌地为他卖命,就会成就一个读书人的至高理想。朱元璋的投入获得了百倍回报,也最终为自己赢得了天下,知识分子政策是他最终从群雄中脱颖而出的根本。

大明王朝建立之初,不仅治理地方需要大量人才,南京中枢更需要一批文人学士为朝廷服务。朱元璋对于罗致天下贤才包括那些蒙元王朝的遗民,表现出了相当的耐心与真诚。对于那些早期投奔自己的读书人,朱元璋给予他们充分的信任。开国前后,更是给以特殊优待。在这些读书人中,朱元璋对朱升始终抱有一种特殊的情怀。朱元璋在应天登基称帝时,朱升被召至御前任议礼官,负责订立一整套新朝礼仪规制,并为朱元璋撰写了功臣封赏诰书。忙完这些事,眼看就可以坐享荣华富贵了,他老先生却在第二年上疏"请老归山"——要求告老还乡。

朱元璋对朱升的请归感到非常意外,当下表示"欲赐以爵土",但朱升坚决不肯接受。就在朱升请辞不久前,朱元璋曾经下过一道《免朝谒手诏》,在这其中褒奖了朱升这十多年来的辅佐之功。朱元璋对每个追随者都有一个综合的评价,有时候他会装一装糊涂,有时候又会表现得异常清醒。朱升虽然有功劳,并且功劳还大得不得了,但他并没从朱元璋那里谋得一个与之相匹配的官职,一直保持着亦宦亦士亦"山人"的非官方身份。朱升想要归隐的念头也不是一年两年,他对功名仕途一向看得清淡。明朝刚建立时,他在自己所写的《梅谷隐居序》中,对自己乡间朋友在梅谷隐居流露出羡慕之意。他说:我又老又笨,在官场每天目送来往的车尘,无法和你一起享受同游的乐趣,等我荣归之时,一定和你盘桓于梅谷,共同把玩疏影暗香的奇趣。当然朱升在洪武二年(1369年)就急急忙忙地选择退出体制,也是出于自己的政治敏锐性,为自己选择一条明哲保身之路。归隐是很多文人雅士追求的生活境界,不过大多数人还是不愿意舍弃权力、地位和与此关联的利益。于是乎,归隐山林也就成了空口说说的白话,当不得真。在与朱元璋的朝夕相处中,他太了解这个人了。就像恋人之间,相爱容易相处太难。如果继续留下来与其共事,落得一个好下场的概率会很低。

当朱升提出退隐乡间时,朱元璋虽然感到意外却也可以接受。新朝建立,不光是那些奉诏不出的遗老耆宿,就连那些在朝的士大夫也萌生退意。他们这种做法也让朱元璋很不满意,如今之天下是他朱家之天下。这些饱食终日的读书人不为君王分忧,宁愿将时间和精力放在风花雪月上,实在是大逆不道。儒士许元就是个例子，他在朱元璋身边工作了十来年，从考核古代礼仪到起草文书，直至推荐或罢免官员，他都会参与其中。在朱元璋跻登大位之际，他突然站出来向皇帝提出辞呈，请求"告归"。朱元璋大为恼火，以"忤旨"之罪将其"逮死狱中"。

在朱元璋看来，乡居的自由不是人人可以得而享之的，朱升是一个特例。他同意一个功臣从体制内全身而退，无异于法外施恩，给了对方天大的面子。当然这一切是建立在他的功绩基础上的。在朱升告归之际，朱元璋要赐他领地，他也推辞道："之所以不敢接受陛下授予的高官厚禄，是因为我的儿孙福分很薄，不敢叨天恩也！"

这话在朱元璋听来有几分刺耳，他问："爱卿有几个儿子？你即使不受封爵，难道也不想让你的儿子辅佐朕么？"

没想到朱元璋的一句话，让朱升老泪纵横，哽咽以对。他说："臣有一子名同，事君的忠心有余，保身的智慧不足，臣所以不让他出仕，怕他日后不得老死于家中啊！"这句话只有朱升敢当着朱元璋的面说出来，放在其他人身上，朱元璋是绝对不会轻饶的。尽管如此，朱元璋还是强压心头怒火，叱问对方："你这是什么话？朕与爱卿名分上是君臣，实则情同父子，是什么让你心存如此忧虑？"

朱升的回答充满了悲观的色彩，像是在交代临终遗言。他说："不是自己顾虑太多，而这一切是在劫难逃的天数。但愿陛下将来能够哀念老臣，若他日自己的儿子不能免罪，也希望陛下能够赐他一个全尸，自己也就心满意足了。"

这样的话像是一道命运的符咒，朱元璋听来不觉为之恻然，这样的人让他从心底里感到敬畏。如果对方没有看透他这个人，是不会说出那样一番话的。尽管朱元璋给了朱升一张免死铁券，可他的儿子朱同最后还是难逃悲剧的命运。朱升，一个为大明立国指明方向的儒士，虽然看透了皇权的底牌，也看透了自己的命运，但是他却无法摆脱命运缠身。与朱升的超然物外相比，李善长、刘基、宋濂、冯国用等人走得更远，远得迷失在了朱元璋的视野尽头。他们这些人都是以个体的方式存在于历史深处，结局却难逃定数。随着政治风云变幻，朱元璋的知识分子政策也在发生变化。即使最初的礼遇，也暗含着紧张，当表面那层温情的面纱被撕去，文士们愈发如履薄冰。

　　武将们对朱元璋重用读书人早就心存不满，他们经常在他耳边发出警示之语——小心文人。朱元璋问他们，这些人于大明有功，为什么要对他们怀有戒心？更何况他们也不像你们这些武人手中有兵权，身怀武功。有武将在朱元璋面前大谈特谈读书人的诸般不是，说到激愤处更是破口大骂："这帮书呆子用心歹毒，特擅讥讪，如不警觉，即受愚弄。当初张九四厚礼文士，可那帮文士却在背后捣他的鬼。他让那些才学之士给自己取一个文雅的名字，结果文士们给他取名'士诚'。《孟子》里有'士诚小人也'之句。你厚待人家，人家却将你骂作小人，自己还美滋滋地以为得到了一个好名字。"

　　听说这件事后，朱元璋也替张士诚感到不值。他不由联系自身，如果身边这些读书人联起手来算计他，凭他的那点文化底子怎能不被蒙在鼓里？就算他们今日不算计他，将来也有可能会做出不利于朱家子孙的事。一个人如果有了文化，那将是多么可怕的事，文化上的自卑使朱元璋对这些文士产生了疑忌。就连平日批阅奏章，他也会处处留心，生怕他们在字里行间埋下伏笔，算计到自己。如今虽然贵有天下，但是朱元璋明白，终其一生，他也无法撕去曾经贴在身上的身份标签。盗贼或者和尚，这两种经历是他不愿示人的伤疤，经常会让他无端地焦虑起来。

## 3. 恨天下可恨之人

这是洪武初年一个普通的下午时光，阳光均匀地涂满宫殿的琉璃屋顶，青苍的屋脊上，几株不起眼的青草在轻轻地晃动。九重宫墙把殿宇一层层地包裹其中，也将喧嚣的世界关在了外面。

朱元璋的心情突然变得低落，起因是刚才他在翻阅《孟子》时，不经意读到"民贵君轻"一章。没想到圣人也会说不负责任的话，孟子说："君之视臣如手足，则臣视君如腹心；君之视臣如犬马，则臣视君如国人；君之视臣如土芥，则臣视君如寇仇"。这句话犹如一颗子弹瞬间击穿朱元璋的那颗玻璃心，让他如坐针毡，心烦气躁。他一边读，一边破口大骂。如此荒谬之言，哪里像是一个臣子说的话？如果孟子活在当下，岂可免自己一刀。朱元璋当天就命令将孟子的牌位逐出文庙，说出如此大逆之言的人不得配享。他警告那些意欲劝阻的文官，如果谁敢谏言，他就让卫士用箭射死他。

一道圣旨，让满朝文武惊恐莫名。当然也有不怕死的，刑部尚书钱唐就是其中一个。他挺身而出，抗疏直言，为孟子鸣冤。这么做分明是在向朱元璋发出挑衅，激怒于他。内侍将朱元璋动怒的情景描述给钱唐，他却不以为然道："臣为孟轲而死，死有余荣。"当这句话传到朱元璋的耳朵里，自然不能将其放过。他正要派人捉拿钱唐，对方居然袒着胸抬着一口棺材来找他当面理论。真是活得不耐烦了，朱元璋命卫士张弓搭箭等着他上前。钱唐的倔强表情让朱元璋更加愤怒，他让卫士连着射了好几箭。钱唐的左臂、右肩、胸部都中箭，最后倒在朝堂之上。倒下去的钱唐挣扎着向朱元璋爬过来，看着他痛苦执拗的表情，朱元璋破天荒地做出了让步。此事之后，朱元璋不但没有治钱唐的罪，而且让太医为他治疗箭伤。他打心里赏识钱唐这样的刚直之臣，或许这就是一直以来，他在文官中苦苦寻觅而不得的文人风骨。

第二年，冷静下来的朱元璋下了一道谕旨："孟子辨异端，辟邪说，发明孔子之道，配享如故。"就这样将孟子的牌位重新请了回去。其实早在洪武元年（1368年），朱元璋就曾经有过动孔子的念头。徐达攻克山东济宁，至圣先师孔老夫子的故乡曲阜刚好属济宁路。于是，朱元璋传令孔子第五十五代孙元朝国子监祭酒孔克坚来南京朝见。让人没想到的，孔克坚称病不出，只派他的儿子孔希学赴京朝见。朱元璋感觉受到了羞辱，虽再三压抑，终是恼怒难消，便拟一诏书传于孔克坚。朱元璋在诏书中毫不客气地说："朕虽然出身寒微，但自古以来，能够像朕这样以草民身份登基称帝的，唯汉高祖刘邦。你是真病，还是装病？若是因为不愿意见朕而称病，是绝对不可以的！"言下之意，就算是孔子后人，以身试法也是要问罪的。

朱元璋语气强硬，这让孔克坚感觉到不妙。于是，他日夜兼程赶往南京请罪。朱元璋虽然在谨身殿召见了他，表面上一团和谐，但已造成伤害。朱元璋不仅对孔克坚这个孔子后人不满，甚至对"至圣文宣王"孔子这么一个千百年来文人奉若神明的精神偶像也有不同的看法。时隔不久，他突然颁下一纸诏书，其中有言："孔庙春秋释奠，止行于曲阜，天下不必通祀。"诏令一下，朝野为之震动。有大臣伏阙上疏："孔子垂教万世，天下共尊其教，故天下得通祀孔子，报本之礼不可废。"也有文官上疏劝谏："古今祀典，独社稷、三皇与孔子通祀。天下民非社稷、三皇则无以生，非孔子之道则无以立。"自古以来，就有"明王圣主，莫不尊师贵道"的说法，士大夫们完全将"尊孔"当成明王圣主内化的一种角色期望。大臣们这么一闹，朱元璋觉得实在说不过去，只好极不情愿地收回成命。他一直心有不甘，几年之后，孟子遭此一劫也是早有先兆。

时间来到洪武十六年（1383年）八月初六，干支为丁卯，这一天是八月的第一个丁日，称为秋丁，同时也是祭祀孔子的日子。往年的这个日子，皇帝或许要兴师动众地巡视学校，以示对教育的重视。皇帝这一重视不打紧，学校那边得在三天前就要搜检封门，并用几种不同的号牌限制出入。当然也不光是麻烦，学生们也会得到好处，巡视过后，会给几个保送的名额，直接参加朝廷的礼部试。今年朱元璋的心情被胡惟庸案搅得乱糟糟的，他没想到，自己撒下的这张大网会有那么多的文人落入其中。虽然具体情况他比谁都清楚，仍不免心有凄然。

早朝过后，就在宫中和皇后马秀英交流对读书人的看法。朱元璋说，读书最重要的是懂得进退，若是不能做到这一点，还不如那些田间劳作的农民；农民虽然不读书，但至少懂得人心冷暖、世态凉薄，这样就会少犯错误；读书而不能学以致用，又自以为胸有韬略，危害更大，更该死。马秀英知道朱元璋心中郁闷难当，常常一宿一宿不合眼。她没有贸然接话，而是沉吟片刻，才婉转地将话题引开。她说：陛下，我虽然识字不多，但也知上马靠武将打天下、下马靠文人治天下的道理；文人还是要用，不能一棍子打死，这样谁还肯为陛下分忧解难。

朱元璋叹了口气，望着自己的皇后。他心里明白，皇后又在替那些陷于牢笼的文官说情。这个女人总是心怀慈悲，虽然连豁出去说一句狠话的勇气都没有，但她说的每句话都让朱元璋感觉到足够的分量。天下纷乱未定，那些隐于市藏于野的读书人不愿意出山也是可以理解的。作为君王的朱元璋并没有干出放火烧山将其逼出来的愚蠢之举，毕竟人各有志。如果逼急了，他们有可能会跑到对手那里去。对于他们的态度，朱元璋通常会摆出一副宽怀大度的姿态。此一时彼一时，如今天下归一，朱元璋成了新王朝的主人，读书人不能再有其他的选择。对于那些不给自己面子的读书人，朱元璋也不必再强作笑脸。如果这时候谁再敢拂逆自己，他一定会亮出獠牙，动用威权来狠狠地惩治他们。

在渡江之前，有一个名叫田兴的谋士，曾经深得朱元璋的信任。不过此人是一个淡泊名利的大雅之士，眼见朱元璋一步一步夺得天下，却不愿意留下来与其共享荣华，而是义无反顾地选择了离开体制，从此泛舟江湖做了一个浪荡客。当上皇帝的第三年，朱元璋又想到这位朋友。于是，他写了一封情真意切的信给他。其中有言：

> 元璋见弃于兄长，不下十年。地角天涯，未知云游何处，何尝暂时忘也。近闻打虎留江北，为之喜不可抑。两次招请，更不得以勉强相屈……虽然，人之相知莫如兄弟，我二人者，不同父母，甚于手足，昔之忧患与今之安乐，所处各当其事，而平生交谊，不为时势变也。皇帝自是皇帝，元璋自是元璋，元璋不过偶然作皇帝，并非作皇帝便改头换面，不是朱元璋也。本来我有兄长，并非作皇帝便视兄长如臣民也。愿念兄弟之

情,莫问君臣之礼。至于明朝事业,兄长能助则助之,否则,听其自便。只叙兄弟之情,断不谈国家之事。美不美,江中水,清者自清,浊者自浊,再不过江,不是脚色。

朱元璋没找御用文人代笔,这封信由他亲手所写,带有浓郁的个人色彩。他说,文臣好弄笔墨,所拟词意,往往表达不出他内心的真实情感。这不是朱元璋第一次手书,也不是最后一次。在战争岁月里,朱元璋亲笔了大量公文、手令。他的属下和大臣看到那些文字,就好像当面听他用凤阳口音讲话一样。这封信还算文气盎然,既没有虚伪客套,更没有用"礼贤下士"那些陈词滥调。比如,他给大将军徐达的手令,上来就是"说与大将军知道……",他给李文忠的手令,则是"说与保儿、老儿……我虽这般说,你也厮活络些儿也,那里直到我都料定"。文如其人,一个活脱脱的朱元璋跃然纸上。这种用语习惯一直保持到他当皇帝,朱元璋也因此开创了一种口语体的圣旨。洪武三年(1370年),他为了建立"户贴"制度,亲笔写了一道圣旨,极具个人色彩。其中有言:"说与户部官知道,如今天下太平了也,止是户口不明白哩!教中书省置天下户口勘合文簿户贴。"这样夹杂着口语、半文半白的圣旨也算是明朝文牍一大特色,仿佛在听凤阳农民朱元璋训话,入耳的都是粗鄙率直的乡间俚语。

话说回来,朱元璋并不靠道德激励回报那些文人。在他的功臣序列里,文官的地位还是相当高的。尽管如此,他与文人的蜜月期并没有维持多久。户部尚书茹太素是个性情刚烈之人,爱说老实话,几次因为冲撞朱元璋被廷杖、降官,甚至让他脚上戴着镣铐办公。坐在台子后面审案的官吏脚上戴着镣铐,甚至已经被判了死刑。在别人看来，如此荒唐的画面，但是在朱元璋眼里这一切是最正常不过的。有一天，他在偏殿赐宴，当场送给茹太素一首警告诗："金杯同汝饮，白刃不相饶。"茹太素接道："丹诚图报国，不避圣心焦！"朱元璋以死相胁，茹太素却向他表明自己的忠心。

文人求生，最后还是难逃一死。江西贵溪的夏伯启叔侄不愿在大明体制内为官，为了逃避朝廷征用，他们不惜将自己左手的大拇指砍掉，以示决心。朱元璋闻讯大怒，将夏伯启叔侄抓到南京，枭首示众，全家籍没。苏州人姚润、王谟，也是同样原因被诛杀。朱元璋尤其痛恨那些动不动就托身寺庙的前朝官员，对于隐而不出的读书人，他不惜采取激烈手段。甚至将他们埋入地中，只露出一颗脑袋，然后用刀斧削去，称为"铲头会"。

在朱元璋看来，他不能再让那些读书人享有绝对的自由和独立的人格。平日里看上去温文尔雅，一旦放任其性，一个个又都成了脱笼的鸟兽，变得百无禁忌。在他的一压再压之下，这时候的读书人已经无法再像传统文士那样动不动就归隐山林。朱元璋心里清楚，那些拒绝与朝廷合作的文人在骨子里是轻贱他这个皇帝的。他们看不起他这个曾经做过乞丐也做过和尚的无业游民，将他视为权力的暴发户。在朱元璋看来，这天下如今是他自家的天下，所有的读书人都应该怀着一颗感恩之心。在他所颁布的《大诰》里有一项"寰中士夫不为君用"罪，犯此罪的人可以抄斩。有学问才识却不能为君王所用就是目无君上，这样的人留着也没用，就该杀头抄家。赶上这个时代，文士们是进亦忧退亦忧。朱元璋与那些读书人的关系极其微妙。文化上的自卑使朱元璋对读书人采取更为严苛的手段，甚至不惜通过文字狱来迫使他们承认自己至高无上的地位。

洪武年间，读书人的尊严被朱元璋一再剥夺，而他这个帝王也需要在生杀予夺中享受极权所带来的威严与快意。在他的杀戮名单中，除了那些多年追随自己的名士大儒，更多的是不知名的小文人。清洗一轮接着一轮，天下读书人纵然有隐身术也不敢轻易使用，躲得了一时，躲不了一世，最后还是要乖乖地站出来为大明王朝服务。正是因为有了他们，新政权的官僚体系才会迅速壮大，国家机器才会有条不紊地运转。

朱元璋对读书人的态度这时候发生了一百八十度转变，尽管他们无所不知，可做起事来畏首畏尾，条条框框太多，缺乏胆气魄力。表面上一心做君子，私底下也有小人勾当。他们难以独立成就大事，只能追随像自己这样敢于豁出命来赌一把的野蛮人。这些手无缚鸡之力的文人，脑子里塞的是孔孟之道，只配做体制内的寄生虫，不值得自己去崇拜。

朱元璋在给宋濂的一封诰命中不经意间透露出自己的想法："宋濂虽然博古通今，可是办事能力实在不行，遇到事情常常难以决断。如果让你检阅则有余，可是执行能力实在不足。"这样的话，朱元璋在开国前是绝对不会说出口的。他的这番评价，也让其他文臣从中读到了不安与惶惑。刘基就曾经对他说过："今天下文章，宋濂第一，其次即臣基，又次即孟兼。"可是这天下文章的三甲之士在朱元璋的手里都没有落得好下场：宋濂被流放茂州，途中卒于夔州；刘基被羁管于京城，留下了死亡之谜；张孟遭到弃市。当那些读书人认识到皇权的残酷性之后，开始变得张皇失措，哀叹生之悲凉。为了远离皇权的伤害，不少文臣不惜诈死佯狂。在朱元璋的意识里，和平年代的文士与倡优并没有本质上的区别，只能用来点缀升平，难以拯救苍生。在一个王朝的新生时期，那些耐不住寂寞，或者迫于时势的读书人，选择出来做官，本来就是一件高风险的生存方式，搞不好就会血染仕途。那些京官每日清早去上朝的时候，都得与家人洒泪诀别。等到傍晚平安回来，举家欢庆又多活了一天。随着大明体制内文人的不断增多，他们的价值也越来越低，皇帝对他们的态度也越来越轻慢。

有一次，朱元璋的一位贵妃去世。按照古礼，庶母死，子孙不需服丧。可朱元璋非常喜欢这位妃子，要求儿孙们给她服丧。皇帝的这一决定，自然引来好事文臣的不满，他们纷纷上书反对朱元璋更改古礼。古礼，当皇帝受你们这些人的气就是古礼？保持皇权的畅通无阻才是最大的礼，在此之上不存在什么别的礼，更别说古礼。皇帝没一个不是利益至上的实用主义者，在这点上，他与胡惟庸、李善长这些人完全是半斤对八两。

激愤之余，朱元璋写了篇《孝慈录》将这些读书人骂了一通，说他们是死读书、读死书的"迂儒"，不知道审时度势、灵活地处理现实问题。他说，你们这些读书人不过是思想的巨人、行动的矮子，说话不好听，是一群无用之物，不但成不了大事，还会乱政祸国。他警告自己将来的接班人，不要听信读书人。为了敲醒那些自以为是的文人，朱元璋不惜用最难听的话讥刺他们。在他所写的《辟阿奉文》中，他讥讽这帮读书人的所作所为还不如唐代的女人有风骨。唐代的宫女在皇帝面前都敢说真话，可是这帮知识分子一个个活得唯唯诺诺，毫无骨气。朱元璋深知，士大夫的骨头再硬，也硬不过权力这块石头的打磨，也难怪他会在自己的体制里发出感慨："唐妇人，犹过今之儒者。"

虽然朱元璋越来越看轻读书人，但是他对读书人的防范戒备心理却丝毫没有放松。在任何场合，朱元璋都谦虚地称自己是"淮右布衣""江左布衣""起自田亩""出身寒微",显得十分豪爽坦率。但这些话只能由他自己来说,别人说不得。他也清楚,这些表面上恭顺有加的读书人最看不起他的地方,就是他曾经做过讨饭吃的乞丐,做过混饭吃的游方和尚,这也是他内心深处最大的一块历史疮疤。

做了皇帝,朱元璋的个人避忌进一步发展为广义上的避忌。洪武三年(1370年)禁止小民取名用天、国、君、臣、圣、神等字,洪武二十六年(1393年)榜文禁止百姓取名用太祖、圣孙、龙孙、黄孙、王孙、太叔、太兄、太弟、太史等字样。但凡"光""秃""僧"等与和尚沾边的字眼儿,都会犯禁忌。他是农民军起兵,不能听见别人在他面前提"贼"和"寇"二字。在血的教训之下,大臣们也慢慢知道了他的忌讳。尽管如此,朱元璋还是不放心,总是怀疑有些人在背地里拐弯抹角地骂他,于是将防区无限扩大。比如"生"字,因为音近乎"僧",在他看来就不怀好意;"则"字也很危险,因为"则"在淮西方言中发音与"贼"同。

因为这些秘密的敏感词儿,无数人人头落地。

翰林编修高启作诗:"小犬隔墙空吠影,夜深宫禁有谁来?"被腰斩。

御史张尚礼作诗:"梦中正得君王宠,却被黄鹂叫一声!"下狱死。

佥事陈养浩作诗:"城南有嫠妇,夜夜哭征夫。"被投入水中溺死。

兖州知府卢熊把"兖"错写成"衮",被他视为不敬,斩。

浙江府学教授林元亮作《谢增俸表》中有"作则垂宪","则"与"贼"同,被视为骂他起兵当过贼,斩。

北平府学训导赵伯宁作《长寿表》中有"垂子孙而作则",斩。

福州府学训导林伯璟作《贺冬表》中有"仪则天下",斩。

桂林府学训导蒋质作《正旦贺表》中有"建中作则",斩。

常州府学训导蒋镇作《正旦贺表》中有"睿性生智","生"与"僧"同,被视为骂他当过和尚,斩。

…… ……

朱元璋掀起的这场文字狱从洪武十七年(1384年),一直延续到洪武三十年(1397年),前后历经十三年。随着慢慢老去,朱元璋的性格发生了很大改变。尤其是人到晚年,身体越来越虚弱,再加上开国以来超强度的脑力劳动,很多时候他感觉力不从心,精神恍惚。他越来越听不得别人的意见,见不得不听话的大臣在他面前露出的嘴脸,情绪变得越来越难以控制。经过十多年的经营,朱明王朝的统治基础已经坚如磐石,知识分子已入彀中,无所逃遁。

他已经不需要在乎他们的任何想法,看他们的眼色行事,他可以通过收放自如的掌控方式来发泄自己的情绪。无节制的惩罚越来越多,无来由的屠戮也越来越密集。洪武年后期,那些稍有名气的文化人几乎都难逃一死。虽然死的人难以计数,可他们的死法却很整齐划一,不是陷入文字狱,就是被牵连进各种大狱。这其中最具代表性的人物应该是高启,他是"吴中四杰"之首,在当时的文坛很有影响力。洪武三年,朱元璋想任用他为户部侍郎,高启却推脱拒绝。朱元璋当时不但没有强迫他,反而赐予大量金帛放其归田里,一时传为佳话。

其实朱元璋这么做还是那个理由,大明初建,他这个新皇帝要向天下人摆出一副豁达大度的英主姿态,以便吸引更多的人才前来相投。虽然当时没有为难高启，但是在朱元璋心中早已种下芥蒂。他一面依靠这些儒家大臣，一面加强皇权专制。既要借儒道以自重，更害怕那些儒家弟子们持"道"压"势"，与皇权形成对抗之势。

洪武七年（1374年），高启因为一篇《上梁文》而遭到腰斩。起因是苏州知府魏观建造他的苏州治所的办公大楼，古代平常人家盖房子上大梁时，需要一篇像样的上梁文。时任苏州知府的魏观，便把高启这位隐居在此地的资深文人请出来挥墨献宝。这样一件看似平常的小事，却让朱元璋抓住了把柄。其一，魏观修建的知府治所选在了张士诚宫殿遗址，而张士诚正是朱元璋当年的死对头；其二，高启那篇《上梁文》里面，有"龙蟠虎踞"的字眼，犯了皇帝的大忌。"龙蟠虎踞"之地应该是像他这样的帝王才有资格待的地方，高启在这里将张士诚住过的地方也称"龙蟠虎踞"，简直大逆不道。朱元璋一气之下，杀了魏观，高启也受株连腰斩。

高启受刑时，朱元璋命人将现场的情况报于他知晓。他倒想看看这位不合作、不给他面子，多次动用诗文来讽刺他的文人如何面对自己生命消逝的最后一刻。据说，高启被腰斩后并没有立即死去，而是伏在地上用半截身子的力量，手指蘸着自己的鲜血，一连写了三个鲜红而又刺眼的"惨"字。当有人在朱元璋面前说起刑场上的这一幕，不知他的内心深处会做何感想。除了高启，"吴中四杰"中另外三位，杨基、张羽、徐贲也都没有落得一个好下场。其中杨基进入大明体制后，曾任山西按察使，后被谗削职，罚作劳役，最后死于工所；张羽官至太常丞，后获罪贬谪岭南，没走到半路就被召了回来，"自知不免，投龙江以死"；徐贲曾任给事中,后又任河南左布政使,出征边疆的明军路过河南,因为没有及时提供给养,而遭到下狱处死。

这时候的朱元璋已经不再需要用文化名人来装点自己的门面,他对他们的态度也由最初的信任和笼络,转变为屠戮与清洗。文人王行就因为给蓝玉当过家庭教师,待到蓝玉案发,父子二人也连坐而死。画家王蒙,曾经到胡惟庸家里看过画,等到胡案发后,也因为这些事受到连累,死在监狱里。宫廷画家赵原奉朱元璋的诏令画历史上的圣贤像,由于没有按照要求,受到严重惩罚。画家盛著奉命画天界寺影壁,出了些差错,他竟然在龙背上画了一只水母,惹得朱元璋大为恼火,将其抛尸街头。

据说,方孝孺在给好友的信中如此写道:"*近时海内知名之士,非贫困即死,不死即病。*"也就是说,当时的才能之士幸存者百无一二。不仅这些低级别的文官没有几个落得好下场,就连那些一直追随在朱元璋左右、功成名就的大知识分子,也很少能逃过劫难。朱元璋起兵后,第一批追随他的知识分子中最有名的当数李善长、陶凯、陶安三人。除陶安过早去世落了一个善终,李善长被满门抄斩,陶凯致仕后起了个号叫"耐久道人",朱元璋听说后极为讨厌,也找了个借口将其杀掉。第二批功劳最大的文士是刘基、宋濂。刘基罢官回乡,宋濂则因其孙宋慎的事,被牵连进胡惟庸案中流放外地,途中自缢于夔州。洪武一朝能够数得着的几大文臣,落得善终者寥寥无几。

朱元璋与知识分子之间的关系,始于热情延请,终于摧残屠戮。但这并不是朱元璋的独创,君王与读书人之间的博弈游戏在历史上不止一次地上演过。要天下臣民绝对服从皇帝是容易做到的,但是如果让他们心口一致地承认皇帝的金口玉言都是绝对真理,这就有很大的难度。更何况像朱元璋这样出身低微又没有文化的草根皇帝，即使这些读书人在表面上认同他，给予他足够的尊重，也让他难以平复内心的疑惑。

在朱元璋称帝之前，他考虑最多的还是生存与发展，在用人之际，他对文人士大夫保持了应有的礼貌，以显示自己礼贤下士的风度。等到开国以后，这些体制内的名士大儒摇身一变，成为他难以轻松面对的权力大佬。在表面上，朱元璋还是给予他们应有的尊重，言必称"先生"。比如在《慰刘基书》《谕刘基书》中，他称呼刘基为"老先生"，甚至用"元璋顿首奉书伯温老先生阁下"这样的客套话。双方都明白，那种和谐的场面再也不会出现了。朱元璋对文人士大夫的态度之所以发生改变，是因为这时候读书人的利用价值已经远远地小于他们所带来的风险值。他担心他们会暗中集结，凭借着他们高人一等的谋略和手段做出伤害大明以及朱家子孙的事。

## 4．民虽亲，却难贵

天气渐渐转暖，江南的春耕就开始了。二月初一是中和节，也是春耕的启动仪式。每年的这一天，朱元璋都要亲行躬耕，并象征性地赐给百姓五谷种子，以示奖励农桑。熟读历史的朱元璋深知，饥饿的农民是帝国最危险的敌人，而温饱的农民则是皇权最坚定的支持者。为了江山千秋万代，他必须重视老百姓的吃饭问题、减轻农民的负担，这是国家政治的重中之重。在朱元璋心中，有一整套理想的国家和社会模式。简而言之，那就是在强大国家机器的威慑和深厚儒家伦理的教化之下，创造一个男耕女织、民风朴厚、官员守法、富人谦抑的小农社会。从登基之日起，朱元璋就一直在为这个理想不知疲倦地努力着。

对于一个农业人口占绝大多数的庞大帝国而言，农业事关农民的温饱，农民的温饱则事关天下太平。朱元璋并不需要多么强大的想象力，就可以对此做出准确的判断。小农出身的朱元璋，对于农民在一个社会当中的脆弱性有着更为深切的体会，他们很难经得起任何社会波动的冲击。

### ——是乐土，还是险途

正所谓不当家不知柴米贵，江山易手，现如今的朱元璋成了当家人。前朝税赋之重他比谁的体会都深刻，如今轮到他坐了江山，才知道减轻百姓赋税说起来容易做起来有多难。供养知识分子需要花钱，供养武人需要花钱，安置皇室宗亲也需要花钱。这些钱都从哪里来？只能向民间征收。小民的艰难和困苦，是大明这个大帝国的一种宿命。所以要发展生产的重要性不言而喻，但发展不是只有权贵和富人发大财，就算富人和权贵吃大鱼大肉，但也要让穷人们有一口汤喝。如果他们连汤都喝不上，那就是竭泽而渔，弄到最后谁也没有肉吃没有汤喝。朱元璋一生都难以忘记淮河边那个不起眼的小乡村，如果不是因为他，那里只是中华大地上一个不知名的角落，在地图上都找不到它的位置。至正二十六年（1366年），当元军攻占濠州的消息传至南京。朱元璋每日忧心不已，这时候天下已有大半被他收入囊中，尽管如此，濠州陷落还是让他的精神世界受到重创。那一刻，他不由感慨："濠，吾家也，济如此，我有国无家可乎！"

一个月后，在朱元璋的催逼之下，红巾军又重新收复濠州。虽然军务紧急，可思乡之情还是让他难以自持，他回到了阔别十三年的故乡。见到昔日的乡亲,让他百感交集。就算是面对当年的仇人刘德,他也有如见亲人的感觉。要知道,在朱元璋父母去世后,他和哥哥曾经登门求他能够施舍一块坟地埋葬也无法得以实现。看着昔日的仇人跪在自己面前磕头如捣蒜,朱元璋感到从未有过的满足。尽管如此,朱元璋还是将其拉起,宽容了他。朱元璋说:"你不必如此,我不会计较。当年你所作的一切,也是人之常情,你又怎知道我朱元璋今日会成就大事。如果你知道今日,也不会那么做的。"

在离开家乡前,朱元璋宴请父老乡亲。他动情地说:

> 吾与诸父老不相见久矣!今还故乡,念父老乡人遭罹兵难以来,未遂生息,吾甚悯焉。

走在故乡的田野,路转溪桥、竹外桃花,朱元璋的心情从未有过的好,但这样的心情很快被一幅人力拉犁的画面破坏。老者在后面扶犁,青年夫妇和几个孩子在前面背着套绳,他们一律弯着腰,身子向前倾过去,和地面保持一个相对危险的距离。淮河两岸多硬质黏土,天一旱,地面就硬得像是一块石板,犁铧在上面划出浅浅的痕迹,而人只能艰难地向前使力。这样的画面让朱元璋心情黯淡,这一幕对他来说太熟悉不过了。江南地区的地租通常是四六分,如果佃户使用地主家的耕牛和农具,则地主取七成。还有些贫穷的佃户,连农具和种粮也要地主提供,则又要减去二成,这些人辛苦一年,最后只能得到一成。在这种情况下,他们只能用人力拉犁。对于这些贫苦农民来说,这样做也是一种无可奈何的选择,因为他们一无所有,只有力气和汗水。

贫瘠的土地和更贫瘠的脊梁，在朱元璋的眼里，那绝不是让他能够欣赏的风景，而是帝国的病灶。濠州这块土地贫瘠得本就长不出多少庄稼，又加上淮河泛滥，可谓十年九荒。朱元璋在此留下的记忆，除了痛苦还是痛苦。但是回到这里，朱元璋的内心还是感觉到温暖。或许这就是中国人一生都难以割舍的乡情，一个人在外面世界感受人性的冷酷，而故乡带来的永远是恬静与舒适。

野史记载，朱元璋即位后，对凤阳的乡亲"赐朱户"。也就是允许他们在茅屋外墙、门窗上涂上红色，不必纳粮当差，将他们视为皇亲国戚。因为自己落难时，曾蒙邻居季爸爸、王妈妈照顾，当了皇帝以后，命工部为他们造房屋，给他们的儿子安排工作，还把季爸爸、王妈妈带到南京宫殿，设宴款待。开国之后，朱元璋提出一个令天下臣民感到震惊的计划，那就是在凤阳建立中都。经过百万民工六年时间的艰苦打造，中都已初见规模。由于有匠人心怀不满，在宫殿的一些重要部位实施了"厌胜法"，他最后只好废弃这座耗费全国财力建造的新都。

洪武三年（1370年）初夏，天气大旱。朱元璋领着子女以及后妃，穿着麻衣草鞋从皇城步行十几里前往山川坛。他共有四十六个后妃，二十六个儿子和十六个公主。在历朝历代的帝王中，他算得上是一个生育能力旺盛之人。对于帝王来说，繁衍生息固然是头等大事。不过朱元璋怎么也不会想到，他的家族会在百年之后繁衍到八千多人。作为皇族成员，这些人都是由帝国的财政养活，有人曾经算过一笔账，养活朱明皇族所耗费的资本相当于全国三分之一的军费。朱元璋此行的目的只有一个，那就是为天下苍生祈雨，以缓解严酷的旱灾。历朝历代发生类似的灾情，那些有道君王都会选择在旱灾发生时举行祈雨活动。作为农民出身的朱元璋对天灾人祸有着更为深切的体验,所以他的做法并不仅仅只是演给天下臣民看的一场真人秀。

朱元璋登上祭坛后,敞开上身,像一尊罗汉似的盘坐于青石板上,将自己的身体曝晒于炎炎烈日之下。儿子们也都模仿他的做法虔诚地陪侍左右。马皇后带着后宫嫔妃,在祈祷现场临时搭砌的灶台上烧制农家饭。麦饭菽豆煮熟后,皇太子先捧过一碗给朱元璋品尝,然后一家人坐于烈日下吞咽粗糙的饭食。这种状态一直要持续三天,白天袒背曝晒,夜里原地和衣而卧。老天爷或许真的被朱元璋的诚心感动,居然下起了大雨,几个月的旱情得以缓解。

朱元璋来自贫民阶层,亲历田间农事,深知物力维艰,更了解民间疾苦。在他二十五岁以前,他对这个世界的认知可以用四个字来概括:饥寒交迫。在经历了从游民到帝王的身份转换以后,他考虑问题的方式也发生了变化。正应了那句话,存在决定意识。有人说,人性的欲望就是由空荡荡的胃传导给这个世界。像朱元璋这样一个处于社会底层家庭里的孩子,生来是以世界上最粗粝的粮食来填充胃肠。即使是这最粗糙的粮食,也是吃了上顿没下顿。灶上支起的那口破锅,一年到头也难见一回荤腥。这当然并不是朱元璋一家一户的状况,而是多数农民乱世里谋生存的最为常见的景状。

河南蒿县一个姓刘的典史入京朝觐,朱元璋见他身上穿着打了补丁的官服,心里很是高兴。他说:"官员们往往为了锦衣美食去侵害百姓,像这个蒿县典史如此贫寒,居官能不清廉吗?"朱元璋命赐予布帛,以资鼓励。对那些衣着华丽的人,朱元璋则完全是另一种态度。一日,他在奉天门外见着一个散骑舍人穿着一身华美服装，就问他置办这件衣裳花了多少钱。对方满不在乎地回答，不贵，只用了五百贯。朱元璋闻言大怒，当场训斥道："尔不闻农桑勤苦，置一衣乃至五百贯，此农民数口之家一年的过活。骄奢如此，岂不是暴殄天物！"

朱元璋经常对大臣们说：

> 节俭二字，不但为治天下者所当守，治家者亦宜守之。尔等岁禄有限，若日用无穷，费用过度，何从办集？侵牟公帑，剥削百姓，皆源于此。

少年时的生活经历深深地影响了朱元璋当政后的治国理念，他生来是一个赤贫者，是最接近社会底层的人，遭受过人间最为惨烈的困苦。他曾不止一次地在大臣面前念叨，自己在乡下时，经常会看到官吏饮酒作乐、不务正业、欺压百姓，闹灾时下乡放赈的官员会公然把救济粮贱价卖给大户。对佃户的租子，他们会千方百计搜刮盘剥，这些人这些事让人可恨。每每想到那一幕幕的过往岁月，朱元璋的心里就会升腾起愤怒之火，恨不得拔刀杀了那些人。老百姓的生活没有更好的选择，一年辛苦到头，种庄稼、纺织布匹，忙到最后的微薄收入也只能用来抵债。田地里所种的庄稼还没收割，机杼上所织的布匹还没取下，就已经不属于自己了。他们一年到头穿的是破衣，吃的是粗粮，做的是最为艰苦的劳动。

朱元璋把亲身经历的这些场景、眼里看到的这些东西都深深地烙在自己的心里，融进他的治国理念。当了皇帝的朱元璋，始终没有忘记当初身为农民的悲苦岁月。或许正因为如此，他尤其痛恨那些寄生虫似的贪官污吏，可以说是一种刻骨的偏见与仇恨。

朱元璋是在乡村生活中长大，在他的执政理想中，最幸福的农民生活应该是男耕女织、丰衣足食，而不是一遇到天灾人祸就家破人亡。开国不久，朱元璋就对大臣们发过一段警示之语："天下刚刚稳定，老百姓财力都很困难，因为打仗，让他们损失严重。这就像小鸟要飞的时候，你不能拔它的羽毛，树刚栽下，你不能乱摇晃它，你不能动它的根。靠什么来做到这一点呢？靠廉洁，靠禁止贪暴，要爱惜百姓，让他们能够休养生息。"在取得政权、一统天下之初，朱元璋经常下令免征一些地区的粮税。他也曾在享受帝王尊荣的时刻，突然想起父母当年吃糠咽菜的苦难岁月，这时候他会无法自控放声大哭。

　　按照皇家传统，皇帝生日这一天应该是万寿节。遵循帝国礼仪制度，文武百官都要在正殿举行朝贺，如果赶上皇帝心情好的话，百官还可以齐聚一堂享受帝王寿宴，拿到一个大大的红包。如此群臣欢宴的场面让朱元璋极为反感，他实在无法接受这种奢靡之风，连续十几年都拒绝行此典礼。修建皇宫时，朱元璋下令将所有雕琢奇丽奢华的设计取消，多用一些庄重简朴的图画。妃嫔住处的墙壁与屏风全画上稼穑图，太子东宫的整面墙上要画上朱元璋的个人生平事迹图。在皇帝的起居办公殿堂内，全是用朱笔写的治世格言，一字一句令人警醒。宫廷内部的空地上，不建亭台楼阁，只建园圃，栽种应时蔬菜，在政事闲暇的时候，自己时常来到这里看太监宫女汲水灌园、捉虫除草。车、舆、用具该用金银装饰的，全都改用铜。在朱元璋看来，忘记自己的布衣身份，意味着背祖叛宗，是一种天大的罪过，是会遭到天谴的。如果今日的朱元璋还是农民，那么他应该是一个克勤克俭之人，因为他生来就成长于一个勤劳本分的农家。年轻时候的痛苦、父母一生的凄惨,给他留下的印象过于深刻,挥之不去。

大明王朝建立不久,全国很多地方都遭受了旱灾。这让朱元璋想起至正四年(1344年)前后,大旱连年、瘟疫不断的可怕情景。朱元璋祭告父母亡灵,请求他们在天能够护佑自己。想到父母在时,自己没有机会尽一天的孝道,他的内心会隐隐作痛。而今父母已不在人间,自己就是贵有天下、富有四海,也难以弥补子欲养而亲不待的遗憾。如今他也只能通过这种外在形式,使自己的内心得到一时的宽慰。

除了按照传统的礼制在宫城外建立太庙,每逢初一,摆上新鲜的食品供奉祖先之外,朱元璋还在宫城内建了一座奉先殿,专门用来供奉朱家的列祖列宗。每天早晚,他都会率领诸子亲王前往此处拜祭,皇后则带领各宫嫔妃按时供膳,如同侍奉生者。朱元璋亲自撰写祭文,每日早晚各两次面向苍天诵读。祭文大致内容是:虽然儿子有过错,但当年二老吃草根、糙米的艰难始终不敢忘记。今日,儿臣愿意率领妻妾在半月内吃草根、野菜、粗饭,与百姓共甘苦,以反省上天的谴责,并为天下百姓祈福。青少年是一个人精神世界发展至关重要的时期,而在那个时期,朱元璋所能接触到的外界资源实在是少得可怜。如果不是元末纷乱的时局将他颠簸出原来的生活轨迹,朱元璋这一生将会被牢牢锁定在那块贫瘠的土地上。

在乡村社会里,不仅有浓厚的人情,有田园风光,也有愚昧、野蛮与懦弱,有对权力的盲目崇拜和顺从。就在社会最底层的摸爬滚打中,底层文化精神全方位地渗透进他的身心。而随着命运神奇的改变,赤贫出身的朱元璋登上皇位,因此不可避免地将自己性格中的贫困文化因子更为广泛深刻地传播到整个国家和民族精神里面。朱元璋的一举一动都受着农民思维方式的牢牢制约，在他的治国大政方针里，可以清晰地分辨出淮河南岸那个小村庄的贫困文化的精神印记。由于出身贫苦，幼时受过许多苦难，朱元璋在登上皇位后便把自己当做贫困农民的代表，就连下诏书的时候，自己也免不了要表白一番：

  朕本农夫，深知民间疾苦。朕本农夫，深知稼穑艰难。

  这种特殊的生活经历和思想境界，决定了朱元璋和农民的关系。如果说他与其他帝王最大的不同之处在哪里，应该在于他一生对农业特别关注，对农村特别了解，对农民特别同情。他的一切与农民有关的感叹都发自由衷，如同一个老农站在自家的田间地头，感叹这一年的收成。

  四海苍生，皆吾赤子，爱念之意，旦暮不忘。
  食惟民之天，民乃邦之本，一视同仁，皆吾赤子。

  朱元璋总是不厌其烦地在皇子和大臣们面前唠叨："四民之中，农民是最累最苦的。春天鸡一叫就要起床，赶牛下田耕种，插下秧子得除草、得施肥，大太阳里晒得汗直流，劳碌得不成人样。好容易巴到收割，完租纳税之外，剩不下一丁点儿。万一碰上水旱虫蝗灾荒，全家着急，毫无办法。可是国家的赋税全是农民出的，当差做工也是农民的事……"

  称帝前不久，朱元璋曾经带着太子朱标来到南京郊外农民家中茅草屋里，与农家同吃同住，体会农民生活的艰苦。回宫之后，朱元璋问太子此行有着怎样的感受，太子自然是心有戚然。朱元璋告诉他，当年他们老朱家的艰困程度十倍百倍于这样的家庭。农民四季劳苦、粗衣恶食，国家钱粮全靠他们供给，你要记住君主的责任，不可忘记他们的饥寒。否则，于心何忍？他们老朱家当年连最基本的生产资料都没有，所以他更能够感受农民生活之不易。他不允许在自己的王朝里，利益者随便浪费物力财力。他们所挥霍的是民脂民膏，是老百姓一点一滴攒起来的。

当了皇帝以后，朱元璋在吃穿方面都不太讲究。南京这个地方夏天非常热，朱元璋到各个衙门去视察的时候，通常会搞得汗流浃背。这时候，旁边随从就会给他拿着衣裳，这件湿了然后换另一件。或许是旁边的官员看朱皇帝换下来的衣裳没有一件是新的，就在私下里议论。这样的话传到朱元璋的耳朵里，他并不以为耻，反而认为自己为官员做出了榜样。朱元璋告诉他们，虽然他今天已经富有四海，但是他不能放松对自己的要求，要更加管束好自己的内心。朱元璋经历过最底层的生活，所以能够体会百姓的疾苦。你们给朕记住，在朕的王朝，奢侈与腐化是当权者最大的犯罪，朕绝不允许官员有此恶念恶行。

朱元璋还说，自己虽然是朱明王朝的皇帝，但是在铺张浪费这件事上，他也没有任何特权。皇帝的嗜好至关重要，往往会引领社会风气。楚王好细腰，会饿死天下多少好姑娘。崇尚节俭，能够滋养一个人的品性，如果崇尚奢侈糜烂的生活，整个社会肯定会走向道德败坏，君臣也会跟着腐化堕落。

开国之初，湖广官员千里迢迢跑到南京向皇家进献竹席，朱元璋怕就此打开进奉之风，下令全部将其退回。后来金华又进贡香米，虽然他也觉得香米的确好吃，但是接受进奉会给地方百姓增加负担，朱元璋也禁止了。朱元璋在后宫的园林中辟了几十亩地用来种庄稼，每当耕耘收获季节，他都会带后妃和皇子们亲往观看。朱元璋不太喜欢饮酒，虽然能喝一点点葡萄酒，但是没有酒瘾，更没有酒量。起初太原进贡一种葡萄酒，他下令不要再进贡了。山西潞州进贡人参，也被他取缔了。他认为采人参要冒很大的风险，这么做实在是劳民之事。国家的职责在于养民，不能因为皇家的挥霍享用而劳民。

洪武七年（1374年），西番酋长进贡葡萄酒，朱元璋赏赐给酋长一些绸缎衣物，但是把酒退了回去，让他们从今以后不要再进贡。他对中书省官员说："饮食衣服平常够用就行了，额外的追求只会带来无穷的祸害。元朝时期，西域进贡葡萄酒，使者络绎不绝，沿途百姓饱受痛苦，朕岂能再以此殃民。"回族商人进贡一种香料叫阿剌吉，汉语叫蔷薇露，说是能够治疗心病，还可以调制香粉。朱元璋也予以拒绝，他说："中国治心病的药物很多，这种东西不过是修饰容颜的，用它只能助长奢侈之心。"

有一次在宫里，他看见几个宫女往地上扔了一缕丝线，就将她们喊到面前，问她们这是谁扔的。并警告她们，这是老百姓的血汗，下次如果再扔，重罚不饶。还有一次，朱元璋看见两个宦官穿着新鞋，下着雨踩着泥水，毫不爱惜。他警告他们，这样不爱护老百姓提供的衣服、鞋子，是一种犯罪。老百姓的血汗不能让你们随便糟蹋，下次再犯，重责不饶。

朱元璋在生活中所表现出来的节俭，固然有开国君王的政治秀成分，但更多是与他的穷苦出身有着很大关系。朱元璋身上具有倔强难制的性格，以及超乎常人的约束力。其实他的治国理念，除了对待官员的铁血一面，还有对待老百姓温情的一面，他真的不愿意浪费民力和钱财。

洪武九年（1376年），山东日照知县马亮三年考满，州官给他写的考核评语是："无课农兴学之绩，而长于督运。"这个马亮出身于商业世家，是一个颇有才华的年轻人。他并不是通过科举进入洪武体制内的，而是经过县、府、州层层推举，然后被朱元璋钦点为日照知县。

知县的首要任务是无条件执行朝廷颁布的休养生息政策，抓好农业生产。可这个马亮上任后，一门心思想调整到督运部门工作。督运是朝廷的重要经济部门，主要管理全国商业。马亮上任后，或许是为了表现自己的才能，他频频插手日照督运部门，把工作重点放在商业发展上，做了不少大事儿。朱元璋在获知马亮的事迹后，特批道："农桑衣食之本，学校风化之源，当县令者首先务此两样。该县令不知务此，而曰长于督运，是弃本而务末，岂其职哉？"也就是说，当县令不发展农业，不兴办教育，只擅长督运，是本末倒置，万万不可取。

朱元璋对洪武年间的官场规则还是了若指掌的，督运是朝廷的经济部门，如果一个官员能够谋得此处当差，发财是轻而易举的事，而县令则是苦差事。州官给马亮写了这道评语，目的很明确，也就是希望能够将他改为督运官，每天吃香喝辣享清福。朱元璋既痛恨那些跑官要官之人，更痛恨地方官员不懂农业与教育，一天到晚只想着得好处、捞钱财。马亮的这一做法，让朱元璋大为不满，以渎职罪将其革职，且永不叙用。

整个官场并没有因为马亮事件而有所改观，扰农事件还是屡有发生。作为农民出身的皇帝，朱元璋比谁都明白：一个王朝政权的稳定，往往取决于农业社会的祥和安静，毕竟在这个古老的国度里，农民的比例要占去百分之九十以上。任何与农民过不去的举动，都可以视为与整个大明王朝为敌。朱元璋和智囊团的那些高参对于开国后的未来社会不可能提出新的理想方案与新的设计，他们所向往的还是恢复被元朝统治者和战乱所破坏的小农经济。

小农经济是一种自给自足的自然经济，在没有激烈的兼并、没有巨大的社会动荡的破坏，尤其是统治者不对它们做过多的干扰的情况下，它基本上能够保持一种稳定性。如果上层建筑能够与其发展相匹配，它也不会自发地与政权对抗。更何况，小农的分散性及其生产规模的狭小和个人拥有财富过少也形成不了与政权对抗的力量。

在分配帝国利益这块大蛋糕时，朱元璋首先将农民的利益放在第一位。与对待官员的严刑峻法不同，对于农民，他始终给予特殊的关照。自己本身就是一个农民，农民所向往的"理想国"正是他这个农民皇帝的奋斗所在。就个人而言，朱元璋登上皇位已经达到了个体生命的巅峰。但是作为一个君王，他的心中还有一个可以触摸的目标与理想，那就是建立一个平等俭朴、富足安乐的农业社会。

早年的卑微出身，使得朱元璋深深体会到一个小民要想在这块土地上扎下根所要付出的痛苦与艰辛。在当了皇帝之后，他曾经不止一次地在官员面前说："朕为天下主，凡吾民有不得其所者，皆朕之责。"朱元璋这是在往自己身上揽责任，他说自己是天下之主，凡是老百姓吃不上饭、住不上房，都是他这个做皇帝的责任，他没让老百姓过上好日子。或许是长期生活于社会最底层的缘故，朱元璋执政时期有两大特色：一是对农民疾苦的无比同情；

二是对豪民和暴吏的刻骨仇恨。他将"安民为本"作为自己施政的中心要务。每遇灾荒之年,他就像是一个靠天收的农民那样变得焦躁难安,少年时的灾荒记忆牢牢地刻在他的脑海里。相比较而言,朱元璋可以说是历史上对灾荒认识最为深刻的一位君主。

他将民心视为天命所在,将民心视为朱明王朝能不能维持长久统治的根本。历史上那些短命王朝为什么会那么快就走到灭亡的境地,究其原因,还是失去民心。正因为如此,朱元璋才会由衷地发出感叹:"天命去留,人心向背,皆决于此,甚可畏也。"

洪武五年(1372年)腊月的一天,朱元璋在南京的三山门看见几个农夫,他们在护城河里的冰水中一边蹚水一边用手在浑水里摸,当时的南京已经冰冷刺骨。朱元璋问身边随行的官员,这么冷的天这些农夫在水里摸什么,是在捞东西吗?身边人回答朱元璋,这些农夫在这里是给官府做工,可是督工的官吏把他们的锄头扔到水里去了。一定是农民得罪了那些督工的官员,督工的官员才会如此惩罚。可是工具对于这些农民工来说,好比战士的武器。正因为如此,这些农夫才会冒着严寒在冰水里捞工具。

朱元璋听了,不禁打了个冷战。然后派人去把那些整治农民的督工官吏叫来,痛打了他们一顿,并告诉他们自己为什么要责罚他们。这些农民离开自己的土地,来到这里服役。在如此恶劣的环境下劳作,手脚都皲裂了,你们不但不同情他们,还把他们的工具扔到冰冷的水中,你们怎会如此狠心?要是这些农民是你们的父兄,你们也会如此对待他们吗?

朱元璋命这些人赶快去为他们打捞,并且赏给农夫一些锄头和工具。他对当时的随行官员汪广洋说:"像这样的数九寒天,我们穿着裘皮还觉得冷,可是农民还在做工,他们吃不饱穿不暖,非常可怜。"朱元璋下令，南京所有服役的农夫一律停役，放假回家。此情此景，难免会让朱元璋想起寒微之时，那些遭遇兵荒饥馑、靠野菜度日的苦难岁月。即使已经贵为天子，富有天下，也不曾忘怀。他做出规定："凡是地方发生水旱灾害，地方官员不及时上报的，如有老百姓来申诉，我将对官员处以极刑。"

因为瞒报灾情及赈灾不力，朱元璋杀了不少官员。他平时对下属极不放心，要求事事都要向他请示而后执行，只有在救济灾民这件事上，他们才可以先采取行动后向他汇报。朱元璋曾经认真地算过一笔账：整个洪武年间，赈灾所赐布、钞数百万，米百余万，所蠲租税无数。除了这些应急措施，朝廷还建立起制度化的福利救济设施，这些福利从一定程度上解决了前朝依靠个人力量无法解决的生老病死等困难。

严格说来，朱元璋应该算是古往今来第一个"农民皇帝"，虽然他当初以开创大汉王朝的刘邦为自己人生的奋斗榜样，但是他与刘邦有着很大的区别。刘邦不能算是一个纯粹的农民，他只能算是一个民间社会的流氓式人物，更何况他还有一个泗水亭长的职位。

朱元璋一生都没有改变自己身上的农民本色和农民作风。在许多日常细节里，他会为提升农民的社会地位，改变他们贫困的生活而处心积虑。在内心世界，朱元璋总有一种感觉，帮助他们就能够在冥冥之中改变当年父母兄弟的生存状态。

朱元璋语重心长地告诉那些大臣，他说："昔日，在民间看到那些饥寒交迫的鳏寡孤独、老弱病残，心里常常会产生一种厌世的情绪，恨不得能够马上替他们去死。战乱年代，见到这种情形时，也是同样心生恻然。如今，我代天治民，若天下还有流离失所的人,那就不但有悖于自己拯救百姓的愿望,也没有尽到代天的责任。你们务必要体会我的心情,要好好安置那些贫苦无告的人,不可使天下还有这样的人。"

在《大诰续编》里,朱元璋曾经反复向各级官吏们灌输一个理念——官不扰民。在他的意识里,官民之间如果发生矛盾,责任一方在官而不在民。正因为如此,一旦发生官民冲突,朱元璋的惩治手段只会用来对付体制内的官员而不是平民。各司府州县,如果遇到公务需要差遣平民,官吏只允许拿差牌到平民家中去传唤。如果传唤三次不到,才准许派皂隶去捉拿。捉来之后,必须询问他为什么没来。朱元璋担心这些农民可能只有夫妻二人,为了生计而出门劳作,或有急事不在家中,如果是这样,就不是农民的罪过。如果对他们加罪,就是在虐待农民。

每每回想起三十年前,父母生病无钱救治的悲惨情景,朱元璋都会心如刀绞。正因为如此,在社会平民阶层中,朱元璋尤其厚爱那些挣扎在贫困线下的孤寡老人。作为社会上的弱势群体,老人更需要来自朝廷的优抚和安置。他先后出台过养济院、漏泽园和惠民药局三大福利政策,用于解决民生问题。

朱元璋做过流浪汉,对于那些无家可归者的疾苦深有体会。养济院用来收留城市中的孤寡老人和赤贫者,每月给米三斗、薪二十斤、冬夏布一匹,小孩子则给以上数量的三分之二。以至于许多生活并不贫困的骗子,也假装穷人被收留进来,且赖在里面不走。漏泽园用来埋葬那些死后无钱无地安葬的老人。惠民药局用来收留那些有病而无钱医治者,免费给予医药治疗。

大才子解缙曾经给朱元璋提供了一幅完美的太平图景——《献太平十策》,他是根据《周礼》的记载描绘的。过失相规,出入相友,守望相助,疾病相扶持。这幅美好的图景虽然与朱元璋的理想国相一致,但是他比谁都清楚,过于理想化的世界是根本不存在的。他也只能结合实际生活,加以修正完善。

### ——最后的乌托邦

洪武元年(1368年),刚刚登基的朱元璋曾经与刘基有过这样一段对话:

朱元璋问刘基:"如今,天下已平定,我应该怎样治理这个国家?怎样对待天下百姓?"

刘基回答道:"两个字就可以解决陛下的心头所忧,那就是'宽仁',对待老百姓要宽仁,国家要实行宽仁的政策。"

刘基的话固然有一定的道理,可是朱元璋却对此持保留意见,因为一味地实施"宽仁"与他的治国理念还是有些出入的。这些年来,他跟着这帮书生读庄、读孔,但老庄之学、孔孟之道,入得了脑,可实在无法入他的心。这宫墙内外也不乏道观庙宇,可是身为君主,他又不能领着一帮皇亲贵族天天沉溺于此。他知道,他和他的继承人们无法成道、成佛,至于能不能成儒,也只能另当别论。

回到现实,他面对的还是这么一大摊子麻烦事。在他看来,一个君王不想着去施恩惠,只是在那里空谈宽仁,是没有任何用的。宽仁是什么?它是建立在有利于民生、体恤民力的基础上。如果不能做到勤俭治国,老百姓就会贫穷;如果不能够体恤民力,老百姓就会怨声载道;国家不实行教化,老百姓就会不知道礼义;如果不禁贪暴,就会失信于民。舍此而言宽仁,是徒有其名,老百姓并没有真正得到实惠。

在与刘伯温谈话之后，朱元璋与时任中书省长官的胡惟庸也有过一次类似的对话。朱元璋说：

> 天下一家，民犹一体，有不得其居所者，朕常思如何安养之。昔吾在民间，目击小民之苦，鳏寡孤独饥寒困顿之人，常自厌生，恨不即死。吾每见此状，心常凄恻。故吾躬提军旅，誓清四海，以安百姓。今朕代天理世已数年，若天下之民有流离失所者，非惟更改朕之初衷，于代天行道，亦不工耳。其令天下郡县，查访穷民无靠者，月给以衣食；贫困无依者，给以屋舍。

原来当皇帝也没有那么难，朴素的道理连大字不识的农民都知道。一个君王不需要苦心经营，只要愿意去做，就可以得到想要的结果。这一刻，朱元璋似乎悟出了治国的真义。记得那年，他们老朱家断粮已有半个月，父亲朱五四去地主刘德家借粮，结果被羞辱得恨不得一头撞死。哪怕刘德当时将家里喂牲畜的粮食施舍他们一些，爹娘也不至于在那场大饥荒中饿死。那些有钱的大户没有一个是心怀慈悲的，在那饥荒年月，他们会眼睁睁地看着你饿死路旁而见死不救，尽管他们的餐桌上有吃不完的大鱼大肉。朱元璋一心想要打造一个天下大同、人人均等的国家，以实现耕者有其田、居者有其屋的理想社会。天下百姓听到朱元璋这句话，岂能不欢欣鼓舞。自古以来，农民始终是这个社会的弱势群体，而农民中的鳏寡无助者，则是弱势群体中的弱势，朱元璋倡导要让这样一些人享受到发展的成果。

朱元璋曾经对官员们说："富民多豪强，故元时，此辈欺凌小民，武断乡曲，人受其害。"那些富民往往利用制度上的漏洞，勾结官府欺压良善。对于富民，朱元璋始终怀有一种敌意，在这一点上他无法欺骗自己。为富者多不仁，他总是不由自主地将少年时的生活经验和自己的治国理念纠缠一处。

洪武二年（1369年）二月，朱元璋把浙西的富民召到身边训诫了一番。朱元璋诘问，你们能够在乡里收受田租安享清福，知道是什么原因吗？古人说，人人都想享福，如果没有人管理，这天下就乱了。如果天下无人管理，就会造成恃强凌弱、以众欺寡的局面，你们这些富人不能安享清福，贫苦百姓连生活也无法保证。今天为你们立法定制，只要你们安守本分、遵守法律，就能够保护你们的身家和财富。你们不要欺负弱小，不要兼并穷人的田地房产，不要虐待小孩，不要欺负老年人，要孝敬父兄，要和睦亲族，要周给贫乏，对那些贫困的人给予帮助，在乡里不要胡作非为，要和气，要谦逊，这样才是一个良民。如果还像以前那样胡作非为，就不是良民了。

除了将那些有钱人强行迁徙之外，朱元璋还借着几次兴起的大案，将矛头指向民间社会的豪民巨室。江南地区富庶，那里的大地主也多，自然成为朱元璋重点打击的目标。凡被牵连者，多被抄家杀头；发展到最后，中等收入以上家庭，基本上也都破产了。

对于豪宗大族特别是江南地区的富农，朱元璋所采取的手段是严酷无比的。对这一群体的反复打击是前朝从未有过的。打击对象主要集中于那些气焰嚣张的地方豪强，虽然手段偏激了些，但实际效果却是明显的。贫富差距逐步缩小，社会趋于稳定，遏止了土地兼并。

朱元璋的骨子里始终住着一个小农，其中存在着小农社会的平均主义理想，而对于地主豪强的打击，使得那些阻碍皇帝实现政治理想的绊脚石被一一清除。倘若朱元璋的青少年时期不曾经历过那样的苦难，就没有人会相信像他这样一个杀人如麻的铁血帝王能有如此温暖的情怀。

朱元璋是农民的儿子，他由衷地希望自己治下的农民能够过上安静富足的生活。为此，他充满理想地精心设计帝国最基层的乡村生活模式：帝国的所有农民，都应该全心全意地致力于生产劳动，通过男耕女织的诚实劳动，缴纳皇粮——完成向帝国财政贡献赋税并获取生活的来源，成为大明王朝最忠实的良民。

在朱元璋的国度里，他容不下那些游手好闲和无事生非者。他认为，这些人必须为自己的放纵无度付出惨痛的代价。为此，他在全国每个乡村都设立旌善亭与申明亭各一座。旌善亭用来表彰良民及其令人称道的善行义举，他们的名字和好人好事将被写在亭中，以此张扬人心向善。申明亭则是处理村中纠纷的场所，举凡婚姻、财产、争占、失火、盗窃、骂人、斗殴、钱债、赌博、擅食田园瓜果、六畜践食禾稼、亵渎神明等，都要在此由年高望重者予以仲裁。审理仲裁中，老人可以酌情使用竹篦荆条等抽打案犯，但不许设置牢狱监禁。白天审问，晚上必须放回去，第二天可以接着再审。而那些行为不检者的名字及其坏人坏事，也会被写于亭中，以此警醒后来者。

每年的正月和十月，全国各地的乡村都要举行两次全体村民大会餐，名曰乡饮。在那个时间里，全体村民都会在进餐之前，聆听年高望重者发表训词报告和宣读朝廷最新颁布的法令文件，而所有行为不轨者也会在这里接受批评教育。其中屡教不改及态度恶劣的人，会被定为"顽民"，扭送官府接受强制教育，甚至他们的家属，也会被发配或者充军到边远地区。而那些被推举出来主持工作的年高望重者，没有很好地履行自己应尽的职责，他们也会受到惩罚，严重者同样会被发配或者充军边疆。

朱元璋同时规定，上述惩恶扬善暨乡村自治的过程，均不许政府官员干预。不论惩恶，还是扬善，官员的职责就是如实向朱元璋报告。如果朱元璋得知地方官员有干预乡村之事，涉事官员将会受到严厉惩处。这种双轨报告机制，能让各级官员处于一种自控状态。朱元璋要求，全国每个村庄都要在中央位置摆放一面鼓。每到农忙时节，需指定专门人员于清晨五更时分擂鼓，令人们黎明即起，下田耕作。这个工作，一般都是由老人负责。那些懒惰不愿意下田的人，由老人督责。若老人没有尽职就会导致懒汉生活困窘，从而铤而走险为非作歹，被官府抓到了，则老人有罪，将会受到惩罚。

朱元璋虽然没有治国理政的经验，但是他早年所处的阶层是人口占绝大多数的贫民阶层。一个皇帝要想天下太平，首先就要让这一阶层的民众过上有饭吃有衣穿的生活。如果当年的他能够混上一口饭吃，是绝对不会去干造反之事。为了使农民能够安居乐业，朱元璋对他们的生产与生活做了相当细致入微的考虑与安排。

他要打造一个人人有饭吃、有衣穿的平均化理想国，每一个成员有着接近的财富，人与人之间不会盘剥，不会相互倾轧，更不会大鱼吃小鱼似的融合。每个人安心于自己的一亩三分地，他们没有非分的要求，更不会自发组织起来。朱元璋在诏令中规定：如今天下已经太平，老百姓除了按照自己的本分交公粮和当差之外，并没有其他的麻烦。因此，你们务必要用心打理自己分内之事，做到丰衣足食。

朱元璋当时还做出一项规定，要求每家农户必须按照一定数量与比例栽种桑、枣、柿和棉花。其中，枣、柿是用来解决农民的零花钱问题并在灾年帮助他们渡过饥荒的。而另外两项——桑与棉，则对大明经济产生了极为深远的影响。此事对老百姓有好处，乡村里甲老人务必要经常监督检查。若胆敢违背，全家流放边疆。松江府（上海松江）治下，这里曾经是朱元璋的死敌张士诚的地盘。朱元璋一直对当地老百姓拥护张士诚的做法耿耿于怀，他甚至曾经产生过"屠其民"的念头。后来虽然放弃了这个想法，但一直心存芥蒂。也正因为如此，等到开国后，他将苏州、松江地区作为高额赋税区。如此沉重的负担，仅靠土地种粮已经无法支撑。那些心灵手巧的苏州人就开始向丝绸发展，苏州由此成为全国丝绸制品中心。聪明能干的松江人则向棉制品进军，进而形成了松江棉制品"衣被天下"的局面。

至此，朱元璋在乡村建设所倾注的心血，已经算是尽心竭力。但是作为一个皇帝，他认为自己做得还远远不够。他还将继续沿着这条道路往前走，他要让天下人知道，什么才是帝王心思。

晋王府的致仕官员长史桂彦良曾经上书朱元璋，提出了一个《太平治要》。其中第一条就说"法天道"，具体内容是："天下以人心为本，人心所在即天命所在，故善治天下者必上承天命，下顺人心。民之所好好之，民之所恶恶之。"

大明开国后，朱元璋采取了极为严厉的措施整治那些贪官污吏，整治官僚队伍。他这么做，并不仅仅是为了表现自己的爱民之意，也是为了保证他的朱明王朝能够传之久远。在他看来，如果一个王朝的体制内养的都是贪官污吏，这天下又怎能实现长治久安？

早在北伐元朝时期，朱元璋就曾经在他那篇著名的讨元檄文中向天下人承诺，自己起兵为的是"陈纲立纪"。何谓"陈纲立纪"，也就是建立制度、规范秩序。这闹哄哄的天下，若是人心失了规范，礼仪失了尊卑，道德失去标准，那么这天下还是太平之乡吗？正因为如此，他在洪武初年就提出先正纲纪、纲纪先礼。洪武年的制度建设，不仅局限于官僚队伍，更主要指向民间乡里。对于民间而言，恢复纲常秩序，就是推行礼仪教化。在朱元璋看来，礼仪教化事关国家政权的安危。元朝为什么会走向败亡，就是因为没有抓好礼仪建设。他说，元氏昏乱，纪纲不立，主荒臣专，威福下移，由是法度不行，人心涣散，遂致天下骚乱。

洪武初年，朱元璋将大部分精力都用在礼仪建设这项工作中。先后制定了《大明集礼》《洪武礼制》《皇朝礼制》《大明礼制》《法制节文》等各项制度。他的这些礼仪制度，有力地推动了教育的发展。驯化人的精神要比控制一个人的身体更难，也更有效。想想也是好笑，大字不识几个的半文盲，居然在他的国度里，教育得到了飞速的发展。全国上下"无地而不设之学，无人而不纳之教"。他还将"首重农桑、学校"写进了大明治国纲领之中。他对诸皇子的教育特别看重，在宫中专门建大本堂，贮藏古今典籍，同时征聘天下名士大儒来教育太子和诸王。在中央设立了国学，或称国子学、太学，府、州、县，各级地方也都有学校，一直到边远的地方，没有例外。在校的学生不仅要学习朱元璋亲自把关编订的四书五经，还要学习《大明律》。

洪武十八年，朱元璋整理发布了《大诰》，在全国范围内进行一次普遍的法制教育，用血淋淋的案例警戒天下臣民。同时他还编著了《大诰续编》《大诰三编》《大诰武臣》等姊妹篇，用以教育官员和百姓。这些书都是朱元璋亲自编写的，为了让天下臣民能够原汁原味地接受他的思想，书中文字都是朱元璋平日使用的凤阳方言。一时之间，全国上下，每家每户都要有一本，人人都要学习书中内容。同时规定，官府对违反法纪的人进行处罚，凡是家里藏有《大诰》的，可以罪减一等，没有《大诰》的就罪加一等。教书先生要将这些书作为教材使用。有一年，朱元璋诏令天下讲读大诰的师生进京接受他这个皇帝的赏赐，将近二十万名师生在这一年蜂拥进入南京城。

朱元璋告诉他们，自己编写这些案例不是吓唬他们，更不是为了限制他们的自由，而是出于对他们爱护，使他们了解趋吉避凶之道。他们知道什么是法律不允许的，就可以不犯法，就可以保护自己。天下哪有绝对的自由，连做皇帝都是不自由的，何况是那些这些处于社会底层的农民。

也有人说，朱元璋编写的这些书毫无意义，只是吓唬人的玩意。现实情况却并非如此，由于《大诰》的推广和学习，民间社会的犯罪率大幅降低。那些在《大诰》里记载的各项严刑峻法都未曾轻易使用。如果一个罪犯家里藏有《大诰》，那么他就可以罪减一等。发展到后来，官府衙门对当事人进行处罚的时候，也就不再询问当事人是否藏有《大诰》，而是一律按家里藏有《大诰》减刑去罪。

为了把教化推行到乡里，朱元璋还弄了一个《教民榜文》，也就是教育百姓的榜文，通过大面积地张贴、宣传，让老百姓普遍知道《教民榜文》的内容，榜文并不复杂，只有短短的六句话："孝顺父母、尊敬长上、和睦乡里、教训子孙、各安生理、毋作非为。"

这张《教民榜文》不仅要张贴在村子最显眼之处，还要进行宣讲。宣讲之人手持木铎，嘴里呼喊着《教民榜文》，这种仪式每月不下于六次。天地如牢笼，何处得自由？朱元璋要使整个社会的底部成为一个碗底式的牢笼，让活泼泼的社会变成一潭死水，让整个社会成为高度刚性的板状结构。所谓的帝国底部，也就是那些占人口绝大多数的农民、工匠即手工业者和小商贩而言。朱元璋本人就是最好的例子，每当社会动荡之际，这一部分人便自然成为动荡的载体。这肯定是皇家最高利益之所在，也肯定是朱元璋的最高理想、出发点与目的地。

朱元璋的帝王心理人格，正是在这个基础上得到全面释放与展开。他留给世人的身份标签，如今只剩下一种，那就是皇帝。放牛娃、农民、游方和尚、流浪汉、造反者等，已经成为一种背景，一种在暗中或者潜意识里发挥作用的因素。

为扭转元朝末年混乱不堪的官场风气，朱元璋亲手编订了《诸司职掌》《责任调例》《到任须知》等规章条例，明确规定各级官员的职责和禁令。朱元璋在底层生活过，他知道，一个官员的好与坏，老百姓心中都有一杆秤。正因为如此，他才决定与老百姓联手监督官员。朱元璋相信老百姓，老百姓也信任他这个皇帝。他希望能够发动那些低层民众站起来，能够帮助他这个皇帝鉴别地方官员的善恶廉贪。作为平民出身的皇帝，他对百姓冷暖的关心几乎无处不在。而他对那些地方官员的衡量标准只有一个，那就是爱民。

# 第四章
# 皇帝的遗产

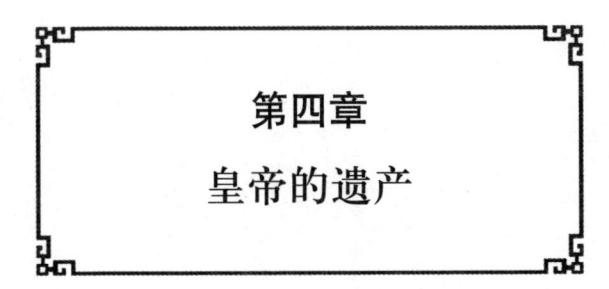

# 第七节：后洪武时代的叙事

## 1. "朱标之死"引发的碰撞

洪武二十五年（1392年）春天，皇太子朱标病逝，大明朝的法定接班人就这样突然撒手，年仅三十八岁。朱标的死亡，追溯起来还是上一年巡视关陕军务落下的病根所致。对此，朱元璋心存懊恼。当时是他命朱标巡抚陕西的，名为巡视军务，实则是为了考察都城迁移的可能性。朱标出色地完成了任务，并进献了陕西堪舆图。谁也想不到，这还不到一年时间，父子二人就阴阳两隔。

朱元璋为什么派朱标巡抚陕西，这要从建都之事说起。众所周知，朱元璋的势力是以南京（时称"应天"）为基地发展起来的，也是在南京即的皇帝位。对于建都南京，朱元璋一直犹豫不决。论地理条件，南京背靠钟山，面临长江，虎踞龙盘，形势险要。论经济条件，江南业已成为全国的经济重心，农业和手工业都很发达，正所谓"财赋出于东南，而金陵为其会"。但是从军事角度考虑，明朝的主要威胁还是北边的元朝残余势力，南京距北方前线太远，不易调度。另外，历史上在南京建都的六朝，即东吴、东晋和南朝的宋、齐、梁、陈，个个都是昙花王朝，国祚比一张纸还要薄，而这无疑会在朱元璋的心底投下阴影。

从开国之日起，朱元璋就将迁都之事提上日程。洪武元年（1368年），朱元璋亲赴汴梁考察。虽然他觉得汴梁地处中原腹地，适合建都，但又觉得那里无险可守。对于新朝而言，一座都城就是王朝创建者的纪念碑。纪念碑的存在意义，直接关系到后世子孙的福祉，关系到王朝的命数。再三权衡之下，朱元璋还是觉得南京最合自家心意。南京虽有不足，但不足尚可弥补。

为了弥补不足，他决定实行古已有之的两京制。所谓"两京制"，即设一首都一陪都。两座都城，自然要建造两座宫殿，而宫殿的建造从来就不是容易的事，但这份艰难不是皇帝需要考虑的。皇帝要的是结果，没有什么能比结果更重要。两座都城，犹如鸟之双翼，让一个根基不稳的王朝有了腾飞的气象。

两京制是古代中国前期都城制度的主体，始于上古三代时的周朝。周朝前期以镐京（今陕西西安西南）为首都，另建陪都洛邑（今河南洛阳）。刘邦设首都于长安，又将洛阳立为陪都。隋唐实施两京制后，以长安为都城，有助于关陇贵族支持，有利于王朝安全和御外，凸显长治久安的政治考量；而以洛阳为陪都则有利于制内，可以缓解长安粮食短缺的问题，其功能就是保障首都长安的吃饭安全。

到了朱元璋这里，他倾向于定都应天，图的是"宅中图大，控制四方"。他以汴梁为北京，以应天为南京，天子春秋往来巡狩。时隔不久，徐达的北伐军攻下大都（今北京），全国的政治、军事形势再度发生变化。有的大臣提出不必在汴梁建都，也有人提出长安、洛阳、北平等几种选择，各有各的说法，各有各的道理。殊不知，朱元璋最心仪之地还是他的老家临濠（凤阳）。

俗话说得好，走千走万，不如淮河两岸。虽然那里曾留下他一生挥之不去的痛苦记忆,但毕竟是先人埋骨处,自己命运的起点。朱元璋欲将临濠作为中都,以弥补建都南京的种种不足。开国功臣多江淮子弟,自然皆大欢喜。唯有谋臣刘基发出反对的声音:"凤阳虽帝乡,非建都地。"自洪武二年(1369年),朱元璋便在临濠大兴土木,营建中都。这项营建工程持续六年时间,劳费太甚,民不堪命,不得不中途停建。人声喧腾的凤阳皇宫,转眼间人去楼空,留下一座皇宫的巨大骨架。时隔六百余年,它的奉天门、三大殿台基,以及文华殿、武英殿、东西六宫、内金水河的遗址,仍矗立于时间的秋风冷雨中。洪武八年,朱元璋下旨,"改建大内宫殿"。两年后,大明王朝的皇宫,在钟山脚下建成并投入使用。诚如诸葛亮所言:"钟山龙蟠,石城虎踞,此帝王宅也。"洪武十一年(1378年),朱元璋正式颁诏,改南京为京师,长期未决的定都问题尘埃落定。

南京偏安江左,因此对北部边防有鞭长莫及之虞,这让朱元璋始终断不了迁都的念头。内阁学士胡广的父亲建议建都关中,朱元璋居然上心了,并于洪武二十四年(1391年)命太子朱标前往巡视。朱标不辱使命,悉心绘制了关中一带的形势图。朱元璋正要有所行动,朱标却在这时候突然死亡,这是朱元璋始料未及的。一直以来,这个新王朝的一切,都在按照朱元璋的心愿在走。两人虽是父子,朱标与朱元璋在个性方面的差异很大,治政也多有分歧。尽管如此,朱标始终是朱元璋心目中皇位继承的不二人选。

太子朱标赶回南京时,身子骨本就单薄的他偶感风寒,一病不起。据说太子身上长了个疖子,痛得睡不着觉。太孙朱允炆侍候在旁,含泪抚摩,昼夜不离。朱元璋看在眼里,不无感动:"有子孙如此,朕复何忧?"其后不久,皇太子朱标就带着朱元璋及其帝国臣民的无限期望，撇下尚未成年的儿女，以及即将接手的皇权，离开了这个世界。

朱标正值壮年，他的死留下诸多猜测的声音：《明书》记载，朱标早逝是因为和朱元璋发生争吵，精神压力过大，郁闷而致。据《革除遗事》记载，太子朱标些许小事都有人向朱元璋汇报，稍有不慎就引来一番敲打和教诲，因此平日里畏手畏脚。据明代学者王鏊的记载，有个叫詹徽的酷吏和朱标一起审讯重囚，朱标倾向从轻处置，遂与詹徽产生矛盾。朱标去找朱元璋理论此事，朱元璋却认为詹徽的做法是正确的。朱标说应以仁厚治天下，惹得朱元璋勃然大怒道："俟汝有天下为之！"朱标惊惧不安，竟自投金水河中，被左右救起，自此一病不起。据说，太子朱标临终前对儿子朱允炆说："我之死，徽为之也，无忘我仇！"后来朱允炆当了皇太孙，果然杀了詹徽。这些不同的说法，流传虽广，但真实性待考。

朱标的突然亡故，让朱元璋陷入巨大的悲痛之中，也打乱了他此前所有的政治构想和权力部署，一切变得让人难以预料。最让朱元璋感到不安的，则是他苦心经营二十五年的大明"国本"面临的困境。天意待人薄，人奈天意何？为此，朱元璋专门下诏，寻求通晓天象的高人。古人观测天象运行，以此推算年时节候，获知帝王命数或国祚久长。有个叫周敬心的太学生上疏劝谏：

> 大戮官民，不分臧否。其中岂无忠臣、烈士、善人、君子？于兹见陛下之，薄德而任刑矣。水旱连年，夫岂无故哉！

他列举了历年来几次大规模政治清洗：洪武四年（1371年），

录天下官吏；十三年（1380年），爆发胡惟庸党案；十九年（1386年），纵容百姓逮捕所谓害民之官，株连无数；二十三年（1390年），又将敢于批评政府的人诛杀。不论好坏，无人不杀，无人不可杀。他说，国祚长久，不在于天象历数。身为开国之君，既然轻视德治而滥用刑法，也就不要管什么水旱连天，那都是有原因的。这个胆大包天的周敬心，言辞激烈，大有逆鳞之势。出人意料的是，朱元璋不但没有愤怒，反而还夸赞周敬心：作为一个国子监的学生，谈论天下大计，虽然不符合官家秩序，但究其本心，还是因为忠君爱国。

这一年是朱元璋即位后，受到人生打击最大的一年。幼年丧母、中年丧妻、老年丧子，一个男人人生路上的三大不幸全都让他摊上了。对于一个年近七旬的老者来说，时间带走了他健壮的身体，也带走了他曾几何时那股子不认输的劲头。朱元璋几乎在一夜之间老去，头发、胡须如霜花染白。日升日落，在时间面前，帝王和平民从来都是平等的。

朱元璋的悲痛不仅仅来自老年丧子，还有他对大明王朝未来命运的深深忧虑。这些年宵衣旰食、艰难玉成，让天下又重新复归汉人之手，这样的功业几乎可以超越唐宗宋祖，不知在朱皇帝的内心深处偶尔可会生出"舍我其谁"的自得。身为一国之君，威震四方，偶尔打个喷嚏也会化为满城风雨，令人措手不及，但上天赋予他的时间长度正在一天天缩短。困在皇宫里的他，空间和时间的局促感让他觉得，做个皇帝还不如一个山野村夫来得逍遥自在。朱元璋越来越不相信那些口是心非的大臣，一个个脸上写着恭顺，心里却布满了诅咒。每念及于此，他的内心总是会涌起杀人的念头。

身为最初的皇位继承人,太子朱标被他的父皇寄予厚望。早在至正二十年(1360年),朱标当时才刚满五岁,朱元璋就委派浙东大儒宋濂为他讲授经学。四年后,朱元璋在应天府自立为吴王,九岁的朱标随即被立为世子。又过了三年,朱元璋立国号"吴",这一年,朱标跟着他的父亲朱元璋回到凤阳祭拜祖墓。出发前,朱元璋曾对朱标提出殷切的希望。他说:"古代像商高宗、周成王这样的贤王,都知道小民的疾苦。他们在位时极为勤俭,堪称君王的典范。你长于富贵,习于安乐。现在外出,沿途见闻,可以让你体会到鞍马辛劳。你要好好观察百姓的生业以知衣食艰难,体察民情的好恶以知风俗美恶。回到故乡后,你要认真访求父老,他们对你说的那些话要永远记在心上,这样才能了解我创业的不易。"

朱标外表风流俊雅,性情仁慈温软,却缺少刚硬和铁血,虽有成为仁君的潜质,却不具备统御天下的霸道。据说,朱元璋为了训练他的胆量,曾经命人把装满死尸的大车拉到他的面前。可以想象,刚读完圣贤书的朱标,突然撞见那一车尸体,内心受到的刺激。朱元璋后来虐杀开国功臣,也与其确定的接班人性格偏于温软有着很大关系。遗憾的是,他的良苦用心并没起到多大的作用。一切就像朱标二十岁那年,他在文华堂观赏北宋画家梁师闵的《芦汀密雪图》时的心境:

> 楚之旷浦,遇冬摇落之时,平沙尺雪,汀芦弥漫,若跨骑登峰,使神驰潇湘之极,莫不浩浩然、荡荡然心地无凝,故云八景者,宜其然,孰能图此?独梁师闵胸钟楚景之秀,特画图以像生,岂不快哉!

二十岁的太子朱标虽身在宫城，却在那一时刻神游潇湘，但见瑞雪平沙、汀芦摇曳、江天寥廓，面对梁师闵笔下的万千气象，朱标的儒雅性情在这里暴露无遗。要知道那段时期，他的父皇，太祖皇帝朱元璋正以雷霆万钧之势扫漠北、征辽东、收安南。而身为太子的他却在那个滚烫的日子里，心思如云在野，就像是这个王朝的局外人，对即将到来的帝国风暴毫无察觉。不管他愿意还是不愿意，统领这个王朝的荣耀早晚会落到他的肩头，而眼前，他只管睡个安稳觉就可以了。

二十三岁那年，朱标被他的父皇委以"日临群臣，听断诸司启事，以练习国政"的重任，为将来接班做准备。朱元璋下令："朝中大小政事，先告知皇太子处分，然后再奏闻。"他为此语重心长地对太子说："我自得天下以来，从不懈怠政务。唯恐做得不好，辜负了上天对我的托付，于是夜以继日地忙碌。你应该能够体谅我的良苦用心，用我定制的标准要求自己，此乃天下之福，我亦无忧矣。"

作为当朝太子，朱标的宫廷生活谈不上幸福。除了皇家的天然富足以外，能够提供给他的快乐极为有限，甚至可以说是枯燥乏味。没完没了地参加各种朝见和祭仪，每天板着面孔，肃然以待。除此之外，就是跟随几个朝中大儒诵读儒家经典。

太子妃常氏（常遇春女儿）去世之后，朱标失去正妻的约束，也有过几次生活作风问题。传到朱元璋的耳朵里，他对太子说："我持身与行为都很谨慎，这是你亲眼所见，我身边没有优伶亵近，也没有酣歌夜饮，皇后没有放纵的权力，妃嫔也没有恃宠溺爱。我每天忙于政务，虑患防危，如履薄冰。这是为什么呢？还不是怕自己懈怠而殃及子孙！"朱标一直生活在朱元璋的阴影之中，即便生活上的小事，也保持谨小慎微。虽然朱元璋放手让朱标办理朝中事务，但对他并不放心。

没过多久，朱元璋专门新设一个名为"通政使司"的部门，主管"出纳诸司文书，敷奏封驳之事"。这个机构设置以后，即便是让太子先行办理政务，在尚未办理时，朱元璋就已获知内容。名为放权，实则变相揽权。设立通政使司，就是为了预防皇权被人为分割。说到底，通政使司还是一个夺权部门。夺的不仅有丞相的权力，还有太子的。

随着胡惟庸的伏诛，朱元璋在帝国官僚体制上动了一场大手术，他彻底取消了承袭自元朝的中书省、行中书省制度。废除中书省之后，又假借复归周制的名义，"仿古六卿之制"，将行政权力分给六部，其目的是"俾之各司所事……如此权不专于一司，事不留于壅蔽"。在中央，随着中书省和丞相一职的废除，吏、户、礼、兵、刑、工六部的地位相应得到了提高，这些部门分任朝政，直接向皇帝负责。通政使司最初并没承担更多的职责，它扮演了一个权力偏房的角色，作为中书省的秘书处存在于官僚体系中。

从《明太祖实录》来看，在让太子朱标先行办理政务的两三个月间，朱元璋很少做出决断，他的身影大多出现在调整官制、修建社稷坛、参与祭祀、接见外国使臣等重大活动中。三个月以后，他却突然当着六部官员的面表态："皇帝深居宫中，能够知晓万里之外的事，这主要是因为兼听广览，了解民情。胡元之世，政令出自中书省，大小事务都要先关报中书，然后才奏闻给皇帝。元朝多昏君，才导致民情不通，以至于天下大乱。我要引以为鉴。"

朱元璋需要掌握天下实情，以及百官的思想动态，就要撇开中书省。既然他已经找到破解问题的密码，就不会再做无谓地等待。他随即下诏，诸司今后奏事不要再报经中书省，直接向他这个皇帝奏报。他无法做到无条件的信任，也无法做到无条件的怀疑。他每天转个不停，就像一只被命运之手抽打的陀螺。尽管如此，他还是无法排解内心的苦闷。虽然是皇帝，但他的小农思想根深蒂固。他像个勤劳的农民，精力旺盛、心思缜密，枯燥烦琐的行政事务如同一地的庄稼，让他舍不得假手于人。

群臣顿首受命的同时，不得不有所警惕。太子理政之后，大小事务仍由朱元璋说了算。几个月后，朱元璋召见李善长等朝中重臣。那一天，朱元璋的话说得绵里藏针。他说，此前让太子理政是想让他熟悉国政，"恐听览之际，处置或有未当"，他让李善长等人协助太子"更为参决可否，然后奏闻"。也就是说，太子在办理政务前，先要经过众大臣参决可否，然后再向他这个皇帝奏闻请旨。名为太子理政，实则大臣替他拿主意，最后还是交由朱元璋来拍板定夺。如此放权，放而不放，太子朱标处理政务只能更加谨慎。他既不敢懈怠，又不能锋芒毕露，否则会引起朱元璋的猜疑。朱标去世前两年，即洪武二十三年春夏之交，李善长被逼自杀，这个开国老臣还是没逃脱洪武年的杀戮，妻子、亲属七十余人均遭处死。《明太祖实录》"洪武二十三年五月"条下称"善长遂自缢，上命以礼葬之，厚恤其家"，但据晚明史学家谈迁在《国榷》中考证，全系"史笔曲为之饰"。

一时多少功臣，多少宿将，多少人间富贵，临到末了却难逃凋零的命运。胡惟庸、李善长只是大明皇权开张的最早献祭。为了证明大明皇权这头怪兽的凶残，还将有更多的生命和鲜血等待着被它吞噬。据说有一次，朱标进言劝谏，让朱元璋停止诛杀功臣。朱元璋面露不悦，故意把一根棘杖丢在地上，让朱标用手将它拾起来。朱标看到上面布满刺，不禁犹豫起来。朱元璋见状道："你怕有刺不敢去拿，我把刺都给它拔掉，再交到你的手上，岂不更好。我将那些奸恶之人都杀了，为的是让朝局稳定下来，将来你就可以做个太平无忧的皇帝。"朱标真的无法理解父亲的这套理论，他说："*上有尧舜之君，下有尧舜之民。*"也就是说，有什么样的皇帝，就有什么样的臣民。朱元璋听得勃然大怒，顺手抓过一把椅子砸向朱标，吓得朱标仓皇而逃。这个记载真实性有待考证，但也反映了父子之间的矛盾。

老天似乎在这里跟朱元璋开了个天大的玩笑，这位被朱元璋寄予厚望的太子，还没等到接班之时，就在三十七岁上突然病死。朱标只要再坚持活上六年，他就可以在父皇朱元璋死后登基，成为大明王朝的第二任皇帝。对于一个有着健康体魄的男人来说，似乎并不困难。

六年，天意弄人，白发人送黑发人。朱标的猝然而逝，让焦虑不安的朱元璋陷入空前的精神危机。他甚至感受到了"帝力之微"，一个皇帝的无力与脆弱也只有自己最能体会。别人看见的都是帝王在权力世界的任性妄为，等到夜深人静，脱得赤条条地躺在那张宽大无比的龙床上，才从白天的幻象中复归人性。

他于艰难困苦中蛰伏，然后又于群雄中脱颖而出。他从来没碰到过什么强有力的阻碍，即使有，也会很快被他征服。很久以来，朱元璋就有一种"人莫予毒"的幻觉。这个世界上没有什么可以对他造成真正的威胁，也没有什么他办不成的事。可是随着身体一天天衰老，目睹最亲近之人从这个世界消失，他却毫无办法。就算一个人拥有再强大的世俗权力，也无法对抗大自然的规律，无法摆脱疾病、衰老和死亡的困扰，在这个世界上，有很多东西是他无法掌控的。

　　整个朝廷都在关注着他的表现，牵一发而动全身。他的决定关系着每个皇子的命运，而每个皇子身边又围绕着一大批或隐或显的追随者。朱元璋什么都想到了，就是没想到自己亲手选定的接班人死在他的前面。他苦心设计的剧情，还未等到上演就已落幕。人算不如天算，人意也难遂天意。人越不安，处事则越慌乱；人越慌乱，则越用力。朱元璋深知，在众皇子中，朱棣是最像自己的，也是最为出色的。他在战场上拼杀过、见过血，不要小看了战场经历，上过战场见过血的经历会让一个少年人的筋骨和内心强壮起来，让他变得风雨不侵。反之，一个没有上过战场见过血的人，他的内心是虚弱不堪的。

　　想象着那些时日，年老的朱元璋总是神色凝重地从案牍中抬起头来，久久地凝视着窗外。而在他面前一字排列着诸皇子的大名：樉、㭎、棣、橚、桢、榑、梓、杞、檀、椿、柏、桂、柍、植、栴、权、楩、橞、松、模、楹、桱、栋、㰘、楠。这些名字都是朱元璋取的，他不但为儿子取名，而且还制定了后世子孙取名的规则。每个儿子作为一支，每一支拟定了二十字辈分为世系，名字中的另一字则临时确定。对此，《明朝小史》中也有记载：

> 　　帝以子孙蕃众，命名虑有重复，乃于东宫诸王世系，各拟二十字为一世。以某字为命名之首，其下一字，则临时定议，以为二名，编入玉牒。至二十世后，复拟续增。如燕王位下二十字则曰：高、瞻、祁、见、佑、厚、载、翊、常、由、慈、和、怡、伯、仲、简、静、迪、先、猷。

名字的下一个字不可随意定夺，而是要"按五行相传"。比如朱棣这个辈分属木德，他的儿子朱高炽，属火德；孙子朱瞻基，属土德；曾孙朱祁镇，属金德；玄孙朱见深，属水德。如此循环往复，传之千秋万代。朱元璋为子孙后代考虑得不可谓不深远。他万万没想到，二十个字的辈分刚用去一半，朱明王朝就天塌地陷，城头换了大王旗。儿孙众多，意味着所有人都有资格加入这场皇权的角逐。不过在这一刻，朱元璋考虑的是他的接班人问题。他的目光在"棣"上停留的时间最为长久，直到那个看上去略显笨重的汉字渐渐幻化成一张脸谱，那是燕王朱棣的脸谱，一张忠厚之相底下散发着狡黠与霸道气息。但是，让朱棣接班的念头，在朱元璋的心里也只是打了个转，就再也找不见。几天后，几乎所有皇子都得到这样一份情报：皇孙朱允炆被宣入父皇宫中，彻夜未归。

　　在这非常时刻，来自皇帝身边的任何一条消息，都有可能会成为改变时局的那只胜负手。朱元璋似乎感受到了皇子们内心那份躁动不安，在这个节骨眼上，他不能给他们太多的幻想。他很快做出了决定，然后抬起他那双曾经沾满鲜血和泥土的大脚，重重地落在帝国皇权这部机器的油门上，一声轰鸣，绝尘而去。

　　此时的朱元璋早就过了花甲之年，执政二十多年，起自田间、做过乞丐、当过和尚、熬过饥荒。为了人生能有下一顿饱饭，他义无反顾地投军。他让战场上的对手闻风丧胆，也让朝堂上的官员惊骇不已。检索《大诰》《大诰续编》《大诰武臣》，洪武年间凌迟、枭示、族诛的多达几千案，弃市多达一万余案。而今放眼望去，元勋宿将、列侯裨将、部院大臣、地方巨室犹如秋天的黄叶一片片落下，化作时间深处的尘与土。

洪武二十五年（1392年）九月，经过半年的犹豫和反复斟酌，朱元璋终于拿定主意，立皇太孙朱允炆为帝国的皇位继承人。这个未曾经过任何风浪考验的少年就这样被立为皇嗣，而这一年他不过才十五岁。朱标留下的位置，就这样让他的儿子朱允炆填了缺。册立大典定在九月十三日，这一天与往常并无二致。大臣们午夜起床，穿越大半个京城来到午门。凌晨四更，大臣在午门外等候。当午门城楼上的鼓敲响时，大臣们排好队伍；等到下一时刻的钟声响起，宫门徐徐开启，百官鱼贯而入。

通常情况下，朱元璋会在太和门或者太和殿等着他们，百官行一跪三叩头礼。四品以上的官员才有机会和皇帝对话，大臣报告政务，朱元璋则提出问题或者做出答复。因为这一天是皇太孙册立大典，诸子藩王早早来到皇宫，立于奉天殿两侧。据说，仪式当天，只有燕王朱棣姗姗来迟。他还故意走到朱允炆的身旁，用手重重地拍打朱允炆的后背，傲慢不羁地说："小子，没想到你也会有今天（不意儿乃有今日）！"在久经沙场、冷酷而冷血的皇叔朱棣面前，这个文质彬彬、年轻望潜的皇太孙，不值得尊重。而朱棣拍打朱允炆的这一幕刚好被坐于金銮殿的朱元璋尽收眼底，不免让他大为震怒，叱问："你怎么敢当着我的面打皇太孙（何为挞皇太孙）？"朱元璋的一声断喝，吓得朱棣呆立当场。朱允炆赶紧打破僵局，站出来为四皇叔朱棣解围。朱允炆说："皇上息怒，这是叔父喜欢我的缘故（臣叔父爱臣故耳）！"

朱元璋看出朱允炆在帮着他的皇叔朱棣打圆场，他必须为朱允炆立威。皇太孙朱允炆是皇储，即下一任皇帝，自己的接班人。皇帝代表着皇权，皇权神圣不可侵犯。谁羞辱朱允炆，就等于羞辱他这个皇帝。朱元璋当殿斥责朱棣："你难道不懂礼法与忌讳吗？来人啊，将此子给我关起来！"朱棣就这样被关了几天禁闭。朱元璋这么做，不仅是惩戒燕王朱棣，更是向其他皇室子孙传递一个信号：朱允炆是自己的皇太孙，将来是大明王朝的掌舵人，你们在他面前必须执礼数。

据说，朱标去世后的那段时间，朱允炆哀恸不已，数日内滴水不进。这一切被同样沉浸于悲痛之中的朱元璋看在眼里，既欣喜又心疼。欣喜的是，自己能够有如此重情重孝的子孙，实乃家国之幸。他实在不忍心看到朱允炆过于悲伤，劝慰孙子："你对父亲薨世的悲痛之心，符合先儒规定的礼仪，你的确是个纯孝之人，但你就一点也没有考虑到我吗？"朱元璋的这番话，让朱允炆从哀痛之中猛然惊醒过来。他提出要为父亲服丧三年。虽然这个想法遭到朱元璋的否决，但是在太子朱标去世后的三年时间里，朱允炆还是坚持做到"三不"：不饮酒吃肉，不闻乐观舞，不亲近女色。按照儒家的礼法行事，以彰显孝子之道。有人看不下去，劝朱允炆适可而止，做到心中有孝即可。朱允炆的回答却是："丧服可以按照礼俗到时候就脱下，父子亲情却让我难以自拔。"朱标死后不久，朱允炆主动将他的三个弟弟接到东宫亲自抚养，白天同食，夜间同眠，无微不至地照顾着他们的生活起居。一日，朱元璋没打招呼到东宫去看朱允炆，发现四兄弟全都在朱允炆的寝宫里。

朱元璋随口说了一句："兄弟相怀本一身。"

朱允炆回答："祖孙继世宜同德。"

朱元璋见到此情此景，老怀宽慰，于是大大地夸奖了朱允炆一番。虽然有人质疑朱允炆有作秀之嫌，但也确实是发乎于情。

十五岁的孩子死了父亲，留下少不更事的弟弟，从个人情感上来说，朱允炆比谁都要悲痛。有道是"无情最是帝王家"，朱标的突然离世，使得朱明王朝可能出现的变数与劫难突然之间放大了许多倍。如果朱标活着，轮不着朱允炆这么早接班；现在朱标死了，作为递补长子（皇长孙朱雄英早夭）的朱允炆需要承担的责任更重。

太子朱标的去世，好像一下子抽干了朱元璋心中的底气，也让他对于将来之事有了更为深刻和复杂的考量。其后不久，朱元璋颁布了那道著名的《昭示奸党录》，他要求将胡惟庸案的口供和审案详细记录公布于世，他要让全天下人都知道这些奸党的罪状。朱元璋不能容忍一个有可能凌驾于皇权之上的官僚体制存在，数以万计的人命不是胡惟庸的陪葬，而是为朱元璋定下的这项制度陪葬。生者不断死去，有人不断通过死亡更新着生者与死者的群体。对此，生死之间失去了界限，现实的死亡与虚妄的生存相互转换。或许，这个时代的秘密就在于此。

就在这个时刻，朱元璋开始谋划对帝国武将的清洗。相对于皇太子朱标，皇太孙朱允炆的性格更为柔弱，时年六十一岁的朱元璋不得不为将来考虑。为了保证皇权的顺利交接并平稳过渡，他决定痛下杀手，他要留给自己的皇太孙一个平安的天下。朱元璋曾在他的老伙计李善长面前说过：

> 朕起兵后，年二十七八，血气方刚，军士日众，若不自省察，任情行事，谁能禁我？因思心为身之主帅，若一事不合礼，则百事俱废，所以常自检点。

有人说朱元璋此处所说的身、心、礼，即本我、自我和超我。

他力图以自我抵制、导引本我，使之合乎作为社会道德原则内在化的超我。由于儒士的介入，这一时期是朱元璋治国风格养成的关键阶段。他从小失学，游荡于民间，但中国民间社会的儒家世俗伦理并不比学堂里接触得少。开国后，儒士们阐述的治国天平上的大经大法，却是他前所未闻的。

朱元璋也曾无奈地说过这样一句话："此心与身如两敌，然时时自相争战。"这样的话，听来不免令人唏嘘。皇帝虽说是天选之子，但毕竟是人不是神，是人就有生之困惑，就有天人交战的时刻。为了化家为国，不致功业未就而上下解体，他极力用自我压抑和控制本我的冲动，"凡诸事必求至当，以此号令得行，肇成大业"。

随着地位的稳固，他的忧患之心愈加深重，而心境也与此前大不相同。于是，他开始放纵自己的情感，本能冲动对行为的主导作用越来越突出，暴虐的一面急剧膨胀，杀人成为常态。从立皇太孙朱允炆到他即位，一切平静如旧，没有任何人提出异议。彼时，也没人敢当着朱元璋的面质疑。不过平静的暗夜里，谁又知道会有多少双眼睛在盯着皇位。人心隔肚皮，又有多少暗流在每个人的心头翻涌。诚如韦庆远所说："在争夺皇位问题上，这些皇家子孙并不把什么宗法规定认为不可侵犯，也并不讲究什么夫妇父子兄弟叔任等亲亲之谊。礼教纲常等恍如一层易破的轻纱，并未掩盖住因此一问题而激发的绵亘不断的严重冲突。"

洪武二十六年（1393年）二月初十，梁国公蓝玉被杀。朱元璋再次撒开他那张捕杀功臣的罗网，这一次他将清洗的目标锁定在淮西老将及其子弟、军事新贵们的身上。

作为一代名将、开国功臣的蓝玉受封凉国公，善于引兵打仗，史传称他"长身赪面，饶勇略，有大将才"。蓝玉是常遇春的内弟，常遇春的女儿则是太子朱标的妃子，所以蓝玉和太子朱标就有了一层亲戚关系。同时，他还获得与皇室联姻的殊荣，将自己的一个女儿嫁给皇十一子蜀王朱椿。蓝玉早年在姐夫常遇春麾下效力，升至大都督佥事，后又随傅友德征讨四川、随徐达北征蒙古扩廓帖睦尔部，因功勋卓著擢升大将军，获封永昌候。蓝玉是不可多得的将帅之才，出征西番，擒得逃寇，且捉住了建昌卫的叛帅。

有的人生来适合林泉之下，有的人适合朝堂之上，而有的人一旦离开战场，就迷失了方向。离开战场的蓝玉，只是一介莽夫。当年他在北伐的归途中，曾经干过一件令人不齿的事。他用暴力霸占了元君的妃子，使得这位妃子羞愧自杀。朱元璋虽然愤怒，但是考虑到蓝玉的功劳很大，并没有去追究他，而这也在无形中助长了蓝玉的嚣张气焰。在这之后，蓝玉的此类行径越来越多。北征回来，经过喜峰关，由于天黑不辨人影，守关的士兵不敢开门。蓝玉命令士兵攻击关卡，强行闯关而入。

蓝玉蓄养奴仆、义子数千人，作为他的随从亲信。这批人仗着蓝玉在背后给他们撑腰，横行乡里、大肆侵占民田，根本不把国法放在眼里。当御史要依法惩办他们时，蓝玉横加干涉，堂而皇之地驱逐御史。朱元璋原本打算封蓝玉为梁国公，为了警告他，一气之下将"梁"字换作"凉"。谁让君王凉透了心，他的好日子也算到头了。朱元璋此时已对公侯们心生疑虑，而恃功骄纵的蓝玉更刺激了他。让朱元璋无法接受的是，蓝玉毫无收敛，无视朱元璋的皇帝威权。

前一年（1392年）年初，平定四川西部建昌地区叛乱时，朱元璋曾派蓝玉为领兵主将。出发前，他召见蓝玉，赐座交谈。当时，蓝玉还带了几员将军一同觐见。朱元璋要单独向蓝玉面授机宜，便令其他人在殿外等候。谁知，那几个随身将军亦步亦趋，不愿离开蓝玉。直到蓝玉示意，他们才不情愿地退出。这不是将领不守规矩，而是他们的主帅蓝玉向来无人臣之分。即使在皇帝面前，蓝玉也毫无收敛，表现得傲慢且无礼。他领兵在外，经常干出超越权限之事。比如，擅自决定将校的升降，不向朝廷请示报告；任意对犯错军士施加黥刑，在他们脸上刺字，以此挟制部下，使军队成为私人武装。

有些地方，一旦有火烧过，就算暂时熄灭，火种还在，运势尚存。只要稍有风吹草动，火便会借势蔓延来。蓝玉征西归来，朱元璋赏赐其"太子太傅"头衔。册立皇太孙时，他满以为自己会坐上"太子太师"的位置，却没想到自己还是太子太傅，反倒让冯胜、傅有德两人做了太子太师。这让蓝玉大为不满，在人前大发牢骚："凭我的功劳，难道还不配做太子太师吗？"这些话在朱元璋听来，是极为刺耳的。综合平日里的表现，他对蓝玉的厌恶之情愈发强烈。一个人若是在人生得意的某个时刻，能够亲手触摸死亡的面目，甚至是魂魄的面目，他会对自己的人生选择有一个清醒的认识，他会心怀敬畏、懂得取舍。朱元璋曾经在颁给蓝玉的铁券中，将他的不法之事写了进去，警告他要保持清醒、安守人臣本分，可是蓝玉不以为意。他的所作所为大大激化了将权与皇权之间的矛盾，朱元璋越发不能容忍。

朱元璋太了解蓝玉这个人，正因为如此，蓝玉若得不到相应的奖赏，就会让他产生失宠的错觉。这种不祥的预感，一定会让蓝玉快快不乐，暗怀对皇帝的不满，久而久之，必将做出不理性的行为。这是朱元璋为蓝玉铺下的一条必走之路，而在这条路的前方，朱元璋早已为他布设了一张巨大的捕兽罗网，只待他自投其间。

《明通鉴》援引当时的私家记载，蓝玉被诛，是因为他触及皇子之间的斗争。洪武二十年（1387年），蓝玉以征虏左副将军随同冯胜征纳哈出，出征归来，他又开始关心起东宫之事。蓝玉曾想讨好朱棣，他将一匹俘获的名马献给燕王。他知道燕王喜欢纵马驰骋，于是投其所好。关于燕王好马，还有一件事。洪武二十八年（1395年），朝鲜使臣来大明朝贡，路过北平，朱棣跟使臣直接说：听说朝鲜的马特别好，你们的国王为什么不送我良马？朝鲜君臣很是知趣，马上挑选出好马，配上好鞍，一起献给燕王。据说朱元璋听说这件事后，大为恼火，将朱棣训斥了一通："朝鲜王何得私交？"并告诫他下不为例。

蓝玉献马，朱棣根本不领他的这份情，还借故训斥对方："名马没献给朝廷，却先让我收下，这难道是尊重君父的道理吗？"据《明实录》记载，蓝玉私下曾向皇太子朱标进言："燕王在国，抚众安静不扰，得军民心，众咸谓其有君人之度……臣又闻望气者言，燕地有天子气，殿下宜审之。"他说燕王这个人素有野心，还说自己曾闻望气者言，燕王封地北平有天子气象，须得小心提防。朱标不以为然道，不管别人说燕王什么坏话，"燕王事我甚恭谨"。朱标生性忠厚，事后竟然将蓝玉的这番话说与燕王朱棣。等到太子朱标病亡，燕王来京参加吊唁，他在入朝奏事时对朱元璋说："在朝诸公，有人纵恣不法，如不处置，将来恐成尾大不掉之势。"这句话虽然没有指明蓝玉，但朱元璋心里已有判断，再加上"纵恣不法"四字，更是确认无误。

其后几个月，蓝玉上朝奏事，没有一件能够通过。这是一个非常明显的信号，而他却毫不收敛，愈加放肆。有一次，他见朱元璋乘舆远远地经过，用手一指道："那个乘舆之人开始怀疑我！"如此大不敬的言论传至朱元璋的耳朵里，又怎能不触动他本就敏感的神经。洪武二十六年二月八日早朝时，锦衣卫指挥使蒋某突然控告蓝玉谋反，说他与鹤庆侯张翼、普定侯陈垣、景川侯曹震、舳舻侯朱寿、东莞伯何荣、吏部尚书詹徽、户部侍郎傅友文等人私底下相互勾连，企图趁皇帝到郊外举行"耤田"仪式时，劫持皇上车驾。蓝玉当场被拘捕，突击审讯。有道是"十年磨得剑犹腥"，身处于权力规则制约之下，官员与官员之间早就用利益和热情维系着上下左右的连环。一个人倒下去，将有很多人为他殉葬，准确地说，为权力殉葬。

据称蓝玉在受审时对他的叛逆罪供认不讳，同时在他的招供过程中，又把许多侯爵以及吏部尚书詹徽都牵扯进来。最让人意外的是詹徽，他曾经主持审理过李善长案，现在又随同皇太孙朱允炆一起审讯蓝玉。审讯中，詹徽斥责道："速吐实话，不得株连他人。"结果惹得蓝玉大喊起来："詹徽就是臣的同党！"一句话，詹徽也就成为"蓝党"。

次日，蓝玉连同家属一并处死。蓝玉受到的是肢解之刑。没有过多的周旋，只有血肉淋漓的奉献。这个习惯了刀刃与鲜血的战将，体验到了穿透灵魂的痛。他彻底交出自己的身体，任由疼痛蔓延至全身每一寸骨头与肌肉。蓝玉作为统帅，部属众多，受株连的人数众多，并且都是族诛。在蓝玉被清洗一案中，许多元勋宿将都成了刀下冤魂。到当年五月一日，朱元璋已将京城各军府、卫所的中高级将领牵连进来杀得所剩无几，使得人们有理由猜测，朱元璋之所以要展开大清洗，就是要消除可能威胁皇位继承人的帝国权贵。

为了表明自己行为的正确性，朱元璋想出各种办法。胡惟庸党案之后，他随即颁布了《昭示奸党录》告示天下；蓝玉案之后，他紧接着又颁布了《逆臣录》，并且以手诏布告天下。列名《逆臣录》的，有一公、十三侯、二伯，连坐处死的功臣及其家属达一万五千人。这份《逆臣录》同样漏洞百出，它堂而皇之地收录了近千人的口供，并记载着蓝玉在一个月时间里，在他的公爵府秘密约见了上千人，并与他们达成造反意向。比如，一个叫蒋富的证人招供，蓝玉出征回来，在酒席上对他说："老蒋，你是我的旧人，我有句话和你说知，是必休要走了消息。如今，我要谋大事，已与众头目每都商量定了，你回去到家打听着，若下手时，你便来讨分晓，久后也抬举你一步。"这个老蒋是蓝玉家的"打鱼网户"。还有一个叫张仁孙的"染匠"招供：蓝玉对他说，要成大事，吩咐他们置备军器，听候接应，日后事成要让他们做大官。这样的证言若是采信，蓝玉就是个天大的蠢货。身为大军统帅的高级将领，竟然要和"打鱼网户""染匠"之流商量谋反之事。

有了十年前胡惟庸案的办案经验，罗织罪名不在话下。白纸黑字，板上钉钉的事，没人敢质疑。朱元璋这样做的目的，显然是想给蓝玉和胡惟庸两件清洗案做个了结，同时向帝国的官僚集团和民间社会传递出一个信息：这两件大案是钦定的，谁也不准翻案。

胡、蓝两案之外，开国功臣被诛杀的还有：德庆侯廖永忠，1375年以僭用龙凤不法等事赐死；永嘉侯朱亮祖父子，于1380年被赐死；临川侯胡美，于1384年犯禁处死；江夏侯周德兴，于1392年以帷薄不修、私生活暧昧的罪状处死。蓝玉死后，那些侥幸存活下来的功臣宿将，自认为长夜已尽、黎明在望。殊不知，这种想法只是他们的一厢情愿。

洪武二十六年，在山西、河南地区练兵的冯胜和傅友德、王弼三人被同时召回，他们的功劳和声望不在蓝玉之下。徐达病死后，代替徐达主持北边军务的是大将军冯胜。此人也是颇有韬略的开国名将。冯胜曾率左副将军傅友德、右副将军蓝玉，征讨北元丞相纳哈出率领的二十万元朝残余势力，大获全胜。就在班师途中，朱元璋突然召三人回京，这让他们产生不祥的预感。一拨拨的人倒下去，犹如荒草倒伏于疾风暴雨之中，每个人都心怀绝望地离去，不再渴望能够有奇迹发生。就像冯胜走了，接替他的人，名叫蓝玉。而等待蓝玉的，同样是刀斧加身的命运。据说，在冯胜等人南返之日，定远侯王弼曾悲叹："圣上年事已高，喜怒无常，我们恐怕很难再活下去了，该为自己考虑了。"

他们能够为自己考虑什么呢？在这条血肉串联起来的权力链上，环环相扣都是死结。除了朱元璋，他们谁也无法自解。虽然他们曾经是兄弟、是战友、是乡亲，而现在只剩下一种关系，那就是"君君臣臣"。他们不再属于他们自己，而是一个统一的王朝系统中，一个有效或无效的编码。有效则保留，无效则清除。他们的罪与罚，不在其罪有无，而在操作系统的那个人如何看待。

有人控告冯胜私藏兵器，朱元璋将他召入京城，赐以酒食。临行前，冯胜大摆宴席，逼着家中女眷吃下有毒的酒食。一个杀人无数的将军，面对倒在自己面前的至亲，内心的无奈与悲愤可想而知。他转过身去，轻轻地掩上房门，去赶赴一场不得不赴的鸿门宴。君臣二人在酒宴上回忆过往，畅叙友情，谈笑间灰飞烟灭。待到返回家中，冯胜和他的妻妾女佣一样，沉睡般死去。

朱元璋无意间说出口的一句话，便会有匪夷所思的奇观发生。

功臣宿将成了帝国天空掠过的飞鸟，受过惊吓，不待张弓搭箭便一头栽落下来。他们醒在某个清晨或夜晚，想象着身边会不会有朱元璋的意念在游荡，他们的皇帝在那一刻成了恶灵的化身。

洪武二十七年（1394年），朱元璋大宴文武百官。在这次宴会上，他当着百官的面声色俱厉地指责傅友德教子无方。说他两个儿子都是殿前亲军，平日里喜欢滋事生非。朱元璋借题发挥，向傅友德发出警示。傅友德默然无语，突然中途离席而去。他刚走到门口，宫中侍卫便赶来传旨："带二人首级来见！"随即，递给傅友德一把宝剑。没过多长时间，傅友德便提着两个儿子的人头回来，这种血淋淋的场面让朱元璋大为震骇。他斥问傅友德：你如此残忍，莫非怨恨我！

傅友德摆出一副豁出去的架势，将两颗人头扔到皇帝的面前，然后仰天大笑，声震殿宇，他言道："你不就是想要我们父子的人头吗？"还没等朱元璋做出反应，他突然横剑自刎，鲜血染红了大殿。在大西南纵横驰骋所向无敌的一代名将，就这样以一种惨烈的方式结束了自己的生命，也让朱元璋颜面尽失。朱元璋遂下令将傅家老小全部发配到辽东、云南，只将他的大儿子傅忠（朱元璋的女婿，尚寿春公主）及其子留在京城。傅友德是一员猛将，他在开国武将排名中位居前列，此人曾经三易其主（刘福通、明玉珍、陈友谅），最后被迫降于朱元璋。他跟随征西将军汤和出征四川，中流矢轻伤不下火线，率将士血战到最后。他的小儿子战死时，他悲痛欲绝。傅友德是个爱子胜过爱自己生命的父亲，朝野人尽皆知。

傅友德曾率领蓝玉、沐英平定云南，进封颍国公，岁禄三千石，赐予免死铁券。儿子娶了皇帝的女儿，成为当朝驸马；女儿做了皇帝的孙媳，成了亲王妃。作为臣子，可以说是享尽世间尊荣。朱元璋曾经在《平西蜀文》中盛称"友德功为诸将第一"。功勋是武将的荣耀，也是局限，就像那只掠过天空的苍鹰，没有翅膀，无法飞天；没有利爪，难以据地。而什么都具备了，又防不住茂林深处那只吹着哨音的羽箭。

开国初年分封的六位公爵，徐达、常茂（常遇春的儿子）、邓愈、冯胜、李文忠、李善长等人。除了邓愈早死之外，其他五人都没逃过清洗。到朱元璋死时，他先后分封的九位公爵，除病死者外，只有汤和得以善终。而在这其中，徐达的死亡给那个无解的时代，又增添了一道谜。徐达是武将之首，朱元璋非常尊重徐达，就是称帝之后，私下仍称呼其为兄长，他在朱元璋心目中的位置无人可以取代。

朱元璋对徐达始终抱有极高的信任度，给他的赏赐最为优厚。徐达的三个女儿，长女徐妙云嫁给燕王朱棣，其他两个女儿分别嫁给代王朱桂、安王朱楹为妃。长子徐辉祖封魏国公、袭爵，幼子徐增寿死后被追封定国公。一门二公，也就徐达一门。

徐达死于洪武十八年（1385年），有人猜测，徐达之死与朱元璋有关。说他在患病不能吃蒸物的情况下，朱元璋故意赐蒸鹅于他，导致疽发身死。抱此推测之人都是不了解朱元璋的内心所想，他虽然几乎杀尽有功之臣，但从来都是公开治罪、昭告天下。食鹅致死毫无医学根据，纯属无稽之谈。而胡惟庸、李善长、蓝玉这些人，都是被抄了满门，株连九族。徐达则不同，除次子徐添福早卒之外，其余三子都被封了官职，特别是他的第三个儿子徐膺绪还是手握军权的指挥使。

朱元璋在《逆臣录序》中分析功臣建功立业时说过，将军立功是因为上有"君命",下有"战将与士卒之力"。功臣之所以成为功臣,与个人的奋斗并无直接关系。而是因为上有识人用人的领导者,下有将士们的出生入死,更重要的是天命护佑。那些所谓文臣武将宁愿逆龙鳞,也不愿顺他这个皇帝的心意。他们只知贪功,常做"*违君命,逆天心*"的事,领受死亡的惩处是他们应得的,不值得世人去同情。

朱元璋掀起的这场"连环三击"前后持续十余年,被狂飙卷进去而遭到屠戮的文武功臣各色人等,有数万人之巨。执政近三十年,朱元璋让他的官员时常处于惊骇之中。史家感叹:"*于是元功宿将相继尽矣!*"其中有些人的确属于罪大恶极,自取灭亡。譬如永嘉侯朱亮祖仗着手中的威权,恶贯满盈。但更多的人死得实在是稀里糊涂,冤枉至极。朱元璋巧妙地借助了朝臣之间的矛盾,将诬陷栽赃运用到了极致。他先后以谋逆、谋反、通倭种种理由把胡惟庸、蓝玉、李善长等几大势力集团全部收拾干净,刀锋所向,杀无可杀。大多数被网罗的官员都落得身首异处、族灭家破的下场。战争年代,他们的脑袋还扛在肩膀上,到了和平年代却掉了脑袋。

朱元璋的分权制衡在淋漓的血泊中建立起来,功臣们被一个个剔除。虽然相权此时已被剥离出官僚系统,但由于朱元璋的杀戮毫无节制,使得官僚结构中的辅政系统损毁严重,甚至到了形同虚设的地步。这就形成一种局面,在那个庞大的复式立体化的官僚系统中,行政机构成了花瓶式的摆设,看上去很美,中看不中用。废除丞相制度之后,朱元璋先是设立了四辅官,称为春、夏、秋、冬四辅官,后来又设置了华盖殿、文华殿、武英殿、文渊阁和东阁等大学士,但这些人的工作能力与先前被杀的那几位丞相,不可同日而语。另外由朱元璋一手打造出来的恐怖专政的氛围，也让这些人无心恋位。

随着时间的流逝，我们将不断看到：朱元璋废除丞相制度，将皇帝的威权推向极致，最终演化出大明特色的内阁——司礼监制度。有明一代，宦官假借皇权，以司礼监的名义，代表皇帝批核奏章，文官系统无法反抗。而朱元璋建立的锦衣卫更让皇权的触角无处不在，权力之大、影响之深，前朝从未有过。除了锦衣卫以外，后来又添设东厂和西厂，也都是为了代替皇帝监督臣僚和百姓，到后来则代表了皇权。这些特务单位，独立处理刑案的权力不受执法单位（刑部、大理寺、都察院）三法司的约束。如果皇帝因为身体和年龄不能亲自执政，这种特务单位就由宦官指挥，更加提高了宦官的权力和气焰。朱元璋虽然能够轻易地消灭那些功臣宿将，但要管理好皇子们却是一件棘手的事。他从登上皇位的那一刻就已经开始考虑这个问题。

## 2．不确定的出身之谜

长年的紧张和猜忌，让朱元璋的精神之弦时常处于紧绷状态，这也极大程度伤害了他的身心。在生命的最后三年里，他的脾气越发暴躁，甚至到了难以自控的程度。皇宫里服侍他的下人们百般用心，还是难逃获罪遭戮的厄运。见到此种情形，皇太孙朱允炆于心不忍，主动承担起照料朱元璋的重任：爷爷要吃药，孙子先尝一尝；爷爷要如厕，孙子亲手搀扶；爷爷要吐痰，孙子马上就端上……即使半夜说句梦话，朱允炆也是闻声即起，并和颜悦色地前来侍候。

皇太孙所做的这一切，朱元璋看在眼里，内心既喜且忧。喜的是皇太孙朱允炆的身上具备一个仁德之君的许多品质，他没有看错人；忧的是一个将来要做君主的人过于温和驯良，有可能会被大臣们欺瞒和主宰，让皇权陷入难以掌控的危险境地。这让处于生死临界线上的朱元璋焦虑难安，失去时间的筹码，让他赌不起。透过皇子们那一双双狼一样的眼神，朱元璋能够读出他们心底蓬勃而出的忌恨。

尤其是燕王朱棣，让朱元璋如芒在背，不得安泰。他是大明帝国的开国皇帝，自然晓得皇位的不可靠性。不要说朱棣，就是那些看着不起眼的皇子，只要他们足够残忍，他们中的每个人都可能成为皇帝。打江山，朱元璋的刀锋只需指向他的敌人；而夺皇位，他们的刀锋则要指向自己的骨肉兄弟。朱元璋这时候只能猜中开头，绝对猜不到结局。

朱棣是朱元璋的第四个儿子，他的身份之谜始终困扰着世人。当然这一切源于他获得帝王之位的非合法性。一个人若是一条河流，母亲便是那个源头。一条河流可以改变流向，却无法改变源头，人也是如此，没办法选择自己的母亲。朱棣自称是高皇后马氏所生，他争的是嫡子身份。中国古代存在着事实上的一夫多妻制，尤其是皇帝。正妻的儿子称为嫡子，非正妻生的儿子则称为庶子。正妻称为嫡母，其他的妾则称为庶母。不要小看了嫡子和庶子的名分，若是生在帝王家，两者的差别更大。

按照封建宗法制度，皇帝死了，皇位要由嫡长子继承。即使嫡长子死得早，如果嫡长子有儿子，也要由嫡长子的嫡长子来继承，其他庶子不得觊觎皇位。如果是嫡子，即使不是长子，距离皇位也要比那些庶子更加靠近。更何况，按照"兄终弟及"的典制，朱棣的竞争力最大。那是因为朱标死后，排在朱棣前面的两个哥哥——秦王朱樉和晋王朱棡也先后死去，朱棣已经成了事实上的长子。这也是为什么，朱棣后来从侄儿建文皇帝手中夺取皇位后，马上指使臣子编写《奉天靖难记》。此书开头就写道：

> 今上皇帝（明成祖），太祖高皇帝第四子也。母孝慈高皇后生五子：长懿文皇太子，次秦王，次晋王，次今上皇帝，次周王也。

在那个嫡长子继承制的朝代，正统嫡传的身份几乎是一条政治红线。如果说，人的宿命是一条河流的源头，那么属于朱棣的这条河流显然是充满分歧的、具有争议的、不确定的。一个孩子改变一个女人的命运，或者说，一个女人改变了一个孩子的命运。这一切似乎与朱棣无关，却又息息相关。《太宗实录》修于仁宗时期，明仁宗朱高炽也称自己的父皇朱棣为高皇后（马皇后）所生。此后，各种正史沿用了这种说法。不过，明清以来的各种史籍说法不一，大抵有五种：一是如上所说，朱棣是马皇后所生五子中的第四子；二是懿文太子朱标和秦、晋二王都不是马皇后所生，只有朱棣和周王为马皇后所生；三是马皇后生太子朱标和秦、晋、周三王，朱棣是达妃所生；第四种说法影响较大，谓朱棣乃元顺帝的妃子所生；第五种说法，朱棣乃硕妃所生。

而这些说法，都是建立在朱棣夺位成功，成为皇帝的基础上。朱棣若是一般平民，或者普通皇子，母亲的身份也就没有那么多人关注。在血统论大行其道的皇族，尤其是他后来成为皇帝，并且是篡位而得，笼罩在他身上的迷雾也就愈发浓重。

经过史家的多方考证，可以肯定的是，明成祖朱棣的生母不是高皇后马氏，而是硕妃。持这一说法的人，大多依据南京《太常寺志》对明孝陵神位的记载："左一位，淑妃李氏，生懿文太子、秦愍王、晋恭王。右一位硕妃，生成祖文皇帝。"按道理说，太常寺是明朝掌管祭祀礼乐的皇家机构，涉及皇家血统的话题不应该胡乱记载。明孝陵是明太祖朱元璋的陵墓，太常寺对孝陵配享神位的记载是不敢胡来的。这本《太常寺志》现已失传，今人无法验证。明代文人对此将信将疑，但还是觉得有合理的地方。万历时期的文人何乔远在书中记载：

臣于南京见《太常寺志》，云帝（明成祖）为硕妃所生，而玉牒则高后第四子。玉牒出当日史臣所纂，既无可疑。南（京）太常职掌相沿，又未知其据。臣谨备载之，以俟后人博考。

何乔远是万历年间的进士，曾任职于南京工部，博览多闻。谈迁在《国榷》中也采用这种说法：

文皇帝，御讳棣，太祖高皇帝第四子也，母硕妃。玉牒云高皇后第四子，盖史臣因帝自称嫡，沿之耳。今南京《太常寺志》，载孝陵附享，硕妃穆位第一，可据也。

明末清初文人钱谦益和李清对此事还进行了考证。李清在明末曾任大理寺左丞，而钱谦益则于南明弘光朝担任过礼部尚书。在弘光元年（1645年）元旦谒祭孝陵时，二人利用各自身份的便利条件，趁机打开孝陵寝殿，"入视果然，乃可信"。明成祖朱棣即位后，在南京天禧寺的旧址上翻盖新寺，取名大报恩寺，名为报答马皇后母恩。然而令人不解的是，寺中正殿的大门经常封闭，外人无法看见里面的情况，有传闻里面供奉的其实成祖生母硕妃。近人傅斯年、吴晗等史家对此都有过精细考证，都认为燕王并非孝慈高皇后（马氏）所生，他与周王同母，其生母系硕妃。

我们翻阅《明实录》会发现，明成祖朱棣经常于人前声称自己乃高皇后所生。一个人反复强调自己的母亲，似乎于理不通，甚至可以说有些神经质。母亲在那里，说与不说都在那里。对此，潘柽章在他的《国史异考》中说得再明白不过：

> 吾知成祖于此有大不得已者存焉。方靖难师起，即已自名嫡子传檄中外矣，及入继大统，何敢复顾私恩以忘高皇后均养之德，与孝康一体之情，故于奉先殿则阙之，于陵殿则祀之，此亦恩义之不相掩者也。

高皇后马氏不是朱棣的生母，朱棣生母是硕妃。而国史、《玉牒》等之所以讳莫如深，是因为朱棣也有不得已的苦衷。当初靖难起兵时，他是自称嫡子而传檄中外的，待到入继帝位，他又怎能因私恩而负高皇后养育之恩？更何况，若公开承认生母事实，以朱棣的庶出身份，在皇位继承的合法性上是要大打折扣的，又有何理由占据帝位。嫡子继承皇位才是深孚人心的，否则会危及皇权的稳定。

朱棣通过靖难之役，取建文帝而代之，他担心难以服众，所以才千方百计强调自己嫡出的身份。对此，吴晗先生一语中的："盖成祖起兵时自诉为嫡出，以后无法再换一个生母，只好讳莫如深，完全抹杀"。为了坐稳江山，他只好在常人不能随便启视的孝陵享殿中，将生母供奉在较诸妃略为尊崇的位置上，以示有别。这种无法公开的情感，恐怕也只能深埋朱棣的内心。

朱元璋明白，不光是朱棣，那些藩王将来又有几人能够真正臣服于皇孙朱允炆？他们拥有强大的军事力量，若是遇上对敌作战，就连驻扎在地方上的朝廷军队也要受他们的节制和调度。这帮藩王手握重兵，谁又真的会拿朱允炆当回事。每念及此，朱元璋的内心就会惶惑不安。这位年近七旬的老人，时常在混沌的梦境里看见天上的宫阙，看见死去的大臣和将领们来向他索命。他曾经做过一个梦：有一条白龙和一条黄龙邂逅，双方缠斗一处，他们天上地下，鏖战许久，最终白龙抵挡不住，蜷蜓于地，而黄龙却得胜腾空而去。

朱元璋被梦中的情景惊醒。这个梦到底隐含什么？他琢磨半天，也无法理出一个头绪。他带着疑惑，来到奉天殿临朝。刚坐定就觉得眼前有什么地方不对劲，定睛往朝堂下观望，只见燕王朱棣竟然站在皇太孙朱允炆的左前方。按照中国人历来的规制，左为上、为大。按照家族本分，朱允炆是朱棣的侄儿。但是在朝堂上则应以官方规制为准，朱允炆为皇太孙，是朱元璋的接班人，其地位是一人之下、万人之上。就算朱棣是他的叔叔，但是从政治角度来说，他同样也是朱允炆的臣下。一个臣下，怎么能够站到皇太孙朱允炆的上方左边呢？很显然他压根儿就没把朱允炆放在眼里。

朱元璋顿悟其中玄机，再结合昨夜那场奇怪的梦境，觉得隐隐不安。经过一番权衡，还是将朱棣逐出皇宫。朱元璋不是没有考虑过让燕王继承皇位，但碍于他只是四皇子。太子朱标死的时候，朱棣的两位皇兄朱樉和朱棡活得好好的，朱元璋没有理由撇开他们。

有一天，朱元璋和几个亲近大臣密议立储之事。朱元璋有意立燕王为皇太子。翰林学士刘三吾反对道："立燕王，置秦、晋于何地？且皇孙年长，可继承矣。"秦、晋二王都比燕王年长，避开秦、晋二王而立燕王，有违宗法伦理。因为朱标的长子此时也已夭折，以伦序，他建议立朱标的次子即皇太孙朱允炆为皇储，如此"四海归心，皇上无忧"。虽然极不情愿，朱元璋也只能无奈地接受现实，放弃另立燕王的念头，而决心立朱允炆为皇太孙。朱元璋回宫后还焚香向上天祈祷，谓国祚长短"惟听命于天"。建文一朝的历史档案日后被篡改得面目全非，诸如此类说法难以判定真伪。嘉靖时人高岱曾分析：

> 创业之主，其所为即后世之所程法，况继体垂统，大事也，祖训著有定制，岂容所行之不符也？盖欲易储者，所以贻一世之安；而终不易者，所以定万代之法。是故有权衡轻重其间，而又况有秦晋二王在，尤难处也。

更何况，假使他执意要立朱棣为皇太子，百年以后，同样有资格入继大统的两位兄长秦王朱樉、晋王朱棡又岂能安于藩地？一旦出现兵戈相向的局面，就有可能会演变为西晋末年"八王之乱"似的大劫难，这是朱元璋最不愿意看到的。

朱允炆生于洪武十年（1376年）十月，母亲是朱标的嫔妃吕氏。吕氏是太常寺卿吕本的女儿，地位不高，因此只配当嫔妃。依照宫廷规则，母凭子贵，子也可以凭母贵。朱允炆是庶出，在他出生后的很长一段时间，并没有得到朱元璋的特殊关照，甚至连个名字也没赐予他。太子妃常氏去世后，朱允炆的母亲吕氏依序升格继而为太子妃。朱元璋这才想起太子朱标膝下还有这么一个没有名字的皇孙，于是赐名为朱允炆。

朱允炆的外形看上去缺陷明显，想遮掩都不容易。他刚生下来的时候，头顶骨歪得厉害，整个头型看上去像一轮弯月。朱元璋看到孙子长成这副尊容也颇为不满，他经常摸着朱允炆的脑门，悻悻然道，这真是个"半边儿月"。朱允炆六岁时，同父异母的哥哥朱雄英夭亡；十五岁时，父亲朱标又离开人世。《明史》中，朱允炆呈现给世人这样一番面目："（建文）帝生颖慧好学，性至孝。""炆"这个字，有小火慢炖的意思。人如其名，历史学家常用"少见的仁柔皇帝"来形容他。太子朱标在赴陕西的途中染病，一病不起。朱允炆承担了长子的本分，守候在父亲病榻前精心护理。他不会想到，命运就这样挑中了他。而朱元璋忧虑的是，有一天，这个可怜且幸运的孩子会不会再次被命运抛弃。

朱允炆的起点不高，除了生母的地位低以外，恐怕还有一个原因，那就是他的外在形象离帝王的要求有着较大的出入。当然这里也有遗传因素，与历朝历代的帝王相比，朱元璋的外貌也不值一提。不过，朱元璋的精神气度还是可圈可点的，不输给他们中间的任何一个人。未曾料到朱允炆的命运发生了转变，朱元璋口中的"半边儿月"将会慢慢升上帝国的天空。

但凡帝王没有不相信天命的，他们总认为自己是天子，凡事总爱与天意神愿较劲。年轻的时候，朱元璋不相信天命系于一人，起兵造反就是为了证明这一点。随着岁月的流逝，他越来越相信冥冥之中自有安排。洪武二十五年九月，朱元璋正式册立朱标太子的儿子朱允炆为未来的皇位继承人。对于选择嫡长子储君法，他给出的解释是："自我创天下而以天下传之庶孽，万世而下有庶夺孽抗宗者，我开其乱也。乱传而万世之传，足虑焉。"也就是说，大明王朝及其一切章法都是要传之后世的，如果他这个开国皇帝都不遵守自定的祖制，将来子孙后代就会仿效，这就与确保大明长治久安的根本精神背道而驰，子孙后代的乱与治不仅与他今日所立的祖制有关，而且与他是否率先按照祖制执行有着很大的关系。朱元璋需要的是一部王朝的机器，而不是一个有着情感因素的人治之国。开动王朝机器，运转的是百世之国，而不是某个人的一私之念。朱元璋需要考虑的是如何立规矩，为今日立，也为明日立，更为明日的明日立规矩。

从朱允炆被立为皇太孙的那一天起，朱元璋就没睡过一个安稳觉。他看着眼前这个比太子朱标还略显文弱的皇太孙，心里总觉得沉甸甸。朱允炆尚年幼，缺乏历练，到时能不能控制局面还真是个问题。如果真有那么一天，由他亲手打造起来的这艘"朱明"号航船将驶向何处？这是生列攸关的大问题。于是，朱元璋在继续诛杀功臣勋旧的同时，也在抓紧时间制定《皇明祖训》《永鉴录》，以约束藩王和大臣。

随着年华渐老，不可一世的君王，内心渐渐产生了幻灭感，在这个世界上，很多东西是人无法掌控的。太子死后，纠缠于衰病之中的朱元璋曾经做过一件让人无法理解的事。那一年十月，他下诏征求天下能掐会算的阴阳家，"试无不验者，爵封侯"。一个如此迷信权力的人，突然变得迷信天命，足以说明支撑朱元璋强悍内在的根基已经发生了动摇。而一个处于迷茫之中、突然失去方向感的人，最容易被焦虑感所困扰而变得喜怒无常。

让朱元璋产生幻灭感还有一个重要的原因，那就是他越来越认定，自己的治国理想在有生之年不可能得到实现。这庞大的帝国，到底是属于老朱家，还是属于天下人？如果说属于老朱家，为什么他始终患得患失；如果说属于天下人，那么他和他的子孙又是为谁辛苦为谁忙？虽然朱元璋的文化素养并不高，但依靠对传统儒家文化一知半解的认识，在他心中，是有一整套理想的国家和社会图式的。简而言之，就是在强大国家机器的威慑和深厚儒家伦理的教化之下，创造一个男耕女织、民风朴厚、官员守法、富人谦抑的小农社会。

从登基之日起，朱元璋就一直在为这个理想不知疲倦地努力着。当一个时代荒凉得像一片原野，他只能在街头游荡；当一个王国缩小如一片蛛网，他只能在其中疲于奔忙。他的王国是一个透明的国，每个人都有几双眼睛和耳朵，替别人看着自己，也替自己看着别人。就像是田野里竖着的稻草人，看着冒犯者，在他的眼前栽进土里摔断了身体和翅膀。

面对政治期望无法实现的重大挫折，朱元璋无法忍耐克制，必须有所发作。攻击不过是他在遭遇挫折时的情绪反应，对于他这样一个内驱攻击力极强的皇帝而言，他总是习惯于下意识地采取直接攻击的方式，将愤怒的情绪泼洒于那些阻碍他实现理想的人身上。朱元璋最为痛恨之人莫过于贪赃害民的官吏和不务正业的游民，在他的严酷打击之下，无数的人，包括许多无辜的人，死于非命，也有许多人被罚作苦役或发配充军。他的滥杀心理，以及建立在这种心理基础之上的一系列杀戮行为，给大明王朝的政治、经济和社会造成的影响是多方面的。他所表现出的所谓"极端行为"虽然矫枉过正，但也给平民百姓带来一些切实的好处。

一个被幻灭感折磨，却又掌握着巨大权力的老人是可怕的。朱元璋天性中本来就有嗜杀的成分，尤其是进入晚年，行事不以常情常理揣度成为一种必然。他无疑是世俗眼中的成功者，但他是不是一个成功的帝王？估计连他自己也持怀疑态度。

洪武二十八年（1395年），朱元璋再次修订《皇明祖训》，这次修订对皇家礼仪进行了规范。他要求"诸王来朝冕服见天子，次见东宫，先坐受拜，次叙家礼。坐则正中，诸王侍"。朱元璋这是在教育以朱棣为首的诸子藩王，告诉他们做臣子应该遵守的本分。朱元璋以为自己所做的一切几近完美，他曾不无得意对朱允炆说："朕已将边疆防御的重任交给你的那些藩王叔叔，从此以后，你可以做个太平无忧的皇帝。"

朱元璋刚说完，朱允炆不禁问道："边疆上不太平的事情由我的皇叔叔们去解决，要是诸位藩王叔叔不安分，有了非分之心和非分举动，又能派谁去平定呢？"

朱元璋没想到朱允炆会提出如此尖锐的问题，一时语塞。朱允炆却说出了自己的想法："以德怀之，以礼制之。如不可，则削其封地，又不可，则废置其人，又甚则举兵伐之。"他的意思是，要用德义感化藩王们的非分之心，用礼法约束藩王们的行为；若是以德服人没有起到作用，那么就削夺他们的封地；上述方法都行不通，那就废了他们的封爵；若是都不管用，那就只能兴兵讨伐。在祖孙二人的这段对话中，朱允炆平日表现出来的文弱之相荡然无存。从朱允炆的角度来看，他的性格即使再软弱，也会对皇叔们咄咄逼人的气势做出一种本能的反应。文弱，并不代表真的软弱。朱元璋将皇位传于他的同时，也把一个棘手的难题交到他的手中。

早在大封功臣之前，为了确立诸子与功臣之间的君臣名分，朱元璋首先分封诸子。他将九位皇子从帝国的东北到西北一字排开，分别是辽王、宁王、燕王、谷王、代王、晋王、秦王、庆王和肃王。朱元璋在全国各地先后封了二十四个儿子和一个侄孙为王,这些藩王拥有自己的王府和军队,每个王都有三个护卫,三个护卫并不是指三个人。护卫是一个军事单位,每一个护卫的人数从三千人到一万九千人不等,这样算一下就可以了解藩王们的军事实力。

按照这个规定,藩王所能拥有的军力是九千人到五万七千人,而在具体实践中,藩王们都倾向于选择后一个数字。按说这个数字其实也不多,区区五万多人,要与朝廷叫板显然是以卵击石。九个藩王将帝国的边界割成了九大军区,分别负担着不同地段的防务。他们瞪着血红的眼睛盯着朱元璋身后的皇帝宝座,如此一来,即将接过皇位传递棒的朱允炆成为众矢之的。原本就对皇帝宝座抱有各种想法的诸子藩王,由于朱元璋钦定朱允炆为皇位继承人,他们的野心无处安放而心怀不满。嫡长子继承制,真的可以使江山社稷稳固么?对朱元璋来说,他已经来不及做出更为周全的部署。

对于分封诸子为藩王,朱元璋打着"遵古先哲王之制"的名义。殊不知,他遵循的古制,也是各有各的分封法则:夏代史料缺乏,无法详考。商代已实行了分封制度,"子孙分封,以国为姓"。周朝开始大举分封,"封建亲戚,以藩屏周",并形成了完备的封建宗法制度。汉代建立后,刘邦也实行分封,起初是同姓王和异姓王并存,后将异姓王渐次削夺,只保留同姓王。这些同姓王在封国内有政治、经济、军事大权,后来终于酿成"吴楚七国之乱",旗号是"清君侧",实际上是要夺皇位。晋初大封同姓子弟为王,且握有军政实权,后酿成"八王之乱"。唐代虽也封皇室子弟为王,但"有名号而无国邑",都要住在京城的宅院里,由宦官进行管理。宋代大体沿用唐代的做法，但宋代封王只及自身，不得世袭，可以像庶民子弟一样，参加科举考试为官。

这里有必要介绍一下诸王就藩的情况：朱元璋在分封制度的设定上，虽然有附会周、汉之嫌，但它的内核还是沿袭了元朝宗王出镇制度。诸王在地方上，主要负责军事，如果地方发生战争，或者朝廷出现奸臣，诸王便可以节制都司卫所军队，统兵征战。

在广阔的亚欧内陆，由于生态环境较为恶劣，游牧经济较为落后，因此无论财产管理，还是政治治理，都采取共享、共治的模式。可汗在获得政权后，要将草场、牧民和牲畜分封给子弟。因此，虽然汉人政权分封制度早已名存实亡，但在内陆地区，分封制度一直存在。

蒙古帝国建立后，成吉思汗便将广阔的疆域分封给诸子、诸弟和功臣，其中最著名的便是四大汗国。蒙古进入中原之后，由于汉地长期实行郡县制度，没有空闲的土地，无法再像以前那样列土封疆，于是忽必烈便实行宗王出镇制度。不再分封，而是命诸子驻扎地方，享用各府、州、县交纳上来的赋税，掌握地方军权。这样不仅可以加强对汉地的统治，而且能够抵制黄金家族其他支系对忽必烈系皇位的威胁，对元朝统治形成强有力的支持。

元朝宗王出镇制度的成功，给朱元璋实行分封制度提供了样板和信心。不过，对于历史上由于分封而导致的内乱，朱元璋也十分警惕，因此对诸王军权的设计格外用心，仅命诸王"节制"而非统帅都司卫所军队，都司卫所军队统属于中央，而非诸王。不仅如此，诸王只有在军情发生、接到皇帝的诏书后，才能够指挥都司卫所。朱元璋分封诸王的具体过程，是和大兴党狱、剪除功臣同步进行的。

朱元璋的子女众多，共有二十六个儿子和十六个女儿。这些由朱元璋这根老树生发出的金枝玉叶，只有极个别经历过风霜，他们中的绝大多数都在绝对安全的监护下度过童年和少年，远离风险。当森严壁垒的宫墙挡住了外面的凶险，那么，来自身边的危险就已经在悄悄地酝酿。按照大明朝的宗藩制度，朱元璋的儿子，除了长子立为太子外，九子、二十六子早夭，其余二十三子全部封王建藩（皇九子朱杞获封赵王，但未就藩即已过世）。为了不使天下臣民感到他私心太重，朱元璋在封藩前还特意做出声明：

> 天下之大，必建藩屏，上卫国家，下安生民。今诸子既长，宜各有爵封，分镇诸国。朕非私其亲，乃遵古先哲王之制，为久安长治之计。

这段话的意思是说，封藩不是为了"私其亲"，而是为国为民。朱元璋相信亲王（儿孙）比将帅可靠，朱姓比异姓可靠。他肯定地认为分封亲王恪守祖训会使朱明朝廷长治久安。虽然朱元璋口口声声说封藩不是为了"私其亲"，可对于那些手无寸功、少不更事的皇子，若非"私其亲"，又怎能封王立藩。此地无银三百两，所谓的帝国荣耀不过是一场愚蠢的自娱自乐。

1372年，首封秦、晋、燕、吴、楚等十王；

1378年，秦王、晋王就藩西安、太原，又封蜀、湘、豫、汉、卫五王；

1380年，燕王就藩北平；

1381年，周王（原封吴王）、楚王就藩开封、武昌；

1382年，齐王就藩青州；

1385年，潭王、鲁王、湘王就藩长沙、兖州、荆州；

1390年，蜀王就藩成都；

1391年，再封庆、宁、岷、谷、韩等十王；

1392年，代王（原封豫王）就藩大同；

1393年，辽王（原封卫王）、庆王、宁王就藩广宁、宁夏、大宁；

1395年，肃王（原封汉王）、岷王、谷王就藩甘州、云南、宣府。

为了让朱明江山稳如磐石、传之弥远，朱元璋的神经始终处于紧绷满弦的状态。他在朝臣们的一片反对声中，重启被历史尘封已久的分封制。二十三个皇子陆续在不同的地区就藩，他们暂时离开了帝国风暴的核心区域，成为各自封地上的主人。除了血缘的牵连，权力的游戏规则仿佛已经消匿于无形。那些离开京城的皇子，犹如脱笼的鸟儿，开始飞向自己的天空。

朱元璋分封诸王的目的明确，一为夹辅皇室，"上卫国家，下安生民""为久安长治之计"，一为抵御外患，特别是北元的蒙古势力，所以沿长城一线择其险要之地封了九个王。这是朱元璋为皇权永固留下的得意之笔，却让皇太孙朱允炆吃尽苦头。朱元璋对历史上由分封所带来的沉痛教训还是心知肚明的，所以他推行的分封制，有别于前朝制度的继承和发展。

封王建藩定下的原则，就是"列爵而不临民，分土而不任事"，但诸王地位尊崇，冕服、车旗、仪仗，仅下天子一等，尤其是驻扎边地的藩王，手握重兵，遇有紧急事还有调遣封国内守镇官兵的权力，相当于皇帝在地方上的军政全权代表。朱元璋既要安顿皇家子孙的生活，又要解除他们对皇权的威胁。从诸王的就藩地点来看，基本上是以北方边境为重心，长江以南很少。而在此之前的分封藩地多是围绕着交通要冲、军事要地或者经济中心大做文章。朱元璋这么做，等于是在权力的躯体里做了一次心脏搭桥手术，一旦手术所搭建的桥梁崩塌，就有可能危及帝国的政治生命。如此分封带来了弊端，许多军事要地被藩王们占有，一旦藩王与中央政府闹翻脸，就很容易出现藩王割据的乱世。

比较历代分封制度，朱元璋最中意的还是汉代的分封，使封国与郡县相间，便于监视和掣肘。在他的身边——南京及其周边省份不实行分封，要封就把皇子们封得远一点。朱元璋以北方边境军事防务为中心，沿着长城一线布防分封，让藩王们离皇权远一些，让他们保卫皇权。分封到长江以南地区的藩王很少，这也是朱元璋的创新所在。在《皇明祖训》中有这样一条规定：若朝中权臣擅政，诸王可移文中央，索拿奸臣，并有举兵清君侧的权力。百密一疏，仅此一项，就埋下了祸患。

分封带来的隐患，一些有远见的大臣早就看出来了，只是很少有人敢站出来公开说。著名的文人解缙率直敢言，他"数上封事，所言分封势重，万一不幸，必有厉长、吴濞之虞"。对此批评最厉害是山西平遥那个名叫叶伯巨的七品小吏，上了一道奏章，他说："我观察当今之事，太过者有三：分封太侈，用刑太繁，求治太速。当今裂土分封，使诸王各有藩国，大概是出于对宋、元孤立，宗室势弱的弊端的考虑。而秦、晋、燕、齐、梁、楚、吴、蜀诸国，无一不连邑数十，城郭宫室仅次于天子之都，拥有充足、强盛的甲兵卫士。我担心几代以后，尾大不掉，然后再削诸王的封地并收回权力，则引起众怨，更有甚者诸王可能会起兵伐主，那时防范就晚了。"

叶伯巨的这份奏章，引得朱元璋大为震怒。叶伯巨就这样被投入刑部监狱，最终没能活着走出来。叶伯巨死了，但他所说的这句话犹如一道催命符咒贴在大明王朝的门楣上，并最终灵验。对此，朱元璋并非茫然无知。他在第一次大封诸子为王时，五皇子朱橚曾被封为吴王，因为年纪尚小并没有及时就藩。待年纪稍长，有官员建议将他安置于杭州一带。朱元璋没有同意，理由很简单——"钱塘财赋地，不可。"

从血缘关系来看，朱元璋分封的诸位藩王绝大多数是自己的儿子，属于直系血亲。这和前朝的分封有所区别，有的王朝分封时，会将皇族里隔了好几代的皇亲国戚也列入分封的重点对象。当然朱元璋大封亲生骨肉的目的，是为了让他们保卫边疆，辅助皇室，看好朱元璋的"家天下"。想法虽好，终究只是朱元璋的一厢情愿。事实证明，他还是给皇太孙朱允炆出了一道政治难题。人就是这么奇怪，口口声声要把权杖上的刺削掉再交到太子朱标手中，不知不觉中，他却亲手打造了一根长满荆棘的权杖。从政治地位上来讲，朱允炆与他的皇叔们是君臣关系；而从血缘关系上来说，诸王又都是他的亲叔叔。很多皇叔的年纪比朱允炆还要小，论起辈分，他们又是朱允炆的长辈。这种辈分上的差距，放在讲究伦理道德的传统社会中就是一种优势。这种优势带来的是一种心理上的变化，直接导致了叔侄君臣关系陷入僵局。

朱元璋将诸子藩王的地位定得很高，只有皇帝与皇太子才能制约他们。这样做既能体现朱家血统的高贵，又能够维护皇帝的最高权威。但他忽略了一点，如果皇帝或皇太子无法驾驭藩王，这些藩王就会成为帝国旷野上的脱缰野马，一骑绝尘。他们本应是朱明"家天下"最为忠心的拥趸，结果却成为胡作非为的家贼，甚至成为威胁皇位的国贼。为了规诫诸王，朱元璋还专门命儒臣搜集、编纂了前代藩王事迹，撰成《昭鉴录》一书，命诸王时刻浏览，以期达到警示的效果。

朱元璋虽然对他制定的这套制度有着不切实际的幻想，但也有着深切的忧患。正因为如此，朱元璋虽然给诸子藩王定的政治地位极高，却不给他们封地（藩王府邸除外），也不让他们治理地方上的百姓与经济，不让他们插手地方的民政，所有地方事务都归由朝廷任命的各级官吏治理。即《明史》上所说："有明诸藩，分封而不赐土，列爵而不临民，食禄而不治事。"朱元璋不是没想到过藩王做大，发展到与中央抗衡的地步，以至于骨肉相残，他可不想让自家子弟重演历史的悲剧。

很多时候，朱元璋会不由自主地拿燕王朱棣与太子朱标做比较。从任何一方面来讲，燕王似乎更符合他对于接班人的要求。朱元璋并不希望他的皇子们成为文弱书生，书生治国，这完全不在他的想象中。如何教育这些皇子，朱元璋有他自己的一套主张："譬如一块精金，要找高明工匠打造，有一块美玉，也要有好玉匠才能成器。有好子弟,不求名师,岂不是爱子弟还不如爱金玉吗?好老师做出好榜样，因材施教，培养出人才来。我的孩子们将来是要治理国家的，各功臣子弟也要做官办事。教育他们的办法，最要紧的是正心。心一正，万事都能办好，心不正，各种邪欲都来了，这是最要不得的。要教他们切实的学问，用不着像一般文士那样，只会记诵辞章，没一点好处。"

早在朱元璋登基前，他就已经开始谋划并实施皇子变形记："宜习劳，令内侍制麻屦竹藤，凡诸子出城稍远，马行十七，步行十三。"也就是让几个长大成人的皇子穿着麻鞋、裹上缠腿，像士兵那样到城外远足，七成的路骑马，三成的路步行。这对长期生在深宫大院的皇子们来说，虽说劳累点，但还是颇有兴致的。待到年龄再大些，朱元璋索性将他们撵到演武场上，让他们真刀真枪地杀上几个回合。七子即朱标（太子）、朱樉（秦愍王）、朱棡（晋恭王）、朱棣（燕王、成祖）、朱橚（周定王，初封吴王）、朱桢（楚昭王）、朱榑（齐恭王）。

朱元璋称帝的第一年，他就在宫中修建了大本堂，作为太子和皇子的学习场所。他还找了一些才华出众的青年，让他们当皇子们的伴读。朱元璋还为诸位皇子安排最好的老师，个个都是学贯古今、满腹经纶的当世大儒。而在这其中，尤以宋濂最为世人所知。他前后十几年，向他们灌输历代兴亡之事，详细说明某事应该怎么做，不应该怎么做。朱元璋曾命令谋臣孔克仁等"授诸子经，功臣子弟已令入学"。新来的外廷功臣子弟，可能会给太子朱标及其他皇子们带来些新鲜的空气。有一次，朱元璋对殿中侍御史郭渊文等人说："这些孩子的文章写得差不多，只是对太子来说，重在端正他的心术，不要流于浮躁。"在朱元璋看来，学问固然重要，但德行更重要。

皇子们除了接受老师的教育，还要随时接受朱元璋的训诫。一次，朱元璋退朝回宫，看见皇太子和各位皇子都在眼前晃悠，他觉得这是一个对他们进行思想教育的好机会。于是，朱元璋用手指着大本堂前的一片空地，煞有介事道："这里本来可以修建亭台楼榭，作为休闲场所，只是朕不忍心耗费民财。想当年，商纣王大造琼宫瑶室，招来天下人的怨恨。汉文帝曾想建一座露台，因为心疼一百两银子而作罢，所以换来国泰民安的气象。你们生在皇家，就要心存警戒。"

在皇子们读书学习的大本堂的庭中，悬挂着一幅幅图画，那是朱元璋命画工特意为诸皇子绘制的。画中所画大多为古代孝行故事，还有朱元璋亲身经历的艰难和南征北战的事迹。他对侍臣说："朕家本业农，祖父皆长者，世承忠厚，积善余庆，以及于朕。今图此者，使后世观之，知王业艰难也。"各位近臣都说："陛下昭德垂训，莫此为切。"朱元璋又说："富贵易骄，艰难易忽。久远勿忘。后世子孙生长深宫，惟见富贵，习于奢侈，不知祖宗积累之难。故示之以此。使朝夕览观，庶有所警也。"皇子们宁愿接受老师的批评教育，也不想接受朱元璋的训斥。他们是大明帝国开国皇帝的儿子，这一点自生命之始便已注定。年长如朱标、朱棣等人尚能明白其中含义，可是对于那些孩童来说，他们还很难揣测其中深意。对此，朱元璋心里是清楚的，他曾有一段相对真诚的告白：

> 朕于诸子常切谕之：一举动戒其轻，一言笑斥其妄，一饮食教之节一服用教之俭。恐其不知民之饥寒也，尝使之少忍饥寒；恐其不知民之勤劳也，尝使之少服劳事。

皇子们不仅学习书本知识，平时一言一行还要合乎封建规范。对于正处于成长期的少年来说，那些老和尚念经似的规范条例，就像是一道道捆绑人的绳索。皇子们留京的日子并不轻松，他们不仅要读懂儒家经典，还要阅读朱元璋给他们编写的教材。朱棣曾经从他的父皇手中接过《昭鉴录》《皇明祖训》两部大书，这都是朱元璋让儒臣们为皇子们量身定制的。书中搜集了古代藩王的一些善恶事迹，以对皇子们进行宗法教育。据说，朱元璋六十八岁生日那年，诸王为庆贺万寿，绞尽脑汁，搜罗天下宝物孝敬皇帝，唯独朱棣别出心裁，他送来几株嘉禾。所谓嘉禾，乃庄稼结穗异常大者，古人视之为祥瑞。朱棣吃透了老朱的心思，这份礼物备得极为走心。以此为礼，既符合朱元璋不喜铺张奢靡的个性，又符合他重农悯农的一贯主张。这份礼物呈上去，"太祖大喜，为诗一章赐之"。可见，朱棣能够得到朱元璋的赏识是有原因的。

### 3．"南北榜案"的正解

洪武三十年（1397年）二月，这是一年里最欢腾、最充满希冀的日子，大地上冰封的一切开始苏醒，暗夜里沉寂的一切开始绽放。被雾雨笼罩的南京欣欣然露出生机，举目皆是浓墨重彩的山水画卷。风无边，水无界，笼罩于"蓝玉案"血雨腥风中的洪武末年，迎来三年一度的科举会试。在这个蓝玉案株连甚众，无数官员落马的非常时期，此次科举的结果，无疑将对朝局产生微妙的影响。

作为一个深谋远虑的政治家，朱元璋自然懂得"恩威并施"的道理。经历了将近三十年的权力清洗，朱元璋已经将"威"字诀施展得淋漓尽致，他需要选择合适的机会"施恩"。在这种情况下，缓和与知识分子间的矛盾、稳固统治成了他的必然选择，而科举是最好的介入方式。开春之后，各州府衙门就开始向南京解送两样东西：一是皇家生活所用的贡品，二是维护皇权统治的人才，即通过乡试选出的贡士。贡品与贡士，这两样东西都是朝廷须臾不可或缺的，当这些来自地方的知识精英一路风尘地走进繁花似锦的皇城，他们内心的荣耀感也陡然上升。

令人难以理解的是，在中国文化史上，第一流的人才往往会折戟科场。很多时候,我们也不会为此而感到惋惜,因为游戏规则决定了这一切。再三再四的科场失意和伴随着一生的仕途落拓,于个人而言,或许是命运的不济;于文化而言,则有可能是一种幸运。

洪武大幕开启后,为解决大乱之后人才凋敝问题,朱元璋除了任用一批元朝的旧官僚外,还要求各地荐举德才兼备的儒生出任官职,并在中央设国子学,地方设府州县学,从学校直接选拔官吏。大明王朝的第一次科举便是在这样的大背景之下产生的。洪武三年(1370年),朝廷宣布科举取士几天之后,朱元璋突然颁布诏令,国学及府县生员对骑射功夫要勤加练习,在面试环节要检验考生的武功。朱元璋的理由是"弧矢之事,专习于武夫,而文士多未解",自己是靠武夫取天下,所招揽的人才不能只知道死读书、读死书。朱元璋之所以会临时做出"文武并举"这一补充,也是经过深思熟虑后的必然选择。帝国尚未完成统一,蒙元贵族在中原的残余势力还未扫荡干净,社会处于一种混乱无序的状态。科举虽然以选拔文官为目标,但这时候朱元璋对考生的要求远远超出了传统文士的范畴。

第一次科举仓促落幕,虽然朱元璋对由科举得人才抱有很大的希望,甚至下令体制内的文官皆由科举而进,非科举者勿得与官。但当他发现"今有司所取,多后生少年,观其文辞,抑或可用,及试用之,不能措诸行事"时,还是深感失望。

十年之后的第二次科举,朱元璋完全打破了第一次科举的制度框框,拒绝简单恢复与翻版,推出所谓的新科举。最明显的变化在考试内容及考试方式上。考试中的经义、四书义题明确规定必须采用指定的传注来回答。比如《四书》主朱子集注,《易》

主程传、朱子本义。《书》主蔡氏传及古注疏,《诗》主朱子集传,《春秋》主左氏、公羊、谷梁三传及胡安国、张洽传,《礼记》主古注疏。四书五经的考试成为科举的实质内容,限定了经书注疏的范围。考生行文时,只是"代圣贤立言",必须根据古人的思想及规定的有限几家注疏来发挥,不允许有自己异于圣贤的丝毫见解,谁创新谁就过不了关。从考试方式来看,考试题目也由原来的三场五道上升到三场十八道,题量大大增加,对考生文字功夫要求更高。同时取消了面试环节,也就等于废除了对考生在马术、箭术、书法、算术及律法知识方面的特殊要求,使文章写作成为考生日常学习的唯一重点。

每场考试结束后,各房师便立刻开始阅卷、荐卷,通常是第一场经书考试甫一考毕,全部录取名额已被占满,二、三场考试发挥如何已基本不影响最后的结果。洪武十五年(1382年)以后的科举最首要的目标不再是选拔真才实学,也不再鼓励士子们的创造性思维和综合素质的培养。两相对照,如果说洪武年的第一次科举是在选拔多样化人才,那么第二次科举便是在制造单一化人才。

参加会试的举子们经过层层选拔,会试高中后,必须参加皇帝亲自主持的殿试。殿试分为三甲,一甲有三人,赐进士及第,其中第一名即所谓状元。二甲人数多一些,赐进士出身;三甲人数最多,赐同进士出身,也就是相当于进士出身,以此获得进入官场的资格。

殿试的象征意义重于实际意义,并不是你死我活的淘汰赛,只是一次排位赛,将礼部试录取的进士重新分拣赐名。殿试毕竟是在皇帝眼皮子底下考试,事关皇家声誉。正因其重要性,在主考官的选择上,朱元璋煞费苦心,经过反复斟酌,最终圈定了七十八岁高龄的翰林学士刘三吾为主考。主考官本身就是一种常人难以企及的资格和待遇,通常是由朝廷指定有德高望重的文人官僚担任。

主考官往往会与考生之间形成一种天然的利益关系,录取的进士理所当然地尊主考官为座主,自己是门生。在以后的政治生涯中,座主和门生之间自然就形成了一种一荣俱荣、一损俱损的抱团关系。科举本是皇帝招揽人才的手段,可人情却成了座主的私人资源。对于这一点,朱元璋也是心知肚明。他见不得官员之间形成朋党势力,无论是当年的淮西势力,还是江左势力,都被他用铁血手段拆得支离破碎。如果非要产生一位座主,那就非他莫属,直接操控文人选拔,而那些通过科举考试的知识精英只能成为天子门生。既然他这个做皇帝的要当这个主角,那么主考官的角色便有些尴尬。

刘三吾作为元朝旧臣,曾经担任过元朝广西提学,明朝建立后更是多有建树。明王朝的科举制度条例就是由他制订,明初的刑法《大诰》也是由他一手作序,此外他还主编过《寰宇通志》,这是中国人了解当时中国周边国家的百科全书。他与汪睿、朱善三人并称为"三老",《明史》上更说他"为人慷慨,胸中无城府,自号坦坦翁",可谓是人品才学俱佳的士林领袖。选择他来当这个主考官,既是朱元璋对他本人的认可,也是对这次科举的期望。

洪武三十年三月初的那个清晨,五十一名考生散散落落地经过东华门,走向他们魂牵梦绕的人生圣殿。他们在经过宫门时,都要接受严格的检查。每个人都要开怀解衣,防止有人夹带用于作弊的书籍或范文之类,甚至身上有类似于文字的刺青也要辨识仔细，不能有半点马虎。检查越严格，越能凸显考试的重要性，就越让这些考生感觉到自己身份的高贵。考场设在奉天殿，奉天殿的廊庑特地挂上了帷幕，又用帘子分隔为五十二间独立空间，里面摆放案桌。监考的官员正襟危坐，宫里的侍从则在一旁为考生端茶送水。殿试是皇帝亲试，除了要亲自命题和亲自决定名次，还要亲临考场。开考前，考生们已到正殿向洪武皇帝行礼，然后再找到自己的座位。当他们在考桌前坐定，开始研墨濡笔，而此时太阳已经慢慢升起来了。

殿试是科举制度这座金字塔的塔尖，每个读书人都有一个进士梦，或者状元梦。他们日夜不辍、蹭蹬不休，一级级地攀登，进入殿试意味着梦想已近在咫尺。殿试就考一篇策论，这一年的策论是一篇材料作文，材料是朱元璋的一番自诉衷肠，历数这些年来自己如何宵衣旰食、殚精竭虑，以及大明开国遇到的种种困难。他要求每个人根据材料，为他出谋划策。策论写作的要点在于找准切入点，不能眉毛胡子一把抓。找准切入点就是要吃透皇帝的心思，投其所好。这些年来，朝廷内外最大的争论集中于朱元璋在治国过程中所使用的严刑峻法，他也想借此机会听一听来自民间的声音。

一切如常，经三月初一殿式，点中陈安邸为状元，尹昌隆为榜眼，刘谔为探花。金榜题名被认为是人生四大乐事中含金量最高的，一个男人只要实现了金榜题名，那么洞房花烛和他乡故知都会找上门来。殿试名义上皇帝是座主，实际上他不可能每篇文章都亲自过目，看卷子的还是下面的考官。考官看了卷子拿出一个相对公允的名次排序方案，然后再交给皇帝做最后的定夺，以显示皇帝的权威。这样看来，考官的好恶至关重要。如果他不高兴，将考生的排名放在后面,即使文章写得再滴水不漏也进入不了皇帝的视线。对于考生而言,一篇应试文章不仅仅是文字技巧的表现,更是一种政治智慧。

自从接受这一工作以来,刘三吾就没睡过一天安稳觉。当他将考生名单送给朱元璋审查时,在几分得意的背后更多的是诚惶诚恐。几分得意是因为他有发现人才推荐人才的能力,而且在这次招录过程中也问心无愧地做到了这一点。诚惶诚恐则是因为他实在无法把握朱元璋用人的尺度。论文章,这么多年大明官方宣传的强势灌输,使得进入殿试的每个考生都能吃准洪武年间的政治导向,然后展开旁征博引。考生的行文套路更无创造性可言,指定的考试书目,指定的八股行文格式。至于遣词造句,天下书生都知道朱元璋不喜欢奇谈怪论,不喜欢虚饰浮华。即使是颂扬他这个皇帝英明神武千古第一,也不要露出拍马屁拍得过重的痕迹。科举的指挥棒就这样软化了一代士子的脊梁,除去权欲和功名,他们的精神世界也是贫瘠和荒芜的。

白日煌煌,各人头上顶着一方天,谁又知道哪块云头上会有雨。张榜公布了几天,那些得到结果的新科进士正躲在皇城的某个角落里得体地掩饰着内心早已喷薄而出的幸福感,他们甚至会表现出一种黄花闺女待嫁的羞怯之态。也就在这时,大批落榜考生闹哄哄地鸣冤告状,礼部的大门也差点被他们砸得稀巴烂。南京街头,更有数十名考生沿路喊冤,拦住官员轿子当街告状。也只短短几日,整个南京城沸反盈天,一派大呼小叫的闹腾气象。就连街头摆摊的、杂耍的都知道,是那些读书人干的好事。他们认为自己是这场考试的受害者,科场有人舞弊,他们愤怒了。

"科场舞弊"政治丑闻产生轰动的社会效应,会很容易给那些街头的好事者带来一场倾情参与的狂欢,更何况是在政治敏锐指数最高的皇城。那些平日里看上去温文尔雅的书生,就像是饮下被施了魔法的药水,一夜之间失了心性,变得百无禁忌、原形毕露。南京城的街头巷尾发出同一个疑问:既然皇帝亲临殿试现场,为什么还会闹出此等风波?

喊冤者的理由很简单,也很直接。他们寒窗苦读是为了能够追逐心中那份缥缈的人生理想,谁知道勤奋如斯的他们不是败在才不如人,而是因为自己生错了地方,生在了广袤贫瘠的北方大地。这句话点醒了那些不明就里的人,他们盯着榜文看了又看,这才发现,会试中榜的五十二名贡生,清一色来自南方各省,竟然没有一名北方人。难道这一切仅仅是因为巧合?可又说不过去。

礼部官员请来锦衣卫弹压,可即便是手握绣春刀的锦衣卫面对群情激奋的大批士子也只能束手无策。一夜之间,南京城里各式传言和匿名传单塞满了大街小巷,有说主考官收了考生的钱,有说主考官是南方人,有地域歧视。每一种说法听上去都有些道理,说者往往会在话尾加一串后缀词来夯实消息的来源。落第举子成群结队,从贡院来到主管科考的礼部,要求与考官当面对质。

消息传来,朝堂上下也是一片哗然,先后有十多名监察御史上书,要求朱元璋彻查此事。就连皇帝身边的侍读张信,也怀疑此次考试有问题。所有人的议论止于议论,唯独皇帝参与的议论是要人命的。朱元璋大为恼火,贪污腐败和营私舞弊本就是他这一生最痛恨的两大关键词。当初之所以选择刘三吾,就是因为看中对方是一个政治素质和业务素质都很过硬的老翰林。痛心之余,朱元璋要求刘三吾必须给自己一个合理的解释。

刘三吾给出的说法是,北方一直处于元政府的直接统治之下,那里老百姓生活水平较低,与经济繁荣、文化昌盛的南方相比,举子的文化素养也存在着很大的差异,这才会促成一榜尽是南方人的局面。其实刘三吾所分析的这个事,并不是洪武三十年才发生的。从洪武三年(1370年)明王朝第一次科举考试开始,南方考生的成绩,就一直在北方考生之上。"南北榜"案之前的明朝六次殿试,状元是清一色的南方人。而从录取比例上看,也存在着南方中榜者逐渐增多、北方中榜者日益减少的趋势。也就是说"南强北弱"的格局不但早就存在,而且这种现象是体制内官员早已心知肚明的事。

如果追溯根源,这种现象起于唐朝安史之乱,到南宋时期进一步扩大。古代官场向来有"南相北将"之说,但在宋朝,却完全不是那么回事。北宋的科举,素来"重北轻南",北宋真宗以前,所有的宰相都是北方人,开国皇帝赵匡胤就曾在宰相堂手书"南人不得坐此堂"。宋真宗后,南方考生得中者渐多,宋朝的文化名士,如"三苏"等人也多来自南方,到司马光为相时,又曾设置"分路取士"法,压制南方考生的录取名额。到元朝时期,虽然恢复科举,但色目人和蒙古人得到优待,汉人遭到排挤,而那些被打压的考生,又多为南方人。北宋灭亡后,大批的北方知识精英南逃,使南方文化开始了长足发展。南宋灭亡后,元王朝一度废除了科举制,虽然在后期重开科举,但汉人的录取比例极少,而科举出身的官员在体制内的地位也微不足道。

长江以北的中原地区在历经了金朝、元朝几百年的统治后,经济和文化已大大落后于南方。在元王朝的科举中,那些中榜的汉人大多来自安徽与江南地区。朱元璋起兵平天下的年代里,他所仰仗的人物更是来自浙江的"浙东四才子"——吴征、刘基、章溢、宋濂。早期创业的朱元璋正是因为笼络到了大量的江南文化界名人，才得以迅速壮大实力。谋士朱升、李善长等人都是来自安徽与江南等地的杰出人才。

刘三吾说的这个事，并不是洪武三十年之怪现状。明王朝的教育体制在朱元璋打天下时就已经确立，各地的府学、州学、县学，最早都设立于朱元璋早期的占领地，如安徽、江苏，以及江南的大部分地区。北方大规模重设学府、普及教育，多是洪武元年（1368年）之后，无论是师资水平还是开展程度比起南方都相去甚远。当然北方并不是没有人才，山东、山西两省一直是教育大省。

结束了打天下阶段与文人的蜜月期，坐了天下的朱元璋开始大张旗鼓地推行文化专制。刀锋所向，那些贴身靠前、手无缚鸡之力的南方文人只能选择向现实妥协，甚至向自己曾经极力追随的君主交出他们那颗充满人生智慧的脑袋。在血淋淋的现实面前，北方士子只能远远地对朱明政权持一种观望态度。

洪武年间所推行的教育体制和考试制度，非但没有弥合这个差距，反而越拉越大。朱元璋发起的几次文字狱，遇害者大多是北方士人。许多名士宁愿选择归隐山林，也不愿入世为新政权服务。如此境况，必然导致教育的全面溃退，落后于南方也并不意外。洪武年间，南方士子可谓扬眉吐气，在历次科举中占有绝对优势。北方学子除了争夺科举中极少的名额外，只能通过监生、举荐等非科举方式入仕。即使能够有幸走进体制，在官场中也多受南方文官势力的排挤与压制。直到"南北榜"事件的爆发，人们才将目光投向北方士子。

只要是个官员，无论职位大小，手里掌握一点资源，他们就能玩得风生水起，所谓"串通作弊"不过是明火执仗的潜规则。

对于朱元璋来说，重要的不是科场到底有没有作弊，而是掀起这场风暴可以让自己达到什么目的。他也知道，刘三吾是一个刚正不阿之人，绝不会徇私枉法。他也相信刘三吾对考生成绩的判断，但是为了平息北方士子的愤怒情绪，他还是要求刘三吾从北方举子中挑选几个来一并上榜。中国古代文官有一种脾性叫"犟"，也就是坚持原则。他们宁愿让皇帝老子不痛快，也要坚守自己的价值观，刘三吾就是这种人。他认为自己的评判是公正无私的，毫无错处，凭什么要更改成绩。

刘三吾拒绝道："自己是为国家选拔人才，只能用卷面文章的好坏作为标准，不能以南方人、北方人作为依据。"刘三吾的一番话，使得朱元璋无从应答。沉默了很长时间，他才道："既然爱卿是为国家选拔人才，不如在北方举人中选拔几个，以安定人心。"

刘三吾是一个特别耿直之人，说什么也不妥协。不换思想，那就换位置。刘三吾被就这样被朱元璋赶出京城，副主考白信蹈等人被停职。让人难以理解的是，既然朝廷上下都知道南北考生存在差异这一事实，却为何纵容各路朝臣在事件中相互指摘、推波助澜？

随后，朱元璋正式下诏，就科举作弊一事，专门成立了十二人的调查小组，这其中有曾经怀疑此次科举舞弊的张信等人，也有以学问著称的严叔载、董贯，还有以忠直敢言闻名的周衡、黄章等人。成员的选择上，可谓公平公正公开。有皇帝替自己撑腰，北方举子在礼部衙门前山呼万岁，表达对朱元璋的感激之情。张信领授了皇帝的旨意，组织一些人重新阅卷，二十余日与阅卷诸人关在贡院，不得回家，不得与任何人接触。一时间，会试复审成为京城人人关心的头等大事。聚光灯下，调查小组虽然忘我投入地复核，却迟迟拿不出一个结论。四月十三日，朱元璋实在没有耐心再这么耗下去，他亲临奉天殿，要求听取复试结果。这就像是一台大戏，闹场的锣鼓和龙套也已做足了铺垫，接下来轮到主角们登场。那些六部九卿官员与原主考人也一个个来到奉天殿，他们的脸上写着让人难以捉摸的神情。或许是因为紧张，有的人的衣衫已经湿透了。

张信当众评点几位北方举子的试卷，认为很有可取之处。他突然话语一转，将南方卷与北方卷相比，承认北方卷确实不如南方卷，一榜尽是南人也在情理之中。也就是说，刘三吾等人的阅卷没有问题，以考生水平判断，所录取五十二人皆是凭其才学录取。张信给出的结论出乎所有人的意料，也让朱元璋进退两难。在一个不公道的世界里，个别人的公道不仅没有任何意义，而且还有可能赔上自己的前程和身家性命。可是在朱元璋的王国里，公道与不公道取决于圣意，这些官员这么多年还没搞明白这件事，这让他很失望。

结论出来，再次引起各界哗然。落榜的北方学子们不愿意接受这样一种调查结果，同时这也给了那些北方官员反攻倒算的机会。在整个事件中，连篇弹劾考官的御史大多来自北方，而告发张信与刘三吾串通舞弊的，正是河南籍御史杨道。如此情形，就连后来修《国榷》的谈迁也感慨："众议汹汹，非为公怒，乃为私怨也。"北方籍的官员们要求再次选派得力官员，对考卷进行重新复核，并严查所有涉案官员。

朱元璋怒火攻心，指责官员官官相护，互相包庇。他认为张信受刘三吾的指使，有意将水平不高的北方试卷送交他审阅，这是犯了欺君之罪。朱元璋的疑心病又犯了，他要亲自评卷，前面张榜出来的结果一概无效。虽然刘、张二人给出的理由并无任何破绽，朱元璋心里也认可，法律上更是无懈可击，可一旦上升到讲政治的高度，统统可以忽略不计。

这一年五月，震怒下的朱元璋做出了一个更为极端的决定，他突然下诏，指斥本次科举的主考刘三吾和副主考纪善、白信等人为"蓝玉余党"，尤其是抓住了刘三吾十多年前曾上书为胡惟庸鸣冤的陈年旧账，认定刘三吾为"反贼"。刑部大牢的一番严刑逼供，并没有获得半点有价值的口供，这让朱元璋更加恼羞成怒。结果涉案官员全部遭到严惩，刘三吾被发配西北。七十八岁高龄的老人就这样成了恶制度的替罪羊，走进风沙漫天的西北。曾质疑刘三吾的张信更为悲惨，因他被告发说曾得到刘三吾授意，落了个凌迟处死的下场。直到被酷刑折磨至死的那一刻，他也无法走出内心冰冷如刀的困惑。悲惨之状，就连苍天也为之变色。其余诸人也先后被发配流放，只有戴彝、尹昌隆二人免罪。此二人得免的原因，是他们在复核试卷后，开列出的中榜名单上有北方士子。法律既不能保全无辜的大臣，也不能完全伸张世间的道义。

六月份，朱元璋亲自复核试卷，开出了一个更令人瞠目结舌的录取名单：五十二名中榜贡士，竟然清一色是北方人，无一名南方人。这真是一个令人疯狂的世界，而权力又是一件任性的法器，两相结合，一切意外都在情理之中。朱元璋将这件事与蓝玉案扯上关系，自然有他的想法。蓝玉常年镇守北方，案件爆发后，因他而遭株连的官员也大多是北方人，其中科举出身的北方官员甚多。血雨腥风下，那些吓破了胆的读书人甚至视做官为畏途，纷纷逃避科举考试。其实在这次科举考试之前，朱元璋就已经从礼部的奏报中获知:"今北方士子,应试者减半也。"

在朱元璋看来,做臣子的大义邀誉可以只对自己所认为的天地良心负责,除此无他。但是身为开国之君的他也只能选择对自己的家天下负责,除此也无他。这就是所谓的屁股决定脑袋,坐在什么位置干什么事。无论是最早作为主考的刘三吾,还是曾质疑刘三吾、后来又受命复核试卷的张信,他们都是心无杂念的纯粹的知识分子,坚持以才学取士。南北考生水平上的差距,外带二人的公正,就造成了这样一个匪夷所思的事件。

满朝哗然之后,朱元璋自然不能承认南北考生水平差距的事实,这样等于开罪于北方士子,南北榜的出台,也就成了最好的折中办法,诸位公正的考官,只好无奈地做了替罪羔羊。朱元璋就这样用"搞平衡"的办法处理了这起震撼士子之心的科举大案,随着事件的不断发酵,明朝的科举制度也随之做出重大调整。从此明朝的科举录取,不再是"全国统一划线",相反分成了"南北榜",即南北方的学子,按照其所处的地域进行排名,分别录取出上榜之后,再统一参加殿式。

## 4. 诸王内争及奔丧

洪武二十八年(1395年)秋天,在南京紫禁城宫殿的深处,朱元璋第一次觉得自己老了。而这一年,他六十七岁。

从后来的举动推测,朱元璋突然失去了从前的底气,他不再一往无前,凡事瞻前顾后。他变得愈发固执,变得更加复杂,让人难以琢磨和理解。不久前,他先是把《皇明祖训》的修订本分给官员们。一个月后,他又把最后的决定本分发给诸皇子。既然是祖训,话说得直白且犀利。这些话并不只是说给皇太孙朱允炆、四皇子朱棣以及当时的子孙听的,而是一种面对未来的叮嘱。它是说给十年、二十年、一百年、两百年后的朱家子孙听的,也像是说给六百多年后的我们听的。

细细品味,我们能够感觉到这个"执政者"的焦躁不安,其中的表述暗含着对未来的深深忧虑。我们可以把他看作朱元璋的遗嘱——具有制度名义的遗嘱。他奋斗一生的结果、他所有想说的话,都镌刻在其中。他说:"凡我子孙,欲承朕命,无作聪明,乱我已成之法,一字不可改易,非但不负朕垂法之意,而天地祖宗亦将孚佑于无穷矣。呜呼,其警戒之哉。"在《皇明祖训》中,朱元璋特别强调,它包含的法律乃国家万世不变之大法,子子孙孙世代相守,勿疑勿失。这是"国法",同时也是"家法",子子孙孙必须遵守,不得"轻佻,乱我家法",不得擅改。他还宣称,凡遵守开国者训示的,天、地和祖宗神明都将降福于他。

人老了,会对时间产生一种无力感。即使山呼海啸的勇敢者,也无法超越时间。此时,朱元璋要把自己在动乱时代中的经验留下来,让后人知道。如果不借助制度的威严,他所做的一切都将烟消云散。

开国前,朱元璋因为子嗣尚幼,收养了诸多养子,并赐以"朱"姓结成亲缘关系。他将养子培养成为自己的左膀右臂,并以"养子监军"的模式控制将领,掌握军事大权。通过义子构成亲缘关系,组成宗法意义上的大家庭来更好地控制军队,这对朱元璋来说也算是特殊时期的家庭构成。

开国后,皇子们日渐长大,出于宗法和国家秩序上的考虑,朱元璋还姓于养子,开始推行以父系血缘为核心的分封制。在朱元璋的家庭观念里,亲缘关系也是家庭关系的一种,但始终没有血缘关系重要。朱元璋钦定《皇明祖训》为祖宗家法，并强调"一字不可改易"，其中记载了分封诸王的相关规则，规定了藩王的权利和义务。他最初设计分封制的意图很明显，借此保证朱氏天下不被外姓侵夺，皇室成员代代安稳。

同大多数创业型王朝类似，大明王朝在它的草创时代，高层架构是一个相对开放的状态，以此吸纳天下英才，应对外部挑战。待到江山坐定，权力固化，原本开放的结构开始走向封闭，变成朱元璋及其子孙的家国游戏。

而藩王的权力分配与开国前朱元璋用义子镇守地方、监视将领的做法如出一辙。藩王代表皇室驻扎地方，享受权利，也受到制约。早在至正二十六年（1366年）年底，朱元璋命令外甥李文忠复姓"文忠上甥也，自幼育之，赐以国姓，至是命复姓李氏"。此时开国在即，朱元璋已经在考虑义子在之后国家制度中的定位。随后他让其他义子一个个都恢复本来姓氏，"上即皇帝位，命（沐）英复姓。曰：不可使其本宗乏嗣也"。朱元璋还姓于养子既出于宗法考虑，也有政治因素。一个王朝立国之初，当先正纪纲，正所谓"礼法立则人志定，上下安"，推行礼法制度，重塑君臣秩序是当务之急。

义子关系既不是原生的血缘关系，也不是君臣关系，不管从国家层面还是君主个人家庭来看，义子的存在都是不符合礼数的。诸义子只有恢复自己的本姓，身份发生转变才能构成合乎礼法的君臣关系。义子们追随朱元璋建功立业，如果再以"朱"姓分封为王，就意味着在宗法层面承认义子和亲子一样享有权利，义子们还有军功在身，一旦有异心就很容易威胁王朝统治。朱元璋生性多疑，他对部下、义子不全然信任，战争时期让双方互相监视，和平时期则利用藩王控制地方。

根据《皇明祖训》，朱元璋给每一个藩王封地提供两支军队，即守镇兵和护卫兵。藩王统率护卫兵，而守镇兵有自己正式的指挥官，通常由皇帝从京师派下来。藩王对守镇兵没有直接统率权，守镇兵的指挥官要及时向朝廷上报该藩王给他发出的任何指令。如此设计，是为了防止朝廷的军官或其他任何人篡夺权力。诚如朱元璋在《皇明祖训》中所叙述的那样：一旦朝廷内有不轨之大臣，宫内有奸幸……天子即可秘密命令亲王率领守镇兵给予严惩。在朱元璋的分封体系中，藩王们享受着极大的权力，同时对境内文武官员起到节制的作用。

根据《皇明祖训》，如果朝廷要调动某王的守镇兵，必须以盖有御玺的一封公文送达藩王，同时以完全相同的另一公文送达守镇兵的指挥官。只有指挥官同时收到皇帝的旨意和藩王的命令，他才能发兵。没有藩王的命令，仅有皇帝的信函便没有出兵的权力。在《明太祖实录》1392年10月16日条目记的一道敕令中，我们可以体会到朱元璋的良苦用心。这道敕令是发给右军都督府的，其中说道：

> 盖王府置护卫，又设都司，正为彼此防闲。都司乃朝廷方面，凡奉敕调兵，不启王知，不得辄行；有王令旨，而无朝命，亦不许擅发；有如密旨不令王知，亦须详审复奏而行，此国家体统如此。

许多藩王利用自己的护卫兵作为私人武装，而扩充私人武装并没有得到皇帝的授权。比如，秦王朱樉活着的时候，名义上只

403

有亲兵五百人，甚至未被授予真正的护卫兵组织。他只好从都指挥司扩充亲兵队伍，而都指挥司的设立正是为了抑制藩王的护卫兵部队的力量。秦王朱樉、晋王朱棡和燕王朱棣多次使用他们的护卫兵在边境前线练兵，而让守镇兵护卫他们的封地。朱棣屡次兴兵塞外，每一次兴兵都是一次扩张军事力量的机会。随着不断扩充，他逐渐成长为北方最重要的实力派。这也正如《剑桥中国明代史》所说："在往后的数十年中，燕王守卫他的藩封时，他经常指挥对蒙古人的战斗，在老将们的辅弼之下很会打仗。他的功绩赢得了他父亲的好评，但也引起了后者的烦恼，因为他越来越变得心志不凡、目中无人和闹独立性。"

洪武十三年（1380年），当二十一岁的朱棣带着徐达的爱女，即四年前被册封的燕王妃，纵马出了灯火阑珊的南京城，一路向北，跨过当年壮士一去不复返的易水，抵达遥远的北平就任燕王时，他已是一名银盔银甲、久经战阵的青年英雄。朱棣就藩北平的头几年，北边的军务一直是徐达主持的。徐达是明王朝排名第一的开国功臣，德高望重。他又是朱棣的岳父，翁婿之间的配合，自然和谐无间。洪武十八年（1385年），徐达病亡。这也就意味着，从此以后对于北边的军务之事，朱棣要承担起更大的责任。

北平地处明帝国、蒙古、朝鲜等多种势力的交接地带，这里虎踞龙盘，犹如一团复杂敏感的经络，稍不留意就会引起连锁反应。代替徐达主持北边军务的是大将军冯胜，冯胜被朱元璋赐死之后，接替冯胜的是蓝玉。幸亏他们都被朱元璋先后杀掉，不然的话，他们的存在对朱棣后来的事业发展是个很大的障碍。从某种意义上，朱元璋诛杀功臣宿将，不光替朱允炆"拔刺"，也在替朱棣扫清前进路上的障碍。

燕王的二哥秦王朱樉就藩之后，飞扬跋扈、恣意妄为，经常触犯法律，甚至闹到要举兵谋反。朱元璋把他召回京师，准备将其废黜。亏得皇太子朱标从中化解，才让他逃过一劫。诚如《明史》所言："太子为人友爱。秦、周诸王数有过，辄调护之，得返国。有告晋王异谋者，太子为涕泣请，帝乃感悟。"

朱棣比谁都了解他的父皇，有人说他最像他的父皇，就连朱元璋也承认诸皇子中，四皇子朱棣最像他。若是如此，朱棣只需要按照自己的想法来，就能契合朱元璋的心意。朱元璋的骨子里有着超乎常人的敏感和偏执，对人始终抱有警惕之心，凡事持怀疑态度。他的这种恐惧感和不安心理，只要受到外部世界的小小刺激，就会引发极大的振荡。朱棣需要谨慎行事，既要当一个胜任的藩王，也要讨朱元璋的欢心。据说，朱棣就藩北平后，除了精心料理藩府诸事外，还四处巡视，了解山川形势、体察民生疾苦。他有时路过农家，就到农民家中叙谈，了解他们的生产和生活情况。他当了皇帝后还不时向臣子说到这些事："朕在藩邸时，数因田猎过田家。见所食甚粗粝，知其所苦，每亲劳问之，无不敢悦……"

朱棣这么做，除了尽到一个藩王的职责，也有讨好朱元璋的意思在里面。众所周知，朱元璋是游民出身，早年的卑微出身，让他深深体会到一个小民要想在这块土地上扎下根所要付出的痛苦与艰辛。当皇帝之后，朱元璋不止一次地在官员面前说："朕为天下主，凡吾民有不得其所者，皆朕之责。"他是天下之主，凡是老百姓吃不上饭、住不上房，都是他这个做皇帝的责任。

长期挣扎活命于社会最底层，造就了朱元璋执政时期的两大特色：一是对农民疾苦的无比同情，二是对豪民和暴吏的刻骨仇恨。他将"安民为本"作为施政的中心要务。每遇灾荒之年,他就像是一个靠天吃饭的农民那样变得焦躁难安。相比较而言,他可以说是历史上对灾荒认识最为深刻的一位君主。朱元璋将民心视为天命所在,将民心视为长治久安的根本。那些短命王朝为什么会那么快就走到灭亡的境地,还是因为失去民心。正因为如此,他才说"天命去留,人心向背,皆决于此,甚可畏也"。

朱棣心里清楚,他必须极力赢得父皇的赏识和信任。生在君王之家,父子也好,兄弟也罢,都难以抵挡政治风暴的侵袭。朱元璋的一句话可以将他废掉,也可以一句话让他高升。而他的其他兄弟好像并没有识破这一点,有的沉溺于酒色,有的舞枪弄棒,干一些杀人犯法的勾当;有的吟诗作赋,有的炼丹嗑药,燕王朱棣的十弟鲁王吃丹药毒瞎了眼睛。他死后,朱元璋给他的谥号为"荒"。秦王朱樉是在1395年去世,朱元璋在颁赐的谥册中说:"哀痛者,父子之情;追谥者,天下之公。朕封建诸子,以尔年长,首封于秦,期永绥禄位,以藩屏帝室。夫何不良于德,竟殒厥身,其谥曰愍。"这样的话听来,显然不是赞美之词。朱元璋颁赐给秦王朱樉的谥号"愍",本身就有忧患、痛心之意。秦王朱樉去世后,他的世子朱尚炳继承秦王位,但父子二人的经验和才能相差甚远。

燕王朱棣与三哥晋王朱棡素有恩怨,大有水火不容之势。《奉天靖难记》中有载:"太子(朱标)与晋王深相结交,构媒孽。晋王又厚结近戚,以为已声誉,日夜搜求上国中细故,专欲倾上,然卒无所得。"朱棡与朱标同母,自然与朱标、朱允炆父子走得近;朱棣与周王朱橚同母,他们的关系相对亲近。皇太孙朱允炆此时尚年幼,身为亲叔叔的晋王朱棡必然会对野心勃勃的朱棣怀有戒心。永乐史官修《奉天靖难记》中大肆诬蔑朱标与朱㭎共同倾陷朱棣，且明显偏袒周王朱橚。由此判断，朱㭎在世时与朱棣、朱橚关系并不和谐。朱㭎身为朱元璋的第三子，在长子朱标已亡、二子秦王朱樉任性而为的情况下，得到朱元璋的器重也在情理之中。但这并不代表朱棣放弃了对晋王的敌意，毕竟两者分属不同阵营。

　　《明太祖实录》中借朱元璋之口婉转地抬高朱棣，贬低朱㭎。洪武二十三年（1390年），元旦刚刚过去，朱元璋就命燕王朱棣率兵征讨元丞相咬住和平章乃儿不花。当时有情报说，他们正准备拥众南下。和朱棣同时接到敕令的还有晋王朱㭎，朱元璋命燕王和晋王分别由北平和太原出师，合击元势力。朱棣率领军队冒雪前进，以干粮果腹，在大漠里搜索前行。行至傍晚，抵达迤都（今内蒙古苏尼特左旗以北），乃儿不花竟然毫无觉察。朱棣并没有发起进攻，而是派一个名叫观童的人前往劝降。观童原是元的全国公，后投降了明廷，授官指挥。乃儿不花见到观童抱头痛哭，互述离别之情。在观童的劝说之下，乃儿不花见大势已去，只好带着部落族人和马驼牛羊归附。这一仗，燕王俘获"乃儿不花及其名王酋长男女数万口，羊马无算，橐驼数千"。燕王大获全胜的捷报从前方传来，朱元璋闻讯大喜，当着群臣的面炫耀："清沙漠者，燕王也。朕无北顾之忧矣。"他为此还专门派人送去宝钞一百万锭，让燕王赏赐有功的将士。据说，晋王朱㭎在出征前，也同样拿到了一百万锭。因为他是哥哥，朱元璋对他寄予厚望，提前将这一百万锭赏钞运到他的大营，作为赏赐将士之用。令人遗憾的是，晋王居然寸功未立。

　　在此次行动中，晋王朱㭎表现得极为糟糕。朱㭎因为不适应草原寒冷及饮食，怒及厨子，以雪势茫茫如凿冰捞月，驻军不前，无功而返。而这时候，燕王大捷的消息传来，这怎能不让晋王感到惭愧。《明实录》中说："晋王素怯，兵既行，不敢远出。"燕王的军队等了他好久，他却迟迟不来会师，燕王只好单独出击。朱元璋对朱㭎的不满集中在两件事上：一是朱棣率军深入蒙古漠北之地，扫清沙漠，朱㭎却无功而返；二是朱㭎不爱惜军士，有筑城劳军之举。一边是朱棣智勇双全地降服诸虏，一边是晋王出塞不见虏而还。这样的记载不乏对燕王的溢美，晋王朱㭎则被衬托得胆小无能。

持这种说法的人并不在少数。

考之《太祖皇帝钦录》，或有另外一番历史事实呈现。在这份史录中保存着朱元璋颁给晋王朱㭎的一道谕旨："洪武二十三年二月十日，山西原调出征马步官军，若不曾启程，休起。如今乃儿不花处走将人来说，去的远了。既远了，不必去赶。既目东宫出来，点视城池。应有官军，都在附近平野处迎接，要马多势大。"同一天，朱元璋还传达了另一道口谕："说与晋王知道：将山西二都司、河南都司、留守都司马军，于天城、白登屯营驻扎，亲自往来提调……每常马军回时，往来走乏了马，今就后在天城、白登牧养。每遇调遣时，好生便益。"读到这里，让人心底疑云翻腾。既然朱元璋没要求晋王朱㭎出塞，又何来朱㭎"不及而还"？关于其他诸王的个性和才能已无可信材料，因为在靖难之役后，他们将会成为证明燕王夺权的理由。

按照《太祖皇帝钦录》与《明太祖实录》的说法，朱元璋于南京降旨斥责朱㭎之事发生在三月甲戌即三月的最后一天（四月乙亥朔），圣旨送达的日子应该是四月初十。也就是说，直到四月初十这一天，晋王朱㭎才接到朱元璋令其筑城的命令，两个月以后，朱元璋因为天象终止了朱㭎筑城的命令。无论筑城还是不要筑城，这都是朱元璋的个人决定，朱㭎仅奉成命而已。因此，做出这样一个推断，或许不算冒昧：朱元璋绝不可能说出那样的话来责备朱㭎。在《太宗皇帝钦录》还有一个记载：洪武二十七年（1394年），晋王朱㭎与燕王朱棣因为争夺一块果园发生摩擦，吃亏告状的是朱棣。朱㭎手下军士跋扈惯了，这一次竟然把燕王已占的果园强行据为己有。奴才随主子，若是没有朱㭎的授意，这些养羊千户、百户绝对不敢冒犯燕王朱棣。这本是小事一桩，朱棣却将此等小事报告给朱元璋，可见他内心不满已久。

　　从史料来看，朱元璋并没有纵容朱㭎，对他的训教无处不在。大到筑城修墙，小到养羊放马。每次朱㭎疏失犯错，朱元璋都会毫不留情地批评。有一次，朱㭎因治理封国不力，被都察院左副都御史袁泰弹劾。朱元璋非但没有袒护，还借此事对他进行教育："尔往日军士不操，甲仗不整，孳生马不精。如尔兄秦，终岁玩夫人，为妇人所迷。护卫军人等，乱宫无数。"还有一次，晋王朱㭎领军塞上作战，孤军深入。朱元璋批评他鲁莽冒进，容易中敌人的埋伏。朱㭎身上带有明初藩王狂妄自大、飞扬跋扈的性格特质，但这些特质与后来朱棣"杀人弄兵"的行为完全是两码事，比起秦、周、齐、潭、鲁、代、靖江诸王，朱㭎的德行属于比较好的。

　　蓝玉谋反案发，很多与蓝玉关系密切的公侯指挥都是由朱㭎直接诛杀或抓捕的。不仅如此，朱㭎还诛杀了很多蓝党公侯的家人、火者以及成丁男子，并接收了他们的妻妾子女、财产牲畜。蓝玉案之前，诸王于边务更多的责任是监督管理，行军打仗主要是公侯们的事。蓝玉案之后，朱元璋才真正落实了以秦王、晋王、燕王为首的诸王守边制度。

洪武三十一年（1398年）三月，晋王朱㭎去世，朱济熺以世子继承王位。据说，刚刚袭封晋王爵位的朱济熺，却在这时收到来自祖父朱元璋的一份密谕。令人不解的是这封密谕讲了一段历史故事，并无其他。

当日又赍到圣谕："五代初梁遣将康怀贞侵晋，围潞洲。及晋王李克用卒，子存勖立与诸将谋曰：'上党，河东之藩蔽。无上党是无河东也。且朱温所惮者，先王耳。闻吾新立，以为童子未闲军旅，必有骄怠之心。若简精兵倍道趣之，出其不意破之必矣。取威定霸，在此一举，不可失也。'…梁王闻夹寨不守大惊。既而叹曰：'生子当如李亚子，克用为不亡矣。至如吾儿，豚犬耳。'"

这封密谕收录于《太祖皇帝钦录》，讲的是后唐庄宗李存勖的故事。李存勖乃唐末名将李克用之子，李克用曾被封为晋王。李存勖继承晋王爵位，大败后梁军队，重创朱温。面对强大的对手，朱温不无感慨："生子当如李亚子（李存勖）"。朱元璋在这里说出这个典故，应该意有所指。李存勖继承的也是晋王爵位，而李存勖的叔父李克宁也曾试图夺位，结果被李存勖诛杀。

朱元璋在这里是把朱济熺比作李存勖，还是把朱棣比作朱温或李克宁，我们不得而知。可以肯定的是，朱元璋还是希望朱济熺在北方边境，能够像他的父亲晋王朱㭎那样，既能拒敌于千里，又能制衡燕王朱棣。从后来的情势观察，朱棣似乎知晓有这样一封密谕。朱棣登上皇位，还是以莫须有的罪名废掉了朱济熺的爵位。倒霉的朱济熺不仅失去藩王的权位，还不幸沦为弟弟朱济熿的阶下囚。如果没有朱棣的纵容，朱济熿恐怕很难扳倒朱济熺。朱棣对朱㭎的怨恨延续到朱济熺的身上。朱棣打压晋王一系，或出于忌惮，或出于报复。而朱济熿抓住四叔朱棣与晋王一系的恩怨，甘愿成为朱棣打压晋王一系的马前卒。朱棣想要削弱晋王的势力，也需要一个晋王府的内应。此为后话，按下不表。

随着秦王朱樉、晋王朱㭎的相继离世，其他藩王无法和在北方称雄的朱棣分庭抗礼。朱棣就藩之地在北平，这是一块形胜之地。金和元两朝都曾在这里建都，旧时宫殿尚存。燕王府邸就是元朝旧宫，虽然略显破旧，但依然保持着昔日帝王的规制，这是其他藩王无法比拟的。当然最重要不是宫殿，而是北平得天独厚的地理位置。据说，朱元璋在1398年4月20日给朱棣发出一道诏旨，他告诫朱棣不要被蒙古人的战争烽火所迷惑，要他与辽、代、谷诸王（分别以广宁、大同、大宁和宣府为基地）一起，协同守备，形成首尾相救的环形防御。

几天后，朱元璋再次给朱棣发去敕令："秦王朱樉、晋王朱㭎离世后，你已成为诸皇子中最年长，也是最有经验和能力的人。希望你能够担负起指挥北方军事之责，并守卫帝国。"朱元璋此时已身染重病，苦心经营的大明王朝经历了三十一个年头。他在这里有交代后事的意思。他写道："攘外安内，非汝而谁？"如此评价，不可谓不高。

不过也有史家认为，朱元璋重病期间发出的两封敕文都有朱棣修改的嫌疑。也就是说，朱元璋并没有给朱棣留下什么遗书，也没有授权他来节制北方军务。一切都是朱棣上台后伪装出的历史现场。他们推断的依据是《明太祖实录》中朱元璋在五月戊午日发出去的两份敕文，一份给武定侯郭英，另一份给都督杨文。这两个人都是朱元璋最为信任的亲信，尤其郭英。郭英是洪武年间朱元璋分封的五十四侯之一，他能够从朱元璋清洗功臣的屠刀下幸存下来，可见信任程度。要知道，活下来的侯爷只有两个人，除了他，还有长兴侯耿炳文。

郭英在他十八岁那年和哥哥郭兴一起投奔了朱元璋，很快便博得朱元璋赏识，入值警卫宿帐。朱元璋亲切地称他为"郭四"。郭英曾跟随徐达等人，扫荡张士诚的苏北根据地。大明开国后，他又跟徐达、常遇春等人进行北伐，立下赫赫战功，晋升为河南都指挥使，郭英后来又跟随傅友德远征云南。洪武十七年（1384年）郭英被封为武定侯，食禄二千五百石。后又协助大将军冯胜出击关外元残余军队，再次被朱元璋晋升为征虏右副将军；蓝玉追击北元军，郭英也参与了战斗。郭英有个妹妹郭宁妃是朱元璋很喜欢的一个妃子。据说，郭英赴任河南都指挥使时，朱元璋让郭宁妃从皇宫中取出二十锭黄金和二十匹好马赏赐给郭英。虽然和郭英一起征讨四方的将领都没能逃脱被诛杀的命运，但郭英却活了下来。朱元璋甚至将他放在自己身边，统领京师卫戍部队，专门负责皇帝的安全保卫工作。

洪武三十一年，老将耿炳文出任征西将军，郭英为征西副将军，平定高福兴叛乱。郭英胜利回京后不久，就遭到了御史们的弹劾，说他私养家奴一百五十多人，并且杀害无辜男女五人。向来执法严苛的朱元璋却做了一回老好人，大事化小小事化了。虽然大臣们不依不饶，但朱元璋还是宽宥了郭英的罪行。对此，《明史》也有说明："（郭）英孝友，通书史，行师有纪律，以忠谨见亲于太祖，又以宁妃故，恩宠尤渥，诸功臣莫敢望焉。"郭英之所以得到朱元璋的厚爱，除了自己能力强、会做人，还有妹妹郭宁妃的作用。郭英还有一个身份，那就是辽王朱植的岳父。辽王朱植品行端正、敦厚孝顺，又"习军旅，屡树军功"，是北方边境难得的军事统帅。朱元璋曾经想将北方事务交于郭英、杨文和朱植等三人，同时让他们看紧燕王朱棣。朱元璋给郭英的敕文中写道：

> 朕有天下，胡虏远遁久矣。然萌蘖未殄，不可不防。今命尔为总兵，都督刘真、宋晟为之副。启辽王知之。以辽东都司并护卫各卫所步军，除守城马军及原留一百守斥候，余皆选拣精锐，统领随辽王至开平迤北，择险要屯驻提备。一切号令悉听燕（辽）王节制。

明史专家黄彰健将郭英后人编的《毓庆勋懿集》中的敕文原文与《明太祖实录》中的敕文进行比对，发现正史敕文中的"燕王"应为"辽王"。这也就意味着，朱元璋临终前压根就没将北方军务托付给燕王。所谓一切号令"悉听燕王节制"不过是张冠李戴，燕王抢了辽王的帽子而已。朱元璋在敕文中写的是，一切听从辽王的指挥和节制。这并不是一个美丽的误会，而是有人故意篡改了朱元璋的圣意。在政治博弈中，胜利者向来握有混淆视听的话语权。同样是在这一天，朱元璋还给都督杨文发了一份敕文，《明实录》记载如下：

> 兵法有言，贰心不可以事上，疑志不可以应敌，为将者不可不知是也。朕子燕王在北平，北平中国之门户，今以尔为总兵，往北平参赞，以驻扎在北平的朝廷军队和燕、谷、宁三个藩王府的护卫兵合在一起，挑选精锐步兵和骑兵随燕（辽）王往开平提备，一切号令皆出自燕（辽）王，尔奉而行之。

对此，有史家研究，认为朱元璋给杨文的这份敕文也被篡改过。朱元璋在敕文中仍指示，一切号令皆出自辽王。可是经史家的曲笔摇舌，一切号令又成了出自燕王。朱元璋临终前的安排成了竹篮打水，他既丧失了对朱棣的有效制约，也无法正确认知郭英、朱植和杨文等人的能力。而这时候留给朱元璋的时间所剩无几，他已经来不及精准地部署。或许大病期间，朱元璋已经预感到将来可能发生的事，不然不会一日连发两文。

在一次次危机、逃亡、死亡、绝境中，朱元璋就像是一块含有杂质的铁砣迎接着命运的重锤一点点砸将下去。十余年军旅生涯，再加上三十年的帝王生涯，他早已做到了百炼成钢，成为一块品质极佳的钢。也同时炼就了一颗超人之心，如同铁一般坚硬、冰一般冷酷、水一般沉着、弓弦一般柔韧。

作为创业霸主，朱元璋那颗强大的心脏早就锤炼得百毒不侵，更不会轻易受到感情的诱惑。感情这个东西，不是成全，而是牵绊。他自认能够承受巨大的压力，面对艰难的挑战，能够动用自己的手和嘴，发布其他人不敢发布的残酷、野蛮和不义的指令。血与火的战场，将朱元璋从一个七情六欲的血肉之人打造成了一部机器，一部安装了高性能芯片的钢铁机器。这部机器已经进入最后的运转阶段，有着对光荣岁月的留恋，还有对大明帝国的深深忧虑。原本实力最强的晋王与燕王如同藩王中的两座山峰，相互对视，又相互掣肘，而现在晋王没了，燕王独尊。这个深不可测的儿子，最像自己，也是最危险的。每念及此，朱元璋都不由为那个看上去表面和气的皇太孙朱允炆担忧。

朱棣这时候已位列诸王之首，他又何尝不是在觊觎皇位呢？他在名义上也是嫡出，论才能更超出他的三个哥哥。只是由于偶然因素，他与皇位继承人的身份擦肩而过。他并不甘心，无时无刻不在关注着南京的动向，关注着皇位继承的事。尽管如此，他还没有武力夺取皇位的想法，即使心底里万分渴望，也想不到堂而皇之地篡位，尤其是朱元璋还在世的情况下。燕王朱棣在朱元璋面前始终表现出一副谦卑的姿态，不敢有丝毫的骄横，以免引起猜疑。在朱棣那张谦卑的面孔之下，隐藏着的是一颗澎湃的野心。

朱元璋虽然老朽，但他并不糊涂。如果这时立燕王为皇太子的话，于伦序上不会受到什么指责。皇太孙朱允炆已立了五六年，再废再立，他已经没有这个精力了。一旦他撒手而去，最让他放心不下的还是燕王朱棣。从朱元璋临终前两个月的公文来往与所做的事来看，他对帝国的未来怀有深深的忧虑。在所有的忧虑中，最让他熬心伤神的还是藩王问题。从巩固边疆安全的角度来看，少不了诸子藩王；而从君位的稳固来看，他又担心藩王势力尾大不掉，威胁到皇位。这不是朱元璋一个人的烦恼，这是藩王制带来的必然结果。

藩王的实力强弱在于护卫兵的多寡，护卫是藩王最大的依仗，如果削掉其护卫、兵权，那么藩王就如同没有牙齿的老虎。之前蓝玉案的发生，明军迅速班师，晋王则在山西大肆屠戮蓝玉案涉案勋贵。朱元璋之所以将此重任交于晋王而非燕王，是因为晋王才是实力最强、最受朱元璋信赖的亲王。蓝玉案过后，朱元璋给了晋王和燕王节制本藩军事的特权。《明太祖实录》中记载：

> 命宋国公冯胜、颍国公傅友德等，往北平等处备边。其山西属卫将校悉听晋王节制，北平属卫将校悉听今上节制，凡军中应有机务一奏朝廷，一启王知，永著于令。

晋王、燕王分别节制山西、北平都司军事之余，连宋国公冯胜、颍国公傅友德都要接受二王的指挥。按照明制，皇子封为亲王都授予金册金宝，年食禄米万石。其护卫"少者三千人，多者至万九千人"。而这只是一般情况下，若是北边防御蒙古的几个藩王，所统兵士都超过这个数字。例如大宁的宁王"带甲八万，革车六千"。这些藩王的府邸、服饰和车旗等，"下天子一等"，公侯大臣见了他们都要"伏而拜谒"。藩王的嫡长子立为世子，即藩王未来的接班人，10岁时授予金册金宝。其他诸子则授予涂金的银册银宝，封为郡王。以后各世子孙都有封爵，自六世孙以下都封为奉国中尉。他们出生时要向宗人府请名，年龄大了要请婚。但他们不能从事士农工商之类的行当，只是坐糜俸禄，靠国家养活。

此时的朱元璋又怎能想到，一百多年后，皇室成员的俸禄成了朱明王朝沉重的包袱。藩王没有行政权，只有统兵权。朝廷调地方军队，地方守镇官还要得到当地藩王令旨后才能调动。若是遇上战事，即使元勋宿将也要接受藩王节制。当燕王朱棣率军征讨乃儿不花时，像傅友德那样的大将也要听从调遣。对于这种分封的弊端，不光那些有远见的官员看出来了，就连皇太孙朱允炆也感到忧虑不安。

朱允炆被命运裹挟进历史的洪流，是时也是命。让朱元璋想不到的是，在其后几年时间里，二皇子秦王朱樉和三皇子晋王朱㭎会相继离世。燕王朱棣由诸兄弟口中的四哥，摇身变为大哥。朱元璋此时已是年过花甲的老人，马皇后和几个儿子先后离世，让他感觉来日无多。皇太孙已立五六年，不宜再提废立之事。朱元璋已感到皇太孙朱允炆的文弱性格，并不放心将皇位托付于他。

但他只注意到功臣对皇位的威胁，哪里晓得，真正觊觎皇位之人还是自家子弟。尤其几位兄长的离世，让朱棣突然意识到，自己已成为名义上的嫡长子。

朱元璋曾经专门颁给燕王朱棣一道敕谕："朕诸子独汝才智，秦、晋已薨，系汝为长，攘外安内，非汝其谁？……尔其统帅诸王，相机度势，防边义民，以答天心，以幅朕意。"毫无疑问，朱元璋在这里将守卫边疆的重任，托付给了四皇子朱棣。朱元璋极少在语言上表示对皇子的器重，正因为如此，有史家对这样一道敕谕持怀疑态度，甚至认为它是伪造。不管朱元璋有没有给朱棣这份敕谕，但有一点可以肯定，那就是朱棣感受到了父亲对自己特殊的欣赏。正是这份欣赏，让朱棣行事更加谨慎。做开国皇帝的儿子，并不是一件容易的事，太过懦弱不行，太过强悍也不行。

朱元璋儿子虽然众多，但具备皇家气象的寥寥无几。当然这也得益于老朱家的遗传，他们大多流氓习气重，行为荒诞，在封藩之地沉湎酒色、荼毒百姓、羞辱官员，破坏国家法度。就算是矮子里面挑将军，朱棣也称得上"众藩之首"。据《明太宗实录》记载，太子朱标在世时，蓝玉曾私下对他说："殿下试观陛下，平日于诸子中最爱者为谁？"太子回答："无如燕王。"

从有关史料中可以看出，朱元璋之所以最看中燕王朱棣，是因为他觉得这个儿子最像自己。越觉得像自己，越不可能将他留在京师重地。看着眼前的朱棣，就像看着镜子里的自己。朱元璋性格中最危险的特质，便是攻击性，朱棣亦然。从生物学流派的观点看，遗传素质是攻击行为的原因之一。从大明建国以及洪武年的种种作为上看，朱元璋具有攻击性极强的性格特质，遗传因素在人格形成方面起到巨大的作用。

朱元璋对朱棣的这份特殊关注，带给朱棣的不是满足，而是不安，是风险。他知道，一着不慎，就有可能失去父亲对他的信任，弄得满盘皆输。可是他赢过吗？似乎从来也不曾有过。一个从来没有赢过的人，却怕起输来。

朱元璋在《皇明祖训》中制定了管束诸藩王行为的章程："诸王临国，毋得至京。王国所在文武吏士，听朝廷节制。"新皇登极三年内，各地藩王不许来朝，只能留守藩封。若是遇上"奸臣"当道，诸王要整顿他们的兵力，听候新皇调遣，拨乱反正。驱逐奸佞后，他们仍要返回各自的封地。朱元璋要求"诸王来朝冕服见天子，次见东宫，先坐受拜，次叙家礼。坐则正中，诸王侍"。他告诉诸子藩王，应尽臣子本分，不得僭越礼制。古人礼制繁复，遵守礼制，也就是服从权威。在一个家庭之中，父亲是天然的权威。对于一个帝国而言，皇帝则是天然的权威。朱元璋还活着，他既是父，又是皇帝。太子朱标未及接班就撒手而去，此时朱允炆十六岁。在强藩林立、虎啸狼嚎的皇族里，皇太孙朱允炆仍像是一只落入狼群的小羊。如果说朱元璋是一只老虎，那么朱棣完全配得上"头狼"的称号。洪武十三年（1380年）春天，朱棣从凤阳回到南京，受命就藩北平。他的府邸就是元朝的旧宫，其规制如同天子。按照规定，藩王的府邸"亚天子一等"，其他诸王皆如此。朱元璋为此还特地告谕诸王，燕王府邸乃元朝旧宫，不需要新建，他们新建的府邸皆按本朝规制。北平是元朝都城，位置险要，燕王的二哥和三哥分别就藩西安和太原，却将北平留给燕王。也难怪有人推测，此中自有深意。

朱元璋通过分封制，将自己的亲生骨肉培养成为大明江山的拱卫者与定海柱石，完成中国传统社会所津津乐道的"家国一体化",甚至出现"打架亲兄弟,上阵父子兵"的理想格局。朱元璋希望看到的和谐画面,无非是朱家的子孙都能够拱卫皇室、看家护院,将自家天下传之久远。

殊不知,分封诸王虽然提升了诸王的地位,但同时也削弱了嫡长继承制中所蕴含的追求权力传承稳定和政治合法性明晰的制度意图。对于朱元璋这个制度的设计者来说,他左右手互搏,最后破坏的只能是政治理性和政治合法性之间的平衡关系。他自以为无懈可击的分封制,在个人主义的现实条件下,最终酿成了一场时代之祸。从事后来看,朱元璋若真的立燕王朱棣为太子,确实可以"贻一世之安"。他没有选择这条路,他也意识到自己死后可能会出乱子。但是,他考虑最多的只是功臣对皇位的威胁,而没有更多地关注到真正觊觎皇位的还是他的子孙。

朱元璋刚开始对朱允炆并不满意,这个"性至孝"的孙儿看上去倒有几分书生的痴相,武勇不够、文弱有余。中国人说,痴人有傻福。如果说继承皇位是上天赐福于痴人,那么凭朱允炆这份执拗劲能否坐稳江山则又另当别论。可是随着时间的推移,朱元璋越来越喜欢这个孙子。他慢慢发现,朱允炆虽然喜欢读书,但并不是一个书呆子,人还算聪慧。他在洪武后期有意让皇太孙朱允炆在政务实践中得到历练。在傅维鳞所编《明书》中有记载:"时太祖春秋高,中外万机,尝付帝(建文帝)裁决。时尚严覆,帝济以宽大,于刑狱多减省,远近忻忻爱戴。"朱允炆能够体会到皇祖父的良苦用心,这个老人已经等不及了。在时间面前,再坚硬的铁也会生锈,再挺直的腰杆也会弯下。论治国理政的能力,朱允炆甚至比不了他的父亲朱标,但他身上有一股不服输的劲。年轻人面对这个世界所表现出来的对抗和不妥协,都在这股狠劲里。

据说，他比照历代刑法，发现《大明律》中不合理的律条共计七十三处，并得到朱元璋的肯定，将它们一一改过来。他还参与到大明司法案件的审理过程中去，运用其所学的知识，纠正了很多冤假错案。当时常州发生一起儿子弑父的案件，地方官审理后，要将儿子处死。但这个被指认为杀父的儿子不停喊冤，朱允炆受命过问刑狱，经过他的一番推审，他认定这是一桩冤案。朱元璋听说后不信，他将犯人和家中奴婢及其乡邻全部拘拿到南京。皇帝亲自审理的结果，与朱允炆的推审完全一致。儿子不是杀人凶手，庸医误投了药将人毒死了。案情真相大白，朱元璋不禁大喜道："皇太孙，你真聪明，人又宽仁，这真是我大明的福分！"

在明末清初孙承泽的作品《春明梦余录》中也有类似记载。有一次，巡逻士兵抓到一群强盗。朱允炆审理后，断定其中一人是被冤枉的。后来按照司法程序进行审问，七人中果然有一个不是强盗，而是地主家的少爷。其他六人原来是地主家的佃客，他们合谋劫持了地主家的少爷。朱元璋听闻后，感到不可思议，便问朱允炆怎么知道地主家的少爷也在其中。朱允炆笑着回答："先贤经典《周礼》中谈到了'色听'，《尚书》中讲了'惟貌有稽'，都说到从人的外貌神色判断人犯罪了没有。我看到那七个人时，其中一人目光炯炯有神，视听认真、仪态端正，所以我断定他不是强盗。"

一直以来，朱允炆给人的印象都是一个偏于仁弱的书生。但是从他后来削藩的诸般表现，以及刚愎自用、一意孤行的做派，再加上那些机敏断案的野闻逸事，朱允炆的真实面目要比我们想象的更为复杂。从外表看，除了脑袋生得畸形如同半轮明月，朱允炆的面目并不可憎。从天赋看，他不输于其他任何一个皇室子弟。从学识看，朱允炆勤奋好学，熟读儒家经典。再论品德，朱允炆更是皇室子弟中的佼佼者。朱元璋在遗诏中称朱允炆"仁明孝友"，此言不虚。

至于说到他的能力，也算是中等偏上的资质。朱允炆立为皇太孙后，朱元璋就将他带在身边，练习政务，日常奏章由他处理，太孙少年老成，处理结果一般都比较周到，颇合朱元璋的心意。朱元璋处事严苛，而太孙常济以宽大，群臣无不欢悦。他们期盼着朱允炆能够早日接班，给这个过于紧张的帝国松松绑。

## 5．洪武三十一年的嘱托

洪武三十一年（1398年）闰五月初十，操劳了一生的朱元璋病逝于南京明故宫西宫。《明太祖实录》对于朱元璋之死的记录为"上崩于西宫，上素少疾，及疾作日，临朝决事，不倦如平时"。这段记载除了歌颂太祖鞠躬尽瘁，为国事操劳到生命的最后一刻，还暗中透露了朱元璋病况不明、突然暴死的事实。不过这样的话，都是在朱棣篡位成功后，经过反复修订后呈现出的面目。朱元璋临终前是否真的如实录中所言"不倦如平时"，谁也无法证实。但这样的记载却给人造成一种印象，朱元璋不该那个时间死，却突然暴死，死因不明。这也为日后朱棣起兵夺位提供了最为堂皇的理由。

朱元璋把什么事情都想到了，就是没想到太子朱标会先他而去，更没想到皇孙朱允炆最后会落得鸡飞蛋打。他苦心设计的大明剧情，还没演过第二回，就已反转不停。

不过有史料记载，朱元璋生病期间，朱允炆一直侍奉在身边。身体本就单薄的年轻人，守在祖父的床前不眠不休，瘦得只剩下一副骨头架子，看上去"形至骨立"。朱元璋看在眼里不免心疼，他自知来日无多，无法再为皇太孙做得更多。随着朱元璋的离开，这个在废墟上仓皇建立起来的王朝也终于完成了滴血的成人礼，在开国君王的身后，一个略显平庸、压抑，却也可称繁荣的时代就这样全面开启。

晚明学者谈迁在其所著《国榷》一书中，记载了朱元璋临终前的一番嘱托。据说在他弥留之际，气若游丝地跟朱允炆说："燕王不可不虑。"而在万历年间学者李贽所著《续藏书》中，朱元璋将自己的女婿宁国公主的丈夫梅殷召至御床前，嘱咐道："汝老成忠信，可托幼主。"在朱元璋看来，梅殷是一个值得信任的忠诚之士，他现在要将皇太孙朱允炆托付于他。朱元璋将早已准备好的遗诏交到梅殷的手上，再三叮嘱："敢有违天者，汝其为朕伐之。"当时一起受顾命的朝中大臣还有兵部侍郎齐泰和翰林院修撰黄子澄等人。

在一场没有醒来的梦境中，朱元璋走完自己跌宕起伏的一生，也结束了自己一生未了的恩怨。皇位继承人皇太孙朱允炆随即便将朱元璋的遗诏颁示天下，大明朝廷内外一片举哀。朱元璋的遗诏，是他留给这个世界的最后一句话。

现在，朱元璋终于离开这个世界。虽然是帝国大丧，表面上一片悲痛，但满朝文武都长舒了一口气。虎狼般残暴的日子终于到头了，新皇帝仁孝圣明，群臣无不欢欣鼓舞。然而，并不是人人都能笑出来。有那么几个人，在满朝太平气象中却嗅到了危机的气息。在专制体制中，新皇登基，要干的头等大事便是巩固自己的权威，消灭一切现实和潜在的挑战。

闰五月十六日，朱允炆下令安葬了他的皇祖父朱元璋，同一天，朱允炆宣布正式登基即位，并发布登基诏书，是为建文帝。从这一刻开始，这个略带忧伤的年轻人将不再是以一个第三者的眼光来打量眼前的帝国，他已经成为这个帝国的主人。出生于1377年的朱允炆，此时已是朝气勃发的青年，长年的读书生涯，再加上继承父亲朱标的仁厚秉性，养成他温良的个性及一腔道德理想主义情怀。

新即位的朱允炆在他的即位诏书中明确提出了"永惟宽猛之宜，诞布维新之政"和"德惟善政，政在养民"的施政纲领，大明也由此步入属于朱允炆的"建文时代"。客观地说，朱允炆这样的性格并不适合政治角斗场，命运却鬼使神差地让他当上了帝国的第二代君主，而让他接替的这位老皇帝竟然是在中国历史上并不多见的强势皇帝、刚性皇帝，朱允炆则刚性不足、柔弱有余。

一直以来，洪武政治的氛围都让人谈及色变，这绝非世人夸大其词。曾经被朱元璋誉为"才子"的解缙为此上书：

国初至今，将二十载，无几时不变之法，无一日无过之人。尝闻陛下震怒，锄根剪蔓，诛其奸逆矣。未闻褒一大善，赏延于世，复及其乡，终始如一者也。……出于吏部者无贤否之分，入于刑部者无枉直之判。天下皆谓陛下任喜怒为生杀，而不知皆臣下之乏忠良也。

解缙这段话的意思是：开国至今已有二十个年头，大明没有一个长持不变之法，没有一天不犯错的人。我曾经听说陛下一旦发怒，就要大肆杀伐，追根刨底、穷及党逆。从来没有听说过陛下因为褒扬某人，进而赏赐他一番，甚至恩泽到他的乡间巷里，并始终如一地看待他。如今,大明的现实就是,出了吏部的就没有贤愚之别,进了刑部的就没有冤枉与不冤枉之分。天下人都在说陛下喜怒无常任意杀戮,但他们不知官员中缺乏忠良之辈。

据说,朱元璋见到解缙的这份奏疏后,不仅没有处罚他,反而不迭地夸赞:"才子啊,才子!"从解缙的"控诉"和朱元璋的"认账"来看,即使六百多年后的今天,我们读到这样的文字时,也可知晓洪武时期的政治的确出了不少问题,用两个字来概括,那就是"严酷"。解缙的看法代表了当时读书人对时局的看法。

在后人总结朱元璋的无数评语中,让人记忆深刻的是"许多皇帝影响了一代人的命运,而朱元璋却影响了中国数百年的命运"。这句话的正解是,朱元璋是个极具个人色彩的统治者。而他所表现出来的个人色彩,也为大明王朝打上了深刻的烙印,甚至影响中国历史数百年的命运。而在诸多的色彩中,最为后世诟病的莫过于知识分子的地位跌到历史最低点,在大棒(廷杖)和科举(奴化教育)的双重压制下,君臣关系一变而为主奴。中国传统知识分子骨子里的内化倾向,于这数百年间逐渐成形。体制的绞肉机,绞杀着骨肉,也同时绞杀着人性。而酷烈的廷杖,打在士大夫的屁股上,侮辱的却是整个的人格和心灵。十六世纪晚期来到中国并与多名朝廷官员过从甚密的意大利传教士利玛窦,在一份私人记述中,曾以令人吃惊的精确性对廷杖进行描写:

> 在大庭广众之下,受害者伸开四肢趴在地上,大腿处遭到了狠狠地毒打。杖击的工具是一根坚硬无比的木棍,约有一指厚,四指宽,两臂长。执行惩罚的人双手抡起木棍,用

尽全力猛击：十棍、二十棍、三十棍，残忍至极。结果是，往往第一棍下去人就已被打得皮开肉绽，再追加几棍可就血肉模糊了。很多人就这样被活活打死。

俗话说，士可杀不可辱，活在明朝的士大夫不仅难逃屈辱的命运，更难逃杀戮。对此，吴晗先生有着更为准确地认知，他说，自汉代以来至明朝，士大夫的地位经历了从股东、伙计到奴仆的持续下跌。

汉代以来的世家大族，高官无数、奴仆如云，门生故吏遍天下，有着雄厚的政治和经济力量。这些家族是共建皇业的股东，和皇家利害共同，休戚一致。在这样的情势下，士大夫与皇家是共治的，只有双方合作才能互利。十世纪后，考试制度代替门阀制度，再加战乱频繁，平民出身的进士在数量上压倒了残存的世族。这一时期士大夫与皇家的关系，如同伙计和老板，是雇佣关系，而不是合股的。

到了明代，士大夫的地位又猛然一跌，跌作卖身的奴隶，士大夫成为皇家的奴仆。皇帝越威风，士大夫越下贱，反过来也可以说是士大夫越被制抑，皇帝就越尊贵，君臣的关系一变而为主奴。朱元璋在开国前后，对于那些早期投奔他的读书人，如朱升、宋濂、刘基、陶安等人，一度非常信任，给以特殊优待。随着形势的发展，朱元璋的知识分子政策发生了变化。即使是最初的礼遇背后也暗藏着紧张，最后连表面上的温情面纱也被一并撕去，文士们愈发如履薄冰。那些开国宿将对朝廷重用文士早就心存不满，他们经常在朱元璋耳边提醒——小心文人。

朱元璋原本是个大字不识一箩筐的泥腿子，在创业的过程中，那些儒家士子头上戴着光环来到他的身边。尤其是等到1365年，朱元璋兵下江南，一大批江南士人迅速云集于他的麾下。元朝人继华夏大统，马上得之，又马上治之，且贱视南人，故不能得到江南士人的支持。而这也给朱元璋正确江南士人以极好的机会，并为他日后建立明朝奠定了可靠的基础。"高筑墙、广积粮、缓称王"的立国之策，是徽州儒生朱升提出来的；先西后东的战略，是浙东儒生刘基提出来的。朱元璋的胜利，明朝的建立都离不开江南士人的支持。

但是，江南士人并不仅仅甘心于帮助朱元璋打天下，而且还志在建立一个符合"仁政"理想的天下。朱元璋初到江安，宋濂就以"受命不于天，于其人；休符不于祥，于其仁"引导他建立仁政。正是在他们的影响之下，朱元璋开始向文化靠拢，博览经史，学着写诗填词。很多时候，我们站在门外看门里，以为里面是自己难以触及的神秘世界。可是等到自己跨进那道门，你会发现，其实里面的世界也不过如此。随着自己知识量的增长，文化人的那道神秘光环也慢慢淡去。朱元璋对这帮读书人也不再言听计从。很多时候，他们表现出的唯唯诺诺、条条框框让他很是不满，甚至让他对民间那句"百无一用是书生"的经验之谈有了同感。

皇明初立，朱元璋在为政当"宽"还是"猛"的问题上，同江南士人发生了尖锐的对立。与创业阶段不同的是，朱元璋不再满世界去寻找读书人。这时候，那些天生喜好功名的读书人会主动向他投怀送抱。而他广泛建立起来的教育系统，也开始发挥作用，为大明量身打造的专业化人才不断涌现。物以稀为贵，当读书人越来越多，他们在朱元璋心中的地位和存在的价值也越来越低。

在夺取天下的过程中，朱元璋广纳儒家学者，严禁各级将官私自任用儒士，绝不允许儒生士子在那些武将面前议古论今，以免他们走文武结合的路子。朱元璋担心的是，这些文臣武将会在条件成熟后站出来与他分庭抗礼。他对那些不受征聘，拒绝与自己合作的儒生不惜采用激烈手段，动用严刑峻法予以制裁。不仅低级别的文官没有几个落得好下场，就连那些一直追随在朱元璋左右、功成名就的大知识分子，也很少能逃过劫难。

据说，太子朱标当年对父亲的做法并不理解，当朱元璋准备把开国功臣，也是朱标老师的宋濂满门抄斩时，朱标急忙奔至御前泣谏，被朱元璋痛骂一顿。朱标一时想不开，竟然跳金水河自杀，幸好被人救起。也难怪美国学者小约翰·D.郎洛瓦坚持认为，朱标的教养是文人型的和"右文"的君主，这种人治理国家可能用"文明"德化之治，而不是用以粗暴镇压为能事的"军事"之治。

朱标英年早逝，相当于半道上突然撒手。突如其来的变故，让朱元璋感受到前所未有的压力。或许是担心自己死后，诸王来朝会给皇太孙朱允炆造成威胁，朱元璋事先留下遗诏：

朕受皇天之命，膺大位于世，三十有一年，忧危积心，日勤不怠，专志有益于民，奈何起自寒微，无古人之博智，好善恶恶，不及多矣。今年七十有一，筋力衰微，朝夕危险惧，虑恐不终。今得万物自然之理，其奚哀念之有！皇太孙允炆，仁明孝友，天下归心，宜登大位。中外文武臣僚同心辅佑。葬祭之仪，一如汉文帝勿异，布告天下，使知朕意。孝陵山俱因其故，勿改。诸王临国中，无得至京。王国所在，文武吏士听朝廷节制，惟护卫官军听王。

这让那些准备进京奔丧的藩王不得不奉诏行事。朱元璋如此安排，自然有他的道理，所虑者三：一是诸藩皆朱允炆叔辈，若以哭丧为名，别有所图，必将祸乱朝廷；二是诸藩皆拥重兵，一旦诸王离藩，恐扰乱各藩国；三是诸王多坐镇北方边境，一旦他们离藩，恐北虏乘虚而入。各藩所在地的文武官吏一律听从朝廷节制与调遣，只有藩王府的护卫军听命于各自藩王。藩王除了自己的护卫军外，不得染指其他，中央朝廷才是唯一合法的最高权威。

按照那本经过朱棣两次修改流传下来的《明太祖实录》所记，朱元璋临终前，曾经派宦官召燕王朱棣进京。朱棣赴京到淮安时，朱允炆矫诏命他立即返回北平。"上（明太祖）不之知也。疾亟，问左右曰：'第四子来未？'言不及他。"这样的记录传递出一个重要信息，即朱元璋临终之际，本来想秘密召见燕王。朱元璋召见燕王的目的，就是要将皇位传给燕王。不料，建文帝"矫诏"将燕王硬生生给挡了回去，皇位这才落到建文帝朱允炆的手里。如此叙事，合法即位的朱允炆成了篡逆者，而暴起的篡逆者反倒成了受害者。这样的记载可信度并不高，不过是为朱棣起兵夺位的正当性提供法理依据。

朱元璋死后，其讣告必定和遗诏一起报闻诸藩王。他们的父皇驾崩了，还不让他们奔丧，这必然引起诸藩王的怀疑。对朱棣来说，他不仅是燕王，还是太祖皇帝最年长的儿子，不让他进京为父皇送葬，他自然不乐意。他甚至怀疑朝中有人作梗，"矫诏"行事。燕王朱棣的三个哥哥这时候已亡故，按伦序应该由他来继位，京城里到底发生了什么，他并不满足于远隔千里在外观望。父子至情，即使有遗诏不让前往南京奔丧，他如真的前去，朱允炆也不好把他定罪。

关于燕王奔丧之事，史家说法不一，有的说有，有的说无。说并无燕王奔丧之事的依据是，当朱棣发动靖难之役后，三年苦战，兵抵南京，望着近在眼前的钟山，燕王朱棣百感交集道："比为奸恶所祸，不渡此江数年。"既然从未渡过此江，又何来赴京奔丧之说。不过也存在一种记载，朱棣奔丧，因看到江上有防，他不得不返回，因而也就不存在渡江说，当然也就称得上"不渡此江数年"了。据朝鲜《李朝实录》记载：

军一人自辽东逃来，本国人也，属东宁卫，以辽东役繁逃还。言燕王欲祭太祖高皇帝，率师如京。新皇帝许令单骑入城，燕王乃还。

这样的话出自一名朝鲜逃卒之口，按理说一个外邦之人不应抱有任何偏见，也不会占有任何立场，所说的话相对客观。有人注意到，这里还有一句"（燕王）率师如京"，难道说朱棣真有起兵夺位之心？其实不然，在朱元璋颁发的《皇明祖训》中有着明确规定，藩王进京可以带一部分兵马："凡王入朝，其侍卫文武官员，马步旗军，不拘数日。若王恐供给繁重，斟酌从行者听。"燕王即使真的带上一部分士兵赴京，也算不上冒犯朝廷。

既然"祖训"白纸黑字，又处于新旧交替的非常时刻，为了应付可能出现的不测，燕王"率师如京"也合乎情理和法理。燕王看到建文帝已在江口重兵设防，不敢贸然前进。而这时候，他身边的道衍和尚进言："大王以至孝渡江，奈何有违治命，反为不孝也？愿殿下养成龙虎之威也，他日风云感会，羽翼高举，则大江只投鞭可断也。"朱允炆让燕王单骑进京，道衍和尚劝阻了他。几乎所有的皇子都在各自的封地上得知了朱元璋病死的消息,同时他们也得到同样一则匪夷所思的指令:诸王不得回京奔丧。所有的人都将目光投向燕王朱棣,投向那个最有资格继承皇位的皇子。

# 附录：主要参考书目

［美］牟复礼、［英］崔瑞德 / 编，《剑桥中国明代史》（北京：中国社会科学出版社，1992 年）

吴晗著，《明史简述》（北京：中华书局，2005 年）

李亚平著，《帝国政界往事》（北京：北京出版社，2005 年）

［明］谈迁著，《国榷》（北京：中华书局，2006 年）

高阳著，《明朝的皇帝》（南宁：广西师范大学出版社，2006 年）

张宏杰著，《大明王朝七张面孔》（南宁：广西师范大学出版社，2006 年）

王学泰著，《游民文化与中国社会》（北京：同心出版社，2007 年）

孟森著，《明史讲义》（上海：上海古籍出版社，2008 年）

［清］夏燮著，《明通鉴》（北京：中华书局，2009 年）

吴晗著，《朱元璋传》（哈尔滨：北方文艺出版社，2009 年）

樊树志著，《明朝大人物》（上海：复旦大学出版社，2011 年）

赵柏田著，《明朝的四季》（北京：新星出版社，2011 年）

宗承灏著，《大明朝》（北京：北京联合出版有限公司，2017 年）

《明实录（太祖实录）》（上海：上海书店出版社，2015 年）

［清］张廷玉等著，《明史》（北京：中华书局，2015 年）

谌旭彬著，《活在洪武时代》（杭州：浙江人民出版社，2022 年）